汽车机械基础

（第3版）

主 编 王 宾 黄 勇
副主编 刘文开 马雅丽

北京理工大学出版社
BEIJING INSTITUTE OF TECHNOLOGY PRESS

内 容 简 介

本书针对汽车运用与维修领域技能型人才培养目标需求，强化必备的理论知识，体现理论联系实践，提高汽车维修技术人员应付复杂问题的分析与解决能力，以满足维修工作需求作为出发点，具备教育与培训的针对性和适应性。

本书主要内容共分为六章，包括识图基础知识、极限与配合、力学基础知识、液压传动知识、机械传动知识和汽车常用材料等。最后一部分是教学实验，将各章的实验引入教材，单列一章。

本书可作为高等院校汽车类相关专业教材，亦可作为广大汽车维修技术人员提高维修理论水平的参考用书。

版权专有　侵权必究

图书在版编目（CIP）数据

汽车机械基础 / 王宾，黄勇主编 . —3 版 . —北京：北京理工大学出版社，2019.11（2019.12 重印）

ISBN 978-7-5682-7914-7

Ⅰ．①汽⋯　Ⅱ．①王⋯②黄⋯　Ⅲ．①汽车-机械学-高等学校-教材　Ⅳ．①U463

中国版本图书馆 CIP 数据核字（2019）第 252822 号

出版发行 / 北京理工大学出版社有限责任公司
社　　址 / 北京市海淀区中关村南大街 5 号
邮　　编 / 100081
电　　话 /（010）68914775（总编室）
　　　　　（010）82562903（教材售后服务热线）
　　　　　（010）68948351（其他图书服务热线）
网　　址 / http://www.bitpress.com.cn
经　　销 / 全国各地新华书店
印　　刷 / 三河市天利华印刷装订有限公司
开　　本 / 787 毫米×1092 毫米　1/16
印　　张 / 20　　　　　　　　　　　　　　　责任编辑 / 多海鹏
字　　数 / 458 千字　　　　　　　　　　　　文案编辑 / 多海鹏
版　　次 / 2019 年 11 月第 3 版　2019 年 12 月第 2 次印刷　责任校对 / 周瑞红
定　　价 / 43.00 元　　　　　　　　　　　　责任印制 / 李志强

图书出现印装质量问题，请拨打售后服务热线，本社负责调换

前 言

汽车维修在汽车技术高速发展的今天,变得越来越复杂,所涉及的基础知识越来越多,从事汽车维修必须掌握一定的相关知识,因此,在教学中就需要将各种理论与实践知识进行集中、融合,使学生在短期内获得所必需的各种知识。

编写本书的目的是在理论的指导下进行实践,提高维修技术人员应付复杂问题的分析与解决能力。编写中主要考虑强化汽车运用与维修领域技能型人才必备的一些理论知识,以满足企业的工作需求为出发点,全力提高教育与培训的针对性和适应性。

本书共分为六章。第一章识图基础知识,主要介绍正投影的基本原理,三视图、零件图和国家制图标准等内容。第二章极限与配合,主要介绍极限与配合的基础知识,极限与配合的有关术语及定义,常用尺寸极限与配合的国家标准,常用尺寸孔、轴极限与配合的选择,大尺寸段孔轴的极限与配合,小尺寸段孔轴的极限与配合,线性尺寸的一般公差。第三章力学基础知识,主要介绍力学基础知识,平面汇交力系,力矩和力偶,平面任意力系,摩擦与润滑,刚体的定轴转动等内容。第四章液压传动知识,主要介绍液压传动的工作原理,液压泵,液压控制阀及液压油,液压基本回路,辅助元件,液压系统常见故障分析,汽车常用液压系统等内容。第五章机械传动知识,主要介绍机构及运动副,带传动及链传动,螺旋传动,平面连杆及凸轮机构传动,齿轮传动等内容。第六章汽车常用材料,主要介绍金属材料性能与结构,碳钢及合金钢,钢的热处理,汽车钣金常用金属材料,其他非金属材料等内容。

在编写过程中,我们按照减少学时、降低重心、拓宽面向、精选内容、更新知识的原则,将汽车维修机械课程加以整合,以维修基础理论知识为主线,规划教学内容,尽量注重工程综合性的转化。

为了提高教材质量,在编写本教材时力图体现以下特点:

1. 调整知识能力结构,培养学生的综合工程能力,将各种理论与实践知识进行集中、融合,使学生在短期内获得汽车维修所必需的机械基础知识。

2. 力求内容精练,从培养学生实践能力出发,结合生产实际,以提高学生独立思考及分析与解决实际问题的能力。

3. 在叙述上图文并茂,力求深入浅出、通俗易懂、文字简练、直观形象,便于教学。

4. 将各部分内容的实验指导引入教材,单独列为一章,便于教师进行实验教学,也便于学生进行实验预习,同时减少了参考书的使用量。

5. 本书配套习题集单独成册,作为学生学习辅助用书,方便教师布置作业,帮助学生更全面地学习和掌握教材中知识的重点和难点内容。

本教材内容广,加上总体学时较少,因此建议在教学过程中根据教学大纲的要求进行教学内容的合理安排;在教学手段上尽量使用多媒体技术,提高课堂教学的效果和效率;同时重视实验教学,提高学生对所学概念和内容的理解;充分利用配套习题集加强对学生的课前和课后辅助作用。

在学习过程中,应重视实验和习题,这样有助于提高对基本概念的理解和基本方法的运用;大胆地思考问题,提出问题,运用所学知识解决问题,做到理论与实践相结合。本书由陆军军事交通学院王宾、天津市科学技术协会黄勇任主编,陆军军事交通学院刘文开、马雅丽任副主编。由段秀兵任主审。

参加本书的编写人员有:陆军军事交通学院王宾、刘文开、马雅丽、王爱荣、张德才、石磊、谢霞、许爱芬、钱继锋、任莹,天津市科学技术协会黄勇。本书在编写过程中得到教研室人员的大力支持和帮助,在此一并致谢。

本教材的组合方式是一种新的尝试,许多问题还有待探讨,一定会有不完善之处,限于编者的水平,错误和不妥之处在所难免。编者切望读者不吝指教,我们由衷感谢。

编 者

使 用 说 明

根据教材的特点，在使用时请注意以下内容：

1. 本书最后列有六个教学实验，应与前面相关章节配合学习。

章　　名	相关教学实验
第二章　极限与配合	实验一　用机械比较仪测量活塞销外径
	实验二　用内径百分表测量孔径
第四章　液压传动知识	实验三　典型回路实验
	实验四　液压泵工作特性实验
第六章　汽车常用材料	实验五　测定金属的硬度
	实验六　钢的热处理

2. 本书配套习题集一册，可在教学中作为课前预习和课后强化练习使用。

目　录

第一章　识图基础知识 … 1
第一节　机械制图的基本规定 … 1
第二节　机械制图的基本原理 … 8
第三节　零件表达方法 … 55
第四节　零件图的画法 … 68
第五节　常用零件的画法 … 75
第六节　装配图 … 91
第七节　CAD 制图概述 … 95

第二章　极限与配合 … 97
第一节　基础知识 … 97
第二节　极限与配合的有关术语及定义 … 101
第三节　常用尺寸极限与配合的国家标准 … 109
第四节　常用尺寸孔、轴极限与配合的选择 … 124
第五节　大尺寸段孔轴的极限与配合 … 137
第六节　小尺寸段孔轴的极限与配合 … 140
第七节　线性尺寸的一般公差 … 141

第三章　力学基础知识 … 143
第一节　力学基础知识 … 143
第二节　平面汇交力系 … 146
第三节　力矩和力偶 … 149
第四节　平面任意力系 … 150
第五节　摩擦与润滑 … 153
第六节　刚体的定轴转动 … 156

第四章　液压传动知识 … 159
第一节　液压传动的工作原理 … 159
第二节　液压泵 … 174
第三节　液压控制阀及液压油 … 176
第四节　液压基本回路 … 181
第五节　辅助元件 … 183
第六节　液压系统常见故障分析 … 188
第七节　汽车常用液压系统 … 193

第五章　机械传动知识 … 197
第一节　机构及运动副 … 197

第二节　带传动及链传动 ………………………………………………… 200
   第三节　螺旋传动 …………………………………………………………… 206
   第四节　平面连杆及凸轮机构 ……………………………………………… 209
   第五节　齿轮传动 …………………………………………………………… 218
第六章　汽车常用材料 ………………………………………………………… 222
   第一节　金属材料的主要性能 ……………………………………………… 222
   第二节　碳钢及合金钢 ……………………………………………………… 229
   第三节　钢的热处理 ………………………………………………………… 241
   第四节　汽车钣金常用金属材料 …………………………………………… 251
   第五节　其他非金属材料 …………………………………………………… 255
教学实验 …………………………………………………………………………… 264
   实验一　用机械比较仪测量活塞销外径 …………………………………… 264
   实验二　用内径百分表测量孔径 …………………………………………… 267
   实验三　典型回路实验 ……………………………………………………… 270
   实验四　液压泵工作特性实验 ……………………………………………… 280
   实验五　测定金属的硬度 …………………………………………………… 283
   实验六　钢的热处理 ………………………………………………………… 290
附表 ………………………………………………………………………………… 294
   附表 1　压痕直径与布氏硬度值对照表 …………………………………… 294
   附表 2　洛氏硬度 HRC 与其他硬度及强度换算 ………………………… 304
参考文献 …………………………………………………………………………… 305

第一章 识图基础知识

第一节 机械制图的基本规定

一、图纸幅面

国家标准 GB/T 14689—2008《技术制图 图纸幅面和格式》规定绘制技术图样时,应优先采用表 1-1 中规定的基本幅面,必要时可以沿长边加长。

表 1-1 图纸幅面的尺寸 mm

幅面代号	A0	A1	A2	A3	A4
$B \times L$	841×1 189	594×841	420×594	297×420	210×297
e	20	20	10	10	10
c	10	10	10	5	5
a	25	25	25	25	25

无论图样是否装订,均应画出图框线,图框线用粗实线绘制,其格式如图 1-1(a)所示,一般采用 A4 幅面竖装或 A3、A2 幅面横装。不需要装订的图样,其格式如图 1-1(b)所示。通常标题栏在右下角,标题栏中的文字方向为看图方向。

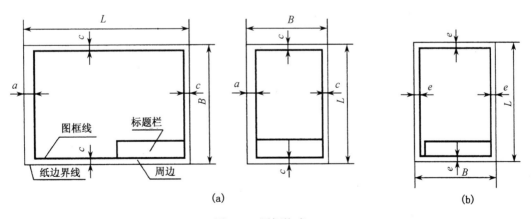

图 1-1 图框格式

国家标准 GB/T 10609.1—2008《技术制图 标题栏》规定标题栏一般由更改区、签字区、其他区、名称及代号区组成,如图 1-2(a)所示。在制图作业时可参考图 1-2(b)所示格式,也可按实际需要增加或减少。

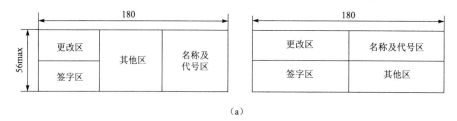

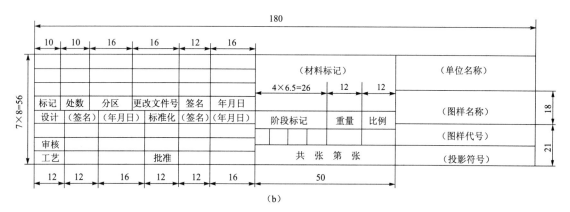

图 1-2 标题栏格式
(a)标题栏的分区;(b)标题栏格式举例

二、比例

图中图形与其实物相应要素的线性尺寸之比,称为图样的比例。

为了读图时能从图上得到零件大小的真实印象,应尽可能采用 1∶1 的比例画图。当需要把零件放大或缩小时,应采用国家标准 GB/T 14690—1993《技术制图 比例》规定的比例,见表 1-2。

表 1-2 绘制图样的比例

种 类	比 例		
原值比例	1∶1		
放大比例	5∶1 $5×10^n∶1$	2∶1 $2×10^n∶1$	$1×10^n∶1$
缩小比例	1∶2 $1∶2×10^n$	1∶5 $1∶5×10^n$	1∶10 $1∶1×10^n$

注:n 为正整数。

在同一张图样上,若各图采用的比例相同,则在标题栏的比例一栏内注明所用的比例即可。若个别图形(如局部放大图)选用的比例与标题栏所注的比例不同,则对这个图形必须另行标注所用的比例。

图形不论放大还是缩小,在标注尺寸时应按零件的实际尺寸标注,如图1-3所示。

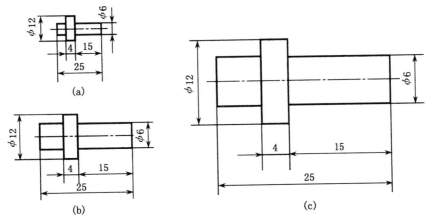

图1-3 绘图比例与尺寸数字无关
(a)1:2;(b)1:1;(c)2:1

带角度的图形,不论放大还是缩小,仍照原角度画出。

三、字体

图样上除了绘制零件的图形外,还必须用数字、字母和文字来标明零件的尺寸,并填写技术要求和标题栏。文字和数字也是图样的重要组成部分。

国家标准 GB/T 14691—2005《技术产品文件 字体》规定,图样上书写的字母、文字和数字必须做到:字体端正、笔画清楚、排列整齐、间隔均匀。

字体的号数即字体的高度有 1.8 mm、2.5 mm、3.5 mm、5、7 mm、10 mm、14 mm、20 mm 八种,如要书写更大的字,字体高度应按$\sqrt{2}$的比率递增。

汉字的高度 h 不应小于 3.5 mm,字宽一般为 $h/\sqrt{2}$。

字母和数字的宽度为字高的 1/10 或 1/14。

汉字应写成长仿宋体,并采用国家正式公布的简化字。其书写要领为:横平竖直、注意起落、排列均匀、填满方格。

图样中的字母和数字通常有直体和斜体之分,常用的是斜体,字头向右倾斜与水平成75°,当与汉字混写时一般用直体。

各种字母、数字示例如图1-4所示。

四、图线

(一) 图线的种类及应用

为了使图样统一、清晰及阅读方便,绘图时应该使用国家标准 GB/T 4457.4—2002《机械制图 图样画法 图线》规定的八种图线,各种图线的名称、代号、宽度及在图上的一般用途见表1-3和图1-5。

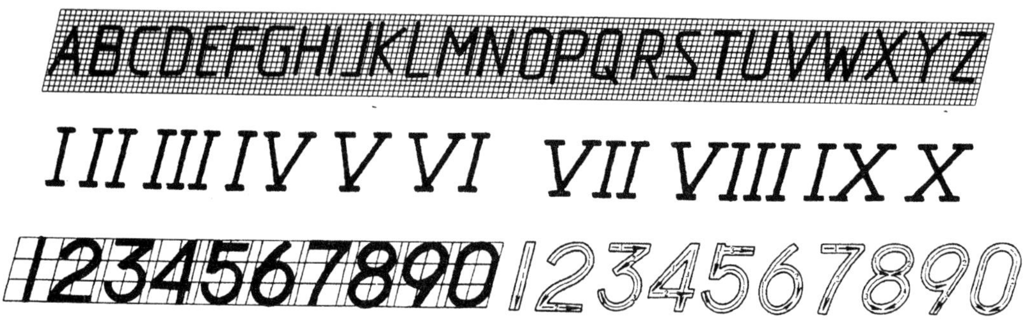

图 1-4 字母、数字示例

表 1-3 图线及其画法

序号	图线名称	图线形式	图线宽度/mm	一般应用
1	粗实线	——————	b	A 可见轮廓线
2	细实线	——————	约 $b/3$	B_1 尺寸线及尺寸界线 B_2 剖面线 B_3 重合剖面的轮廓线
3	波浪线	～～～～	约 $b/3$	C_1 断裂处的边界线 C_2 视图和剖视的分解线
4	双折线	—/\—/\—	约 $b/3$	D 断裂处的边界线
5	虚线	— — — —	约 $b/3$	F 不可见轮廓线
6	细点画线	—·—·—·—	约 $b/3$	G_1 轴心线 G_2 对称中心线
7	粗点画线	—·—·—·—	b	J 限定范围的表示线
8	双点画线	—··—··—	约 $b/3$	K_1 相邻辅助零件的轮廓线 K_2 极限位置的轮廓线

注:"一般应用"一列中字母对应图 1-5。

(二)注意事项

(1)同一图样中同类图线的宽度应基本一致。

(2)虚线、点画线及双点画线的长度和间隔应各自大致相等。

(3)绘制圆的中心线时,圆心应为线段的交点,两端超出轮廓 2~5 mm;点画线及双点画线中的点是短画(长约 1 mm),不必特意画成圆点,而线的首末两端应是线段而不是短画。当图形较小,用点画线绘制有困难时,可用细实线代替,如图 1-6 所示。

(4)当虚线与其他图线相交时,应在线段处相交,不应在间隔处相交;当虚线为粗实线的延长线时,粗实线应画到分界点,而虚线处留有间隙;当虚线圆弧与虚线直线相切时,虚线圆弧画到切点,而虚线直线留有间隙,如图 1-7 所示。

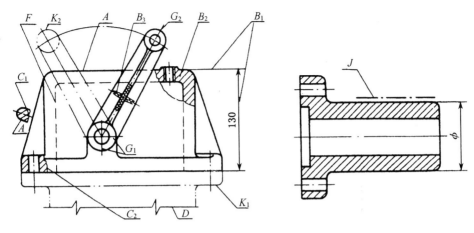

图1-5 图线应用示例

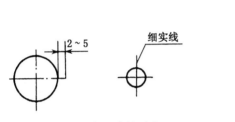

图1-6 中心线的画法

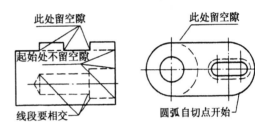

图1-7 图线交、接、切处习惯画法

五、尺寸标注

图样中的图形仅表达零件的形状,而零件的真实大小必须通过标注尺寸才能确定。图样中的尺寸应严格遵守国家标准 GB/T 4458.4—2003《机械制图 尺寸注法》和 GB/T 16675.2—2012《技术制图 简化表示法 第二部分:尺寸注法》的规定。

(一) 基本规则

(1) 零件的真实大小应以图样上所注的尺寸数值为依据,与图形的大小及绘图的准确度无关。

(2) 图样中(包括技术要求和其他说明)的尺寸,以 mm(毫米)为单位时,不需要标注计量单位的代号或名称。如果是其他单位,则必须标注。

(3) 图样中所标注的尺寸应为该图样所示零件的最后完工尺寸,否则应另加说明。

(4) 零件的每一尺寸,一般只标注一次,并应标注在反映该结构最清晰的图形上。

(二) 尺寸的四要素

一个完整的尺寸应包括尺寸界线、尺寸线、箭头或斜线、尺寸数字四个基本要素,如图 1-8 所示。

1. 尺寸界线

尺寸界线用细实线绘制,应自图形轮廓线、轴线或对称中心线引出,并超出尺寸线末端 2 mm,有时也可利用轮廓线、轴线、对称中心线作尺寸界线(见图1-8)。

2. 尺寸线

尺寸线用细实线绘在尺寸界线之间。标注线性尺寸时,尺寸线必须与所标注的线段平行(见图1-8)。尺寸线不允许用其他任何图线代替,也不能与其他图线相重合,同时也不能位于其延长线上,如图1-9所示。

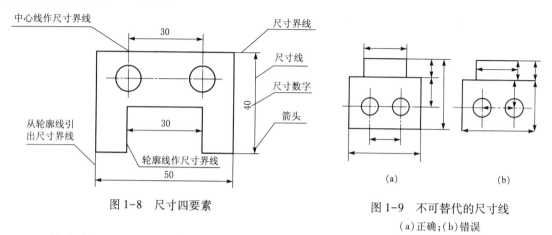

图1-8 尺寸四要素

图1-9 不可替代的尺寸线
(a)正确;(b)错误

3. 箭头或斜线

尺寸线的终端有两种形式,第一种形式采用箭头,它适用于各种类型的图样,其式样如图1-10(a)所示。同一种图样上箭头的式样和大小应一致,箭头的位置应与尺寸界线接触,不得超出或留有空隙,如图1-11所示。

第二种形式采用45°斜线,它只适用于尺寸线和尺寸界线相互垂直的场合。斜线用细实线绘制,其画法如图1-10(b)所示。

同一张图样上只能采用一种尺寸线终端的形式。

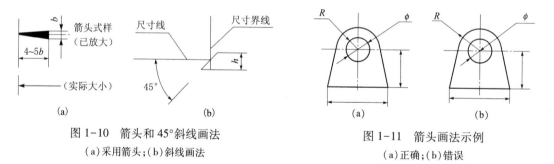

图1-10 箭头和45°斜线画法
(a)采用箭头;(b)斜线画法

图1-11 箭头画法示例
(a)正确;(b)错误

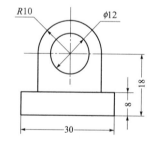

图1-12 尺寸数字的注写方向

4. 尺寸数字

线性尺寸的数字一般应注写在尺寸线的上方,水平方向的尺寸数字字头朝上,垂直方向的字头朝左(见图1-8),其余方向的尺寸数字应按表1-4所示的方向注写。必要时对于水平或非水平方向的尺寸数字也允许水平注写在尺寸线的中断处,如图1-12所示。同一张图样上的注写方法、数字大小应一致。

表1-4 常用尺寸注法示例

标注内容	图 例	说 明
线性尺寸的数字方向	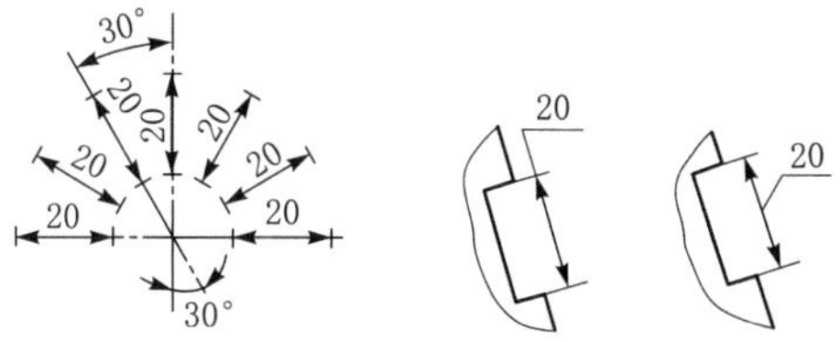	尺寸数字应按左图中的方向填写,并尽量避免在图例30°范围内标注尺寸。当无法避免时,可按右图填写
角度	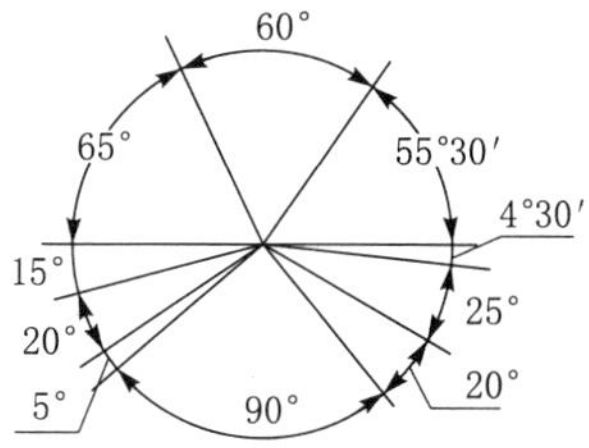	尺寸界线应沿径向引出,尺寸线应画成圆弧,圆心是角的顶点。尺寸数字一般应水平书写在尺寸线的中断处,必要时也可写在上方或外面,也可引出标注
圆和圆弧	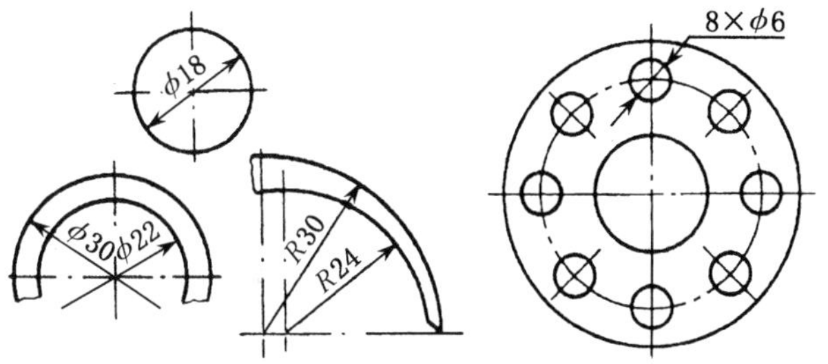	直径、半径的尺寸数字前应分别加符号"φ""R"。尺寸线按图例绘制
大圆弧	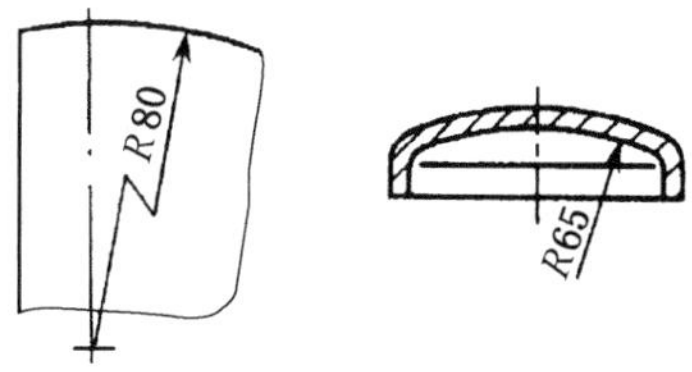	无法标出圆心位置时,可按左图标注;不需要标出圆心位置时,可按右图标注
小尺寸	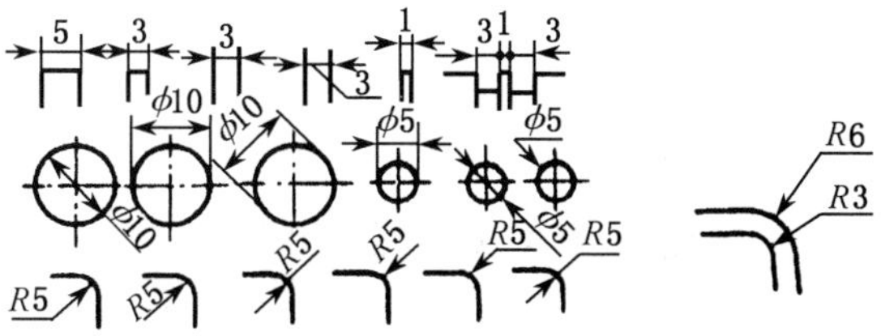	没有足够地方时,箭头可画在外面或用小圆点代替两个箭头;尺寸数字也可写在外面或引出标注,圆和圆弧的小尺寸可按图例标注
球面	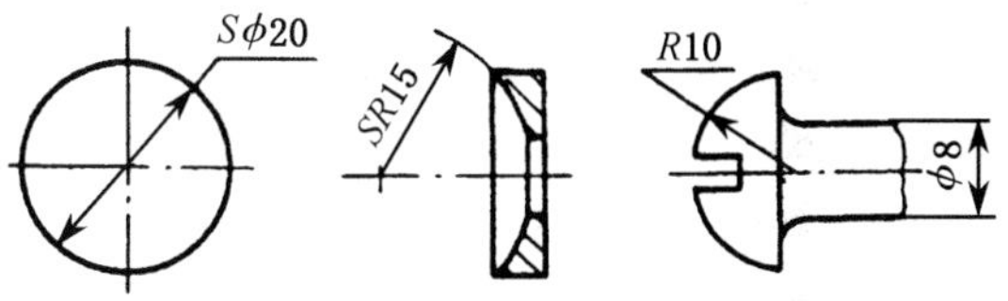	应在φ或R前加注符号"S",若不致引起误解则可省略符号"S"

续表

标注内容	图 例	说 明
弧长和弦长	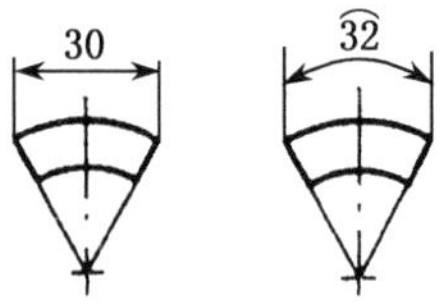 (图示：30, 32)	尺寸界线应平行于弦的垂直平分线,标注弧长尺寸时,尺寸单位为弧度
过渡处	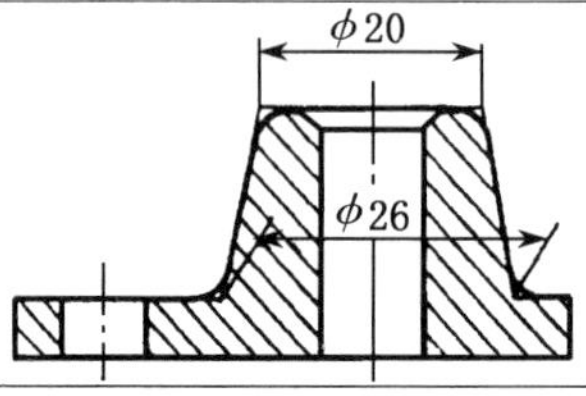 (图示：φ20, φ26)	须用细实线将轮廓线延长,从它们的交点处引出尺寸界线
尺寸数字不可被任何图线所通过	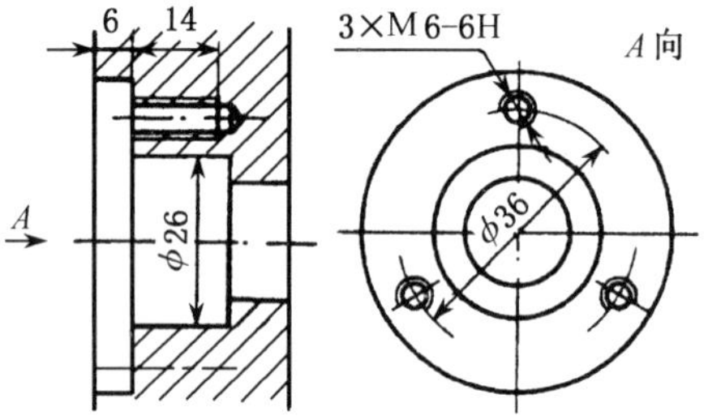 (图示：6, 14, φ26, 3×M6-6H, φ36, A向)	任何图线穿过尺寸数字时,必须断开

第二节　机械制图的基本原理

机械制图就是要解决画图和读图这两个中心问题。画图过程是完成从空间向平面的转化过程,读图过程是完成从平面向空间的转化过程,这两个转化过程都是靠正投影法来实现的。因此,以正投影法的基本理论和方法为主要内容的投影作图,是学习机械制图的基础,它对于培养学生的空间想象力是十分重要的。

一、投影法的基本知识

(一) 投影法

日光照射物体,在地上或墙上产生影子,这种现象叫作投影。

如图 1-13 所示,从发光点 S 发出的一束光线照射 $\triangle ABC$,在预定的平面 P 上得到了 $\triangle ABC$ 的投影 $\triangle abc$。平面 P 称为投影面,光线 SA、SB、SC 称为投影线,点 S 称为投影中心,在 P 面上所得到的图形称为投影。上述在投影面上作出形体投影的方法称为投影法。

(二) 投影法的分类

投影法分为中心投影法和平行投影法两类。

1. 中心投影法

投影线都从一个点(投影中心)发出,在投影面上作出形体投影的方法称为中心投影法(见图1-13),根据中心投影法绘制的图形称为透视投影图。

透视投影图的特点是:立体感强、符合人的视觉,是绘制建筑物外观图常用的一种方法。

但由于形体在投影面上的投影尺寸有近大远小的变化,且可度量性差,作图也比较复杂。因此,它不适用于绘制机械图样。

2. 平行投影法

由互相平行的投影线在投影面上作出形体投影的方法,称为平行投影法,如图 1-14 所示。

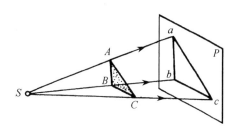

图 1-13 中心投影法

平行投影法可以看成中心投影法的特殊情况,因为假设投影中心 S 在无穷远处,这时的投影线就可以看成是互相平行的。

在平行投影法中,由于投影线是互相平行的,若仅改变形体离开投影面的距离,则所得投影的形状和大小不变(见图 1-14),当四边形平行于投影面时,无论空间 $\square ABCD$ 离投影面 P 多远,它的投影 $\square abcd$ 与空间 $\square ABCD$ 都是相同的。

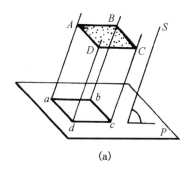 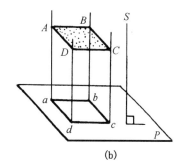

(a)   (b)

图 1-14 平行投影法
(a)斜投影;(b)正投影

在平行投影法中,根据投影线与投影面的角度不同,又可分为斜投影和正投影两种。

(1)斜投影:投影线倾斜于投影面时的投影称为斜投影[见图 1-14(a)]。

(2)正投影:投影线垂直于投影面时的投影称为正投影[见图 1-14(b)]。

正投影图的直观性虽不如中心投影图好,但能真实地表达空间物体的形状和大小,作图也简便。因此,国家标准 GB/T 14692—2008《技术制图 投影法》中明确规定,零件的图样采用正投影法绘制。本书主要介绍正投影法,在不做特殊说明的情况下,所叙述的投影均指正投影。

(三)三面投影体系

三个互相垂直的投影面,称为三面投影体系。正立位置的投影面称为正面,用字母 V 标记;水平位置的投影面称为水平面,用字母 H 标记;右侧立位置的投影面称为侧面,用字母 W 标记。简称 V 面、H 面、W 面。

三个投影面的交线 OX、OY、OZ 称为投影轴(简轴 X 轴、Y 轴、Z 轴)。三根投影轴互相垂直相交于一点 O,即为原点。

二、点、直线段与平面形的正投影

(一)点的投影和三面投影规律

点的投影仍然是点。将空间点 A 置于三面投影体系中,由点 A 分别向 V、H 和 W 三个投影面作垂线,所得的三个垂足 a'、a 和 a'' 就是点的三面投影,如图 1-15 所示。

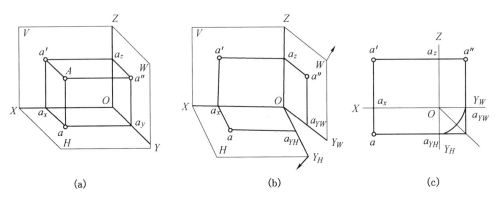

图 1-15 点的三面投影图

通常规定,空间点用大写字母 $A,B,C\cdots$ 标记;水平投影用相应的小写字母 $a,b,c\cdots$ 标记;正面投影用相应的小写字母加一撇 $a',b',c'\cdots$ 标记;侧面投影用相应的小写字母加两撇 $a'',b'',c''\cdots$ 标记。这样 A 点到 W 面的距离为其 x 坐标;A 点到 V 面的距离为其 y 坐标;A 点到 H 面的距离为其 z 坐标。若用坐标值确定点的空间位置,则可用下列规定书写形式:
$A(x_A, y_A, z_A)$、$B(x_B, y_B, z_B)$,如 $A(25,20,30)$、$B(10,0,20)$。

由图 1-15(a) 可知:$Aa \perp H$ 面,$Aa' \perp V$ 面,则通过 Aa 和 Aa' 所作的平面必然同时垂直于 H 面和 V 面,当然也就垂直于 V 面与 H 面的交线 OX 轴,它与 OX 轴的交点用 a_x 表示。显然 $Aa'a_xa$ 是一矩形。同理,$Aa''a_ya$ 和 $Aa'a_za''$ 也是矩形。这三个矩形平面都与相应的投影轴正交,并与相应投影面上的相应矩形围成一长方体。因为长方体中相应平行棱线长度相等,故可得点与三投影面的对应关系为:

$Aa'' = a'a_z = aa_y = Oa_x$(均为 x 坐标);

$Aa' = aa_x = a''a_z = Oa_y$(均为 y 坐标);

$Aa = a'a_x = a''a_y = Oa_z$(均为 z 坐标)。

由此可见,空间点在某一投影面上的投影,是由该点的两个相应坐标值所决定的。

a 可由 Oa_x 和 Oa_y,即 A 点的 x,y 两坐标决定;a' 可由 Oa_x 和 Oa_z,即 A 点的 x,z 两坐标决定;a'' 可由 Oa_z 和 Oa_y,即 A 点的 z,y 两坐标决定。

如图 1-15(b) 所示,移去空间点 A,按所规定的投影面展开方法,将三个投影面展开摊平并去掉边框线,便得到 A 点的三面投影图[见图 1-15(c)]。为便于进行投影分析,用细实线将点的两面投影连起来得到 aa' 和 $a'a''$(称为投影连线)。

当投影面展开时,H 面上的一段投影连线 aa_x 随 H 面在垂直于 OX 轴的平面内旋转,所以在展开后的投影图中,a', a_x, a 三点必在同一条直线上,即 $aa' \perp OX$。同理可以说明投影连线 $a'a''$ 一定垂直于 OZ 轴,即 $a'a'' \perp OZ$。由于 Y 轴展开后分别为 Y_H 和 Y_W,故 a 与 a'' 不能直接相连,需要借助 45°斜线或圆弧来实现这个联系[见图 1-15(c)]。

根据上述分析,可总结出点的三面投影规律:

(1) 点的正面投影和水平投影的连线垂直于 X 轴。这两个投影都反映空间点的 x 坐标,表示空间点到侧投影面的距离,即 $a'a \perp OX$,$a'a_z = aa_{YH} = x_A$。

(2) 点的正面投影和侧面投影的连线垂直于 Z 轴。这两个投影都反映空间点的 z 坐标,表示空间点到水平投影面的距离,即 $a'a'' \perp OZ$,$a'a_x = a''a_{Y_W} = z_A$。

(3) 点的水平投影到 X 轴的距离等于侧面投影到 Z 轴的距离。这两个投影都反映空间点的 y 坐标,表示空间点到正投影面的距离,即 $aa_x = a''a_z = y_A$。根据点的投影规律,可由点的三个坐标值画出其三面投影图,也可根据点的两面投影作出第三面投影。

1. 各种位置点的投影

各种点的位置有在空间中、在投影面上、在投影轴上、在原点上四种情况,它们在投影面上的投影各有不同的特征,见表 1-5。

表 1-5 各种位置点的投影图例

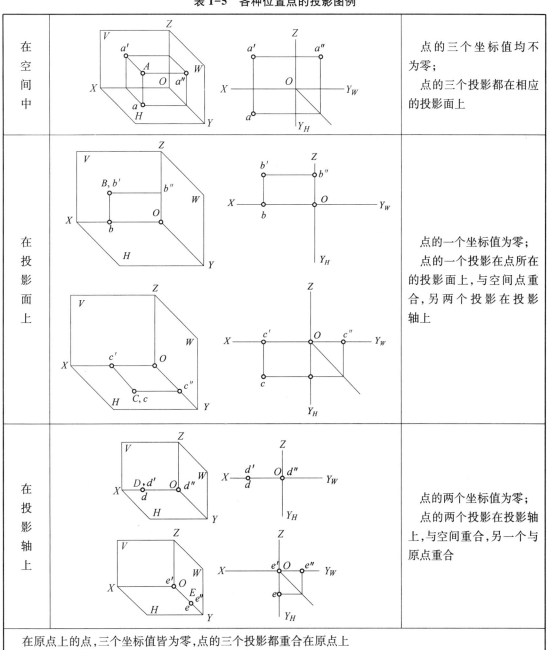

2. 两点的相对位置

空间两点的相对位置是指它们彼此之间的方位关系,即左右、前后和上下的关系。

在三面投影体系中,两点的相对位置是由两点到三个投影面的距离,即两点的坐标差决定的。距 W 面远者在左,近者在右;距 V 面远者在前,近者在后;距 H 面远者在上,近者在下,如图1-16所示。

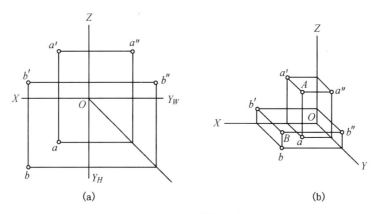

图1-16 两点的相对位置

从 V、H 面投影可以看出,B 点比 A 点距 W 面远($x_B > x_A$),故 B 点在左、A 点在右。

从 V、W 面投影可以看出,A 点比 B 点距 H 面远($z_A > z_B$),故 A 点在上、B 点在下。

从 H、W 面投影可以看出,B 点比 A 点距 V 面远($y_B > y_A$),故 B 点在前、A 点在后。

概括地说,A 点在 B 点的右后上方,B 点在 A 点的左前下方。

3. 重影点及其可见性

当两点的某两个坐标相同时,该两点将处于对某一投影面的同一投影线上,因而在某一投影面的投影相重合,则这两点称为对该投影面的重影点。

如图1-17所示,A、B 两点均在垂直于 H 面的同一投影线上,则它们在 H 面上的投影重合为一点。

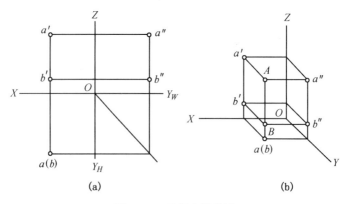

图1-17 重影点的投影

沿着投影方向,根据两点坐标的大小可以判断重影点的可见性。当两点的 H 面投影重合时,看其 V 面或 W 面的投影,z 坐标大者可见。如图 1-17 所示,A 点的投影 a 可见,B 点的投影 b 不可见。

当两点的 V 面投影重合时,看其 H 面或 W 面的投影,y 坐标大者可见。

当两点的 W 面投影重合时,看其 V 面或 H 面的投影,z 坐标大者可见。

重影点在投影图上的标记规定为:将不可见点的字母用小括号括起来,如 (a')、(b)、(c'') 等。

(二) 直线段的正投影

空间两点确定一条空间直线段,空间直线段的投影可由线上两个点(通常指两个端点)的投影决定。

如图 1-18 所示,将直线段 AB 向 H 面投影,直线段上两端点 A、B 的同面投影 a、b 的连线,就是线段 AB 在该面上的投影。所谓同面投影,是指各几何要素在同一投影面上的投影。

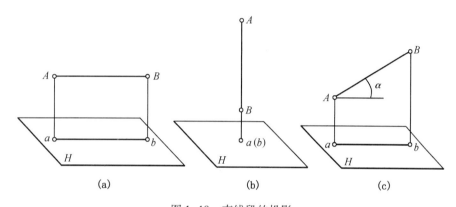

图 1-18 直线段的投影
(a)真实性;(b)积聚性;(c)收缩性

1. 直线段对于一个投影面的投影

空间直线段相对于一个投影面的位置有平行、垂直、倾斜三种情况,如图 1-18 所示。

三种不同位置直线的投影具有三种不同的投影特性。

(1) 真实性:当直线段平行于投影面时,它在该投影面上的投影反映空间线段的实长。在图 1-18(a)中,$ab=AB$,这种性质称为真实性。

(2) 积聚性:当直线段垂直于投影面时,它在该投影面上的投影积聚成为一个点。在图 1-18(b)中,$a(b)$ 为一点,这种性质称为积聚性。

(3) 收缩性:当直线段倾斜于投影面时,它在该投影面上的投影小于空间线段的实长。在图 1-18(c)中,$ab<AB$,这种性质称为收缩性。

由上述可知:空间直线段的投影一般仍为直线,在垂直投影面时是一个点。

2. 直线段在三投影面体系中的投影特性

空间直线段按对三个投影面的位置不同可分为三类:投影面平行线、投影面垂直线和一般位置直线。其中,投影面垂直线和投影面平行线又称为特殊位置直线。

(1) 投影面平行线:平行于一个投影面,而与另外两个投影面倾斜的直线段称为投影面平行线。投影面平行线又分为以下三种:

平行于 H 面而与 V、W 面倾斜的直线叫水平线;

平行于 V 面而与 H、W 面倾斜的直线叫正平线;
平行于 W 面而与 H、V 面倾斜的直线叫侧平线。

图 1-19 中直线为一侧平线,它的三面投影特性为:

① 侧平线的 W 面投影反映线段实长,即 $s''b''$ = SB。

② 侧平线的 V 面、H 面投影分别平行于 OZ、OY_H 轴,即 $s'b'$ // OZ,sb // OY_H,且小于实长 SB。

同理,也可得出水平线和正平线的投影特性,见表 1-6。从表 1-6 中可概括出投影面平行线的投影特性:

在所平行的投影面上的投影反映实长;在另外两个投影面上的投影分别平行于直线所平行的那个投影面上的两根轴,且小于实长。

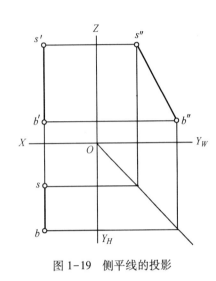

图 1-19 侧平线的投影

表 1-6 投影面平行线的投影图例

名称	直观图	投影图	投影特性
水平线			(1) $ab = AB$; (2) $a'b'$ // OX 轴、$a''b''$ // OY_W 轴,且小于实长
正平线			(1) $c'd' = CD$; (2) cd // OX 轴、$c''d''$ // OZ 轴,且小于实长
侧平线			(1) $e''f'' = EF$; (2) $e'f'$ // OZ 轴、ef // OY_H 轴,且小于实长

投影面平行线的辨认:当直线段的投影有两个平行于投影轴,第三个投影与投影轴倾斜时,则该直线一定是投影面平行线,且一定平行于其投影为倾斜线的那个投影面。

(2) 投影面垂直线:垂直于一个投影面,即平行于两个投影面的直线段,称为投影面垂直线。垂直于 V 面的直线,称为正垂线;垂直于 H 面的直线,称为铅垂线;垂直于 W 面的直线,称为侧垂线。

图 1-20 中 AC 为一侧垂线,它的三面投影特性为:

① W 面投影 $a''(c'')$ 积聚为一点。

② V 面、H 面投影分别垂直于 OZ、OY_H 轴,即 $a'c' \perp OZ$,$ac \perp OY_H$,且均反映实长,$a'c' = ac = AC$。

同理,也可得出正垂线和铅垂线的投影特性,见表 1-7。从表 1-7 中可概括出投影面垂直线的投影特性:在直线所垂直的投影面上的投影积聚为一点;在另外两个投影面上的投影分别垂直于直线所垂直的那个投影面上的两根投影轴,且反映直线段实长。

投影面垂直线的辨认:直线段的投影只要有投影积聚成一点,则该直线段一定是投影面垂直线,并且一定垂直于其投影积聚为一点的那个投影面。

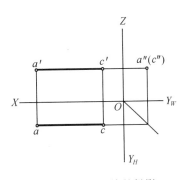

图 1-20 侧垂线的投影

表 1-7 投影面垂直线的投影图例

名称	直观图	投影图	投影特性
铅垂线			(1) H 投影 $a(b)$ 积聚为一点; (2) $a'b' \perp OX$ 轴,$a''b'' \perp OY_W$ 轴,$a'b' = a''b'' = AB$
正垂线			(1) V 面投影 $c'(d')$ 积聚为一点; (2) $cd \perp OX$ 轴,$c''d'' \perp OZ$ 轴,$cd = c''d'' = CD$
侧垂线			(1) W 投影 $e''(f'')$ 积聚为一点; (2) $e'f' \perp OZ$ 轴,$ef \perp OY_H$ 轴,$e'f' = ef = EF$

(3) 一般位置直线:与三个投影面都倾斜的直线段称为一般位置直线。

如图 1-21 所示,直线 SA 对投影面 V、H 和 W 都处于倾斜位置,是一般位置直线。

一般位置直线的投影特性:

① 直线的三面投影都倾斜于投影轴;

② 投影的长度均小于直线段的实长。

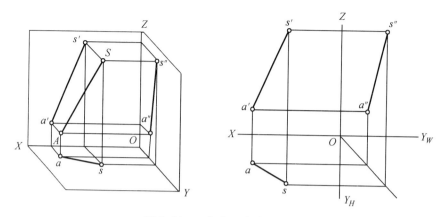

图 1-21　一般位置直线的投影

一般位置直线的辨认：直线的三面投影如果与三根投影轴都倾斜，则可判定该直线为一般位置直线。

作图时，求作一般位置直线的投影也应符合"长对正、高平齐、宽相等"的投影关系。

3. 图例分析

运用上述三类直线的投影特性，就可以分析一般形体上各棱线的投影，为想象立体形状打下基础。图 1-22 所示为一四棱截锥三面投影图，试分析图中棱线与三投影面的关系。

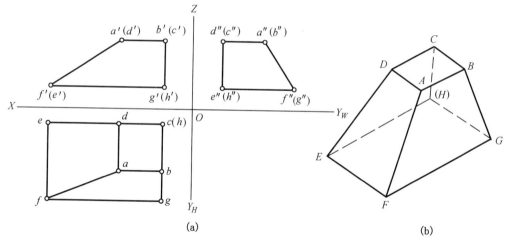

图 1-22　形体中线的分析

从图 1-22(a)中可以看出棱线，AF 的三面投影 af、a'f'、a"f"都与投影轴倾斜，因此棱线为一般位置直线。

棱线 DE 的 H 面投影 de 平行于 OX 轴，W 面的投影 d"e"平行于 OZ 轴，而 V 面上的投影 d'e'与投影轴倾斜，因此 DE 是正平线。同理，BG 为侧平线。

棱线 AB 的 W 面投影积聚为一点 a"(b")，V 面投影 a'b'垂直于 OZ 轴，H 面投影 ab 垂直于 OY_H 轴，因此棱线 AB 为侧垂线。同理，DC、EH、FG 也都是侧垂线。CH 为铅垂线，AD、BC、FE、GH 为正垂线。

通过以上分析,可以想象出该四棱截锥的形状[见图1-22(b)]。

(三)平面形的投影

形体上的任一平面形,都有其一定的形状、大小和位置。从形状上看,常见的平面形有三角形、矩形、正多边形等由直线围成的直线平面形及圆平面、椭圆面等由曲线围成的曲线平面形,还有由直线和曲线共同围成的混合平面形。将不同的平面形进行投影时,就会出现不同的形状。

平面形投影的作图方法是将图形轮廓线上的一系列点(多边形则是其顶点)向投影面投影,连线即得平面形的投影。

图1-23所示为空间三角形的三面投影图。△ABC的各面投影,实质上就是各顶点同面投影的连线。其他直线平面形的投影可用与此类似的方法求得。

综上所述,作平面形的投影,实质上仍是以点的投影为基础的。

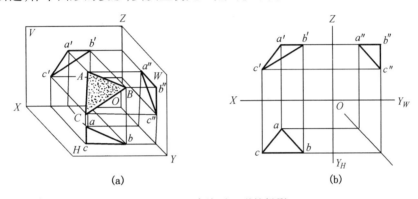

图1-23 直线平面形的投影

1. 平面形对于一个投影面的投影

空间平面形相对于一个投影面的位置也有平行、垂直、倾斜三种情况,如图1-24所示。三种不同位置的平面具有三种不同的投影特性。

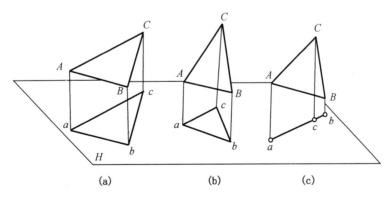

图1-24 平面投影的性质
(a)真实性;(b)收缩性;(c)积聚性

(1)真实性:当平面形平行于投影面时,它在该投影面上的投影反映空间平面形的真实形状和大小,如图1-24(a)中△abc=△ABC,这种性质称为真实性。

(2)收缩性(类似性):当平面形倾斜于投影面时,它在该投影面上的投影与原图形类似(即不相等,也不相似),且面积变小,如图1-24(b)中三角形投影仍为三角形,但$S_{\triangle abc} < S_{\triangle ABC}$,这种性质称为收缩性,亦称类似性。

(3)积聚性:当平面形垂直于投影面时,它在该投影面上的投影积聚成一条直线段,如图1-24(c)中△abc投影成一条直线段,这种性质称为积聚性。

由上述可知:平面形的投影一般仍为平面形,垂直投影面时是一条直线。

2. 平面形在三投影面体系中的投影特性

空间平面形按对三个投影面的位置不同可分为三类:投影面垂直面、投影面平行面和一般位置平面。其中,投影面垂直面和投影面平行面又称为特殊位置平面。

(1)投影面垂直面。垂直于一个投影面,而与另外两个投影面倾斜的平面称为投影面垂直面。投影面垂直面又分为三种:

垂直于V面,而与H、W面倾斜的平面叫作正垂面;

垂直于H面,而与V、W面倾斜的平面叫作铅垂面;

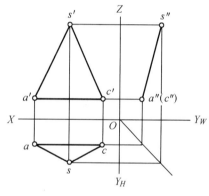

图1-25 侧垂面的投影

垂直于W面,而与V、H面倾斜的平面叫作侧垂面。

某一平面△SAC为一侧垂面,它的三面投影如图1-25所示,其特性为:

① W面投影积聚成一条直线段$s''a''(c'')$,该线段倾斜于OZ、OY_W轴。

② V面与H面投影均比实形小,即:$S_{\triangle s'a'c'} < S_{\triangle SAC}$,$S_{\triangle sac} < S_{\triangle SAC}$,为类似形。

同理,也可得出铅垂面、正垂面的三面投影特性,见表1-8。由表1-8可概括出投影面垂直面的投影特性:在所垂直的投影面上的投影积聚成一条直线段,且与投影轴倾斜;在另外两个投影面上的投影均为小于原平面形的类似形。

表1-8 投影面垂直面的投影图例

名称	直观图	投影图	投影特性
铅垂面			(1)H面投影积聚为一条直线段; (2)V面和W面投影为缩小了的类似形
正垂面			(1)V面投影积聚为一条直线段; (2)H面与W面投影缩小了的类似形

续表

名称	直观图	投影图	投影特性
侧垂面			(1) W 面投影积聚为一条直线段；(2) V 面和 H 面投影为缩小了的类似形

投影面垂直面的辨认：如果平面形在某一投影面上的投影积聚成一条倾斜于投影轴的直线段，则该平面形一定是投影面垂直面，且一定垂直于其投影为直线段的那个投影面。

（2）投影面平行面。平行于一个投影面，即垂直于另两个投影面的平面称为投影面平行面。平行于 V 面的称为正平面；平行于 H 面的称为水平面；平行于 W 面的称为侧平面。

图 1-26 中平面 △ABC 为一水平面，它的三面投影特性为：

① H 面投影反映实形，△abc = △ABC。

② V 面和 W 面投影各自积聚成一条直线段，并分别与 OX、OY_W 轴平行，即 $a'b'c' \parallel OX$，$a''b''c'' \parallel OY_W$。

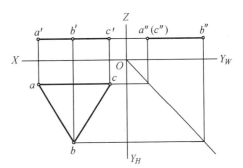

图 1-26 水平面的投影

同理，也可得出正平面和侧平面的投影特性，见表 1-9。由表 1-9 可概括出投影面平行面的三面投影特性：平面在所平行的投影面上的投影反映实形；在另外两个投影面上的投影分别积聚成直线段，并平行于相应的投影轴。

投影面平行面的辨认：如果在平面形的投影图中，同时有两个投影分别积聚成平行于相应投影轴的直线，而另一投影为平面形，则此平面平行于该投影所在的那个投影面，平面在该投影面上的投影反映实形。

表 1-9 投影面平行面的投影图例

名称	直观图	投影图	投影特性
水平面			(1) H 面投影反映实形；(2) V 面、W 面投影分别积聚成直线段，且平行于 OX、OY_W 轴

续表

名称	直观图	投影图	投影特性
正平面	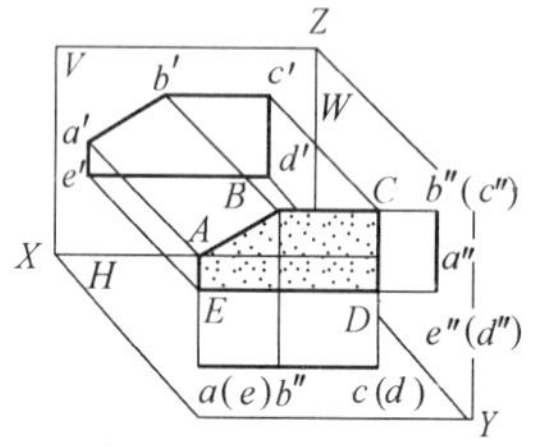	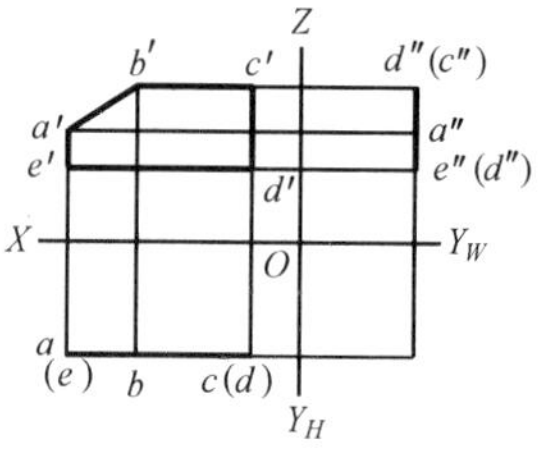	(1) V 面投影反映实形； (2) H 面、W 面投影分别积聚成直线段，且平行于 OX、OZ 轴
侧平面	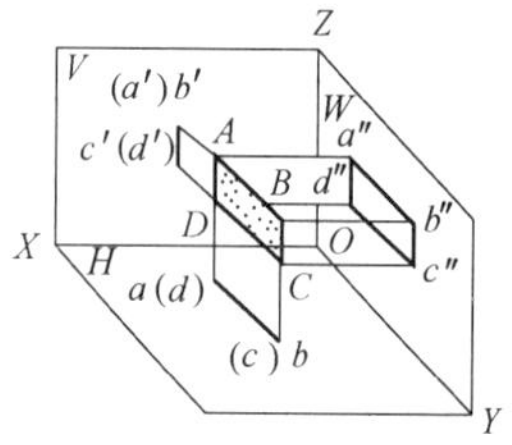	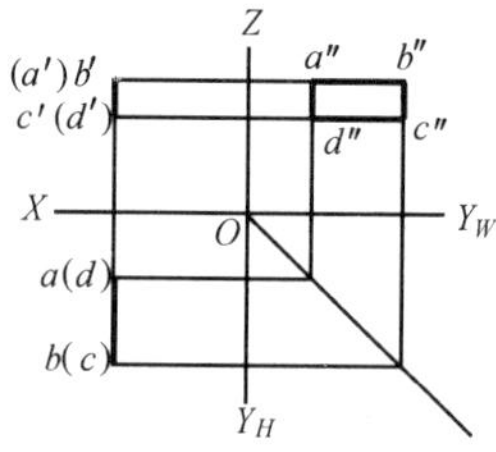	(1) W 面投影反映实形； (2) V 面、H 面投影分别积聚成直线段，且平行于 OZ、OY_H 轴

（3）一般位置平面：与 V、H 和 W 三个投影面都倾斜的平面称为一般位置平面。如图 1-23 中△ABC 对 V、H 和 W 面都处于倾斜位置。它的三面投影既不积聚成直线段，又不反映实形，且面积缩小。

一般位置平面的投影特性：三面投影均不反映实形，且均为缩小了的类似形。

一般位置平面的辨认：如果平面的三面投影都是类似的几何图形，则该平面一定是一般位置平面。

3. 图例分析

运用上述三类平面形的三面投影特性，就可分析出图 1-27 所示形体上各平面相对于投影面的空间位置。

图 1-27 所示为一个由五个平面形围成的形体，其顶面为△ABC，底面为△DEF，三侧面为四边形 $BCEF$、$ABFD$ 和 $ACED$。

△ABC 的三面投影都是类似的三角形，分别是△abc、△$a'b'c'$ 和△$a''b''c''$，因而可以确认△ABC 是一般位置平面。

△DEF 的 V 面投影为直线段 $d'e'f'$，$d'e'f'$ // OX 轴；W 面投影为直线段 $d''f''(e'')$，$d''f''(e'')$ // OY_W 轴；H 面投影为△def。可以判定△DEF 是水平面，水平投影反映△DEF 的实形。

四边形 $BCEF$ 的侧面投影 $b''c''(e'')f''$ 是与 OZ 轴倾斜的直线段，H 面和 V 面投影 $bcef$、$b'c'e'f'$ 为类似形，可以判定 $BCEF$ 为侧垂面。

四边形 $ACED$ 的三面投影 $aced$、$a'c'e'd'$ 和 $a''c''(e'')d''$ 均为类似形，可以判定四边形 $ACED$ 是一般位置平面。同时，也可判定四边形 $ABFD$ 也是一般位置平面。

三、基本体的三视图

（一）体的三面投影——三视图

国家标准 GB/T 4458.1—2002《机械制图 图样画法 视图》规定，用正投影法绘制的物

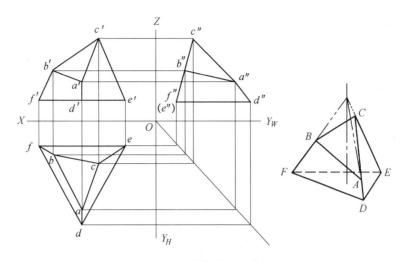

图 1-27 形体中面的分析

体的图形又称为视图,并且规定,可见的轮廓线用粗实线表示,不可见的轮廓线用虚线表示。

在图 1-28 中,将物体放在三个互相垂直的投影面中,使物体上的主要平面平行于投影面,然后分别向三个投影面作正投影,得到的三个图形称为三视图。

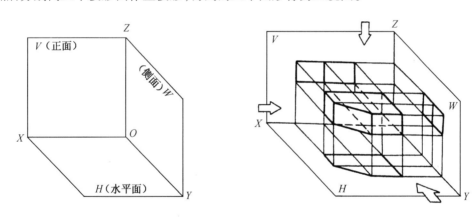

图 1-28 分面进行投影

三个视图的名称分别为:

主视图,即向正前方投影,在正面(V)上所得到的视图;

俯视图,即由上向下投影,在水平面(H)上所得到的视图;

左视图,即由左向右投影,在侧面(W)上所得到的视图。

在三个投影面上得到物体的三视图后,须将空间互相垂直的三个投影展开摊平在一个平面上。展开投影面时规定:正面保持不动,将水平面和侧面按图 1-29(a)中箭头所示的方向旋转 90°得到图 1-29(b)。为使图形清晰,去掉投影轴和投影面线框,就成为常用的三视图,如图 1-29(c)所示。

下面介绍三视图之间的对应关系:

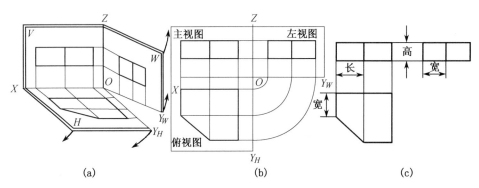

图 1-29 投影面的展开与三视图的形成

1. 视图间的对应关系

从三视图中可以看出,主视图反映了物体的长度和高度;俯视图反映了物体的长度和宽度;左视图反映了物体的高度和宽度。由此可以得出如下投影规律:主视图、俯视图中相应投影的长度相等,并且对正;主视图、左视图中相应投影的高度相等,并且平齐;俯视图、左视图中相应投影的宽度相等。

归纳起来,可得三视图的投影规律:主、俯视图长对正;主、左视图高平齐;俯、左视图宽相等。简称"长对正、高平齐、宽相等"。

不仅整个形体的三视图符合上述对应关系,而且形体上每一组成部分的三个投影也符合上述对应关系,在画图、读图及标注尺寸时都要注意遵循和应用它。

2. 物体与视图的方位关系

物体各结构之间,都具有六个方向的互相位置关系,如图 1-30 所示。它与三视图的方位关系为:主视图反映出物体的上、下、左、右位置关系;俯视图反映出物体的前、后、左、右位置关系;左视图反映出物体的前、后、上、下位置关系。

特别值得注意的是,俯视图与左视图中远离主视图的一方为物体的前方,靠近主视图的一方为物体的后方。

总之,以主视图为准,在俯视图和左视图中存在"近后远前"的方位关系。

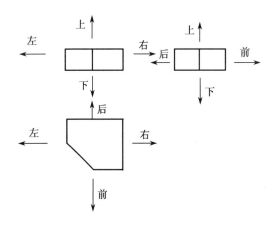

图 1-30 三视图的方位关系

(二)平面立体的投影

空间立体是由各种表面围成的实体,可分为两类:表面都是平面的平面立体和表面是曲面或曲面与平面的曲面立体。平面立体上相邻表面的交线称为棱线。平面立体主要有棱柱、棱锥等。绘制平面立体的三视图,可归结为绘制各个表面的投影。由于平面立体各表面均由直线段围成,因此,平面立体的三视图又可归结为绘出其各棱线及各顶点的投影,然后判断其可见性。看得见的棱线投影画成粗实线,看不见的棱线投影画成虚线。

1. 棱柱

棱柱有直棱柱(侧棱与底面垂直)和斜棱柱(侧棱与底面倾斜)之分。棱柱的顶面和底面是两个形状相同而且互相平行的多边形,各侧面都是矩形或平行四边形。顶面和底面为正多边形的直棱柱称为正棱柱。

(1) 棱柱的投影:图1-31(a)所示为正六棱柱的直观图。该棱柱的顶面和底面为正六边形,放置成平行 H 面,并使其前后两个侧面平行 V 面。

图1-31(b)所示为它的三视图,俯视图的正六边形是六棱柱顶面和底面的重合投影,反映该正六棱柱顶面和底面的实形。顶面的投影可见,底面的投影不可见。六边形的边和顶点分别是六个侧面和六条侧棱在 H 面上的具有积聚性的投影。

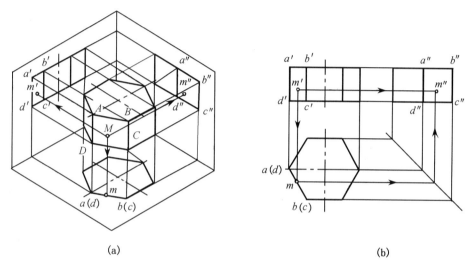

图1-31 正六棱柱的三视图
(a)正六棱柱的直观图;(b)三视图

主视图的三个矩形线框是六棱柱六个侧面的投影。中间矩形线框为前、后侧面的重合投影,反映实形;左、右两线框为其余四个侧面的重合投影,是类似形。六个侧面中前方三个的正面投影可见。主视图上、下两条图线是顶面和底面的具有积聚性的投影,另外四条图线是六条侧棱的投影。

左视图中的两个矩形线框是左、右共四个侧面的重合投影,是类似形,左边两个侧面可见,右边两个侧面不可见。左视图外框左、右两条线为前、后侧面的具有积聚性的投影。中间一条线为侧棱的投影。视图中上、下两条图线是顶面和底面的具有积聚性的投影。

直棱柱的投影特征:当棱柱的底面平行某一个投影面时,棱柱在该面上的投影为与其底面全等的多边形,而另外两个投影为由数个(由实线或虚线围成的)相邻的矩形线框所组成的图形。

画各种棱柱的三视图时,应先画出三个视图的对称中心线作为投影图的基准线,再画反映底面实形的视图,然后按视图间的投影关系完成其他两面视图。画完底稿后,应检查各投影图是否符合"长对正、高平齐、宽相等"的投影规律。最后擦去不必要的作图线,加深需要的各种图线,使其符合标准。

图1-31(b)中的三视图,省略了投影轴,在实际工作中也是不画投影轴的。应该注意,虽然不画投影轴,但任一点的正面投影和水平投影、正面投影和侧面投影仍应分别在相应的投影

连线上;而且在几何形体的水平投影和侧面投影之间,也应保持相同的前后对应关系。这种水平投影和侧面投影之间的前后对应关系,一般可直接量取相等的距离作图,也可用添加45°辅助线的方法作图。

(2) 棱柱表面上点的投影:立体表面上的点,其投影一定位于立体表面的同面投影上。

由于直棱柱的表面都处在特殊位置,所以棱柱表面上点的投影均可利用平面投影的积聚性来作图。

点的可见性取决于点所在面的可见性。若该面处于可见位置,则该面上点的同面投影也为可见,反之为不可见。凡其投影为不可见的点,规定在该投影标记上加小括号"( )"表示,以区别于可见点的投影。在平面具有积聚性的投影上的点的投影,可以不必判别其可见性。

如图1-31(b)所示,已知六棱柱 ABCD 侧面上 M 点的 V 面投影 m',求该点的 H 面投影 m 和 W 面投影 m''。由于 m' 为可见点的投影,故点 M 必在左前侧面 ABCD 上。因侧面 ABCD 为铅垂面,故 M 点的 H 面投影 m 必在该侧面的 H 面具有积聚性的投影 adcd 上,求出 m 后即可根据 m' 和 m 求出 W 面投影 m''。由于 ABCD 的 W 面投影可见,故 m'' 也可见。

2. 棱锥

棱锥的底面为多边形,各侧面为若干个具有公共顶点的三角形。从棱锥顶点到底面的距离叫作棱锥的高。当棱锥底面为正多边形,各侧面是全等的等腰三角形时,称为正棱锥。

(1) 棱锥的投影:图1-32(a)所示为一正三棱锥的三面投影直观图,它由底面等边三角形 ABC 和三个全等的等腰三角形 SAB、SAC、SBC 所组成。设将其放置成底面 ABC 平行于 H 面,并有一个侧面 SAC 垂直于 W 面的位置。

图1-32(b)所示为该三棱锥的三视图,由于底面 ABC 为水平面,所以它的 H 面投影 abc 反映底面的实形,V 面投影 $a'b'c'$ 和 W 面投影 $a''(c'')b''$ 分别积聚成平行于 OX 轴和 OY_W 轴的直线段;三棱锥的后侧面 SAC 为侧垂面,它的 W 面投影 $s''a''(c'')$ 积聚为一段斜线,它的 V 面投影 $s'a'c'$ 和 H 面投影 sac 为类似形,前者为不可见,后者为可见。左、右两个侧面为一般位置平面,它们在三个投影面上的投影均为类似形。底边 AB、BC 为水平线,AC 为侧垂线;棱线 SB 为侧平线,SA、SC 为一般位置直线。它们的投影特性可自行分析。

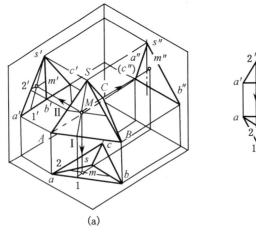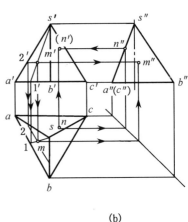

(a) (b)

图1-32 正三棱锥的三视图

(a)正三棱锥直观图;(b)三视图

正棱锥的投影特征:当棱锥的底面平行于某一个投影面时,棱锥在该面上投影的外轮廓为与其底面全等的正多边形;而另外两个投影为由数个(由实线或虚线组成的)相邻的三角形线框所组成的图形。

画棱锥三视图时,一般先画底面的各个投影,然后定锥顶 S 的各个投影,同时将它与底面各顶点的同面投影连接起来,并判断其可见性,即完成其三视图。

(2)棱锥表面上点的投影:组成棱锥的表面有特殊位置平面,也有一般位置平面。凡属于特殊位置表面上的点,可利用投影的积聚性直接求得;而属于一般位置表面上的点,可通过在该面上作辅助线的方法求得,称为辅助线法。其依据是:在平面上的点,必位于平面且通过该点的直线上。

如图 1-32(b)所示,已知位于侧面 SAB 上 M 点的 V 面投影 m′和位于侧面 SAC 上 N 点的 H 面投影 n,求作 M、N 两点的其余投影。

由于 N 点所在的侧面 SAC 是侧垂面,可利用该平面的 W 面投影具有积聚性直接求出 n″,再由 n 和 n″按投影关系求得 n′。由于 N 点所属侧面 SAC 的 V 面投影不可见,所以 n′不可见。

M 点所在侧面 SAB 为一般位置平面,可按图 1-32(a)所示,过锥顶 S 和 M 引一辅助直线 SⅠ,作出 SⅠ 的有关投影,M 点的投影必在 SⅠ 的同面投影上。其作法是:过 m′和 s′引直线 s′1′,由 s′1′作出 H 面投影 s1,再由 m′引投影连线交于 s1 上一点 m,最后由 m′和 m 求得 m″。辅助线必须通过 M 点,且位于 SAB 上,却不一定非通过锥顶,图中所示过 M 点引平行于 AB 的直线 MⅡ 即是。用它同样可求得 M 点的 H 面投影 m 和 W 面投影 m″。

由于 M 点所属侧面 SAB 在 H 面和 W 面上的投影都是可见的,所以 m 和 m″都是可见的。

3. 棱锥台

棱锥台可看成由平行于棱锥底面的平面截去锥顶一部分而形成的。由正棱锥截得的棱锥台叫正棱台。

图 1-33 所示为一四棱台的三视图,其轴线垂直于水平面。

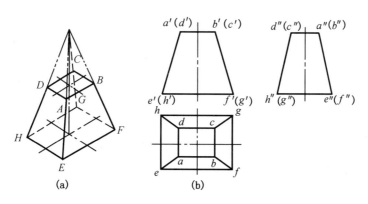

图 1-33 四棱台的三视图

绘制棱锥台的三视图及求棱锥台表面上点的投影的方法与棱锥相同。

(三)曲面立体的投影

由曲面或曲面与平面围成的形体称为曲面立体。在机件中常见的曲面立体是回转体。回转体是指由回转面(由一条母线围绕轴线回转一周而形成的表面)或回转面与平面所围成的形体,如圆柱、圆锥、圆球、圆环等。

1. 圆柱

圆柱由顶面、底面和圆柱面所围成。圆柱面可看成是由一条直线 AA_1 绕与它平行的固定轴 OO_1 回转而形成的曲面。直线 OO_1 称为回转轴,直线 AA_1 称为母线,在回转过程中任意位置的母线 AA_1 称为素线,如图 1-34 所示。

（1）圆柱的投影:图 1-35(b)所示为当轴线垂直于水平面时,圆柱的三视图。

俯视图是一圆线框,反映圆柱顶面和底面的实形,顶面可见;而圆周又是圆柱面具有积聚性的投影,在圆柱面上任何点的投影都重合在这一圆的圆周上。

主视图为一矩形线框。矩形的上、下边是圆柱顶面和底面的具有积聚性的投影。左、右两条边 $a'a_1'$ 和 $c'c_1'$ 是从前向后看圆柱面上最左与最右两条素线 AA_1 和 CC_1 的投影。这两条素线称为轮廓素线,它们既是圆柱前半部与后半部的分界线,也是圆柱可见部分与不可见部分的分界线。它们的水平投影积聚成点,侧面投影与圆柱的轴线(点画线)重合。因圆柱表面是光滑的曲面,所以在画图时不应画出轮廓素线在其他投影面上的投影。

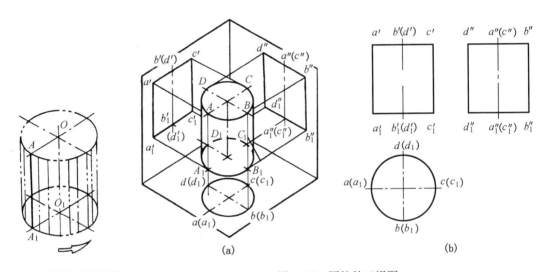

图 1-34　圆柱面的形成　　　　　图 1-35　圆柱的三视图

左视图的矩形线框,其上、下两边亦分别是圆柱顶面和底面的具有积聚性的投影。矩形左、右两边 $b''b_1''$ 和 $d''d_1''$ 为该圆柱面上最前和最后两条轮廓素线 BB_1 和 DD_1 的投影,它既是圆柱左半部与右半部的分界线,也是可见部分与不可见部分的分界线。它们的水平投影积聚成点,正面投影与圆柱的轴线(点画线)重合。

圆柱的投影特征:当圆柱的轴线垂直于某一投影面时,在该投影面上的投影为一圆;另外两个投影为全等的两个矩形。

画圆柱的三视图时,应先画出轴线和圆的中心线,然后画出投影为圆的那个视图,最后画其余两个视图。

（2）圆柱面上点的投影:画圆柱表面上点的投影,可利用圆柱表面具有积聚性的投影来作图。

如图 1-36 所示,已知圆柱面上 M 点、N 点的 V 面投影,求作 M、N 两点的 H 面、W 面投影。

由于 M 点的 V 面投影 m' 可见,所以 M 点必在前半圆柱面上,其水平投影 m 必定落在具有积聚性的前半个圆柱面的水平投影图上,再由 m' 和 m 可求出 m'',由于 M 点处于圆柱面的左半部,所以 m'' 是可见的。N 点的投影可自行分析。

2. 圆锥

圆锥表面由圆锥面和底面圆所围成。圆锥面可看作是由一直线 SA 绕与它相交的固定轴 SO 回转而形成的曲面,如图 1-37 所示。SA 为母线,在回转过程中的母线 SA 的任意位置称为素线。

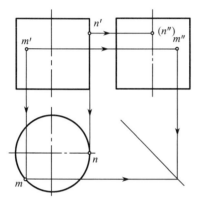

图 1-36 圆柱面上点的投影

图 1-37 圆锥面的形成

(1) 圆锥的投影:图 1-38(b)所示为当轴线垂直于水平投影面时,圆锥的三视图。

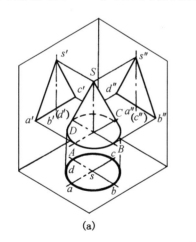

(a)

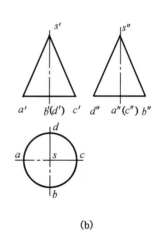

(b)

图 1-38 圆锥的三视图

俯视图是一圆线框,表示圆锥面的投影,同时也反映圆锥底面的实形。

主、左视图为等腰三角形线框,其底边都是圆锥底面的具有积聚性的投影,主视图中三角形的左、右两边 $s'a'$、$s'c'$ 分别表示圆锥面最左、最右两条素线 SA、SC 的投影,它们是圆锥面在主视图上可见与不可见部分的分界线。左视图中三角形的两边 $s''b''$、$s''d''$ 分别表示圆锥面最前、最后两条素线 SB、SD 的投影,它们是圆锥面在左视图上可见与不可见部分的分界线。

圆锥的投影特征:当圆锥轴线垂直于某一投影面时,在该投影面上的投影为一个与底面相等的圆形,另外两个投影面上的投影为全等的等腰三角形。

画圆锥的三视图时,应先画出圆的中心线和轴线,然后画出底面圆形的三面投影,再定出锥顶的三面投影,最后分别画出其外形轮廓素线的投影,即可得圆锥的投影图。

(2)圆锥面上点的投影:如图1-39和图1-40所示,M为圆锥表面上一点,已知其V面投影 m',求作其余两投影 m'' 和 m。

因为圆锥面的三面投影都没有积聚性,所以不能利用积聚性直接在圆锥面上求点,其作图方法有以下两种。

① 辅助素线法:如图1-39所示,过锥顶S和锥面上M点引一素线SA,作出其H面投影 sa,即可求出M点的H面投影 m,然后再根据 m' 和 m 求得 m''。

由于锥面的H面投影都是可见的,所以 m 可见。又因为M点在左半锥面上,所以 m'' 也是可见的。

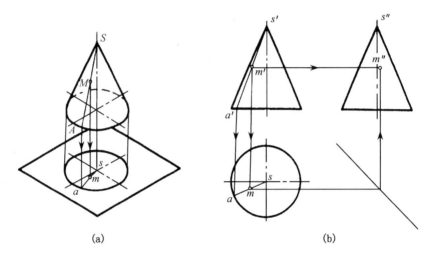

图1-39　用辅助素线法在圆锥面上取点

② 辅助圆法:如图1-40所示,过点M在圆锥面上作垂直于圆锥轴线(平行于底面)的辅助圆,该圆的V面投影和W面投影均积聚为一直线,水平投影为一圆。M点的各个投影必在此辅助圆的相应投影上。

作图时,按图1-40(b)所示,在主视图上过 m' 点作水平线交圆锥轮廓素线于 $a'b'$,即为辅助圆的V面投影。在俯视图中作出辅助圆的H面投影(以 s 为圆心, $a'b'/2$ 为半径画圆),然后过 m' 点引投影连线交于该圆得 m 点。最后由 m' 和 m 求得 m'',并判断可见性,即为所求。

3. 圆锥台

圆锥台可看成是由平行于圆锥底面的平面截去一部分锥顶而形成的。

图1-41所示为一圆锥台的三视图,其轴线垂直于侧面。

绘制圆锥台的三视图及求圆锥台表面上点投影的方法与圆锥相同。

4. 圆球

圆球是由球面围成的。球面是由一个圆作素线,以其直径为轴线旋转而成,如图1-42(a)所示。

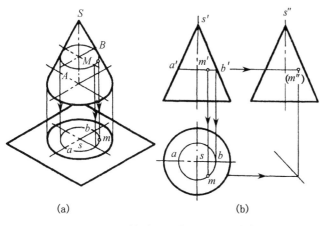
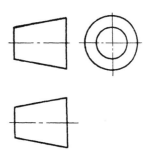

图 1-40　用辅助圆法在圆锥面上取点　　　　图 1-41　圆锥台的三视图

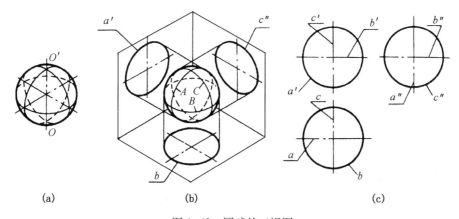

图 1-42　圆球的三视图

（1）圆球的投影：圆球从任何方向投影得到的都是与圆球直径相等的圆，因此其三面投影都是等直径的圆。但各个投影面上的圆，不能认为它们是球面上同一个圆的三个投影，而是三个不同方向球的轮廓素线圆的投影。

主视图中的圆 a' 是平行 V 面的最大圆 A 的投影，也就是前半球与后半球可见和不可见的分界圆。它在俯、左两视图中的投影都与球的中心线重合，不应画出。

俯视图中的圆 b 是平行 H 面的最大纬圆（赤道圆）B 的投影，也就是上半球与下半球可见和不可见的分界圆。

左视图中的圆 c'' 是平行于 W 面的最大圆 C 的投影，也就是左半球与右半球可见和不可见的分界圆。

圆球的投影特征：三面投影都是与球的直径相等的圆。

作图时，可先用中心线的交点确定球心的三面投影，再画出三个与球直径相等的外轮廓圆。

（2）圆球表面上点的投影：球面的三面投影都没有积聚性，且在球面上也画不出直线，但可以在球面上过已知点用作平行于投影面辅助圆的方法求作该点的投影。

如图1-43所示,已知球面上 M 点的 V 面投影 m',求作其 H 面投影 m 和 W 面投影 m''。

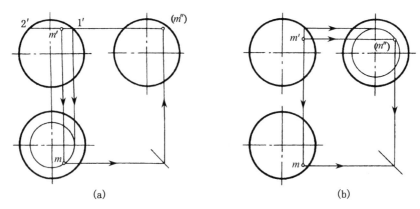

图1-43 球面上点的投影

可以过 M 点在球面上作平行于 H 面(也可作平行于 V 面、W 面)的辅助圆,即可在辅助圆的各个投影上求得 M 点的相应投影。

如图1-43(a)所示,根据 m' 的位置和可见性,可知 M 点在前半球面的右半部。在球面的主视图上过 m' 作水平辅助圆的 V 面投影 $1'2'$,再在俯视图中作辅助圆的 H 面投影(即以 O 为圆心,$1'2'$ 为直径画圆),然后由 m' 作 x 轴垂线,在辅助圆的 H 面投影上求得 m,最后根据 m' 和 m 可求得 m''。其中 m 可见、m'' 不可见。

同样,也可按图1-43(b)所示,过 M 点在球面上作平行于侧面的辅助圆,先求出 m'' 的投影,再根据 m' 和 m'' 求得 m。

5. 圆环

圆环是由圆环面围成的,圆环面可以看作是以一圆为素线,绕着与圆在同一平面内但不相交的轴线旋转而成,如图1-44(a)所示。

图1-44(b)所示为圆环轴线为铅垂线时的三视图。俯视图是两个同心轮廓圆和一个同心点画线圆,它们是圆素线上离轴线最远点、最近点、中心点在旋转时的轨迹。主视图是两段水平直线与圆相切而成的图形。圆弧部分表示圆素线旋转至平行 V 面时的投影,粗实线是可见部分,虚线是不可见部分,上、下两段水平直线是圆素线最高点与最低点旋转成圆环的投影。左视图可自行分析。

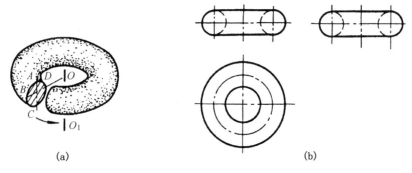

图1-44 圆环的三视图

四、截交线与相贯线

立体的表面交线分为两种：一种是平面截割形体而产生的交线，称为截交线，这个平面称为截平面；另一种是由两个基本体表面相交而产生的表面交线，称为相贯线。

求截交线与相贯线的实质，就是求出形体表面一系列共有点的集合。

（一）平面立体截交线

平面立体的表面是由若干平面图形围合而成的，因此截交线是一个封闭的平面折线。折线的顶点往往是棱线与截平面的交点，每条折线是棱面与截平面的交线，如图1-45所示。

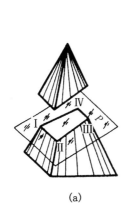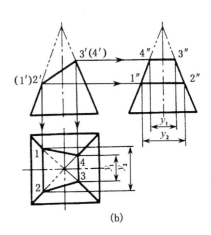

图1-45 切四棱锥

平面立体截交线的基本作图方法是：求出平面立体上参与相交的各棱线与截平面的交点，然后依次连接各点；也可直接求出平面立体上参与相交的各棱面与截平面的交线。

例1-1 如图1-45所示，求作斜切四棱锥的截交线。

作图步骤见图1-45(b)：

(1) 因截平面的正面投影积聚成直线，故可直接求出截交线各点的正面投影(1′),2′,3′,(4′)；

(2) 求出各顶点的 H 面投影 1,2,3,4 和 W 面投影 1″,2″,3″,4″；

(3) 依次连接各顶点的同面投影，即得截交线的投影；

(4) 判别可见性，正确处理虚、实线。

例1-2 求作切槽四棱台的截交线。

分析：如图1-46所示，该槽由两个侧平面和一个水平面截割四棱台而成。两个侧平面在 V 面和 H 面上的投影都具有积聚性，水平面在 V 面和 W 面上具有积聚性。这样，该槽在 V 面上的投影具有积聚性。其侧面投影不可见，水平投影可见。

作图时，先画出四棱台三视图，然后作出切槽有积聚性的 V 面投影，然后再作出槽的 W 面投影，最后完成 H 面投影。

（二）圆柱的截割

因截平面与圆柱轴线的相对位置不同，圆柱的截交线有三种情况，见表1-10。

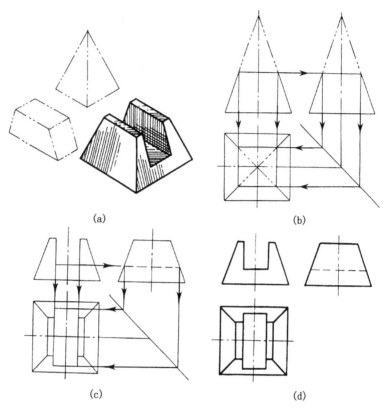

图 1-46 切槽四棱台

表 1-10 圆柱的截交线

截平面位置	与轴线平行	与轴线垂直	与轴线倾斜
截交线形状	矩形	圆	椭圆
轴侧面			
投影面			

例 1-3 作斜切圆柱的截交线。

分析:如图 1-47 所示,圆柱被正垂面所截,截交线为椭圆。椭圆在 V 面上的投影积聚为一条直线,在 H 面上的投影与圆柱面的具有积聚性的投影重合成一个圆,椭圆的 W 面投影仍为椭圆,根据点的投影关系即可作出,具体步骤如下:

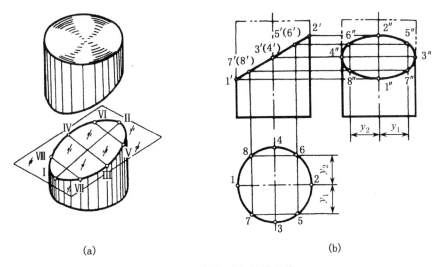

图 1-47 斜切圆柱的截交线

(1) 作截交线上特殊点的投影。特殊点指截交线上的最高、最低、最左、最右、最前、最后点,这些点往往位于圆柱的轮廓素线上。对于椭圆,须首先求出长、短轴的四个端点。长轴的端面Ⅰ、Ⅱ是椭圆的最高点和最低点(也是最左点和最右点),位于圆柱的最左和最右两条素线上。短轴的端点Ⅲ、Ⅳ是椭圆的最前和最后点,位于圆柱的最前和最后两条素线上。根据 H 面投影 1、2、3、4 和 V 面投影 1′、2′、3′、(4′)可求出侧面投影。

(2) 作截交线上一般点的投影。在特殊点之间任取Ⅴ、Ⅵ、Ⅶ、Ⅷ各点,根据 H 面投影 5、6、7、8 和 V 面投影 5′、(6′)、7′、(8′)可作出 W 面投影 5″、6″、7″、8″。一般点选取的数量根据对作图准确程度的要求而定。

(3) 依次光滑连接 1″、7″、3″、5″、2″、6″、4″、8″,即得截交线椭圆的 W 面投影。

(三) 圆球的截割

任何位置的截平面截圆球时,其截交线都是圆。当截平面平行于某一投影面时,截交线在该投影面上的投影为圆的实形,其他两投影面上的投影都积聚成直线,如图 1-48 所示。

例 1-4 如画出螺钉头部的三视图。

分析:如图 1-49 所示螺钉头部是一个中间开槽的半球体。它可以看成是用一个水平面和两个侧平面截割半球而成的形体。两个侧平面与半球的截交线各为一段平行于侧面的圆弧,其侧面投影反映实形。水平面与半球的截交线为两段平行于水平面的圆弧,其水平投影反映实形,具体步骤如下:

(1) 画出半球的三视图。

(2) 按槽深和槽宽画出截交线的 V 面投影。其在 W 面和 H 面上的投影,可按球面上平行于投影面的圆的画法作出。

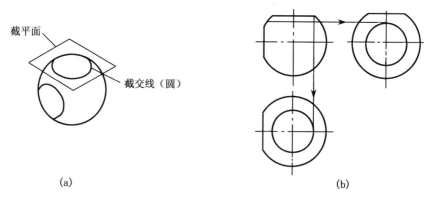

图 1-48 圆球被投影面平行面所截切的三视图

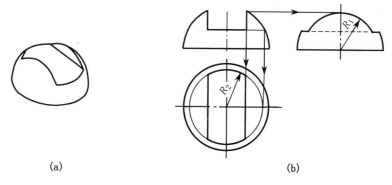

图 1-49 螺钉头部的画法

(3) 判断可见性,正确处理虚、实线,完成全图。本例作图的关键是确定圆弧半径 R_1 和 R_2,并判别槽底侧面投影的可见性。因半圆球上平行于侧面的圆球轮廓素线被切去一部分,所以由开槽而产生的轮廓线的侧面投影的半径 R_1 小于半圆球半径 R,同样 R_2 也小于 R,且槽底侧面的积聚性投影中有较长的一段不可见,故画成虚线。

(四) 圆柱的相贯

圆柱的相贯线是相交两圆柱表面的共有线,一般为封闭的空间曲线。求其相贯线的投影可采用表面取点法和简化画法。

1. 表面取点法(积聚性法)

如图 1-50 所示,当正交相贯两圆柱的轴线分别垂直于两个投影面时,两圆柱面在其轴线所垂直的投影面上的投影分别积聚成圆,由于相贯线是圆柱表面的线,故投影必重合在圆周上。作图时可利用已知点的两个投影求其他投影的方法画出相贯线上一系列点的投影,然后把所求的点顺序相连,即可得所求的相贯线,也即把求相贯线的问题变成了曲面上取点的问题。

例 1-5 求两圆柱正交(轴线垂直相交)的相贯线。

分析:如图 1-50 所示,根据大、小圆柱轴线的位置,可以确定大圆柱面的 W 面投影和小圆柱面的 H 面投影都具有积聚性。因此,相贯线的 H 面投影与小圆柱面的 H 面投影重影,是一

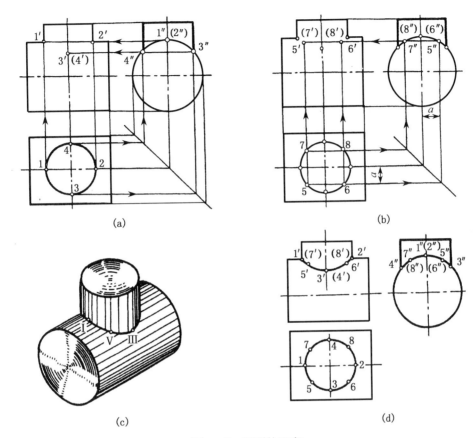

图 1-50 两圆柱正交

个圆;相贯线的 W 面投影与大圆柱面的 W 面投影重影,是一段圆弧。所以,只需求出相贯线的 V 面投影。具体步骤如下:

(1) 作相贯线上特殊点(轮廓线上的点)的投影。相贯线的最高点Ⅰ、Ⅱ(也是最左、最右点),最低点Ⅲ、Ⅳ(也是最前、最后点)。根据各点的 H 面、W 面投影可直接找出 V 面投影 $1'$、$2'$、$3'$、$(4')$[见图 1-50(a)]。

(2) 作相贯线上一般点的投影。与求截交线一样,可根据连接的需要作出适当数量的一般点。在相贯线的 W 面投影上任取对称的 $5''$、$(6'')$ 或 $7''$、$(8'')$ 两个点,根据投影关系可作出 H 面投影 5、6、7、8,最后找 V 面投影 $5'$、$6'$、$(7')$、$(8')$[见图 1-50(b)]。

(3) 连线。根据 H 面投影的顺序,依次光滑连接各点的 V 面投影,即得所求的相贯线。

图 1-51 所示为圆柱穿孔三视图,其相贯线的画法与上述两圆柱面相交的画法相同。

2. 相贯线的简化画法

当两圆柱正交且直径相差较大,其相贯线又不需要准确绘出时,可采用圆弧代替非圆曲线的简化画法,得到近似的相贯线投影,如图 1-52 所示,具体步骤如下:

(1) 以两圆柱轮廓素线的交点 $1'$ 或 $2'$ 为圆心,以大圆柱的半径 $D/2$ 为半径画圆弧,交小圆柱轴线于一点 O。

(2) 以 O 为圆心、$D/2$ 为半径,自 $1'$ 至 $2'$ 画圆弧。

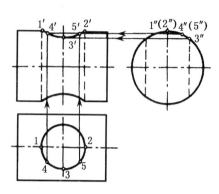
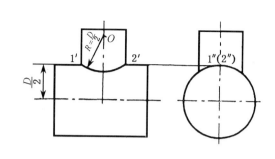

图 1-51 圆柱穿孔三视图　　　　　　　图 1-52 相贯线的简化画法

3. 影响圆柱相贯线的因素

互为相贯的两个圆柱体,其直径的相对变化是影响相贯线空间形状的主要因素。因此,掌握轴线互相垂直相交的相贯线形状和变化趋势,将有利于看图和画图,见表 1-11。

表 1-11 影响圆柱相贯线的因素

圆柱相贯线投影形状的变化		
尺寸变化	D>d	D=d
投影图		
相贯线形状	曲线(曲线向圆柱轴线弯曲)	直线(过两轴线交点的相交直线)
圆柱穿孔的相贯线		
形式	轴上圆柱孔	两个不等径圆柱孔	两个等径圆柱孔
投影图			
相贯线投影形状	曲线向圆柱轴线弯曲	曲线向大孔轴线弯曲	过两轴线交点的相交直线

（五）圆柱与圆球共轴相贯

如图 1-53 所示，圆柱与圆球具有公共轴线，相贯线是一圆（平面曲线），该圆的 V 面和 W 面投影均积聚成直线，H 面投影为圆的实形。

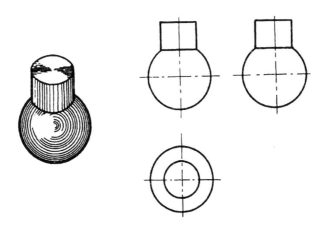

图 1-53　手柄端部的投影

由图 1-53 可知：当两相交的回转体具有公共轴线时，其相贯线为垂直于该轴线的圆。

（六）过渡线

在铸件或锻件中，由于工艺上的要求，往往在产生相贯线的两相交表面处用一圆角圆滑地连接起来，有了圆角相贯线就不明显了，但为了读图时区分不同的表面，仍画出理论上的相贯线，这条线叫过渡线，如图 1-54 所示，过渡线不与圆角轮廓线接触。

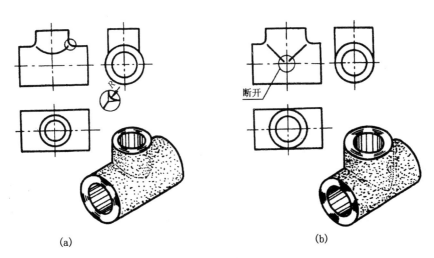

(a)　　　　　　　　　　　　　　(b)

图 1-54　过渡线（一）

曲面与平面相交、相切处过渡线画法及平面与平面相交处过渡线画法如图 1-55 所示。

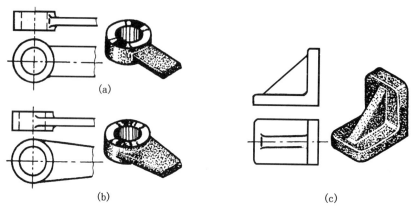

图 1-55 过渡线(二)

五、组合体投影

任何复杂的机器零件,从几何形体角度看,都是由一些简单的平面体和曲面体组成的,这种由两个或两个以上的基本几何体所组成的形体称为组合体。轴测图直观性较好,并且具有一定的立体感,在汽车制造上采用轴测图作为辅助图样来说明汽车的安装、使用与维修情况。

(一) 组合体的组合形式及表面连接处的画法

组合体的组合有叠加和切割两种基本形式,而常见的是两种形式的综合。

组合体中各基本几何体表面之间有平齐、不平齐、相切和相交四种情况。

1. 平齐

如果组合体上两基本体的表面互相平齐连接成一个平面,则它们的连接处就不再存在分界线。如图 1-56 所示的组合体是由底板和拱形立板两部分所组成的。由于它们的宽度相等,所以前后端面平齐,为同一个表面,故在连接处不应再画出隔开的轮廓线。

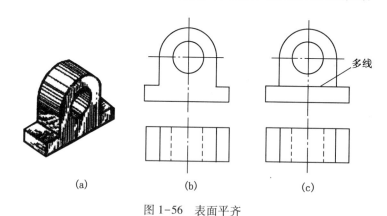

图 1-56 表面平齐

2. 不平齐

如果组合体上两基本体的表面不平齐,则它们的连接处应该有线隔开。如图 1-57 所示的组合体,底板和拱形立板前后表面不平齐,故连接处应有分界线,以区分前、后两个表面。

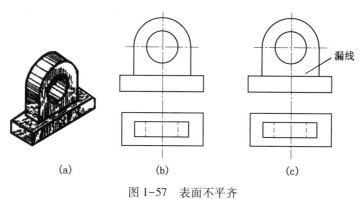

图 1-57 表面不平齐

3. 相切

如果组合体上两基本体的表面相切，则相切处不应画线。如图 1-58 所示组合体，由圆筒和耳板相切而成，故连接处无分界线，耳板顶面的投影应画到切点处。

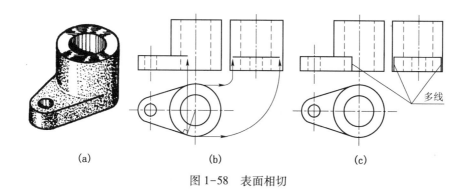

图 1-58 表面相切

4. 相交

如果组合体上两基本体的表面相交，则在相交处应画出交线。图 1-59 所示组合体，是由耳板与圆筒相交而成的，所以在视图中应画出表面交线的投影。

画组合体视图时，必须掌握其组合形式和各基本几何体表面的连接关系，才能不多画线和不漏画线。在读图时，也必须注意这些形式和关系，才能准确想象出整体的结构形状。

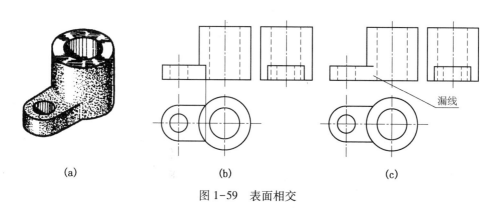

图 1-59 表面相交

（二）组合体的投影

画组合体视图的基本方法是形体分析法。形体分析法就是假想把组合体分解成若干个简单的基本形体，并分析它们的组合形式和相对位置及表面连接关系的思维方法。形体分析法是画图、读图和标注尺寸的基本方法。但应注意，实际组合体是一个整体，切勿以为是积木式拼凑起来的。下面以图1-60所示轴承座为例，说明组合体的作图步骤。

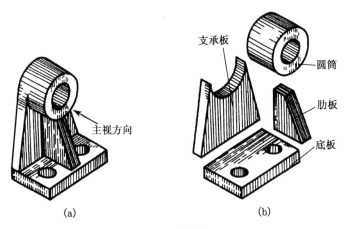

图1-60 轴承座

1. 形体分析

分析组合体由哪些基本形体组成，它们的形状、相对位置、组合形式及表面连接关系是怎样的，对该组合体的形体特点有个总的概念，为画图做准备。

如图1-60所示，轴承座可分解为四部分：底板、圆筒、支承板和肋板。底板为钻有两个小圆孔的长方体；圆筒为一穿孔圆柱体；支承板为一棱柱体，上部切割成圆柱弧面；肋板亦为一棱柱体，上部切割成小圆弧形。各部分之间的相对位置如图1-60所示。

支承板后面与圆筒、底板后面平齐，其左、右侧面与圆筒外表面相切，肋板和圆筒相交。轴承座属于综合型组合体。

2. 选择主视图

主视图一般选取能较多地反映组合体的形状特征、位置特征的投影方向作为主视图的投影方向，并尽可能使组合体上主要面平行投影面，以便使投影能得到实形，同时还应考虑组合体的自然安放位置及其他两个视图的清晰性（尽量减少虚线）。

如图1-60所示轴承座，从箭头方向看所得视图，能较多地反映形状和位置特征，可作为主视图。主视图确定后，其他两个视图就随之而定了。

3. 作图

根据组合体的大小和复杂程度，按国家标准选择适当的比例和图幅，注意所选图幅要留有余地，以便标注尺寸、画标题栏等。

布置视图时，应根据各视图中每个方向的最大尺寸和标注形体尺寸的需要，确定每个视图的位置和彼此间的间距，做到布图匀称、图幅利用合理。

为了迅速而正确地画出组合体的三视图，画底稿时应注意以下几点。

(1) 首先画出组合体三视图的对称中心线、大圆中心线及对应的回转面轴线，大的端面、底面等,然后依次画出各基本体的三视图。

（2）画图的先后顺序:先画主要组成部分,后画从属部分。画图时应从反映各组成部分形体特征较明显或具有积聚性的视图着手,并非一律都从主视图开始。

（3）绘制组合体每一基本形体的投影时,应是三个视图配合起来同时绘制,这样不但可以提高绘图速度及保持准确的投影关系,而且可以避免产生多线、漏线的错误。

画完底稿后,最后一步是检查视图、加深线型。

轴承座三视图的画图步骤见表1-12。

表1-12 轴承座画图步骤

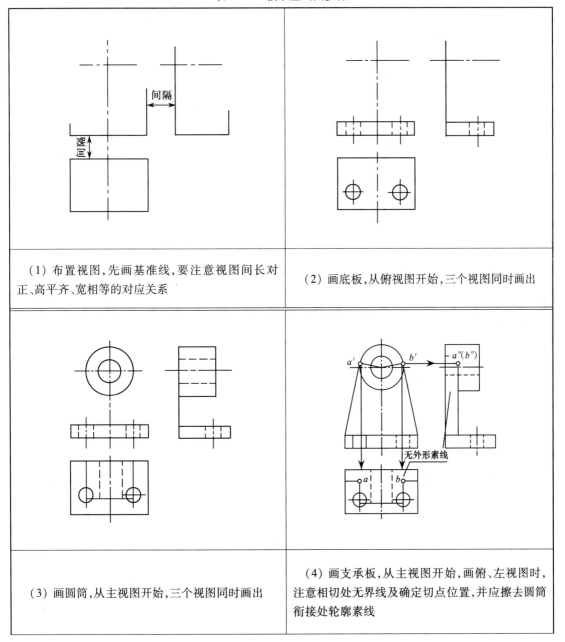

续表

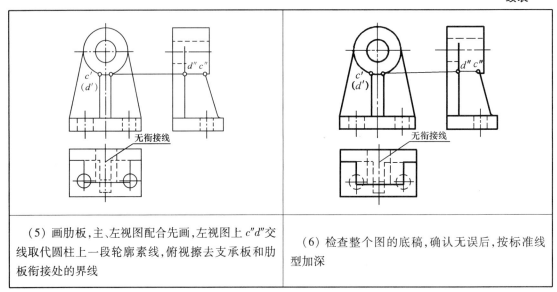

(5) 画肋板,主、左视图配合先画,左视图上 $c''d''$ 交线取代圆柱上一段轮廓素线,俯视擦去支承板和肋板衔接处的界线	(6) 检查整个图的底稿,确认无误后,按标准线型加深

例1-6 画支座的三视图。

表1-13所示的支座是在五棱柱中,对中挖去四棱柱,形成一个侧垂通槽。五棱柱的表面 P 是正垂面,其画图步骤见表1-13。

表1-13 支座画图步骤

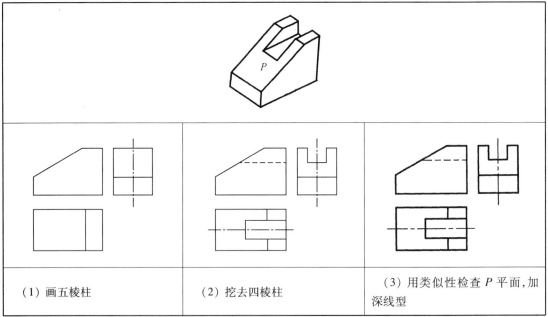

(1) 画五棱柱	(2) 挖去四棱柱	(3) 用类似性检查 P 平面,加深线型

(三) 组合体的尺寸标注

标注组合体的尺寸时,也要运用形体分析的方法,以尺寸数值来确定组成组合体的各基本形体的大小、它们之间的相对位置及组合体的总长、总宽和总高。

1. 组合体尺寸标注的基本要求

（1）正确：尺寸数字和基准选择要正确，尺寸标注法符合 GB/T 4458.4—2003《机械制图尺寸注法》的规定。

（2）完整：各类尺寸齐全、不重复。

（3）清晰：尺寸布置整齐、清晰、便于看图。

2. 尺寸的分类

（1）定形尺寸：确定组合体各组成部分形状大小的尺寸。如图 1-61 所示轴承座中，底板长 43、宽 34、高 10、圆角 R8 及板上两圆孔的直径 φ8；肋板长 12、宽 6、高 7；立板长 12，宽 17、27，高 32、10，板上圆孔直径 φ14。

（2）定位尺寸：确定各组成部分之间相对位置的尺寸。图 1-61（d）中的尺寸 28 是立板上孔的轴线在高度方向的定位尺寸；尺寸 5 是立板在长度方向的定位尺寸；尺寸 18 和 35 是底板上两圆孔的定位尺寸。

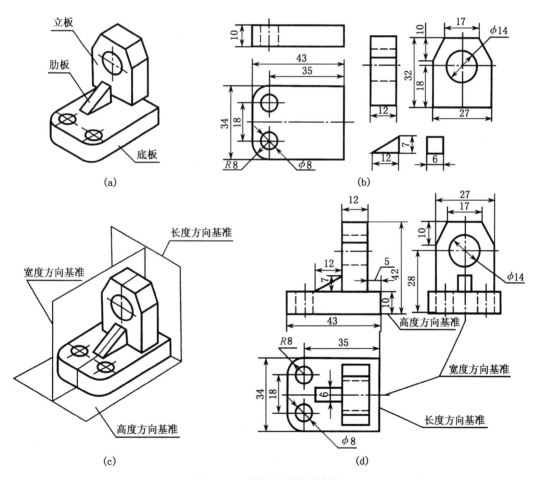

图 1-61　轴承座的尺寸分析

（3）总体尺寸：确定组合体总长、总宽和总高的尺寸。当注了总体尺寸后，应刻删去某些重复的定形尺寸。图 1-61（d）中的尺寸 42 是总高尺寸，省略了立板高 32 的尺寸。

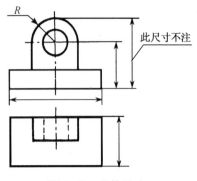

图 1-62 总体尺寸

当某一方向为回转体时,通常把总体尺寸只注到该回转体中心线位置,而不注总体尺寸,如图 1-62 所示。

3. 尺寸基准

标注尺寸的起点,称为尺寸基准。组合体具有长、宽、高三个方向的尺寸,每个方向应至少有一个基准。通常选择对称平面、底面、重要端面、回转面轴线等作为尺寸基准。图 1-61 中选右端面为长度方向的尺寸基准,前后对称面为宽度方向的尺寸基准,底板底面为高度方向的尺寸基准。为了加工和测量的方便,除了三个方向都应有一个主要基准外,有时还需要有一个或几个辅助基准。

4. 尺寸的布置

为了确保所注尺寸的清晰,除了要严格遵守有关标注尺寸的基本规定,注全以上三种尺寸外,还应注意以下几点:

(1) 同一基本形体的定形尺寸和定位尺寸,要尽量集中标注在反映该形体形状特征和形体间位置最明显的一个或两个视图上,并尽量避免注在虚线上,如图 1-63 和图 1-64 所示。

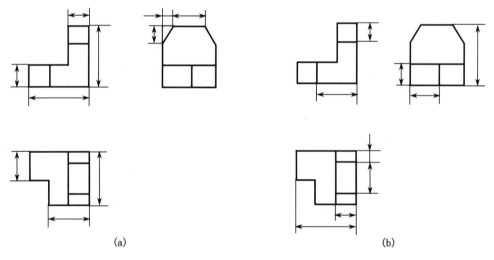

图 1-63 尺寸注在反映形体特征的视图上
(a)清晰;(b)不好

(2) 对称尺寸一般按对称形式标注。图 1-61 中的尺寸 18 和 34 以前、后对称平面为基准,标注成对称形式。

(3) 尺寸应尽量注在视图外部,但当空间足够时,也允许注在视图内部,如图 1-65 所示。

(4) 同一方向的串联尺寸应排在一条直线上。同一个方向的并联尺寸,小尺寸在内,大尺寸在外,依次向外分布。尺寸线与轮廓线及尺寸线与尺寸线之间一般以间隔 5~7 mm 为宜。

(5) 同轴的圆柱、圆锥的直径尺寸,一般注在非圆视图上。圆弧半径应注在投影为圆弧的视图上,如图 1-66 所示。

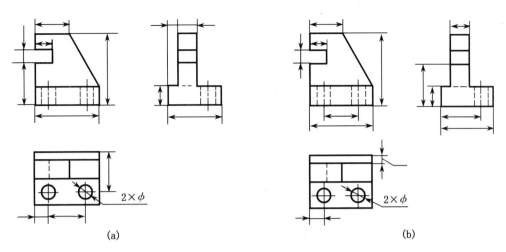

图 1-64　定形尺寸与定位尺寸集中标注在反映形体间位置最明显的视图上
(a)清晰;(b)不好

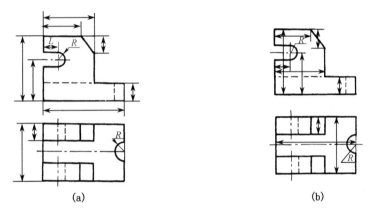

图 1-65　尺寸的格局
(a)清晰;(b)不好

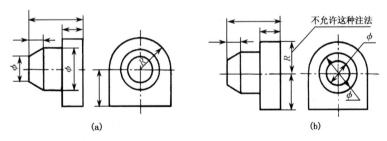

图 1-66　圆柱、圆锥、圆弧尺寸的注法
(a)清晰;(b)不好

六、轴测图

工程上一般采用正投影图表达物体的形状,如图 1-67(a)所示。它可以完整、准确地表达

出物体各部分的形状,且作图简单方便,但图样直观性差,需要多个视图或尺寸配合表达。工程上还采用轴测投影图作为辅助图样。轴测图能同时表达出空间物体长、宽、高三个方向的形状,如图1-67(b)、(c)所示。轴测图的优点是直观性强,能一目了然地表达出物体的形状。在设计新产品时,一般要绘制轴测草图。轴测图的不足是:度量性差;物体形状在所画图形中产生变形,不能确切地表达物体的实际形状和大小;作图比较麻烦。所以,轴测图在生产中一般用来作为正投影图的辅助图样。

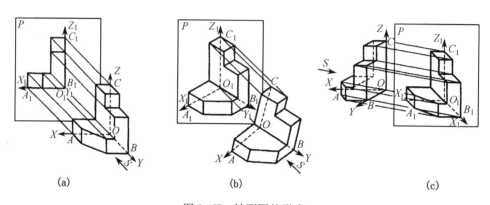

图1-67 轴测图的形成
(a)正投影图;(b)正轴测投影图;(c)斜轴测投影图

(一) 轴测图的基本知识

1. 轴测图的形成

将物体连同其参考直角坐标系,沿不平行于任一坐标面的方向,用平行投影法将其投射在单一投影面上所得的图形,称为轴测投影图(简称轴测图),如图1-67(b)、(c)中投影面P上所示,其所设单面投影面称为轴测投影面。空间坐标轴OX、OY、OZ的投影O_1X_1、O_1Y_1、O_1Z_1称为轴测轴。

物体(或直角坐标系)、投影面和投射线(或投射方向)是投影的三要素,它们之间的相对位置是变化的。因此,用平行投影法将物体向一个投影面进行投影时,可得到三种不同的投影图。

正投影图:当物体的两个坐标轴平行于投影面P,且投射方向与投影面P垂直时,得到的物体投影图,称为正投影图,如图1-67(a)所示。

正轴测投影图:当物体的直角坐标轴OX、OY、OZ都倾斜于投影面P,而投射方向仍与投影面P垂直时,得到能反映物体三个方向形状的投影图,称为正轴测投影图,简称正轴测图,如图1-67(b)所示。

斜轴测投影图:当投射方向与投影面P倾斜,而物体的直角坐标与投影面P的关系,可能是一个轴与投影面平行、两个轴与投影面平行或三个轴与投影面倾斜,所得到能反映物体三个方向形状的投影图,称为斜轴测投影图,简称斜轴测图,如图1-67(c)所示。

2. 轴测图的投影特性

由于轴测图是采用平行投影法得到的,所以,在物体和它的轴测投影图之间存在如下关系:

(1) 物体上相互平行的线段,在轴测图上仍相互平行。

(2) 物体上平行于坐标轴的线段,在轴测图上仍平行于相应的轴测轴。
(3) 物体上两平行线段长度之比,在轴测图上保持不变。
(4) 物体上平行于轴测投影面的直线或平面,在轴测图上反映其实长或实形。

3. 轴测图的轴间角和轴向伸缩系数

(1) 轴测轴之间的夹角 $\angle X_1O_1Y_1$、$\angle X_1O_1Z_1$、$\angle Y_1O_1Z_1$ 称为轴间角,如图 1-67(b)、(c)所示。

(2) 轴测轴上的单位长度与相应空间坐标轴上的单位长度的比值,称为轴向伸缩系数,分别用 p_1、q_1 和 r_1 表示,简化伸缩系数分别用 p、q 和 r 表示。由图 1-67(b)可知,OX、OY、OZ 三个坐标轴上的轴向伸缩系数分别为

$$p_1 = \frac{O_1A_1}{OA}, q_1 = \frac{O_1B_1}{OB}, r_1 = \frac{O_1C_1}{OC}$$

不同种类的轴测图,有各自不同的轴间角和轴向伸缩系数。当两者为已知时,就可以根据物体或物体的多面正投影图绘制出该物体的轴测图。根据已知的轴间角,可以确定三个轴测轴的方向;再根据已知的轴向伸缩系数,可以在轴测图上量取与坐标轴平行线段的尺寸。"轴测"的含义,就是"沿轴测量"。

根据国家标准 GB/T 4458.3—2013《机械制图　轴测图》和 GB/T 14692—2008《技术制图　投影法》的规定,常用的轴测图有正等测、正二测和斜二测三种,并可将轴测轴 O_1X_1、O_1Y_1、O_1Z_1 简化为 OX、OY、OZ。所以后续轴测图中轴测轴和点的标记均省略下标。

(二) 正等轴测图

1. 正轴测图的分类

用正投影法画正轴测图时,由于三个坐标轴与轴测投影面的倾斜角度不同,得到的轴间角和轴向伸缩系数也不同。常用的正轴测图为:

(1) 正等轴测图。三个直角坐标轴与轴测投影面的倾角都相等,因而三个轴向伸缩系数也相等,即 $p=q=r$,这种正轴测图称为正等轴测图,简称为正等测。正等轴测图作图比较方便,立体感也较强,得到了广泛的应用。

(2) 正二等轴测图。两个直角坐标轴与轴测投影面的倾角相等,相应地有两个轴向伸缩系数相等,即 $p=q\neq r$ 或 $p\neq q=r$ 或 $p=r\neq q$,这种轴测图称为正二等轴测图,简称为正二测。国家标准规定,正二等轴测图采用 $p=r\neq q$。正二等轴测图立体感较强,但作图不简便。

2. 正等轴测图的轴间角和轴向伸缩系数

根据直角坐标轴和轴测投影面的几何关系可以证明,正等轴测图的三个轴间角都是 120°,如图 1-68(a)所示。若以物体前下角为坐标原点,则 $\angle XOZ = \angle YOZ = 60°$,如图 1-68(b)所示。

由计算得到,三个轴向伸缩系数为 $p_1=q_1=r_1=0.82$。画正等轴测图时,在物体上沿 OX、OY、OZ 三个方向的长度都应乘以轴向伸缩系数 0.82,画图比较麻烦。为了便于作图,用 q 和 r 表示简化轴向伸缩系数,把 0.82 简化为 1,即令 $p=q=r=1$。这样,在画正等测时,凡物体上平行于坐标轴的线段,在轴测图上都按其实长来作图,使作图简便。这样画出的正等轴测图,沿三个轴向的尺寸,较投影尺寸都放大了 1/0.82=1.22(倍)。图 1-69(a)是物体的三面正投影图,图 1-69(b)是按图 1-69(a)的尺寸乘以 0.82(即 $p_1=q_1=r_1=0.82$)画出的,图 1-69(c)是按图 1-69(a)的尺寸(即 $p=q=r=1$)直接画出的。

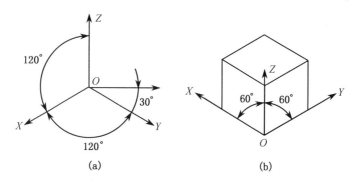

图 1-68　正等轴测图的轴间角

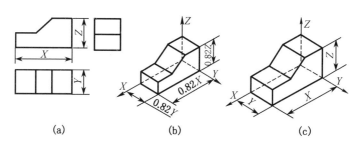

图 1-69　轴向伸缩系数及其简化

3. 平面立体的正等轴测图画法

绘制平面立体正等轴测图的基本方法就是根据正等轴测的投影特性、轴间角和轴向伸缩系数,首先在物体上选定坐标系,然后"沿轴测量"定出平面立体顶点的轴测投影位置,最后连线画出物体形状。

例 1-7　作正六棱柱的正等轴测图。

图 1-70(a)所示为正六棱柱的两面投影图,根据此图作出正六棱柱的正等轴测图,其作图步骤如下:

(1)分析形体,确定直角坐标系。如图 1-70(a)所示,坐标原点定在顶面六边形的中心,X、Y、Z 轴如图所示。

(2)画出轴测轴,确定轴测轴 X、Y 上与空间对应的各点 1、4、A、B,如图 1-70(b)所示。

(3)过 A、B 作 OX 的平行线,并在其上定出点 2、3、5、6,连接成顶面正六边形的轴测投影,如图 1-70(c)和(d)所示。

(4)过 6、1、2、3 向下作 OZ 的平行线,根据高度 h 定出点 7、8、9、10。依次连接各点,清理图面和加粗图线后,就画出了正六棱柱的正等轴测图,如图 1-70(e)和(f)所示。轴测图中不可见图线一般不画出。

例 1-8　作如图 1-71(a)所示形体的正等轴测图。

如图 1-71(a)所示形体由一个底板、一个四棱柱和两个三角肋板叠加而成。作图步骤如下:

(1)分析形体,确定坐标系,如图 1-71(a)所示。

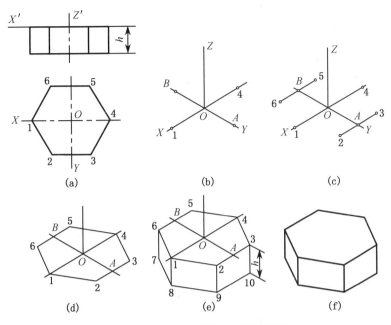

图 1-70 正六棱柱的正等轴测图

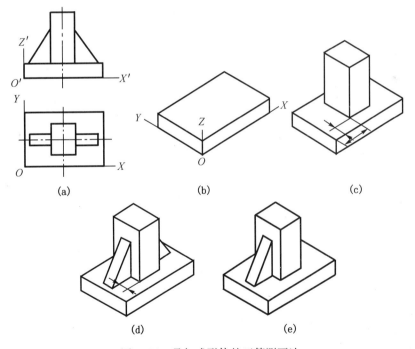

图 1-71 叠加式形体的正等测画法

(2) 画轴测轴和底板,如图 1-71(b)所示。

(3) 在底板上定出四棱柱的位置并画四棱柱,如图 1-71(c)所示。

(4) 在底板上定出三角肋板的位置,画三角肋板,如图 1-71(d) 所示。

(5) 清理图面,加粗图线,就画出了该形体的正等轴测图,如图 1-71(e) 所示。

4. 曲面立体正等轴测图画法

(1) 平行于坐标面的圆的正等轴测图画法:

① 投影特点。从正等轴测图的形成可知,三个坐标面与轴测投影面的倾角都是相等的。因此,平行于三个坐标面的直径相等的圆,都投影成形状相同、大小相等的椭圆。椭圆长、短轴的长度与方向的规律如图 1-72 所示。

a. 水平面上椭圆的长轴垂直于 Z 轴,短轴平行于 Z 轴;侧平面上椭圆的长轴垂直于 X 轴,短轴平行于 X 轴;正平面上椭圆的长轴垂直于 Y 轴,短轴平行于 Y 轴。图中各菱形为圆的外切正方形的正等测,长轴方向为菱形的长对角线方向,短轴方向为菱形的短对角线方向。

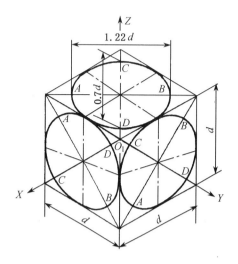

图 1-72 平行于坐标面的圆的正等轴测图

b. 当 $p=q=r=1$ 时,可以计算出各椭圆的长轴 $AB \approx 1.22d$,各椭圆的短轴 $CD \approx 0.7d$。

② 近似画法。正等轴测图中的椭圆,一般可用四段圆弧代替,而四段圆弧的圆心是根据椭圆的外切菱形求得的。所以,这种近似画法称为菱形法。下面以平行于 XOY 坐标面的圆为例,说明椭圆正等轴测图的近似画法,如图 1-73 所示。

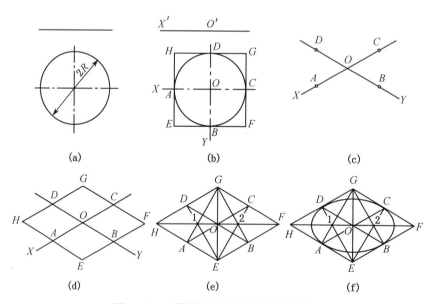

图 1-73 正等轴测图中椭圆的近似画法

a. 在正投影图上,定出该圆的直角坐标系,并作出圆的外切正方形 $EFGH$,如图 1-73(b) 所示。

b. 画出轴测轴,以圆的直径为边长,作出菱形 $EFGH$,如图 1-73(c) 和 (d) 所示。

c. 利用菱形确定四段圆弧的圆心位置。图 1-73(e)所示的菱形顶点 E、G 分别为圆弧 CD 和 AB 的圆心；菱形顶点 E(或 G)和其对边中点 C、D(或 A、B)的连线，与菱形长对角线 HF 的交点 1、2 分别为圆弧 AD 和 BC 的圆心。

d. 以 E、G 为圆心，EC(或 GA)为半径，画出两个大圆弧 AB 和 CD；以 1、2 为圆心，$1D$ 和 $2C$ 为半径，画出小圆弧 AD 和 BC，如图 1-73(f)所示。

平行于 XOZ 和 YOZ 的两个坐标面的圆，其正等测的画法与上述相同。但要注意正确确定菱形的方位，即椭圆长、短轴的方向，如图 1-72 所示。

（2）圆柱体画法：

图 1-74 所示为轴线平行于 Z 轴的圆柱体的作图步骤。

① 在投影图上选定直角坐标系，如图 1-74(a)所示。

② 作上、下底圆的正等轴测图，如图 1-74(b)所示。先作上底圆正等测——完整椭圆，然后采用"移心法"作下底圆正等测的可见部分——下半椭圆。移心法的具体做法是：根据圆柱体的高 h，在轴线上确定下底圆的椭圆中心 O_2，过 1、2 作 Z 轴的平行线，与过 O_2 的水平线交于 3、4。同理将 G 下移 h 得 I，则 3、4、I 为移心法所得到的三个圆心，再以 $1D$、$2C$ 和 GA 为半径，分别作出三个圆弧，就作出了下底圆的正等轴测图。

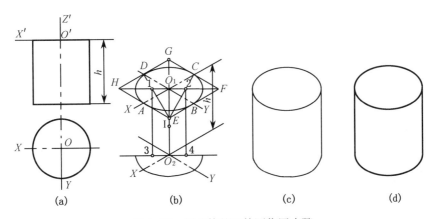

图 1-74 圆柱体的正等测作图步骤

③ 作上下两个椭圆的公切线，得到圆柱体的两条转向素线，如图 1-74(c)所示。

④ 清理图面，加粗图线，就得到了圆柱体的正等轴测图，如图 1-74(d)所示。

图 1-75 所示为轴线平行于坐标轴的三个圆柱体正等轴测图。从图中可以看出，在绘制轴线平行于 X 轴和 Y 轴的圆柱体时，只要正确做出圆外切正方形的正等测和椭圆的长、短轴方向，其余作图步骤与前述相同。

图 1-76 所示为轴线平行于 X 轴的圆柱体被切割后的正等轴测图。作图时，首先画出完整圆柱体，如图 1-76(b)所示；然后再按图 1-73(a)所给尺寸画出被切割部分，如图

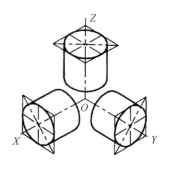

图 1-75 轴线平行于坐标轴的圆柱体的正等测

1-76(c)所示。根据图 1-76(a)所给 b 值,作 Y 轴的两条平行线,与端部椭圆交于四个点 1、2、3、4;根据图 1-76(a)所给 a 值,用移心法作切割后形成的椭圆,并过 1、2、3、4 作 X 轴平行线(只作可见交线),与切割形成的椭圆相交。清理图面和加粗图线后,就得到了圆柱体被切割后的正等轴测图。

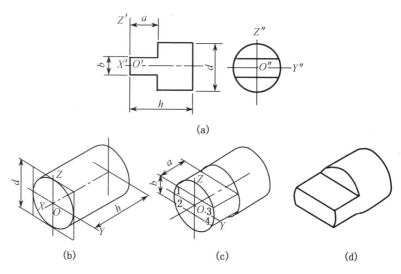

图 1-76 圆柱体被切割后的正等测画法

(三) 斜二等轴测图

用斜投影法画轴测图时,同样可得到多种斜轴测图。根据国家标准 GB/T 14692—2008《技术制图 投影法》规定,采用斜二等轴测图。

1. 斜二等轴测图的形成、轴间角和轴向伸缩系数

(1) 斜二等轴测图的形成:如图 1-77 所示,把物体摆正,使物体上所设坐标系的 XOZ 坐标面平行于轴测投影面。当投射方向与投影面垂直时,可得到正投影图;当投射方向与投影面倾斜,使轴测轴 OX 与 OY 的夹角为 135°,并取 OY 轴上的轴向伸缩系数 $q=0.5$ 时,所得到的斜轴测图称为斜二等轴测图,简称斜二测。

(2) 斜二等轴测图的轴间角和轴向伸缩系数:国家标准规定,斜二测的轴向伸缩系数 $p=r=1, q=0.5$;轴间角是:OX 与 OZ 成 90°,OX 与 OY 成 135°(OY 与 OX 右端的夹角为 45°),如图 1-78 所示。

斜二测的主要特点是:物体上平行于 XOZ 坐标面的各表面,在斜二测上反映实形。这一特点,使得平行于 XOZ 坐标面的圆的斜二测投影仍是圆,画法变得非常简便。因此,当物体在同一方向上相互平行的平面内有较多的圆或圆弧时,应将该物体画成斜二测为好。而平行于 XOY 和 YOZ 坐标面的圆,投影成椭圆,如图 1-79 所示。这两个椭圆的长、短轴,既不与轴测轴平行或垂直,又不与外切平行四边形的对角线重合。水平面上的椭圆 1 的长轴与 X 轴的夹角约成 7°,侧平面上的椭圆 2 的长轴与 Z 轴的夹角约成 7°。椭圆 1、2 的长轴 $AB \approx 1.06d$,短轴 $CD \approx 0.33d$。这两个椭圆作图较烦琐,水平面上椭圆的作图步骤如图 1-80 所示。

斜二测在 Y 轴方向上变形较大,使图形产生了较大的失真。

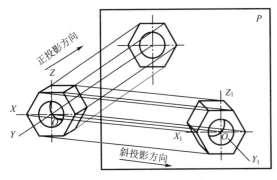

图 1-77 斜轴测图的形成

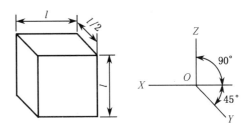

图 1-78 斜二测的轴间角与轴向伸缩系数

2. 斜二等轴测图的画法

斜二等轴测图的画图方法步骤与正等轴测图基本相同。根据斜二测的投影特点,应将物体上有圆或圆弧所在的平面平行于 XOZ 面,然后按斜二测进行投影,画出该物体的斜二等轴测图。

图 1-81 所示为端盖的斜二测画法。此端盖表面上所有的圆都分布在如图 1-81(a)所示的 A、B、C 三层平行平面上。画图时,应使这些圆都平行于 XOZ 面。为了作图方便,将 XOZ 面定在与 B 层平面重合的位置上,坐标原点在 B 层平面的图形中心。画出 B 层平面上的实形后,采用移心法,向前、后画出其余两层平面上的实形。在三层平面上,都只画可见部分,然后再画出所有圆的公切线,即完成了端盖的斜二等轴测图。

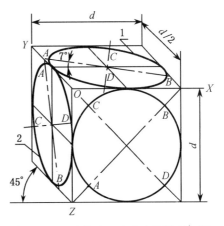

图 1-79 立方体上三个方向圆的斜二测

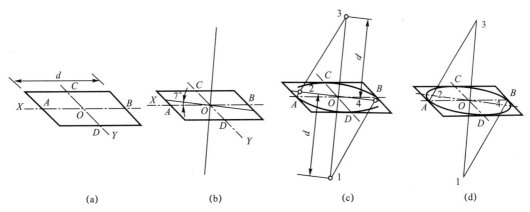

图 1-80 斜二测上椭圆的画法
(a) $AB=d$, $CD=0.5d$; (b) 作 7° 线; (c) $O1=O3=d$, $A3=B1=R$; (d) $A2=B4=r$

(四)轴测剖视图

为了用轴测图表达物体内部形状,假想用剖切平面将物体的一部分剖去,露出内部结构,画出其轴测剖视图。

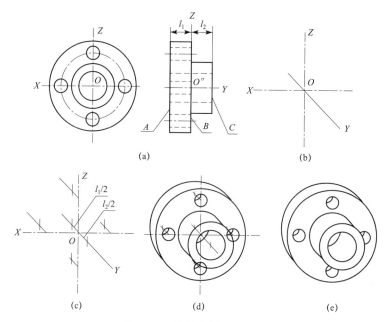

图1-81 端盖的斜二测画法

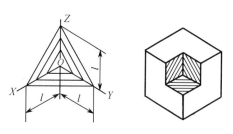

图1-82 正等测的剖面线画法

1. 画轴测剖视图的有关规定

（1）剖切平面的选取：为了在轴测剖视图上同时表达物体的内外形状，通常采用互相垂直的两个剖切平面剖开物体。这些剖切平面应与坐标面平行，并通过物体的主要轴线或对称平面。

（2）剖面线的画法：在物体的剖切断面上要画上剖面线。平行于三个坐标面的剖切断面上，剖面线的画法如图1-82和图1-83所示。

（3）轴测局部剖视图画法：采用局部剖切时，所用剖切平面也应平行于坐标面，其断裂面边界用波浪线表示，并在断裂面上打上许多小黑点，如图1-84所示。

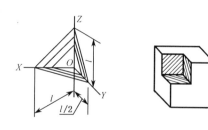

图1-83 斜二测的剖面线画法

图1-84 轴测局部剖视图画法

（4）薄壁和肋板剖切后的规定画法：当剖切平面通过薄壁和肋板的对称平面时，这些结构的剖切断面上不画剖面线，而用粗实线将它们与相邻部分分开，如图1-85所示。

2. 形体的轴测剖视图画法

画形体轴测剖视图,一般有以下两种方法:

(1) 先画外部形状,然后在外形图上进行剖切,画出剖切断面和内部形状。这种方法容易被初学者掌握,但作图比较麻烦,如图1-85所示。

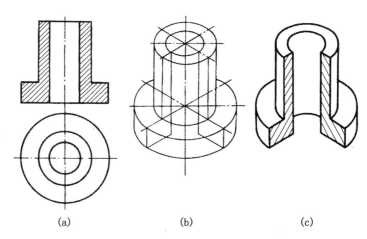

图1-85 先画外形,然后剖切
(a)题给条件;(b)画外形,作剖切;(c)完成投影

(2) 先画剖切断面,然后根据剖切断面画出内、外形状,如图1-86所示。这种方法作图比较方便,较熟练地掌握了轴测图画法以后,一般多采用这种方法。

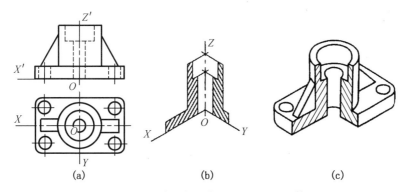

图1-86 先画剖切断面,然后画出整体
(a)题给条件;(b)画出断面图;(c)完成投影

第三节 零件表达方法

零件形状的表达,可以采用视图、剖视和剖面等各种方法。

视图包括基本视图、局部视图、斜视图、旋转视图;剖视有全剖视图(斜剖、旋转剖、阶梯剖、复合剖)、半剖视图、局部剖视图;剖面有移出剖面、重合剖面。

一、视图

（一）基本视图

国家标准 GB/T 4458.1—2002《机械制图 图样画法 视图》规定,采用正六面体的六个面为基本投影面。如图 1-87(a)所示,将零件放在正六面体中,由前、后、左、右、上、下六个方向,分别向六个基本投影面投影,再按图 1-87(b)规定的方法展开,正投影面不动,其余各面按箭头所指方向旋转展开,与正投影面成一个平面,即得六个基本视图,如图 1-87(c)所示。

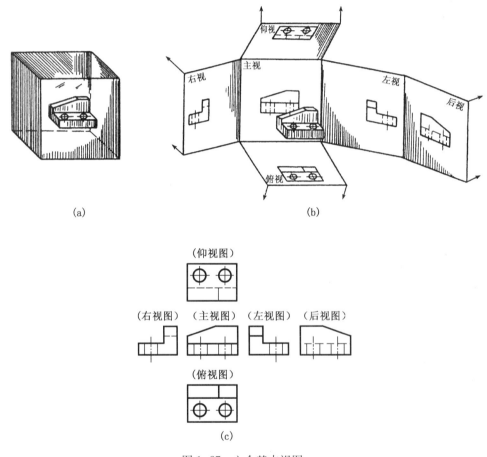

图 1-87 六个基本视图

六个基本视图之间仍保持着与三视图相同的投影规律,即主、俯、仰、后长对正;主、左、右、后高平齐;俯、左、仰、右宽相等。

六个基本视图中,最常应用的是主、俯、左三个视图,各视图的采用应根据零件形状特征而定。

（二）局部视图

零件的某一部分向基本投影面投影而得的视图称为局部视图。如图 1-88 所示,零件主、俯两基本视图已将其基本部分的形状表达清楚,唯有两侧凸台和左侧肋板的厚度尚未表达清楚,因此采用 A 向、B 向两个局部视图加以补充。采用这一组视图较简明地表达了零件的全部形状。

局部视图的断裂边界应以波浪线表示,如图1-88中"A向"。当所表示的局部结构是完整的,且外轮廓线又成封闭时,可省略波浪线,如图1-88中"B向"。

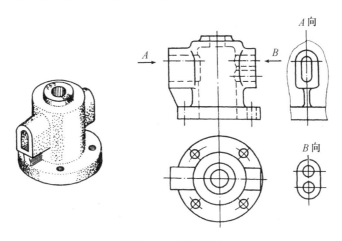

图1-88　局部视图

局部视图上方应标出视图的名称"×向",在相应视图附近用箭头指明投影方向并注上相同的字母。当局部视图按投影关系配置、中间又无其他视图隔开时,允许省略标注。

(三) 斜视图

零件向不平行任何基本投影面的平面投影所得的视图,称为斜视图。如图1-89所示弯板形零件,其倾斜部分在俯视图和左视图上都不能得到实形投影。这时,就可以另加一个平行于该倾斜部分的投影面,在该投影面上画出倾斜部分的实形投影,即斜视图。

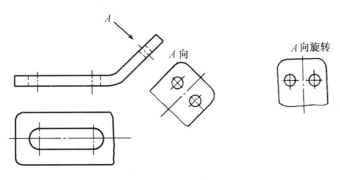

图1-89　斜视图

斜视图的画法与标注基本上与局部视图相同。在不致引起误解时,可不按投影关系配置,还将图形旋转摆正,此时,图形上方应标注"×向旋转"。

(四) 旋转视图

如图1-90所示物体右部的结构形状倾斜(不平行于基本投影面),在基本视图中不能把该部分的真实形状表达清楚,但该部分又具有回转轴线,所以在画俯视图时,可以假想将倾斜部分旋转到水平位置(图1-90(a)中的双点画线所示)后进行投影,这样既反映实形,又便于看图,这种假想将零件的倾斜部分旋转到与某已选定的基本投影面平行后,再向该投影面投影所得到的视图,称为旋转视图。旋转视图不需要任何标记。

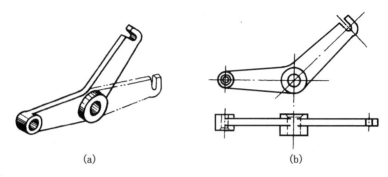

图1-90 旋转视图的形成
(a)轴测图;(b)旋转视图

二、剖视图

(一) 基本概念

许多零件的内部形状都比较复杂,若用虚线表达这些不可见部分,图形就会层次不清,既不利于看图,也不便于标注尺寸。为此,表达零件内部结构时,常采用画剖视图的方法,简称剖视。

1. 剖视图及其形成

假想用剖切平面剖开零件,将处在观察者和剖切面之间的部分移去,而将其余部分向投影面投影所得到的图形,称为剖视图。

如图1-91(a)所示,在零件的视图中,主视图用虚线表达其内部形状,不够清晰。按图1-91(b)所示方法,假想沿零件前后对称面将其剖开,去掉前部,将后部向正投影面投影,就得到一个剖视的主视图,如图1-91(c)所示。

2. 剖视图的画法

国家标准GB/T 17452—1998《技术制图 图样画法 剖视图和断面图》对剖视图的画法有相应的规定。剖视图是假想将零件剖切后画出的图形,画剖视图时应注意以下几点。

(1) 剖切位置要适当:剖切面要尽量通过较多的内部结构的轴线或对称平面,并平行于选定的投影面。

(2) 内外轮廓要画齐:零件剖开后,处在剖切平面之后的所有可见轮廓都应画齐,不能遗漏。

(3) 剖面符号要画好:剖视图中,凡被剖切的部分应画上剖面符号。国家标准GB/T 4457.5—2013《机械制图 剖面区域的表示法》中规定了各种材料的剖面符号,见表1-14。

金属材料的剖面符号应画成与水平线成45°的互相平行、间隔均匀的细实线,同一零件各个剖视图的剖面符号的方向、间隔要相同。如果图形的主要轮廓线与水平线成45°或接近45°,该图的剖面线应画成与水平线成30°或60°角的平行线,但倾斜方向仍应与其他视图剖面线一致,如图1-92所示。

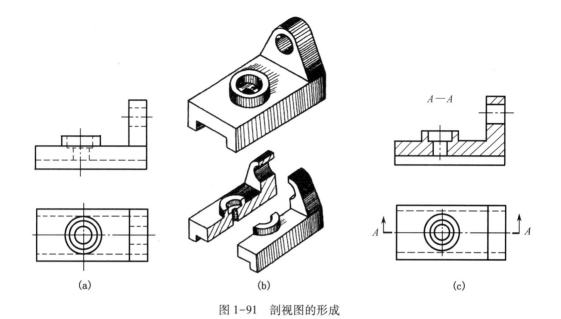

(a)   (b)   (c)

图 1-91 剖视图的形成

表 1-14 各种材料剖面符号

材料	符号	材料	符号
金属材料（已有规定剖面符号除外）		胶合板（不分层数）	
线圈绕组元件		基础周围的泥土	
转子、电枢、变压器和电抗器等的硅钢片		混凝土	
非金属材料（已有规定剖面符号除外）		钢筋混凝土	
型砂、填砂、粉末冶金、砂轮、陶瓷刀片、硬脂合金刀片等		砖	
玻璃及供观察用的其他透明材料		格网（筛网、过滤网等）	
木材 纵断面		液体	
木材 横断面			

注：表中符号摘自国家标准 GB/T 4457.5—2013《机械制图 剖面符号》。

（4）视图应完整。

剖视图是假想剖切画出的，所以与其相关的视图仍应保持完整。由剖视图已表达清楚的

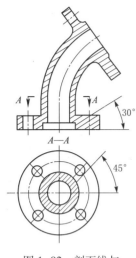

图 1-92 剖面线与
水平线成 30°或 60°

结构,其他视图中虚线即可省略。

3. 剖视图的标注

一般应在剖视图上方用字母标出剖视图的名称"×—×",在相应视图上用剖切符号表示剖切位置,用箭头表示投影方向,并注上相同的字母,如图 1-91(c)所示。当剖视图按投影关系配置,中间又没有其他图形隔开时,可省略箭头。

(二)剖视图的种类

按剖切范围的大小,剖视图可分为全剖视图、半剖视图和局部剖视图。

1. 全剖视图

用剖切平面完全地剖开零件所得到的剖视图称为全剖视图。图 1-93 中泵盖的主视图为全剖视图。全剖视图一般用于表达内部结构复杂的不对称零件和外形简单的对称零件。对于内外形状都比较复杂而又不对称的零件,则可用全剖视图表达它的内部结构,再用视图表达它的外形。

全剖视图的标注,应视情况不同分别对待。当剖切平面通过零件对称或基本对称平面,且剖视图按投影关系配置,中间又无视图隔开时,可省略标注,如图 1-93 中的主视图。如不符合上述条件,则必须按规定方法标注。

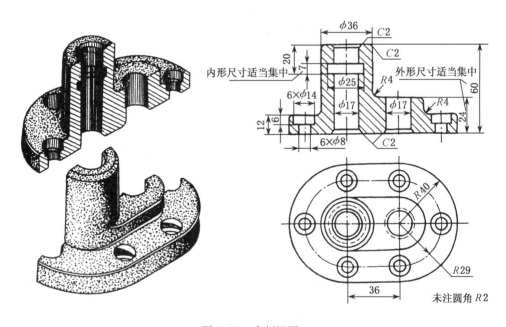

图 1-93 全剖视图

2. 半剖视图

当零件具有对称平面时,在垂直于对称平面的投影面上投影所得的图形,可以对称中心线为界,一半画成剖视,另一半画成视图,这种图形称为半剖视图。

如图1-94所示零件的主视图和俯视图均为半剖视图,其剖切方法如立体图所示。半剖视图既充分表达了零件的内部形状,又保留了零件的外部形状,它是内、外形状都比较复杂的对称零件常采用的表达方法。

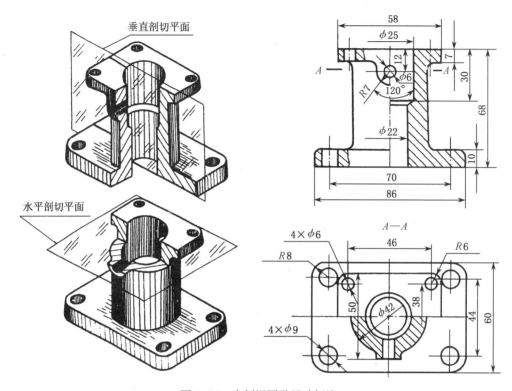

图1-94 半剖视图及尺寸标注

半剖视图的标注与全剖视图相同。如图1-94中主视图所采用的剖切平面通过零件的前后对称平面,故无须标注;而俯视图所用剖切平面不通过零件的对称平面,所以必须标出剖切位置和名称,但箭头可以省略。

半剖视图中,因为有些部分的形状只画出一半,所以标注尺寸时,尺寸线上只能画出一端箭头,而另一端只需超过中心线,不画箭头,如图1-94中 $\phi25$、$\phi22$、$\phi42$、38 等。

3. 局部剖视图

用剖切平面局部地剖开零件,所得的剖视图称为局部剖视图。

如图1-94所示的主视图和图1-95所示的俯视图均采用了局部剖视图画法。局部剖视图既能把零件局部的内部形状表达清楚,又能保留零件的某些外形,其剖切范围可根据需要而定,是一种很灵活的表达方法。

局部剖视图以波浪线为界,波浪线不应与轮廓线重合,也不能超出轮廓线之外,如图1-96所示。

当被剖切部分的结构为回转体时,允许将该结构的中心线作为局部剖视与视图的分界线,如图1-97所示。

当零件对称,且在图上恰好有一轮廓线与对称中心线重合时,不宜采用半剖视,可采用局部剖视图,如图1-98所示。

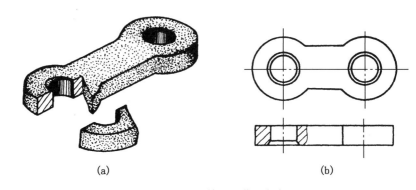

图 1-95 后钢板弹簧吊耳作局部剖视图

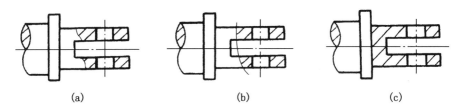

图 1-96 局部剖视图波浪线的画法
(a)正确;(b),(c)错误

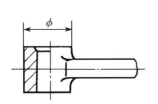

图 1-97 回转体局部剖视图画法

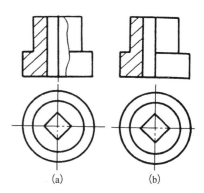

图 1-98 对称零件局部剖视图的画法
(a)正确;(b)错误

三、断面

(一)断面图的概念

假想用剖切平面将零件的某处切断,仅画出断面的图形,称为断面图,简称断面,如图 1-99(c)所示。

断面图与剖视图的不同之处是:断面图仅画出零件断面的图形,而剖视图则要求画出剖切平面以后的所有部分的投影,如图 1-99(b)所示。

断面适用于表示零件上某一局部的断面形状,如零件上的肋板、轮辐、轴上的键槽和孔等。

(二)断面图的分类及画法

断面分移出断面和重合断面两种。

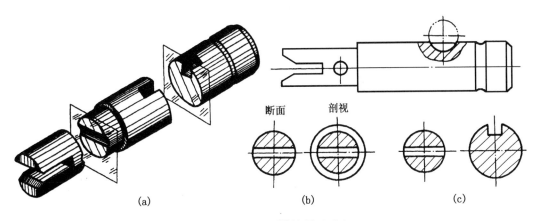

图 1-99　机油泵轴的断面画法

1. 移出断面

画在视图轮廓线之外的断面称为移出断面,如图 1-99(c)所示断面即为移出断面。

移出断面的轮廓线用粗实线画出,断面上画出断面符号。移出断面要尽量配置在剖切平面迹线(剖切平面与投影面的交线,用细点画线表示)的延长线上,必要时也可画在其他位置。

当剖切平面通过回转面形成的孔或凹坑的轴线时,这些结构应按剖视绘制,如图 1-100 所示。

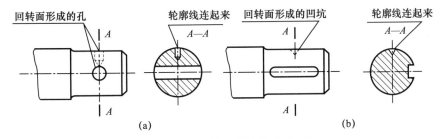

图 1-100　通过回转面的轴线时断面画法

当剖切平面通过非回转面,会导致出现完全分离的断面时,也应按剖视画,如图 1-101 所示。

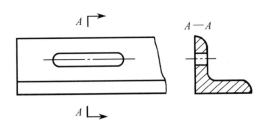

图 1-101　断面分离时的画法

2. 重合断面

画在视图轮廓线之内的断面称为重合断面,如图1-102和图1-103所示。

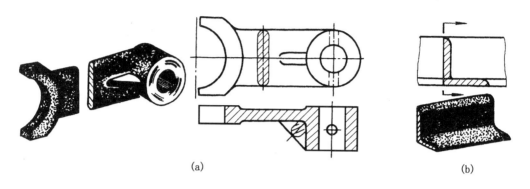

图1-102　重合断面画法

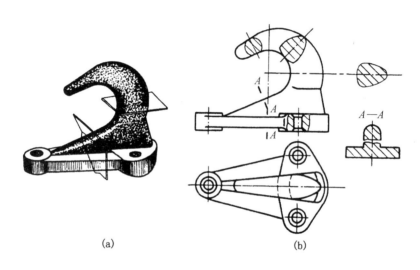

图1-103　前拖钩断面的表示法

重合断面的轮廓线用细实线绘制,当视图中的轮廓线与重合断面的图形重叠时,视图中的轮廓线仍应连续画出,不可间断。

(三) 断面的标注

移出断面一般应用剖切符号表示剖切位置,用箭头指明投影方向,并注上字母,在断面图上方用同样的字母标出相应的名称"×-×",但可根据断面图是否对称及其配置的位置不同作相应的省略,见表1-15。

重合断面当图形不对称时,需用箭头标明其投影方向,如图1-102(b)所示。如图形对称,一般不必标注,如图1-102(a)所示。

表 1-15 移出断面的标注

断面位置	断面形状对称	断面形状不对称
在剖切符号的延长线上		
按投影关系配置		
在其他位置		

四、其他表达方法

(一) 局部放大图

将零件的部分结构用大于原图形所采用的比例画出的图形,称为局部放大图,如图1-104和图1-105所示。

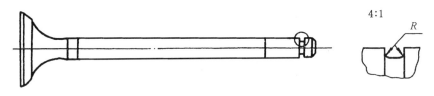

图 1-104 发动机排气门局部放大图

局部放大图可画成视图、剖视、断面,它与被放大部分的表达方式无关。局部放大图应尽量配置在被放大部位的附近。

绘制局部放大图时,除螺纹牙型、齿轮和链轮的齿形外,应按图1-104、图1-105用细实线圈出被放大的部位。

当零件上有几处被放大的部位时,必须用罗马数字依次标明,并在局部放大图上方标出相同的罗马数字和采用的比例。如被放大部分仅有一处,则不必标明数字,只需在局部放大图上方标明所采用的放大比例。

(二) 肋板、轮辐等结构的画法

零件上的肋板、轮辐及薄壁等结构,如纵向剖切都不画断面符号,而用粗实线将它们与其

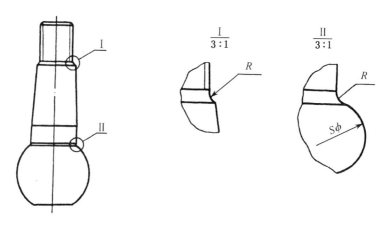

图 1-105 转向拉杆球头销局部放大图

相邻结构分开。当零件回转体上均匀分布的肋、轮辐、孔等结构不处于剖切平面上时,可将这些结构旋转到剖切平面上画出,如图 1-106 和图 1-107 所示。

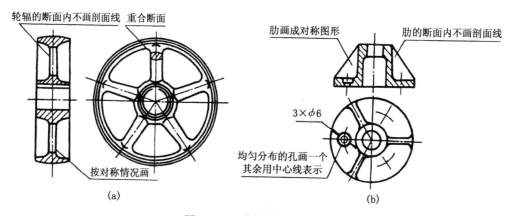

图 1-106 肋与轮辐的画法

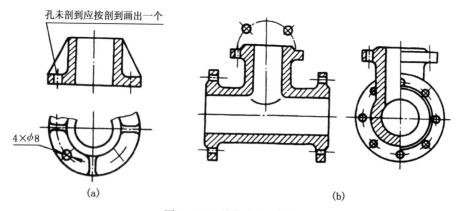

图 1-107 均布孔的画法

(三) 相同结构要素的简化画法

当零件上具有若干相同结构(齿、槽、孔等),并按一定规律分布时,只需画出几个完整的结构，其余用细实线连接或画出中心线位置，但在图上应注明该结构的总数，如图 1-108 所示。

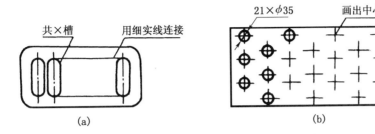

图 1-108　相同结构的简化画法

（四）较长零件的折断画法

较长的零件（轴、杆、型材、连杆等），沿长度方向的形状一致或按一定规律变化时，可断开后缩短绘制，但尺寸应按零件原来实长标注，如图 1-109 所示。

零件断裂边缘常用波浪线画出，圆柱断裂处常采用图 1-110 所示画法。

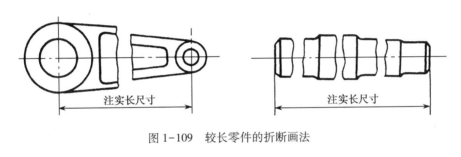

图 1-109　较长零件的折断画法

图 1-110　圆柱与圆筒断裂处画法

（五）较小结构的简化画法

零件上较小的结构，如在一个视图中已表达清楚，则其他图形可简化或省略，如图 1-111 中的主视图。

在不致引起误解时，图形中的相贯线与过渡线允许简化，例如用圆弧或直线代替非圆曲线，如图 1-112 所示。

（六）某些结构的示意画法

网状物、编织物或零件上的滚花部分，可在轮廓线附近用细实线示意画出，并标明其具体要求，图 1-113 所示即为滚花的示意画法。

当图形不能充分表达平面时，可用平面符号（相交两细实线）表示，如图 1-114 所示，如其他视图已表达清楚，可以不画平面符号[见图 1-111（b）]。

（七）对称零件的简化画法

在不致引起误解时，对称零件的视图可以只画 1/2 或 1/4，并在对称中心线的两端画出两条与其垂直的平行细实线,如图 1-115 所示。

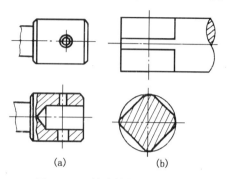

图 1-111　较小结构的简化画法

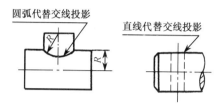

图 1-112　交线的简化画法

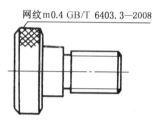

图 1-113　滚花的示意画法

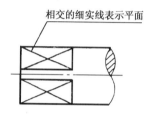

图 1-114　平面符号表示法

(八) 允许省略断面符号的移出断面

在不致引起误解时,零件图中的移出断面,允许省略断面符号,但剖切位置和断面图的标注必须按规定方法标出,如图 1-116 所示。

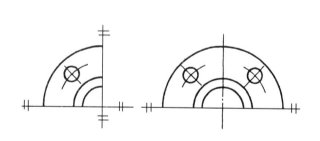

图 1-115　对称零件的简化画法

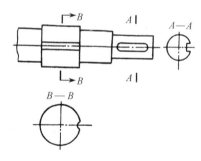

图 1-116　移出断面的简化画法

第四节　零件图的画法

每台机器都是由许多零件装配而成的,零件是机器的最小制造单元。零件图是表达零件的形状、大小、材料和加工要求的图样,是制造和检验零件的依据。

一、零件图的内容

一张完整的零件图应包括以下四项内容:一组图形、完整的尺寸、技术要求和标题栏。图 1-117 所示为活塞销的零件图。

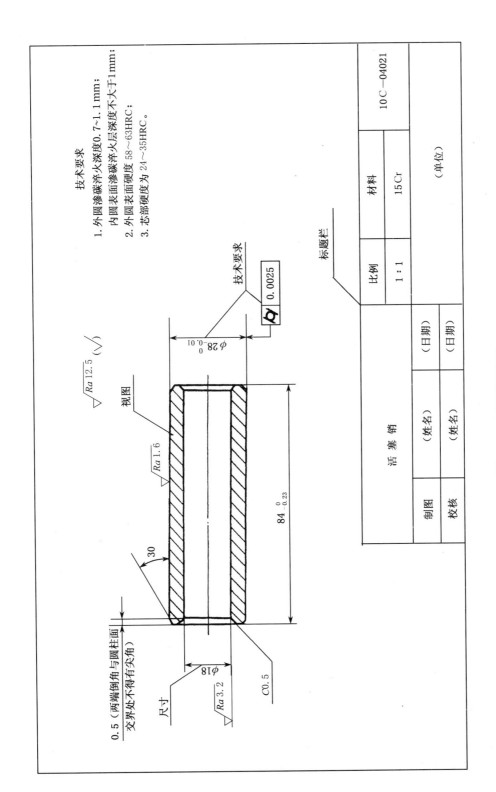

图1-117 活塞销零件图

（一）一组图形

用必要的视图、剖视、断面和其他规定画法，准确、清晰、完整地表达出零件各部分结构的内外形状。

（二）完整的尺寸

能满足零件制造和检验时所需要的正确、完整、清晰、合理的尺寸。

（三）技术要求

用国家标准规定的代号、符号标注或文字说明，表达出零件在制造、检验和装配过程中应达到的一些技术上的要求，如表面粗糙度、尺寸公差、形位公差、热处理及表面处理要求等。

（四）标题栏

零件图标题栏的内容包括零件的名称、材料、数量、图号、图样的比例及设计、校核者的姓名和日期，以及设计或制造单位的名称等。

二、零件图表达方案的选择

零件图要求能够正确、完整、清晰地表达出零件的结构形状，必须具有合理的表达方案，这是画好零件图的首要问题。

（一）主视图的选择

主视图是表达零件最主要的一个视图。绘制零件图时，应首先合理地选好主视图。选择主视图时应遵循以下几项原则：

1. 表达形状特征原则

根据零件的形状特征，确定主视图的投影方向，使主视图能最清楚地表达零件各组成部分的形状和相对位置，如图 1-118 所示。

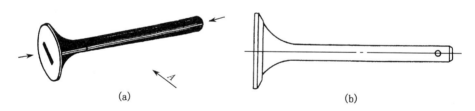

图 1-118 气门零件图主视图方向的选择

图 1-118 中箭头 A 所指的方向最能反映气门的形状特征，选择这个投影方向画主视图最为合适。

2. 符合零件加工位置原则

主视图中零件的安放位置应尽量符合它的主要加工位置，以便于加工时图物对照和测量尺寸。如图 1-118 所示气门的主视图即符合零件加工位置原则。

3. 符合零件的工作位置原则

主视图应尽量按零件在机器中的工作位置画出。按工作位置绘制的主视图便于在看图时把零件和整个机器联系起来想象它的工作情况。图 1-119 所示为气门挺杆和汽车拖钩两种零件，其主视图与工作位置一致。

零件的加工位置和工作位置有时是不一致的，或者因为工序较多，加工位置也要变化。在

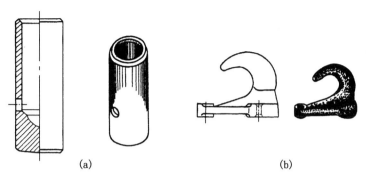

图 1-119 挺杆、拖钩主视图位置选择

这种情况下,对于轴、轴套和轮盘等主要由回转体组成的零件,可按它们的主要车、磨加工位置画图。对于支架、箱体类零件可按其工作位置画图。

(二) 其他视图的选择

主视图确定以后,还需选择适当数量的其他视图。视图数量的确定原则是:应根据零件的复杂程度,在完整和清晰地表达零件结构形状的前提下,力求尽量减少视图数量。

1. 用一两个视图就能表达完整的零件

有些结构简单的回转体零件,加以尺寸标注,只需一个视图就可将零件表达清晰、完整。如图 1-120 所示发动机气门间隙调整螺栓,结构为同轴组合的回转体,用一个视图就可以完整表达出来。

图 1-121 所示为凸轮轴止推凸缘,这是几个同向不同轴(且有的是不完整的)回转体的组合体,若只用一个视图就不能完整地表达其结构形状,必须用主视图和一个全剖(或半剖)的俯视图才能完整地表达出零件的内外结构形状。

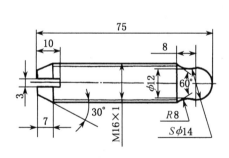

图 1-120 气门间隙调整螺栓

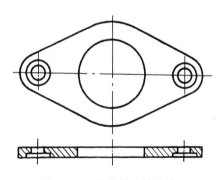

图 1-121 凸轮轴止推凸缘

2. 用三个或更多个视图才能表达完整的复杂零件

图 1-122 所示为汽车备胎架支架,结构较复杂,需用三个视图才能表达完整,主视图采用全剖视图表达出支架的主体结构、肋板的形状、凸台及小孔的位置;俯视图表达了支承板的形状及肋板数目、固定板和凸台的位置;左视图表达了固定板的形状、凸台的形状及固定板上小孔、肋板的位置。

三、零件图的尺寸标注

标注尺寸时必须遵循下列原则:正确选择标注尺寸的起点——尺寸基准;正确使用标注尺寸的形式。

(一) 尺寸基准

按尺寸基准性质,可分为设计基准和工艺基准。

1. 设计基准

用以确定零件在部件或机器中位置的基准。图 1-123 中轴的轴线为径向尺寸的设计基准,轴承座底面为轴承孔高度方向的设计基准。

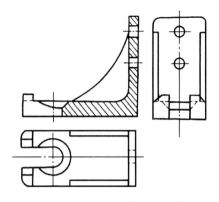

图 1-122 汽车备胎架支架

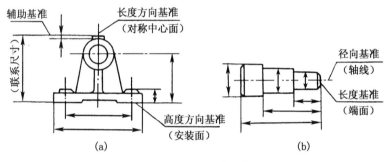

图 1-123 尺寸基准

2. 工艺基准

在零件加工过程中,为满足加工和测量要求而确定的基准。

(二) 尺寸标注形式

根据图样上尺寸布置的情况,以轴类零件为例,尺寸标注的形式有三种。

(1) 链式:轴向尺寸的标注,依次分段注写,无统一基准,如图 1-124(a)所示。

(2) 坐标式:轴向尺寸标注,以一边端面为基准,分层注写,如图 1-124(b)所示。

(3) 综合式:轴向尺寸标注,采用链式和坐标式两种方法,如图 1-124(c)所示。

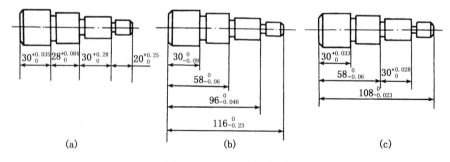

图 1-124 尺寸标注形式
(a)链式;(b)坐标式;(c)综合式

(三) 尺寸标注常用方法

(1) 按加工顺序标注：从工艺基准出发标注尺寸，如图1-125所示。因为轴向尺寸考虑到了轴的加工顺序。因此，选择端面的工艺基准标注。

(2) 重要尺寸（设计、测量、装配尺寸）要从基准直接标注：如图1-126所示，齿轮左端面为设计基准，应以此端面为基准标注齿轮轴长度方向的尺寸。

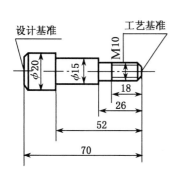

图1-125 按工艺基准标注尺寸

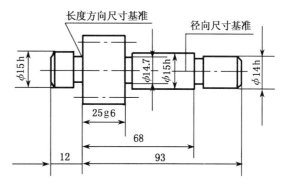

图1-126 按设计基准标注尺寸

(3) 按测量要求标注：从测量基准出发标注尺寸，如图1-127所示。

(4) 避免注成封闭尺寸链：如图1-128所示，在标注尺寸时，应将次要的轴段空出，不标注尺寸或标注尺寸后用括号括起来，作为参考尺寸。

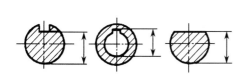

图1-127 按测量要求标注尺寸

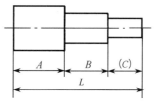

图1-128 避免注成封闭尺寸链

四、零件图上的技术要求

零件图上应该标注和说明的技术要求主要有以下几个方面：

(1) 标注零件的表面粗糙度；

(2) 标注零件尺寸上重要尺寸的上、下极限偏差及零件表面的形状和位置公差；

(3) 标写零件的特殊加工、检验和试验要求；

(4) 标写材料和热处理项目要求。

（一）表面粗糙度在图样上的标注

(1) 表面粗糙度代号在图样上用细实线注在可见轮廓线、尺寸线、尺寸界线或它们的延长线上，如图1-129所示。

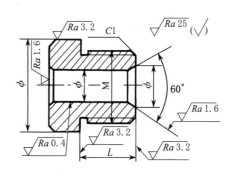

图1-129 表面粗糙度标注示例

(2) 表面粗糙度数值的书写方向应与尺寸数字的书写规定相同。

(3) 在同一图样上,每一表面一般只标注一次表面粗糙度,并尽可能标注在有关的尺寸界线附近。

(4) 当零件所有表面具有相同的表面粗糙度要求时,其代号可在图样右上角统一标注;当大部分表面具有相同的表面粗糙度要求时,对其中使用最多的一种代号,可统一注在图样右上角,并加符号"(√)"。

(二) 公差与配合标注

1. 标注公差代号

标注公差代号时,基本偏差代号和公差等级数字均应与尺寸数字等高,如 $\phi 50f7$、$\phi 50H8/f7$。

2. 标注偏差数值

标注偏差数值时,上极限偏差应注在公称尺寸右上方,下极限偏差应与公称尺寸注在同一底线上,字体应比公称尺寸小一号,如 $\phi 50_{-0.050}^{-0.025}$。若上、下极限偏差相同,只是符号相反,则可简化标注,如 $\phi 40 \pm 0.02$,此时偏差数字应与公称尺寸数字等高。

在零件图中,除配合尺寸标注偏差外,其他尺寸一般不标注偏差,这些尺寸为非配合尺寸。国家标准规定非配合尺寸的公差等级为 IT18~IT12,如有要求可注写在图样下方空白处。

(三) 形位公差标注

(1) 形位公差框格的绘制:公差框格可水平或垂直绘制。框格内的数字、字母的书写要求与尺寸数字书写规则一致;框格、指引线、圆圈、连线应用细实线画出;形位公差符号应用 b/2 线条画出;指引线一端与框格相连,另一端以箭头指向被测部位。

(2) 被测部位与基准部位的标注:

① 当被测部位为线或表面时,指引线的箭头应垂直于被测部位轮廓线或其引出线,并应明显地与尺寸线错开;当基准部位为线或表面时,基准符号应平行于基准部位轮廓线或其引出线,并应明显地与尺寸线错开,如图 1-130 所示。

② 当被测(或基准)部位为轴线、球心、中心平面时,指引线的箭头应与该部位的尺寸线对齐,如图 1-130 所示;当被测部位为整体轴线、公共轴线时,指引线可直接指到轴线上。

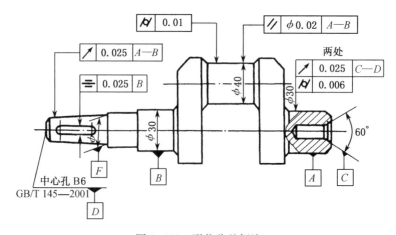

图 1-130　形位公差标注

③ 当同一部位有多项形位公差要求时,可采用框格并列标注,如图1-130所示;当几个被测部位有相同形位公差要求时,可以在框格指引线上绘出多个箭头。

(四) 热处理及表面处理

当零件表面有多种热处理要求时,一般可按下述原则标注:

(1) 零件表面需全部进行某种热处理时,可在技术要求中用文字统一加以说明。

(2) 零件表面需进行局部热处理时,可在技术要求中用文字说明;也可以在零件图上标注,如零件局部热处理或局部镀(涂)时,应用细实线区分出范围,并标出相应的尺寸和说明,如图1-131所示。

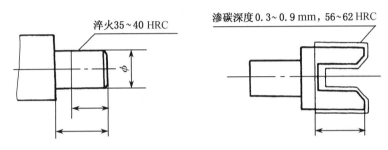

图 1-131　表面局部热处理标注

五、识读典型零件图

识读零件图的基本要求是:了解用途、材料;掌握形状、大小;理解结构特点;看懂质量指标。识读零件图的方法和步骤如下。

(1) 看标题栏:通过标题栏了解零件的名称、材料、比例等;为了解零件在机器中的作用、制造要求、结构特点提供线索。

(2) 弄清视图关系:浏览全图,找出主视图,确定其他各视图名称,找出各剖视、断面的剖切位置,确定各视图之间的投影关系。

(3) 形体分析:根据视图特征,把它分解为几个部分,找出相应视图上该部分的图形,把这些图形联系起来,进行投影和结构分析,弄清各部分的空间形状和它们之间的相对位置,然后综合想象出零件的整体结构形状。读图时先看主要部分,后看次要部分,先外形,后内形。

(4) 尺寸分析:首先分析尺寸基准,再按图样上标注的各个尺寸,弄清哪些是主要尺寸之后,确定各部分的定形尺寸、定位尺寸和零件的总体尺寸。

(5) 了解技术要求:结合零件的结构形状和尺寸,仔细分析图样上各项技术要求,如表面粗糙度、尺寸公差、形位公差及热处理等。

第五节　常用零件的画法

一、螺纹

(一) 螺纹的规定画法

国家标准 GB/T 4459.1—1995《机械制图　螺纹及螺纹紧固件表示法》对螺纹画法做了

规定。

1. 外螺纹的画法

螺纹的牙顶(大径)及螺纹终止线用粗实线表示,牙底圆(小径)用细实线表示,并画到螺杆的倒角或倒圆部分。在垂直于螺纹轴线的投影面的视图中,表示牙底圆的细实线只画约3/4圈,倒角圆省略不画,如图1-132(a)所示。在剖视图中,断面线要画到粗实线,如图1-132(b)所示。

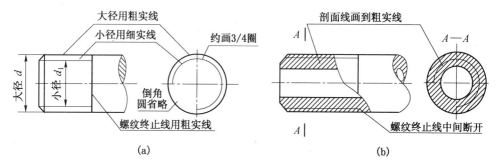

图1-132 外螺纹的画法

2. 内螺纹的画法

画内螺纹的剖视图时,牙顶圆(小径)和螺纹终止线用粗实线表示,牙底圆(大径)用细实线表示。在投影为圆的视图中,表示大径的细实线只画约3/4圈,倒角圆省略不画,如图1-133(a)所示。

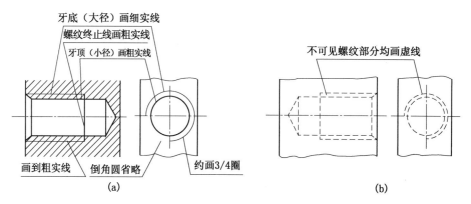

图1-133 内螺纹的画法

画内螺纹的剖视图时断面线也必须画到粗实线处。

不可见螺纹的所有图线都用虚线表示,如图1-134(b)所示。

对于不穿通的螺纹孔,一般应将钻孔深度和螺纹分别画出,钻孔深度按比例螺孔深$0.5D$绘制(D为螺纹大径),如图1-134所示。

螺纹相贯线的画法如图1-135所示。

圆锥外螺纹和圆锥内螺纹的画法如图1-136所示。

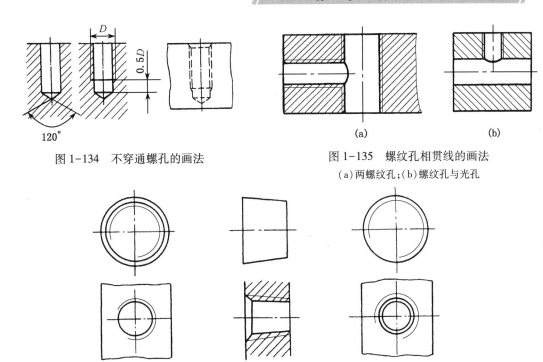

图 1-134 不穿通螺孔的画法

图 1-135 螺纹孔相贯线的画法
(a)两螺纹孔;(b)螺纹孔与光孔

图 1-136 圆锥外螺纹和圆锥内螺纹的画法

3. 内、外螺纹的连接画法

国标规定:以剖视图表示内、外螺纹的连接时,其旋合部分应按外螺纹的画法表示,其余部分仍按各自的画法表示,并且规定:当剖切平面通过实心螺杆轴线剖切时,螺杆按不剖绘制,在垂直轴线的剖视图中,螺杆仍按剖切绘制,如图 1-137 所示。

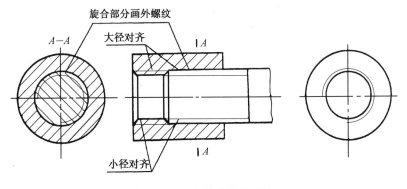

图 1-137 螺纹连接的画法

4. 螺纹牙型的表示方法

对于标准螺纹,一般可不画牙型。当需要表示螺纹牙型时,可按图 1-138(a)、(b)的形式绘制。对于非标准螺纹,应画出牙型,如图 1-138(c)所示。

(二) 螺纹的种类、代号和标注

螺纹的种类、代号和标注见表 1-16。

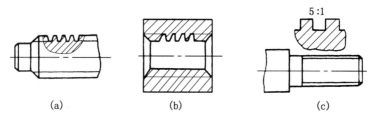

图 1-138 螺纹牙型的表示方法

表 1-16 螺纹的种类、代号和标注

螺纹类别	特征代号	图 例	说 明
普通螺纹	M	M20-5g6g-40	粗牙普通螺纹,公称直径 20 mm,右旋(不标注);螺纹中径公差带代号 5g;顶径公差带代号 6g;旋合长度为 40 mm
		M36×2—6g	细牙普通螺纹,公称直径 36 mm,螺距 2 mm,右旋;螺纹中径和顶径公差带均为 6g;中等旋合长度
		M24×1—6H	细牙普通螺纹,公称直径 24 mm,螺距 1 mm,右旋;螺纹中径和顶径公差带均为 6H;中等旋合长度
梯形螺纹	Tr	Tr40×14(P7)—7H	梯形螺纹,公称直径 40 mm,导程 14 mm,螺距 7 mm;中径公差带为 7H;中等旋合长度
锯齿螺纹	B	B32×6LH—7e	锯齿形螺纹,公称直径 32 mm,螺距(或导程)6 mm,左旋;中径 7 mm,中径公差带为 7 H;中等旋合长度

续表

螺纹类别	特征代号	图 例	说 明
非螺纹密封的管螺纹	G		非螺纹密封的管螺纹，尺寸代号1，外螺纹公差等级为A级
用螺纹密封的管螺纹	R Rc Rp		用螺纹密封的管螺纹，尺寸代号3/4，内、外均为圆锥螺纹 R为圆锥外螺纹，Rc为圆锥内螺纹，Rp为圆柱内螺纹

注：非螺纹密封的管螺纹主要用于低压管路系统的连接，外螺纹的公差等级为A级和B级两种，A级为精密级，B级为粗糙级。

二、螺纹紧固件

(一) 螺纹紧固件的规定画法

国家标准 GB/T 4459.1—1995《机械制图　螺纹及螺纹紧固件表示法》中对螺纹紧固件画法有明确规定。

为了提高绘图速度，一般采用比例画法。此法以螺纹的公称直径 d 作为公称尺寸参数。图 1-139 所示为螺栓、螺母、垫圈的比例画法，图 1-140 所示为常用螺钉头部的比例画法，图 1-141 所示为常用螺钉尾部的比例画法。

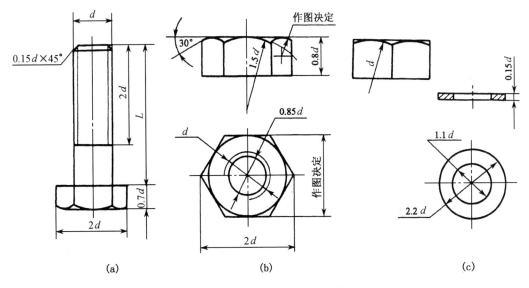

图 1-139　螺栓、螺母、垫圈的比例画法

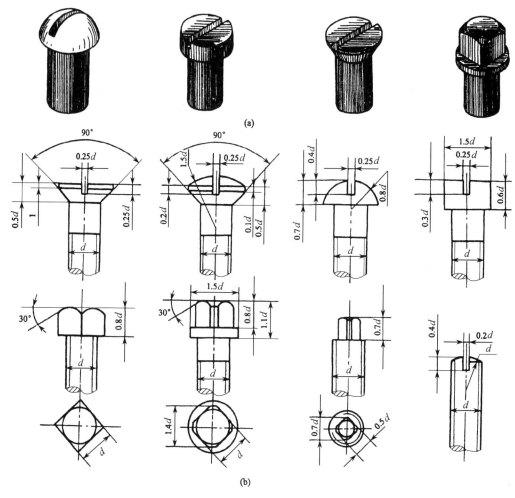

图 1-140 常用螺钉头部的比例画法

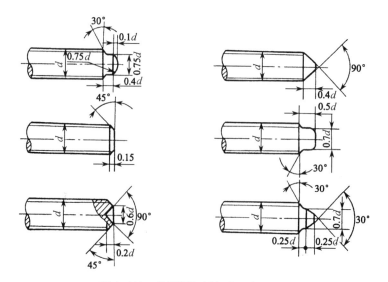

图 1-141 常用螺钉尾部的比例画法

(二) 螺纹紧固件的连接画法

(1) 螺栓连接的画法,如图 1-142 所示。

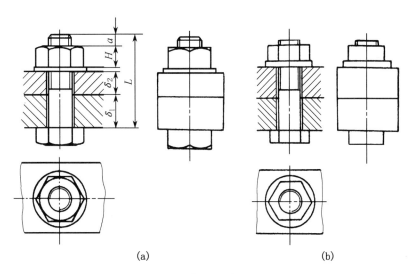

(a)   (b)

图 1-142　螺栓连接的画法
(a)连接画法；(b)简化画法

(2) 双头螺柱连接的画法,如图 1-143 所示。

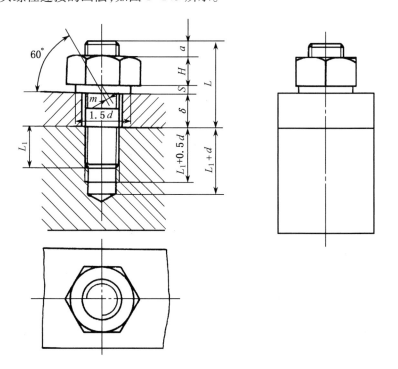

图 1-143　双头螺柱连接的画法

（3）螺钉连接的画法，如图1-144所示。

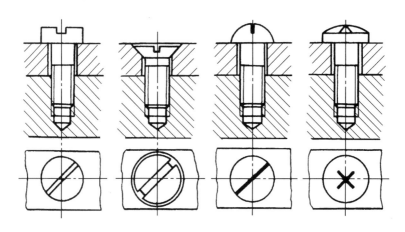

图1-144 螺钉连接的画法

（三）螺纹紧固件的种类和标注

常用螺纹紧固件及其标记示例见表1-17。

表1-17 常用螺纹紧固件及其标记示例

名 称	图 例	标记示例	说 明
六角头螺栓	（M12，长50）	螺栓 GB/T 5783—2000《六角头螺栓全螺纹》—M12×50	螺纹规格$d=12$ mm，公称长度$L=50$ mm（当螺杆上为全螺纹时应选国家标准代号为GB/T 5783—2000《六角头螺栓全螺纹》）
开槽沉螺钉	（M10，长45）	螺钉 GB/T 68—2000《开槽沉头螺钉》—M10×45	螺纹规格$d=10$ mm，公称长度$L=45$ mm（L值在40 mm以内为全螺纹）
双头螺柱	（M12，18/50）	螺柱 GB/T 898—1988《双头螺柱 $b_m=1.25d$》—M12×50	两端规格均为$d=12$ mm，$L=50$ mm按B型制造（B型可省去标记）
I型六角螺母	（M16）	螺母 GB/T 6170—2000《I型六角螺母》—M16	螺纹规格$D=16$ mm的I型六角螺母
垫圈	（φ17）	垫圈 GB/T 97.1—2002《平垫圈 A级》—16	与螺纹规格M16配用平垫圈，性能等级为200HV，不经表面处理，产品等级为A级平垫圈

三、齿轮

齿轮的主要作用是传递动力,改变转速和旋转方向。根据两轴的相对位置,齿轮可分为以下三类:

圆柱齿轮——用于两平行轴之间的传动[见图 1-145(a)];

圆锥齿轮——用于两交轴之间的传动[见图 1-145(b)];

蜗轮蜗杆——用于两垂直交叉轴之间的传动[见图 1-145(c)]。

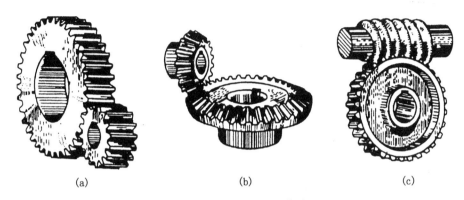

图 1-145 常见的齿轮传动
(a)圆柱齿轮;(b)圆锥齿轮;(c)蜗杆、蜗轮

这里只介绍圆柱齿轮。

圆柱齿轮可分为直齿轮、斜齿轮和人字齿轮三种,如图 1-146 所示。

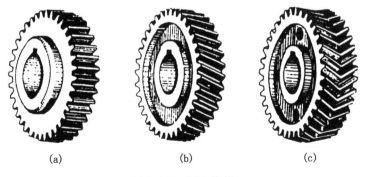

图 1-146 圆柱齿轮
(a)直齿轮;(b)斜齿轮;(c)人字齿轮

(一) 直齿圆柱齿轮各部分的名称和尺寸间的相互关系

直齿圆柱齿轮各部分的名称和尺寸间的关系如图 1-147 所示。

(二) 直齿轮圆柱齿轮的规定画法(GB/T 4459.2—2003《机械制图 齿轮表示法》)

1. 单个直齿轮圆柱齿轮的画法

齿顶圆和齿顶线用粗实线画;分度圆和分度线用点画线画;齿根圆和齿根线用细实线画,也可省略不画。在剖视图中,齿根线用粗实线画,未剖的齿根线可省略不画,如图 1-148 所示。

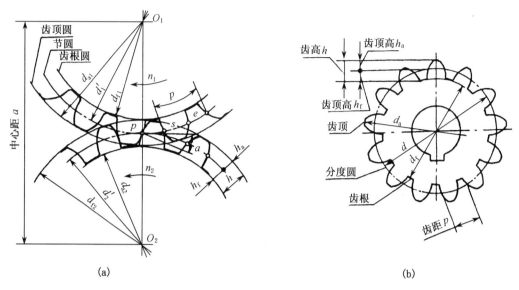

图 1-147 直齿圆柱齿轮各部分名称
(a)啮合图;(b)投影图

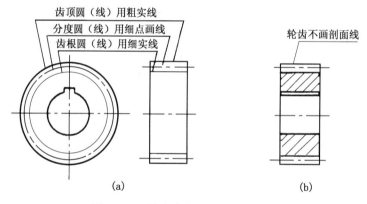

图 1-148 单个直齿圆柱齿轮的画法

2. 直齿圆柱齿轮的啮合画法

两个相啮合的圆柱齿轮,在垂直于齿轮轴线的视图中,啮合区的顶圆均用粗实线绘制[图 1-149(a)],也可省略[图 1-149(d)]。用细点画线画出相切的两分度圆,两齿根圆用细实线绘制,也可省略不画。

在另一视图中,若取剖视图[图 1-149(b)],其中有一齿顶线画成虚线,其投影关系如图 1-150 所示,若画外形图[图 1-149(c)],啮合区的齿顶线无须画出,分度线用粗实线绘制,其他处的分度线仍用细点画线绘制。

(三)斜齿圆柱齿轮的画法

1. 单个斜齿圆柱齿轮的画法

斜齿圆柱齿轮的画法与直齿圆柱齿轮的画法基本相同,不同的是在平行于齿轮轴线方向

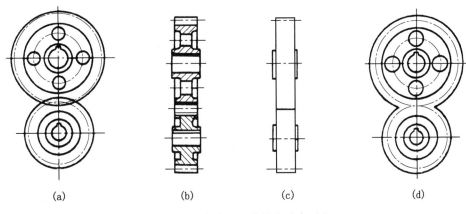

图 1-149　直齿圆柱齿轮的啮合画法

采用半剖或局部剖的视图中，在未剖切部分画处三条细实线，以表示轮齿的倾斜方向，如图 1-151 所示。

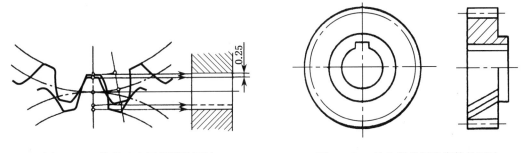

图 1-150　齿轮啮合区投影的画法　　　　图 1-151　单个斜齿圆柱齿轮的画法

2. 斜齿圆柱齿轮的啮合画法

与直齿圆柱齿轮的啮合画法比较，除需用三条相互平行的细实线表示齿线方向外，其他均相同，人字齿轮的画法也是如此，如图 1-152 所示。

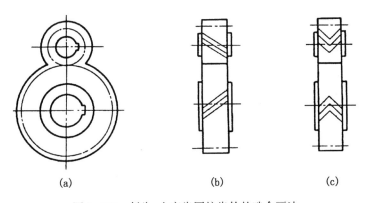

图 1-152　斜齿、人字齿圆柱齿轮的啮合画法

四、弹簧

弹簧是一种用来减振、储存能量、夹紧、测力的零件,常见的弹簧有圆柱螺旋弹簧[图1-153(a)、(b)、(c)、(d)]、板弹簧[图1-153(e)]、平面涡卷弹簧[见图1-153(f)]和碟形弹簧[图1-153(g)]等。根据受力方向不同,圆柱螺旋弹簧又可分为:压缩弹簧、拉伸弹簧和扭转弹簧,其中圆柱螺旋压缩弹簧应用最为广泛,本节只介绍它的规定画法。

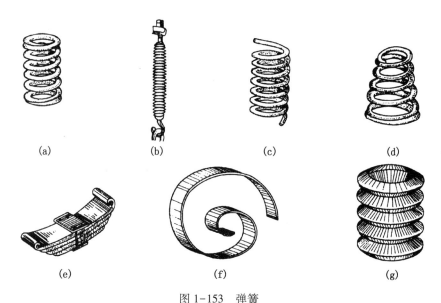

图 1-153 弹簧
(a)压缩弹簧;(b)拉伸弹簧;(c)扭转弹簧;(d)圆锥螺旋弹簧;
(e)板弹簧;(f)平面涡卷弹簧;(g)碟形弹簧

(一) 圆柱螺旋压缩弹簧各部分名称及尺寸关系

(1) 簧丝直径(d):制作弹簧用的钢丝直径。

(2) 弹簧外径(D_2):弹簧的外圈直径。

(3) 弹簧内径(D_1):弹簧的内圈直径。

(4) 弹簧中径(D):弹簧的平均直径。

$$D = (D_1 + D_2)/2 = D_1 + d = D_2 - d$$

(5) 节距(t):除支承圈外,在中径线上相邻两圈对应点之间的轴向距离。

(6) 支承圈数(n_2)、有效圈数(n)和总圈数(n_1):为了使压缩弹簧工作时受力均匀,保证轴线垂直于支承面,制造时必须将两端并紧、磨平。这部分圈数只起支承作用,称为支承圈数,一般取 1.5 圈、2 圈和 2.5 圈 3 种,其中 2.5 圈应用较多。除支承圈数外,保持相等节距的圈数称为有效圈数。有效圈数和支承圈数之和称为总圈数。

$$n_1 = n + n_2$$

(7) 自由高度(H_0):在不受外力作用时的高度(或长度)。

$$H_0 = n \times t + (n_2 - 0.5)d$$

(8) 展开长度(L):制造弹簧时,簧丝坯料的长度。

$$L = n_1 \sqrt{(\pi D_2)^2 + t^2}$$

（二）圆柱螺旋压缩弹簧的规定画法（GB/T 4459.4—2003《机械制图 弹簧表示法》）

弹簧的真实投影画法是很复杂的，因此国家标准对弹簧的简化画法作了具体规定：

(1) 在平行于螺旋弹簧轴线的投影面上的视图中，其各圈的轮廓应画成直线。

(2) 有效圈数在 4 圈以上时，可只画两端的 1~2 圈，中间部分省略不画，并允许适当缩短图形的长度，省略部分用通过弹簧丝断面中心的细点画线连接起来。不论支承圈数多少和末端情况如何，均按支承圈数为 2.5 圈绘制。

(3) 右旋螺旋弹簧可按右旋绘制，但左旋弹簧不论画成左旋或右旋均需加注"左"字。

圆柱螺旋压缩弹簧的画图步骤如图 1-154 所示。

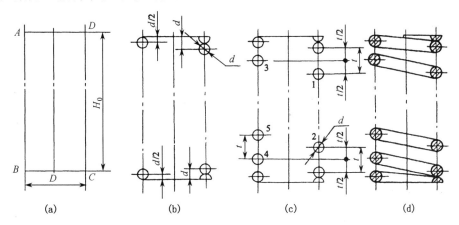

图 1-154　圆柱螺旋压缩弹簧的画图步骤

五、滚动轴承

（一）滚动轴承的分类

滚动轴承按其所能承受的载荷方向可分为以下几类。

(1) 深沟球轴承：主要用于承受径向载荷，如表 1-20 中的深沟球轴承。

(2) 推力轴承：只承受轴向载荷，如表 1-20 中的推力球轴承。

(3) 角接触球轴承：能同时承受径向载荷和轴向载荷，如表 1-20 中的圆锥滚子轴承。

（二）滚动轴承的代号

按国家标准 GB/T 272—1993《滚动轴承　代号方法》规定，滚动轴承的结构、尺寸、公差等级、技术性能等特性由滚动轴承代号来表示，其中代号由前置代号、基本代号和后置代号组成，其排列顺序为：

前置代号　基本代号　后置代号

(1) 基本代号表示滚动轴承的基本类型、结构和尺寸，是滚动轴承代号的基础。基本代号由滚动轴承的类型代号、尺寸系列代号和内径代号组成。

① 类型代号：用阿拉伯数字或大写拉丁字母表示，见表 1-18。

② 尺寸系列代号：由轴承的宽（高）度系列代号和直径系列代号组合而成，一般用两位数字表示。它表示同一内径的轴承，其内、外圈的宽度和厚度不同，其承载能力也不同。深沟球

轴承、推力轴承的尺寸系列代号见表 1-19。

表 1-18 滚动轴承的类型代号

代号	轴 承 类 型	代号	轴 承 类 型
0	双列角接触球轴承	6	深沟球轴承
1	调心球轴承	7	角接触球轴承
2	调心滚子轴承和推力调心滚子轴承	8	推力圆柱滚子轴承
3	圆锥滚子轴承	N	圆柱滚子轴承。双列或多列用字母 NN 表示
4	双列深沟球轴承	U	外球面球轴承
5	推力球轴承	QJ	四点接触球轴承

表 1-19 滚动轴承的尺寸系列代号

直径系列代号	向心轴承							推力轴承			
	宽度系列代号							高度系列代号			
	8	0	1	2	3	4	5	6	7	9	1	2
	尺寸系列代号										
7	—	—	17	—	37	—	—	—	—	—	—
8	—	08	18	28	38	48	58	68	—	—	—
9	—	09	19	29	39	49	59	69	—	—	—
0	—	00	10	20	30	40	50	60	70	90	10
1	—	01	11	21	31	41	51	61	71	91	11
2	82	02	12	22	32	42	52	62	72	92	12	22
3	83	03	13	23	33	—	—	—	73	93	13	23
4	—	04	—	24	—	—	—	—	74	94	14	24
5										95		

③ 内径代号：内径代号表示轴承的公称内径(轴承内圈的孔径)，一般也由两位数字组成。当内径尺寸在 20~480 mm 的范围时，内径尺寸=内径代号×5。

例如，轴承代号 6206：

6——类型代号，表示深沟球轴承。

2——尺寸系列代号，原为 02，对此种轴承首位 0 省略。

06——内径代号[内径尺寸：6×5=30(mm)]。

(2) 滚动轴承代号中的前置代号和后置代号是轴承在结构形状、尺寸、公关等级、技术要求等有改变时，在其基本代号的左、右填加的补充代号，需要时可查阅有关国家标准。

滚动轴承的标记内容：名称、代号和国标号。

例如：滚动轴承 6206 GB/T 276—1994《滚动轴承 深沟球轴承 外形尺寸》。

几种常用滚动轴承的类型代号、尺寸系列代号及标准号见表 1-20。

(三) 滚动轴承的画法

滚动轴承通常采用三种画法绘制，即通用画法、特征画法和规定画法。一般在画图前，根据轴承代号从其标准中查出外径 D、内径 d、宽度 B 和 T 后，按表 1-20 所示比例画图。

第一章　识图基础知识

表1-20　常用滚动轴承的画法、类型及基本代号
（GB/T 4459.7—1998《机械制图　滚动轴承表示法》）

轴承名称、类型及标准号	规定画法 / 通用画法	类型代号	尺寸系列代号 宽(高)度系列代号	尺寸系列代号 直径系列代号	基本代号
深沟轴承60000型 GB/T 276—1994《滚动轴承　深沟轴承　外形尺寸》		6	17		61 700
			37		63 700
			18		61 800
			19		61 900
			(1)0		6 000
			(0)2		6 200
			(0)3		6 300
			(0)4		6 400
圆锥滚子轴承30000型 GB/T 297—1994《滚动轴承　圆锥滚子轴承　外形尺寸》		3	02		30 200
			03		30 300
			13		31 300
			20		32 000
			22		32 200
			23		32 300
			29		32 900
			30		33 000
			31		33 100
			32		33 200
推力球轴承50000型 GB/T 301—1995《滚动轴承　推力球轴承　外形尺寸》		5	11		51 100
			12		51 200
			13		51 300
			14		51 400
			22		52 200
			23		52 300
			24		52 400

注：表中"（ ）"内的数字表示在基本代号中可省略。

1. 尺寸系列代号：十位数字是宽(高)度系列代号，个位数字是直径系列代号。
2. 基本代号中个位数为内径代号，暂用00表示，实际号视轴承的公称内径而定。当内径在20~480 mm(22,28,32除外)时，内径代号为公称内径除以5的商数。商数为个位数，需在商数左边加"0"，如08。内径代号为其他尺寸时，可查有关标准。
3. 表中图样以轴线为界，上半部分采用规定画法，下半部采用通用画法。

六、键、销的画法和标注

(一) 常用键的形式、标注和连接画法

常用键的形式、标注和连接画法见表1-21。

表1-21 常用键的名称、形式、标注和连接画法

名称	形 式	规定标记及示例	连接画法示例
圆头普通平键	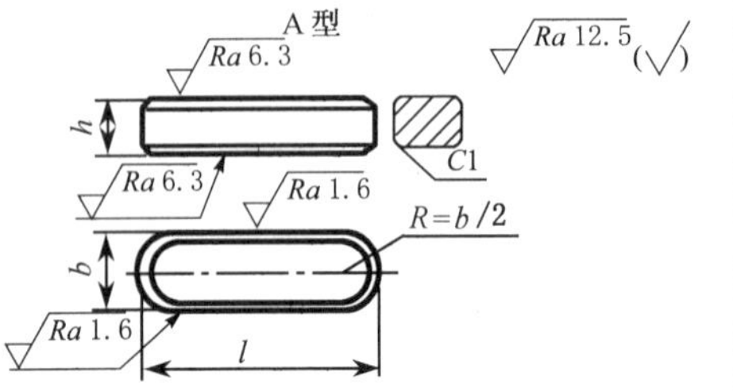	键 18×100 GB/T 1096—2003《普通型平键》 表示 $b=18$ mm, $h=11$ mm, $l=100$ mm 的圆头普通平键(A型)	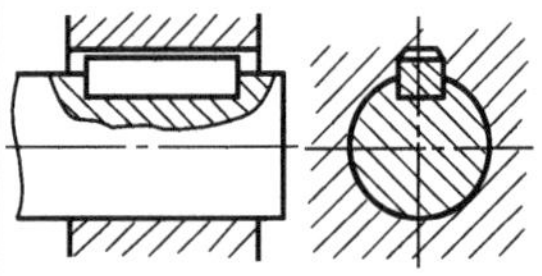
半圆键	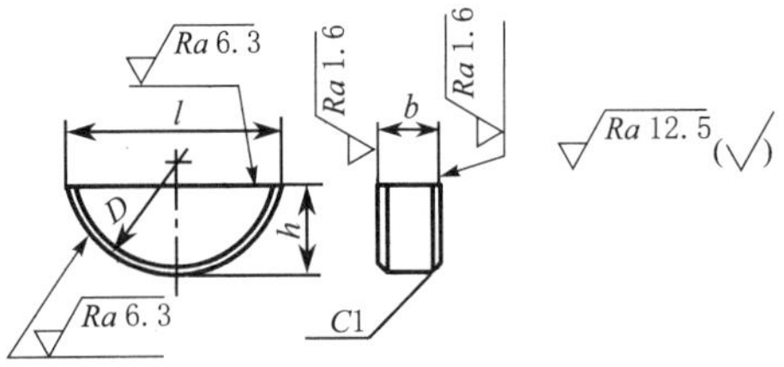	键 6×10×25 GB/T 1099.1—2003《普通型半圆键》 表示 $b=6$ mm, $h=10$ mm, $d_1=25$ mm 的半圆键	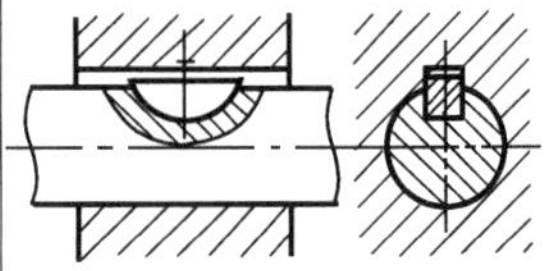
钩头楔键	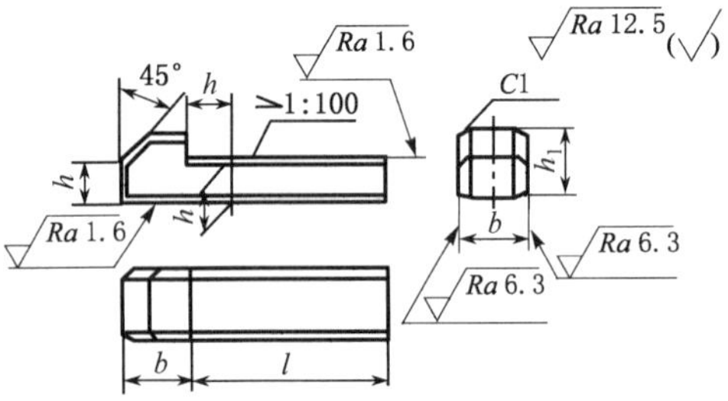	键 16×100 GB/T 1565—2003《钩头型楔键》 表示 $b=16$ mm, $h=10$ mm, $l=100$ mm 的钩头楔键	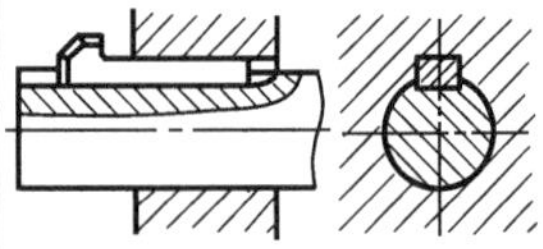

(二) 销的形式、标注和连接画法

销的形式、标注和连接画法见表1-22。

表1-22 销的形式、标注和连接画法

名称	形 式	规定标记示例	连接画法示例
圆柱销	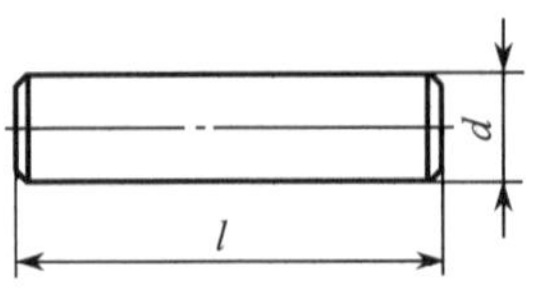	销 6m6×40 GB/T 119.1—2000《圆柱销 不淬硬钢和奥氏体不锈钢》 表示公称直径 $d=6$ mm, d 公差 m6, $Ra\leq 0.8$ μm, 公称长度 $l=40$ mm	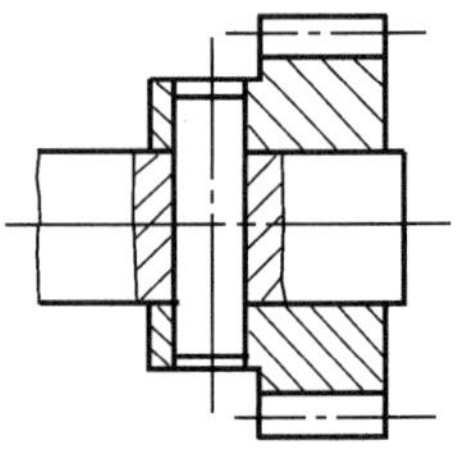

续表

名称	形式	规定标记示例	连接画法示例
圆锥销		销 10×40 GB/T 117—2000《圆锥销》 表示小端直径 d = 10 mm,公称长度 L = 40 mm,锥度 1:50 有自锁作用,打入后不自动松脱	
开口销		销 13×50 GB/T 91—2000《开口销》 表示公称,直径 d = 13 mm,公称长度 L = 50 mm	

第六节 装 配 图

一、装配图的作用和内容

装配图是表达机器或部件的构造、作用和性能的图样。

在设计过程中,要先画出装配图,以表达机器或部件各组成部分间的相对位置、连接方式和配合关系(即总称为装配关系),以及它们的传动系统、工作原理等。此外,还应包括装配、检验的必要数据和技术要求。

因此,装配图是反映设计思想、装配和使用机器及进行技术交流的重要工具。

装配图通常有以下基本内容。

(1)一组视图:用来表达装配体的结构、形状及装配关系,但并不要求把各组成部分或零件的结构形状表达完整。

(2)必要的尺寸:用来表示零件之间的配合、连接关系、装配体的规格及装配、检验、安装所需的尺寸。

(3)技术要求:用符号或文字说明装配、检验、调整和试车等方面的要求。

(4)明细表和零件的序号:组成装配体的每一个零件,按顺序编上序号,并在标题栏上列出明细表,表中注明各种零件的名称、数量和材料等。

(5)标题栏:用来说明装配图的名称、作图比例、图样代号以及责任者的签名和日期等。

图 1-155 所示为最简单的一种装配图:载货汽车用的后视镜头总成图。由于装配关系简单,技术要求不高,所以图上少了两个视面图的内容,但已能满足装配后视镜头总成的需要。

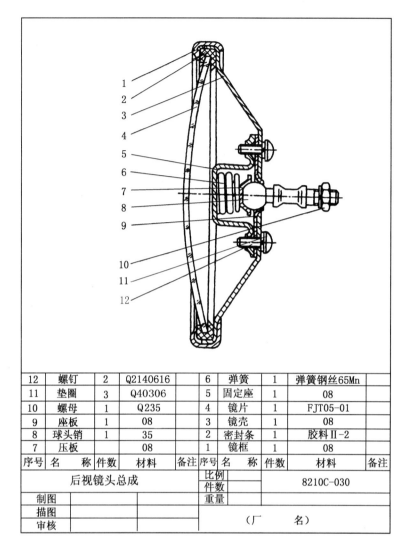

图 1-155 载货汽车用的后视镜头总成图

二、部件的表达方法

前面讨论过的表达零件的各种方法,如视图、剖视图、断图面等,在表达部件的装配图中也同样适用。但由于部件是由若干零件所组成的,而装配图要表达的内容又不同于零件图。因此,与零件图相比,装配图还有一些特殊的表达方法。

(一) 装配图上的规定画法

(1) 在装配图中,对紧固件及轴、连杆、球、钩子、键、销等实心零件,若按纵向剖切,且剖切平面通过其对称平面或轴线,则这些零件均按不剖绘制。

(2) 相邻两个被剖切的金属材料,它们的剖面线倾斜方向应相反或方向相同间隔不同,但在同一张图样上,同一零件的剖面线方向、间隔、角度应相同。宽度小于或等于 2 mm 的狭小面积的断面,可用涂黑代替剖面线。

(3) 两零件的接触面和配合面规定只画一条轮廓线,但当两相邻零件不接触或公称尺寸不相同时,不论间隙多小,均应画成两条轮廓线。

(二) 装配图的特殊画法

1. 沿结合面剖切或拆卸画法

在装配图中,可假想沿某些零件的结合面剖切。此时,在零件结合面上不画断面线。在装配图中,也可假想将某些零件拆卸后绘制,如拆去的零件需要说明,则可标注拆去××、××号件等字样。

2. 假想画法

为了表示运动零件的极限位置或本装配体(部件)和相邻零件(或部件)的相互关系,可以用双点画线画出其轮廓。

3. 夸大画法

对装配图中的薄片零件、细丝弹簧、微小间隙等,若按它们的实际尺寸在图中很难画出或难以明显表示,均可不按比例而采用夸大画法。

4. 展开画法

为表示传动机构的传动线路和装配关系,可假想将在图样上互相重叠的空间关系,按其传动关系展开在一个平面上,然后沿轴线剖开,得到剖视图。

5. 简化画法

在装配图中若干相同的零件组,如螺栓连接等,可仅详细地画出一组或几组,其余只需以点画线表示它们的中心位置即可。

装配图上零件的部分工艺结构如倒角、圆角、退刀槽等允许不画。螺栓、螺母因倒角而产生的曲线也可采用简化画法。

三、装配图的尺寸标注和技术要求

装配图不是制造零件的直接依据,因此装配图中不需要注出零件的全部尺寸,而只需标出一些必要的尺寸。这些尺寸按其作用不同,大致可以分为以下几类。

(一) 性能(规格)尺寸

性能尺寸是表示机器或部件性能(规格)的尺寸,这些尺寸在设计时就已确定。它也是设计、了解和选用机器或部件的依据。

(二) 装配尺寸

装配尺寸包括保证有关零件间配合性质的尺寸、保证零件间相对位置的尺寸、装配时进行加工的有关尺寸等。

(三) 安装尺寸

安装尺寸是机器(或部件)安装时所需的尺寸。

(四) 外形尺寸

外形尺寸表示机器(或部件)外形轮廓的大小,即总长、总宽和总高,它为包装、运输和安装过程所占的空间大小提供了数据。

(五) 其他重要尺寸

它是设计中确定,而又未包括在上述几类尺寸中的一些重要尺寸,如运动零件的极限尺寸、主体零件的重要尺寸等。

上面五类尺寸之间并不是孤立无关的,实际上有的尺寸往往同时具有多种作用。此外,一张装配图中有时也并不全部具备上述五类尺寸,甚至有些非常简单的装配图可能没有标注尺寸。因此,对装配图中的尺寸需要具体分析,然后对必要的尺寸进行标注。

装配图的技术要求主要包括产品(或装配体)在装配、试验、验收、涂饰、润滑、包装、运输、安装、使用等方面的说明,根据产品(或装配体)的实际需要进行注写。

四、装配图的明细表

装配图的明细表是机器(或部件)中全部零件、部件的详细目录,主要内容一般包括序号(与图样上的序号相应)、零件(或部件)名称、件数、材料等。

明细表画在标题栏的上方,零、部件序号应自下而上填写。假如地方不够,也可将明细表分段画在标题栏的左方。在特殊情况下,在装配图中也可以不画明细表,而将零、部件明细单独编写在另一张纸上。

五、看装配图的步骤和方法

(一) 概括了解

(1) 了解装配体的名称及用途;

(2) 了解零、部件(含标准件)的名称和数量,并对照序号在装配图上查找这些零、部件的位置。

(二) 分析视图

根据装配图上视图的表达情况,找出各个视图、剖视图、断面图等配置的位置及投影方向,从而弄清各视图的表达重点,初步了解装配体的结构和零件之间的装配关系。

(三) 分析零件

分清零件的轮廓,了解各零件的基本结构形状和作用;分清哪些零件是运动件,哪些是静止件,运动件中进一步分清转动件及移动件或往复运动件,以便弄清装配体的工作原理及运动情况。

(四) 分析配合关系

根据装配图上的尺寸标注来区别哪些零件有配合要求,其配合性质和配合精度如何。

(五) 定位与调整

分析零件之间的面,哪些是彼此接触的,是怎样定位的,有没有间隙需要调整,怎样调整。

(六) 连接与固定

分清零件之间是用什么方式连接固定的,是可拆的还是不可拆的。

(七) 密封与润滑

有些机器的运动件需要润滑,就需要弄清哪些是储油装置,哪些是进出油孔、输油油路。对有油的地方要求弄清所采用的密封方式。

(八) 综合归纳

在上述分析的基础上,对尺寸、技术条件等进行全面的综合,对装配体的结构原理、零件形状、运动情况有一个完整、明确的认识。实际读图时,上述步骤是不能截然分开的,常常是边了解、边分析、边综合地进行,随着各零件分析完毕,装配体也就可以阅读清楚了。

第七节　CAD制图概述

　　计算机辅助设计(Computer Aided Design,CAD)技术以1959年美国麻省理工学院(MIT)召开的CAD规划会议为开端,经过50多年的发展,已经日趋成熟。目前针对各个行业的不同应用特点,市场上已有不少成功的CAD软件可供选择,AutoCAD即为其中较有代表性的一个。

　　AutoCAD交互式图形软件是一种功能强大的、在微机上使用的绘图软件,使用它可以迅速而准确地形成图形;它有强大的编辑功能,能对已画好的图形进行修改;它有许多辅助绘图功能,可以使图形的绘制和修改变得灵活而方便。另外,它的编程功能可以使绘图工作程序化。

　　AutoCAD主要有绘图功能、编辑功能、辅助功能和输入输出功能。

1. 绘图功能

(1) 二维图形的绘制,如线、圆、弧和多义线等;

(2) 尺寸标注、画剖面线和绘制文本等;

(3) 三维图形的构造,如三维曲面、三维实体模型的构造和模型的渲染等。

2. 编辑功能

编辑功能主要是指对所绘制图形的修改,如移动、旋转、复制、擦除、裁剪、镜像和倒角等。

3. 辅助功能

辅助功能包括分层控制、显示控制和实体捕捉等。

4. 输入输出功能

输入输出功能包括图形的导入、输出和对象衔接等。

　　由于讲解AutoCAD的书有很多,所以本书对AutoCAD的各种操作命令就不再作详细介绍。下面讲述支座零件图(图1-156)的AutoCAD画图步骤,供读者了解AutoCAD的基本用法。

(1) 创建一幅新图,设图幅尺寸为297×210(Limits命令)。

(2) 设置绘图环境,用Layer命令定义图层,见表1-23。

表1-23　图层的设定

图层名	颜 色	线 型	线 宽	说 明
01	红色	实线(Continuous)	0.5	画粗实线
02	绿色	点画线(Center)	0.25	画点画线
03	白色	实线(Continuous)	0.25	画细实线
04	白色	实线(Continuous)	0.25	注写尺寸、文本

(3) 设置图层01为当前层,画图框和零件图标题栏。

(4) 绘制图形。

① 设置图层02为当前层,绘制中心线。

② 设置图层01为当前层,绘制粗实线,完成图形绘制。

③ 设置图层03为当前层,绘制细实线(剖面线等)。

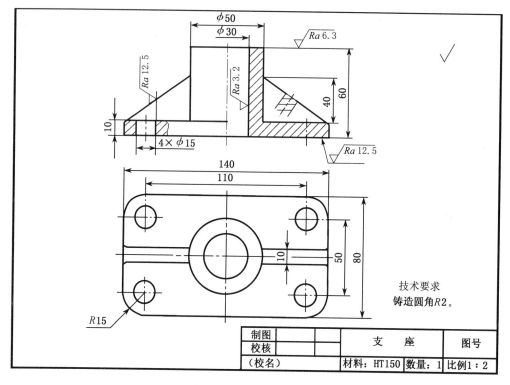

图1-156 支座零件图

提示:
① 综合运用Line,Ray,Xline,Offset,Fillet等命令,可提高绘图效率。
② 利用Trim,Erase,Break等命令对图形进行编辑。
③ 利用对象的捕捉(Osnap)功能,实现精确作图。
④ 利用视图的缩放(Zoom)和平移(Pan)功能,帮助查看图的不同部分。
(5) 设置图层04为当前层,标注零件尺寸。
(6) 在图层04上标注零件表面粗糙度。
① 绘制表面粗糙度符号。
② 用Bmake命令将表面粗糙度符号定义为块。
③ 用Insert命令将块插入图中的必要位置,注意块的插入基点和旋转角度。
④ 用Text和Mtext命令标注表面粗糙度数值。
(7) 在图层04上用Text或Mtext命令填写标题栏和技术要求。

第二章 极限与配合

第一节 基础知识

一、互换性

1. 互换性的意义

在人们的日常生活中,有许多现象涉及互换性。例如,灯泡坏了,可以换个新的;自行车、手表、缝纫机、汽车、拖拉机中某个零件坏了,都可以迅速换上一个新的,并且在更换与装配后,能很好地满足使用要求。之所以这样方便,是因为这些零件都具有互换性。

什么叫互换性呢?在机械工业生产中,零部件的互换性是指机器或仪器中同一规格的一批合格零件或部件,装配时,任取其中一件,不需要做任何挑选,不需要进行修配和调整,能满足机器或仪器的使用性能要求。换句话说,零部件的互换性就是同一规格的零部件按规定要求制造,能够彼此相互替换且能保证使用要求的一种特性。

2. 互换性的分类

机械制造中的互换性,可分为几何参数互换性与功能互换性。几何参数互换性是指机器的零部件在几何参数,如尺寸、形状、位置和表面粗糙度方面充分近似所达到的互换性,所以又称狭义互换性,即通常所讲的互换性,有时也局限于指保证零件尺寸配合要求的互换性。功能互换性是指机器的零件在各种性能方面都达到了互换性的要求,如几何参数的精度、强度、刚度、硬度、使用寿命、耐腐蚀性、电导性等都能满足机器的功能要求,所以又称广义互换性,往往着重于保证除尺寸配合要求以外的其他功能要求。

(1)互换性按其程度可分为完全互换(绝对互换)与不完全互换(有限互换)。

若零件在装配或更换时不仅不需要选择,而且不需要辅助加工与修配,则其互换性为完全互换性。当装配精度要求较高时,采用完全互换将使零件制造公差很小、加工困难、成本很高,甚至无法加工。这时,可将零件的制造公差适当地放大,使之便于加工,而在零件完工后,再用测量器具将零件按实际尺寸的大小分为若干组,使每组零件间实际尺寸的差别减小,装配时按相应组别进行(例如,大孔与大轴相配、小孔与小轴相配)。这样,既可保证装配精度和使用要求,又能降低成本。此时,仅组内零件可以互换,组与组之间不可互换,故称为不完全互换。

(2)对标准部件或机构来说,互换性又可分为外互换与内互换。

外互换是指部件或机构与其相配件间的互换性。例如,滚动轴承内圈内径与轴的配合、外圈外径与壳体孔的配合。

内互换是指部件或机构内部组成零件间的互换性。例如液动轴承内、外围滚道直径与滚珠(滚柱)直径的装配。为使用方便,滚动轴承的外互换采用完全互换;而其内互换则因其组成零件要求高,加工困难,故采用分组装配,为不完全互换。一般说来,对于厂际协作,应采用完全互换,至于厂内生产的零部件的装配,则可以采用不完全互换。

究竟采用完全互换还是不完全互换,或者部分地采用修配调整,要由产品的精度要求与复杂程度、产量大小(生产规模)、生产设备、技术水平等一系列因素决定。

3. 互换性在机械制造中的作用

互换性在产品设计、制造、使用和维修等方面有着极其重要的作用。

在设计方面,零部件具有互换性,即可以最大限度地采用标准件、通用件和标准部件,大大简化制图和计算等工作,缩短设计周期,并有利于用计算机进行辅助设计。这对发展系列产品,促进产品结构、性能的不断改进,都有重大作用。

在制造方面,互换性有利于组织专业化生产,有利于采用先进工艺和高效率的设备,以及用计算机辅助制造,有利于实现加工过程和装配过程的机械化、自动化,从而提高劳动生产率,提高产品质量,降低生产成本。

在使用和维修方面,零部件具有互换性,可以方便、及时地更换那些已经磨损或损坏了的零部件,因此可以减少机器的维修时间和费用,保证机器能连续而持久地正常运转,从而提高机器的使用寿命和使用价值。

综上所述,在机械制造中,遵循互换性原则,不仅能提高劳动生产率,而且能有效保证产品质量和降低成本。所以,互换性原则已成为现代机械制造业中一个普遍遵守的重要的技术经济原则。但是,应当指出,互换性原则不是在任何情况下都适用。有时零件只有采用单配才能制成或才符合经济原则,这时就不宜盲目地要求互换性。

二、加工误差和公差

具有互换性的零件,其几何参数在制造中是否必须绝对准确呢?事实上这不但不可能,而且也不必要。

零件在加工过程中,由于种种因素的影响,不可能做得绝对准确,零件的几何参数总是不可避免地会产生误差,这样的误差称为几何量误差。几何量误差可分为以下三种。

(1) 尺寸误差:工件加工后的实际尺寸与理想尺寸之差。

(2) 几何形状误差(图2-1):工件加工后除有尺寸误差外,还会有几何形状误差,一般可分为以下三种。

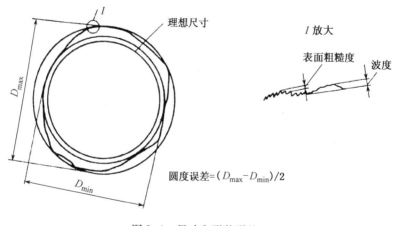

图2-1 尺寸和形状误差

① 宏观几何形状误差，即通常所指的形状误差。它是指工件整个表值范围内的形状误差，一般由机床、夹具、刀具、工件所组成的工艺系统的误差所造成。例如孔、轴横截面的形状应是正圆形，如加工后实际形状为椭圆形，这就是形状误差。

② 微观几何形状误差，通常称为表面粗糙度。它是加工后，刀具在工件表面上留下的、大量的、很微小的、高低不平的波形，其波峰和波长都很小。

③ 表面波度是介于宏观和微观几何形状误差之间的一种表面形状误差，一般由加工过程中的振动所引起，表面形成明显的周期性波形，它的波峰和波长比表面粗糙度要大得多。这种误差不是所有加工表面一定都有的。目前这种误差尚无相应的标准。

（3）相互位置误差：工件加工后，各表面或中心线之间的实际相互位置与理想位置的差值。如两个表面之间的平行度、垂直度及阶梯轴的同轴度等。

虽然零件上的几何量误差可能会影响零件的使用功能和互换性，但实践证明，只要将这些误差控制在一定的范围内，即将零件几何量实际值的变动限制在一定范围内，保证同一规格的零件彼此充分近似，则零件的使用性能和互换性都能得到保证。所以零件应按规定的极限，即"公差"来制造。公差是允许工件尺寸、几何形状和相互位置变动的范围，用以限制误差。

工件的误差在公差范围内，为合格件；超出了公差范围，为不合格件。公差是允许实际参数值的最大变动量，也可以说是允许的最大误差。误差是在加工过程中产生的，而公差则是由设计人员给定的。设计者的任务就在于正确地规定公差，并把它在图样上明确表示出来。显然，在满足功能要求的前提下，公差应尽量规定得大些，以方便制造和获得最佳的技术经济效益。

三、优先数和优先数系

工程上各种技术参数协调、简化和统一，是标准化的重要内容。

在生产中，当选定一个数值作为某种产品的参数指标后，这个数值就会按照一定的规律向一切相关的制品、材料等的有关参数指标传播扩散。例如动力机械的功率和转速值确定后，不仅会传播到有关机器的相应参数上，而且必然会传播到其本身的轴、轴承、键、齿轮、联轴器等一整套零部件的尺寸和材料特性参数上，进而传播到加工和检验这些零部件的刀具、量具、夹具及机床等的相应参数上。这种技术参数的传播，在生产实际中是极为普遍，并且跨越行业和部门的界限。工程技术上的参数数值，即使只有很小的差别，经过反复传播以后，也会造成尺寸规格的繁多杂乱，以致给组织生产、协作配套及使用、维修等带来很大的困难。因此，对于各种技术参数，必须从全局出发，加以协调。

优先数和优先数系就是对各种技术参数的数值进行协调、简化和统一的一种科学的数值制度。

工程技术上通常采用的优先数系，是一种十进制几何级数。级数的各项数值中包括 1，10，100，$\cdots$，10^N 和 0.1，0.01，$\cdots$，$1/10^N$，其中指数 N 是正整数。

几何级数的数系是按一定的公比 q 来排列每一项数值的，其中每一项数值就称为优先数。优先数系有以下五种公比数列：

$$R_5: q_5 = \sqrt[5]{10} = 1.584\ 9 \approx 1.6$$

$$R_{10}: q_{10} = \sqrt[10]{10} = 1.258\ 9 \approx 1.26$$

$$R_{20}: q_{20} = \sqrt[20]{10} = 1.122\ 0 \approx 1.12$$

R_{40}: $q_{40} = \sqrt[40]{10} = 1.0598 \approx 1.06$

R_{80}: $q_{80} = \sqrt[80]{10} = 1.02936 \approx 1.03$

优先数系列在各项公差标准中得到了广泛的应用,公差标准中的许多值都是按照优先数系列选定的。例如《极限与配合》国家标准中公差值就是按 R_5 优先数系列确定的,即每后一个数是前一个数的 1.6 倍。

1~10 的优先数系列如表 2-1 所示,所有大于 10 的优先数均可按表列数乘以 10,100,…求得,所有小于 1 的优先数均可按表列数乘以 0.1,0.01,…求得。

表 2-1 优先数基本系列

基本系数(常用值)				计算值
R_5	R_{10}	R_{20}	R_{40}	
1.00	1.00	1.00	1.00	1.0000
			1.06	1.0593
		1.12	1.12	1.1220
			1.18	1.1885
	1.25	1.25	1.25	1.2589
			1.32	1.3335
		1.40	1.40	1.4125
			1.50	1.4962
1.60	1.60	1.60	1.60	1.5849
			1.70	1.6788
		1.80	1.80	1.7783
			1.90	1.8836
	2.00	2.00	2.00	1.9953
			2.12	2.1135
		2.24	2.24	2.2387
			2.36	2.3714
2.50	2.50	2.50	2.50	2.5119
		2.80	2.80	2.8184
			3.00	2.9854
	3.15	3.15	3.15	3.1623
			3.35	3.3497
		3.55	3.55	3.5481
			3.75	3.7584
4.00	4.00	4.00	4.00	3.9811
			4.25	4.2170
		4.50	4.50	4.4668
			4.75	4.7315
	5.00	5.00	5.00	5.0119
			5.30	5.3088
		5.60	5.60	5.6234

续表

基本系数(常用值)				计算值
R_5	R_{10}	R_{20}	R_{40}	
			6.00	5.956 6
6.30	6.30	6.30	6.30	6.309 6
			6.70	6.683 4
		7.10	7.10	7.079 5
			7.50	7.498 9
	8.00	8.00	8.00	7.943 3
			8.50	8.414 0
		9.00	9.00	8.912 5
			9.50	9.440 6
10.00	10.00	10.00	10.00	10.000 0

有时在工程上还采用 $R_{10/3}$ 的系列,其公比 $q=(\sqrt[10]{10})^3=1.258\ 9^3\approx 2$,此即倍数系列,即在 R_{10} 系列中,每隔三个数选一个,此时所有的数都是成倍增加的。

优先数的主要优点是:

(1) 相邻两项的相对差均匀,疏密适中,而且运算方便,简单易记;

(2) 在同一系列中优先数(理论值)的积、商、整数(正或负)的乘方等仍为优先数;

(3) 优先数可以向两端延伸。

因此,优先数系得到了广泛的应用,并成为国际上统一的数值制。

第二节 极限与配合的有关术语及定义

一、孔和轴的术语及定义

1. 孔

通常指工件的圆柱形内表面,也包括非圆柱形内表面(两平行平面或切面形成的包容面),如图 2-2 所示。

2. 轴

通常指工件的圆柱形外表面,也包括非圆柱形外表面(两平行平面或切面形成的被包容面),如图 2-3 所示。

说明:

(1) 从装配关系看,孔是包容面,轴是被包容面;

(2) 从加工过程看,随着余量的切削,孔的尺寸由小变大,轴的尺寸由大变小;

(3) 从测量角度看,测孔用内卡尺,测轴用外卡尺。

二、尺寸的有关术语及定义

1. 公称尺寸

公称尺寸是由设计给定的尺寸,它是根据零件的强度、刚度等的计算和结构的设计而确定的,孔用 D 表示,轴用 d 表示。

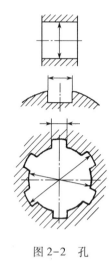

图 2-2 孔　　　　　图 2-3 轴

说明:
(1) 公称尺寸是非理想尺寸;
(2) 公称尺寸是标准化的尺寸;
(3) 公称尺寸是设计给定的尺寸;
(4) 公称尺寸在零件图上是可见的。

2. 实际尺寸

实际尺寸是实际测量得到的尺寸,孔用 D_a 表示,轴用 d_a 表示。

说明:
(1) 实际尺寸是非真实尺寸(存在测量误差);
(2) 实际尺寸具有随机性(在极限尺寸范围内);
(3) 实际尺寸在零件图上是不可见的。

3. 极限尺寸

极限尺寸是允许尺寸变化的两个界限值,它以公称尺寸为基数来确定。两个界限值中较大的一个称为最大极限尺寸;较小的一个称为最小极限尺寸。孔与轴的最大和最小极限尺寸分别用 D_{max}、d_{max} 及 D_{min}、d_{min} 表示。

4. 作用尺寸

由于工件存在形状误差,各处的实际尺寸不同,造成尺寸的"不定性",故会影响孔、轴配合的实际状态。实际配合起作用的尺寸,称作用尺寸。作用尺寸是根据孔、轴的实际状态定义的理想参数,所以不同零件的作用尺寸是不同的,但某一实际孔、轴的作用尺寸是唯一的。

(1) 孔的作用尺寸:在配合面的全长上,与实际孔内接的最大理想轴的尺寸。
(2) 轴的作用尺寸:在配合面的全长上,与实际轴外接的最小理想孔的尺寸。

如图 2-4 所示,弯曲孔的作用尺寸小于该孔的实际尺寸,弯曲轴的作用尺寸大于该轴的实际尺寸。

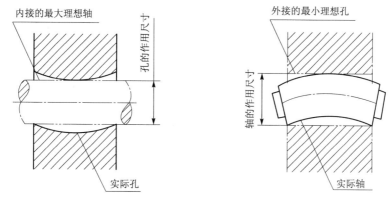

图 2-4　孔或轴的作用尺寸

三、偏差和公差的术语及定义

1. 偏差

偏差又叫尺寸偏差,是指某一尺寸减去公称尺寸的代数差。

(1) 实际偏差=实际尺寸-公称尺寸。

$$E_a = D_a - D \tag{2-1}$$

$$e_a = d_a - d \tag{2-2}$$

(2) 极限偏差=极限尺寸-公称尺寸。

① 上极限偏差=最大极限尺寸-公称尺寸。

孔：
$$ES = D_{max} - D \tag{2-3}$$

轴：
$$es = d_{max} - d \tag{2-4}$$

② 下极限偏差=最小极限尺寸-公称尺寸。

孔：
$$EI = D_{min} - D \tag{2-5}$$

轴：
$$ei = d_{min} - d \tag{2-6}$$

2. 公差

允许尺寸的变动量称为公差。

公差等于最大极限尺寸与最小极限尺寸的代数差的绝对值,也等于上极限偏差与下极限偏差的代数差的绝对值。孔公差用 T_h 表示,轴公差用 T_s 表示。公差、极限尺寸和极限偏差的关系如下。

孔公差：
$$T_h = D_{max} - D_{min} = ES - EI \tag{2-7}$$

轴公差：
$$T_s = d_{max} - d_{min} = es - ei \tag{2-8}$$

图 2-5 所示为极限与配合示意图,它表明了两个相互结合的孔和轴的公称尺寸、极限尺寸、极限偏差与公差的相互关系。

公差与偏差的比较：

(1) 从数值上来看,偏差可以为正值、负值或零,而公差则一定是正值。

(2) 从性质上来看,偏差取决于加工机床的调整(如车削时进刀的位置),不反映加工难易程度,而公差表示制造精度,反映加工难易程度。

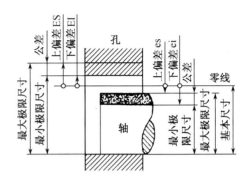

图 2-5 极限与配合示意图

3. 公差带与公差带图

在分析孔和轴的尺寸、偏差、公差的关系时,由于符号、代号及术语较多,因此,可以采用

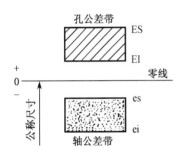

图 2-6 孔、轴公差带示意图

公差带示意图(简称公差带图)来表示,使读者一目了然。如图 2-6 所示,公差带示意图中有一条表示公称尺寸的零线和相应公差带。零线以上为正偏差,零线以下为负偏差。公差带是指在公差带示意图中,由代表上极限偏差和下极限偏差或最大极限尺寸和最小极限尺寸的两条直线所限定的一个区域。公差带在垂直方向上的宽度代表公差值,沿零线方向的长度可适当选取。在公差带示意图中,公称尺寸的单位是毫米(mm),极限偏差和公差的单位可以用毫米(mm),也可以用微米(μm)表示。

公差带由"公差带大小"和"公差带位置"两个要素组成,公差带的大小由公差值确定,公差带的位置即公差带相对于零线的位置由极限偏差(上极限偏差或下极限偏差)确定。为了使公差带标准化,国家标准 GB/T 1800.1—2009《极限与配合 基础 第 3 部分:标准公差和基本偏差数值表》将公差和极限偏差数值都进行了标准化,分别规定了相应的标准公差和基本偏差数值。

4. 标准公差

标准公差是指国家标准所规定的公差值。

5. 基本偏差

基本偏差是指国家标准所规定的上极限偏差或下极限偏差,它一般为靠近零线或位于零线的那个极限偏差。

例 2-1 公称尺寸 $D=d=25$ mm,孔的极限尺寸分别为 $D_{max}=25.021$ mm,$D_{min}=25$ mm;轴的极限尺寸分别为 $d_{max}=24.980$ mm,$d_{min}=24.967$ mm。现测得孔、轴的实际尺寸分别为 $D_a=25.010$ mm,$d_a=24.972$ mm。

求:孔和轴的极限偏差、实际偏差及公差,并画出公差带图。

解:孔的极限偏差

$$ES = D_{max} - D = (25.021 - 25)\text{mm} = 0.021 \text{ mm}$$

$$\text{EI} = D_{\min} - D = (25 - 25)\,\text{mm} = 0\,\text{mm}$$

轴的极限偏差

$$\text{es} = d_{\max} - d = (24.980 - 25)\,\text{mm} = -0.020\,\text{mm}$$
$$\text{ei} = d_{\min} - d = (24.967 - 25)\,\text{mm} = -0.033\,\text{mm}$$

孔的实际偏差

$$E_a = D_a - D = (25.010 - 25)\,\text{mm} = 0.010\,\text{mm}$$

轴的实际偏差

$$e_a = d_a - d = (24.972 - 25)\,\text{mm} = -0.028\,\text{mm}$$

孔的公差

$$T_h = D_{\max} - D_{\min} = \text{ES} - \text{EI} = (25.021 - 25)\,\text{mm} = 0.021\,\text{mm}$$

轴的公差

$$T_s = d_{\max} - d_{\min} = \text{es} - \text{ei} = (24.980 - 24.967)\,\text{mm} = 0.013\,\text{mm}$$

公差带图如图2-7所示。

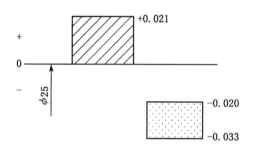

图2-7 公差带图

四、配合的术语及定义

1. 配合

配合是指公称尺寸相同的相互结合的孔和轴公差带之间的关系。

由配合的定义可以看出,孔、轴之间要形成配合,必须具备两个条件:第一,孔、轴的公称尺寸要相等,公称尺寸不相等的孔、轴谈不上配合;第二,孔、轴之间要相互结合,公称尺寸虽然相等,但是不结合的孔、轴也不能称之为配合。

由于配合是指一批孔、轴的装配关系,而不是指单个孔和轴的相配关系,所以用公差带关系来反映配合就比较确切。

2. 间隙或过盈

间隙或过盈是指孔的尺寸减去相配合的轴的尺寸所得的代数差。此差值为正时叫作间隙,用 X 表示;为负时叫作过盈,用 Y 表示,如图2-8所示。

3. 间隙配合

间隙配合是指具有间隙(包括最小间隙等于零)的配合,此时孔的公差带在轴的公差带之上,如图2-9所示。

其三个特征参数为:

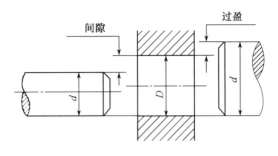

图 2-8 间隙或过盈

(1) 最大间隙 $X_{\max}$：孔的最大极限尺寸减轴的最小极限尺寸所得的代数差称为最大间隙，即

$$X_{\max} = D_{\max} - d_{\min} = \text{ES} - \text{ei} \qquad (2-9)$$

(2) 最小间隙 $X_{\min}$：孔的最小极限尺寸减轴的最大极限尺寸所得的代数差称为最小间隙，即

$$X_{\min} = D_{\min} - d_{\max} = \text{EI} - \text{es} \qquad (2-10)$$

(3) 平均间隙 X_{av}：孔和轴都为平均尺寸时，形成的间隙称为平均间隙，即

$$X_{av} = D_{av} - d_{av} = \frac{X_{\max} + X_{\min}}{2} \qquad (2-11)$$

任何间隙配合，若孔、轴加工合格，其间隙 X 均应满足 $X_{\min} \leqslant X \leqslant X_{\max}$。

4. 过盈配合

过盈配合是指具有过盈（包括最小过盈等于零）的配合，此时孔的公差带在轴的公差带之下，如图 2-10 所示。

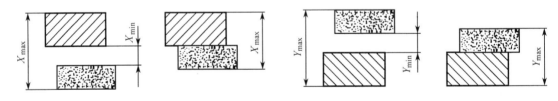

图 2-9 间隙配合　　　　　　　图 2-10 过盈配合

其三个特征参数为：

(1) 最大过盈 $Y_{\max}$：孔的最小极限尺寸减轴的最大极限尺寸所得的代数差称为最大过盈，即

$$Y_{\max} = D_{\min} - d_{\max} = \text{EI} - \text{es} \qquad (2-12)$$

(2) 最小过盈 $Y_{\min}$：孔的最大极限尺寸减轴的最小极限尺寸所得的代数差称为最小过盈，即

$$Y_{\min} = D_{\max} - d_{\min} = \text{ES} - \text{ei} \qquad (2-13)$$

(3) 平均过盈 Y_{av}：孔和轴都为平均尺寸时，形成的过盈称为平均过盈，即

$$Y_{av} = D_{av} - d_{av} = \frac{Y_{\max} + Y_{\min}}{2} \qquad (2-14)$$

任何过盈配合,若孔、轴加工合格,其过盈 Y 均应满足 $Y_{\min} \leqslant Y \leqslant Y_{\max}$。

5. 过渡配合

可能具有间隙或过盈的配合,此时孔的公差带与轴的公差带相互交叠,如图 2-11 所示。

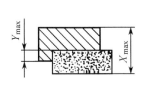 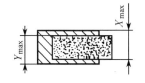 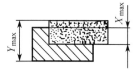

图 2-11 过渡配合

其三个特征参数为:

(1) 最大间隙 $X_{\max}$:孔的最大极限尺寸减轴的最小极限尺寸所得的代数差称为最大间隙,即

$$X_{\max} = D_{\max} - d_{\min} = \text{ES} - \text{ei} \qquad (2-15)$$

(2) 最大过盈 $Y_{\max}$:孔的最小极限尺寸减轴的最大极限尺寸所得的代数差称为最大过盈,即

$$Y_{\max} = D_{\min} - d_{\max} = \text{EI} - \text{es} \qquad (2-16)$$

(3) 平均间隙或平均过盈(X_{av} 或 Y_{av}):孔和轴都为平均尺寸时,形成平均间隙或平均过盈,即

$$X_{\text{av}}(\text{或 } Y_{\text{av}}) = D_{\text{av}} - d_{\text{av}} = \frac{Y_{\max} + X_{\max}}{2} \qquad (2-17)$$

按式(2-17)计算所得的值为正时是平均间隙,为负时是平均过盈。

任何过渡配合,若孔、轴加工合格,其间隙 X(或过盈 Y)均应满足 $Y_{\max} \leqslant X$(或 Y) $\leqslant X_{\max}$。

6. 配合公差

配合公差是指允许间隙或过盈的变动量,用 T_{f} 表示。

对间隙配合,配合公差等于最大间隙与最小间隙的代数差的绝对值,即

$$T_{\text{f}} = |X_{\max} - X_{\min}| \qquad (2-18)$$

对过盈配合,配合公差等于最小过盈与最大过盈的代数差的绝对值,即

$$T_{\text{f}} = |Y_{\max} - Y_{\min}| \qquad (2-19)$$

对过渡配合,配合公差等于最大间隙与最大过盈的代数差的绝对值,即

$$T_{\text{f}} = |X_{\max} - Y_{\max}| \qquad (2-20)$$

取绝对值表示配合公差不存在负值,在实际计算时常省略绝对值符号。

不论对间隙配合、过盈配合还是过渡配合,配合公差都等于孔公差与轴公差之和,即

$$T_{\text{f}} = T_{\text{h}} + T_{\text{s}} \qquad (2-21)$$

式(2-21)说明配合精度(配合公差)决定于相互配合的孔和轴的尺寸精度(尺寸公差),设计时,可根据配合公差来确定孔和轴的尺寸公差。

配合公差反映配合精度,配合种类反映配合性质。

为了直观地表示相互结合的孔与轴的配合精度和配合性质,可以用图 2-12 所示的配合公差带图表示。在图 2-12 中,纵坐标值表示极限间隙或极限过盈的数值。横坐标以上的纵

坐标值为正值,表示间隙;以下的纵坐标值为负值,表示过盈。两个极限值之间区域的宽度为配合公差。配合公差完全在零线之上为间隙配合,完全在零线之下为过盈配合,跨在零线上、下两侧为过渡配合。在绘制配合公差带图时,应该注意该区域用双"工"字图形表示(图2-12),决不允许用代表尺寸公差带的矩形图形表示。

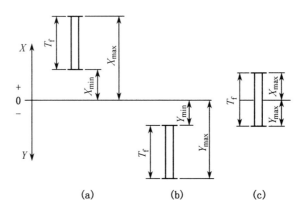

图 2-12 配合公差带图
(a) 间隙配合;(b) 过盈配合;(c) 过渡配合

例 2-2 组成配合的孔、轴在零件图上标注的公称尺寸和极限偏差分别为孔 $\phi25^{+0.021}_{0}$ mm 和轴 $\phi25^{-0.021}_{-0.033}$ mm,试计算该配合的最大间隙、最小间隙、平均间隙和配合公差,并画出公差带示意图。

解: 由式(2-9)得,最大间隙

$$X_{max} = D_{max} - d_{min} = ES - ei = [0.021 - (-0.033)] \text{ mm} = 0.054 \text{ mm}$$

由式(2-10)得,最小间隙

$$X_{min} = D_{min} - d_{max} = EI - es = [0 - (-0.021)] \text{ mm} = 0.021 \text{ mm}$$

由式(2-11)得,平均间隙

$$X_{av} = D_{av} - d_{av} = \frac{X_{max} + X_{min}}{2} = [(0.020 + 0.054)/2] \text{ mm} = 0.037 \text{ mm}$$

由式(2-18)得,配合公差

$$T_f = |X_{max} - X_{min}| = (0.054 - 0.020) \text{ mm} = 0.034 \text{ mm}$$

公差带示意图如图 2-13 所示。

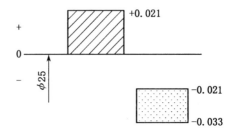

图 2-13 公差带示意图

第三节　常用尺寸极限与配合的国家标准

在机械产品中,公称尺寸小于或等于 500 mm 的零件应用最广,因此这一尺寸段称为常用尺寸段。

由前面的基本术语及定义可知,各种配合是由孔和轴公差带之间的关系决定的,而孔、轴公差带又是由它的大小和位置决定的。标准公差决定公差带的大小,基本偏差决定公差带的位置。为了使极限与配合实现标准化,GB/T 1800.1—2009《极限与配合　基础　第 3 部分:标准公差和基本偏差数值表》规定了两个基本系列,即标准公差系列和基本偏差系列,分别对标准公差和基本偏差进行了标准化。

一、标准公差系列

标准公差数值由标准公差等级和标准公差因子确定。

1. 公差等级

在 GB/T 1800.1—2009 中,标准公差用 IT 和阿拉伯数字表示,共分为 20 个等级,分别为 IT01、IT0、IT1、IT2、…、IT17、IT18。其中 IT01 等级最高,依次降低,IT18 为最低级。标准公差的大小,即公差等级的高低,决定了孔、轴的尺寸精度和配合精度。在确定孔、轴公差时,应按标准公差等级取值,以满足标准化和互换性的要求。

2. 标准公差因子

标准公差因子是计算标准公差的基本单位,也是制定标准公差数值系列的基础。标准公差的数值不仅与标准公差等级的高低有关,而且与公称尺寸的大小有关。

生产实践表明,在相同的加工条件下,公称尺寸不同的孔或轴加工后产生的加工误差也不同。利用统计法分析可以发现,加工误差与公称尺寸呈立方抛物线的关系,如图 2-14 所示。

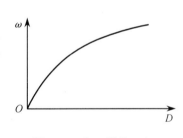

图 2-14　加工误差 ω 与公称尺寸 D 的关系

公差是用来控制加工误差的。由于加工误差与公称尺寸有一定的关系,因此,公差与公称尺寸也应该有一定的关系,这种关系可以用标准公差因子的形式来表示。

公称尺寸不大于 500 mm 时,IT5~IT18 的标准公差因子 i 用式(2-22)表示

$$i = 0.45\sqrt[3]{D} + 0.001D(\mu m) \quad (2-22)$$

式中　D——公称尺寸,mm。

式(2-22)表明,公差因子是公称尺寸的函数。式中第一项表示公差与公称尺寸符合立方抛物线关系;第二项是考虑补偿测量误差(主要是测量时温度的变化产生的测量误差)的影响,与公称尺寸呈线性关系。

3. 标准公差的计算及规律

GB/T 1800.1—2009 中各个公差等级的标准公差值的计算公式见表 2-2。

对于 IT5~IT18,标准公差按式(2-23)确定

$$IT = a \cdot i \quad (2-23)$$

式中　a——公差等级系数,等级越低,a 值越大。

从 IT5 至 IT18,公差等级系数采用优先数系,即公比 $q = \sqrt[5]{10} \approx 1.6$ 的等比数列;从 IT6 开始,每隔 5 级,公差数值增加到 10 倍。

对高精度 IT01、IT0、IT1,主要考虑测量误差,所以标准公差与公称尺寸呈线性关系,且三个公差等级之间的常数和系数均采用优先数系的派生系列 $R_{10/2}$。

IT2~IT4 是在 IT1 与 IT5 之间插入三级,使 IT1、IT2、IT3、IT4、IT5 成一等比数列,设公比为 q,则 $IT2 = IT1 \cdot q$,$IT3 = IT2 \cdot q = IT1 \cdot q^2$,$IT4 = IT3 \cdot q = IT1 \cdot q^3$,$IT5 = IT4 \cdot q = IT1 \cdot q^4$,因此 $q = (IT5/IT1)^{1/4}$。将 q 代入上述 IT2、IT3、IT4 的计算式中,即得出表 2-2 所列的计算公式。

表 2-2　标准公差计算公式

公差等级	计算公式		公差等级	计算公式	
	≤500 mm	500~3 150 mm		≤500 mm	500~3 150 mm
IT01	$0.3 + 0.008D$	$1I$	IT9	$40i$	$40I$
IT0	$0.5 + 0.012D$	$\sqrt{2}I$	IT10	$64i$	$64I$
IT1	$0.8 + 0.020D$	$2I$	IT11	$100i$	$100I$
IT2	$(IT1)\left(\dfrac{IT5}{IT1}\right)^{1/4}$	$(IT1)\left(\dfrac{IT5}{IT1}\right)^{1/4}$	IT12	$160i$	$160I$
IT3	$(IT1)\left(\dfrac{IT5}{IT1}\right)^{1/2}$	$(IT1)\left(\dfrac{IT5}{IT1}\right)^{1/2}$	IT13	$250i$	$250I$
IT4	$(IT1)\left(\dfrac{IT5}{IT1}\right)^{3/4}$	$(IT1)\left(\dfrac{IT5}{IT1}\right)^{3/4}$	IT14	$400i$	$400I$
IT5	$7i$	$7I$	IT15	$640i$	$640I$
IT6	$10i$	$10I$	IT16	$1\,000i$	$1\,000I$
IT7	$16i$	$16I$	IT17	$1\,600i$	$1\,600I$
IT8	$25i$	$25I$	IT18	$2\,500i$	$2\,500I$

4. 尺寸分段

设计时,为方便起见,标准公差数值往往不直接用公式计算,而是从公差表格中查取。公差表格可根据表 2-2 给出的标准公差计算公式求出。但是按公式计算标准公差数值时,对于每一个公差等级,有一个公称尺寸,就要计算出一个公差值,这样编制的公差表格将非常庞大,甚至不可能。而且实践证明,公差等级相同而公称尺寸相近的公差数值差别不大。因此,国家标准将公称尺寸分成若干段。

尺寸分段后,对同一尺寸段内的所有公称尺寸,在相同公差等级的情况下,规定相同的标准公差。计算公差单位的 D 是尺寸段首、尾两个尺寸的几何平均值。例如 35~50 mm 尺寸段内,$D = \sqrt{30 \times 50}$ mm = 38.73 mm,凡属于这一尺寸段的任一公称尺寸,其标准公差和基本偏差均以 $D = 38.73$ mm 进行计算。经实践证明,这样计算的公差值差别不大,对生产影响较小,但对公差数值的标准化有利。

在 ≤500 mm 的尺寸中共分成 13 个尺寸段,但考虑到某些配合(过盈配合)对尺寸变化很敏感,故在一个尺寸段中再细分成 2~3 段,以供确定基本偏差时使用。对于 ≤180 mm 的尺寸分段采用不均匀递增数列。对于 >180 mm 的尺寸分段,主段落按 R_{10} 优先数系分段,中间段落

按 R_{20} 优先数系分段。公称尺寸≤500 mm 的尺寸分段见表 2-3。

表 2-3　公称尺寸≤500 mm 的尺寸分段　　　　　　　　　　　　　　　　　　mm

主段落		中间段落		主段落		中间段落		主段落		中间段落	
大于	至	大于	至	大于	至	大于	至	大于	至	大于	至
—	3	—	—	30	50	30	40	180	250	180	200
						40	50			200	225
										225	250
3	6	—	—								
6	10	—	—	50	80	50	65	250	315	250	280
						65	80			280	315
10	18	10	14	80	120	80	100	315	400	315	355
		14	18			100	120			355	400
18	30	18	24	120	180	120	140	400	500	400	450
		24	30			140	160			450	500
						160	180				

例 2-3　公称尺寸为 40 mm，求 IT7、IT8 的标准公差数值。

解：公称尺寸为 40 mm，属于 30~50 mm 的尺寸段。

几何平均尺寸：

$$D = \sqrt{30 \times 50} \text{ mm} = 38.73 \text{ mm}$$

公差因子：

$$i = 0.45\sqrt[3]{D} + 0.001D = (0.45\sqrt[3]{38.73} + 0.001 \times 38.73) \text{ μm} = 1.56 \text{ μm}$$

由表 2-1 查得：IT7 = 16i，IT8 = 25i，即

$$IT7 = 16i = 16 \times 1.56 \text{ μm} = 24.96 \text{ μm} \approx 25 \text{ μm}$$

$$IT8 = 25i = 25 \times 1.56 \text{ μm} = 39 \text{ μm}$$

根据以上办法分别按尺寸段及公差等级计算出标准公差值，最后构成标准公差数值表 2-4 供查用。

表 2-4　标准公差数值

公差等级	IT01	IT0	IT1	IT2	IT3	IT4	IT5	IT6	IT7	IT8	IT9	IT10	IT11	IT12	IT13	IT14	IT15	IT16	IT17	IT18
公称尺寸/mm					μm											mm				
≤3	0.3	0.5	0.8	1.2	2	3	4	6	10	14	25	40	60	0.10	0.14	0.25	0.40	0.60	1.0	1.4
>3~6	0.4	0.6	1	1.5	2.5	4	5	8	12	18	30	48	75	0.12	0.18	0.30	0.48	0.75	1.2	1.8
>6~10	0.4	0.6	1	1.5	2.5	4	6	9	15	22	36	58	90	0.15	0.22	0.36	0.58	0.90	1.5	2.2
>10~18	0.5	0.8	1.2	2	3	5	8	11	18	27	43	70	110	0.18	0.27	0.43	0.70	1.10	1.8	2.7
>18~30	0.6	1	1.5	2.5	4	6	9	13	21	33	52	84	130	0.21	0.33	0.52	0.84	1.30	2.1	3.3
>30~50	0.6	1	1.5	2.5	4	7	11	16	25	39	62	100	160	0.25	0.39	0.62	1.00	1.60	2.5	3.9
>50~80	0.8	1.2	2	3	5	8	13	19	30	46	74	120	190	0.30	0.46	0.74	1.20	1.90	3.0	4.6
>80~120	1	1.5	2.5	4	6	10	15	22	35	54	87	140	220	0.35	0.54	0.87	1.40	2.20	3.5	5.4

续表

公差等级	IT01	IT0	IT1	IT2	IT3	IT4	IT5	IT6	IT7	IT8	IT9	IT10	IT11	IT12	IT13	IT14	IT15	IT16	IT17	IT18
公称尺寸/mm	μm													mm						
>120~180	1.2	2	3.5	5	8	12	18	25	40	63	100	160	250	0.40	0.63	1.00	1.60	2.50	4.0	6.3
>180~250	2	3	3.5	7	10	14	20	29	46	72	115	185	290	0.46	0.72	1.15	1.85	2.90	4.6	7.2
>250~315	2.5	4	6	8	12	16	23	32	52	81	130	210	320	0.52	0.81	1.30	2.10	3.20	5.2	8.1
>315~400	3	5	7	9	13	18	25	36	57	89	140	230	360	0.57	0.89	1.40	2.30	3.60	5.7	8.9
>400~500	4	6	8	10	15	20	27	40	63	97	155	250	400	0.63	0.97	1.55	2.50	4.00	6.3	9.7

注：公称尺寸小于 1 mm 时，无 IT14~IT18。

二、基本偏差系列

公差带是由公差带大小和公差带位置两部分构成的，大小由标准公差决定，而位置则由基本偏差确定。为满足机器中各种不同性质和不同松紧程度的配合，需要有一系列不同的公差带位置以组成各种不同的配合。

1. 孔、轴的基本偏差及其代号

基本偏差是指两个极限偏差中靠近零线或位于零线的那个偏差。因此公差带在零线之上的，以下极限偏差为基本偏差；公差带在零线之下的，以上极限偏差为基本偏差。如图 2-15 所示，孔的基本偏差为下极限偏差（EI），轴的基本偏差为上极限偏差（es）。

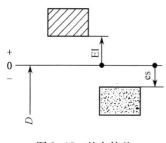

图 2-15 基本偏差

为了满足各种不同配合的需要，国家标准对孔和轴分别规定了 28 种基本偏差，用拉丁字母表示，大写字母表示孔，小写字母表示轴。26 个字母中除去 5 个容易与其他含义混淆的字母（孔去掉 I、L、O、Q、W，轴去掉 i、l、o、q、w），剩下的 21 个字母加上 7 个双写的字母（孔加上 CD、EF、FG、JS、ZA、ZB、ZC；轴加上 cd、ef、fg、js、za、zb、zc），共 28 种，作为基本偏差的代号。这 28 种基本偏差构成基本偏差系列，如图 2-16 所示。

从图 2-16 中可以看出：基本偏差系列中的 H(h) 其基本偏差为零。

JS(js) 与零线对称，上极限偏差 ES(es)＝+IT/2，下极限偏差 EI(ei)＝-IT/2，上、下极限偏差均可作为基本偏差。

在孔的基本偏差系列中，A~H 的基本偏差为下极限偏差 EI；J~ZC 的基本偏差为上极限偏差 ES。

在轴的基本偏差系列中，a~h 的基本偏差为上极限偏差 es，j~zc 的基本偏差为下极限偏差 ei。

2. 基准制

在机械产品中，有各种不同的配合要求，这就需要通过各种不同的孔、轴公差带来实现。为了设计和制造上的经济性，把其中孔公差带位置（或轴公差带位置）固定，而改变轴公差带

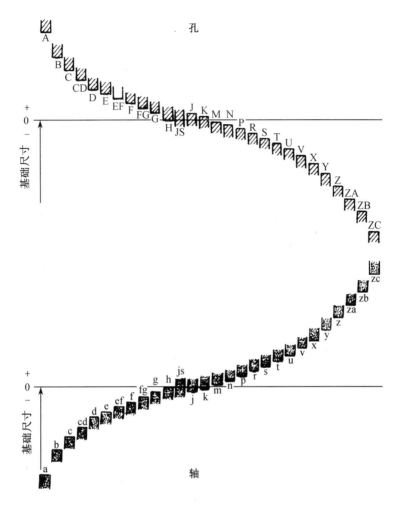

图 2-16　孔和轴的基本偏差系列

位置(或孔公差带位置),来实现所需要的各种配合,这种制度称为基准制。其中,前者称为基孔制,后者称为基轴制。

(1) 基孔制:基本偏差为一定的孔的公差带,与不同基本偏差的轴的公差带形成各种配合的一种制度,如图 2-17(a)所示。

基孔制的孔称为基准孔,是配合中的基准件,它的公差带在零线的上方,且基本偏差(下极限偏差)为零,即 EI=0,上极限偏差为正值。以 H 作为基准孔的代号。

(2) 基轴制:基本偏差为一定的轴的公差带,与不同基本偏差的孔的公差带形成各种配合的一种制度,如图 2-17(b)所示。

基轴制的轴称为基准轴,是配合中的基准件,它的公差带在零线的下方,且基本偏差(上极限偏差)为零,即 es=0,下极限偏差为负值。以 h 作为基准轴的代号。

基准制确定后,基准孔(或轴)的公差带位置就相应确定,则可用非基准轴(或孔)公差带的不同位置来建立各种配合。

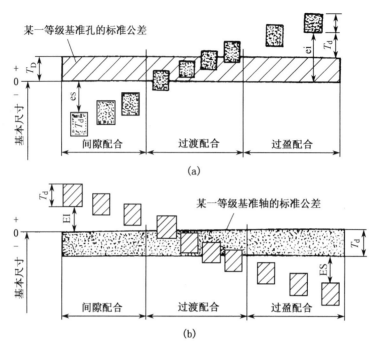

图 2-17 基孔制与基轴制公差带

3. 各种基本偏差所形成配合的特征

（1）间隙配合：a~h（或 A~H）11 种基本偏差与基准孔的基本偏差 H（或基准轴的基本偏差 h）形成间隙配合。其中 a 与 H（或 A 与 h）形成配合的间隙最大。此后，间隙依次减小，基本偏差 h 与 H 所形成配合的间隙最小，该配合的最小间隙为零。

（2）过渡配合：js、j、k、m、n（或 JS、J、K、M、N）五种基本偏差与基准孔的基本偏差 H（或基准轴的基本偏差 h）形成过渡配合。其中 js 与 H（或 JS 与 h）形成的配合较松，获得间隙的概率较大。此后，配合依次变紧，n 与 H（或 N 与 h）形成的配合较紧，获得过盈的概率较大。而标准公差等级很高的 n 与 H（或 N 与 h）形成的配合则为过盈配合。

（3）过盈配合：p~zc（或 P~ZC）12 种基本偏差与基准孔的基本偏差 H（或基准轴的基本偏差 h）形成过盈配合。其中 p 与 H（或 P 与 h）形成的配合过盈最小。此后，过盈依次增大，基本偏差 zc 与 H（或 ZC 与 h）所形成配合过盈最大。

4. 公差带代号和配合代号

把孔、轴基本偏差代号和公差等级代号组合，就组成它们的公差带代号。例如孔的公差带代号 H7、F5、M6、V5 等，轴的公差带代号 h7、f5、m6、v5 等。

把孔和轴公差带代号组合，就组成配合代号，用分数形式表示，分子代表孔，分母代表轴，例如 H7/f8、H7/m6、F5/h5、M7/h6 等。

5. 轴的基本偏差的确定

轴的各种基本偏差的数值应根据与基准孔 H 不同的配合要求来制定。轴的各种基本偏差的计算公式是经过实验和统计分析得到的，见表 2-5。

表 2-5　轴的基本偏差计算公式($D \leqslant 500$ mm)

偏差代号	适用范围/mm	基本偏差为上极限偏差(es)	偏差代号	适用范围	基本偏差为上极限偏差(ei)
a	$D \leqslant 120$	$-(265+1.3D)$	j	IT5~IT8	经验数据
	$D>120$	$-3.5D$	k	$\leqslant$IT3 及 $\geqslant$IT8	0
b	$D \leqslant 160$	$-(140+0.85D)$	k	IT4~IT7	$+0.6\sqrt[3]{D}$
	$D>160$	$-1.8D$	m	—	$+(IT7-IT6)$
c	$D \leqslant 40$	$-52D^{0.2}$	n	—	$+5D^{0.34}$
	$D>40$	$-(95+0.8D)$	p	—	$+IT7+(0\sim5)$
cd		$-\sqrt{e \cdot d}$	r	—	$+\sqrt{p \cdot s}$
d	—	$-16D^{0.44}$	s	$D \leqslant 50$ mm	$+IT8+(1\sim4)$
				$D>50$ mm	$+IT7+0.4D$
e		$-11D^{0.41}$	t	—	$+IT7+0.63D$
ef		$-\sqrt{e \cdot f}$	u	—	$+IT7+D$
f		$-5.5D^{0.41}$	v	—	$+IT7+1.25D$
fg		$-\sqrt{f \cdot g}$	x	—	$+IT7+1.6D$
g		$-2.5D^{0.34}$	y	—	$+IT7+2D$
h		0	z	—	$+IT7+2.5D$
			za	—	$+IT8+3.15D$
			zb	—	$+IT9+4D$
			zc	—	$+IT10+5D$

利用轴的基本偏差计算公式,以尺寸分段的几何平均值代入这些公式求得数值后,再经尾数取整,就编制出轴的基本偏差数值表,见表 2-6。

轴的基本偏差确定后,在已知公差等级的情况下,可以确定轴的另一个极限偏差。

当轴的基本偏差为上极限偏差 es、标准公差为 IT 时,得出另一极限偏差(下极限偏差)为:ei=es-IT。

当轴的基本偏差为下极限偏差 ei、标准公差为 IT 时,另一极限偏差上极限偏差为:es=ei+IT。

例 2-4　利用标准公差数值表和轴的基本偏差数值表确定 ϕ30f 8 的极限偏差。

解：查表 2-5 得公称尺寸为 30 mm 且基本偏差代号为 f 的轴的基本偏差为上极限偏差 es=-0.020 mm,查表 2-3 得公称尺寸为 30 mm 的 IT8=0.033 mm,所以轴的另一极限偏差为下极限偏差：

$$ei=es-IT=-(0.020-0.033)\text{mm}=-0.053 \text{ mm}$$

因此,轴的极限偏差分别为 es=-0.020 mm,ei=-0.053 mm。

表 2-6　尺寸 ≤500 mm 的轴的基本偏差数值

基本偏差/μm

公称尺寸/mm	上极限偏差 es（所有公差等级）											js	j（5~6）	j（7）	j（8）	k（≤3, >7）	k（4~7）	m	n	p	r	s	t	u	v	x	y	z	za	zb	zc
	a	b	c	cd	d	e	ef	f	fg	g	h																			
≤3	−270	−140	−60	−34	−20	−14	−10	−6	−4	−2	0	偏差等于 ±IT/2	−2	−4	−6	0	0	+2	+4	+6	+10	+14	—	+18	—	+20	—	+26	+32	+40	+60
>3~6	−270	−140	−70	−46	−30	−20	−14	−10	−6	−4	0		−2	−4	—	0	+1	+4	+8	+12	+15	+19	—	+23	—	+28	—	+35	+42	+50	+80
>6~10	−280	−150	−80	−56	−40	−25	−18	−13	−8	−5	0		−2	−5	—	0	+1	+6	+10	+15	+19	+23	—	+28	—	+34	—	+42	+52	+67	+97
>10~14 >14~18	−290	−150	−95	—	−50	−32	—	−16	—	−6	0		−3	−6	—	0	+1	+7	+12	+18	+23	+28	—	+33	+39	+40 +45	—	+50 +60	+64 +77	+90 +108	+130 +150
>18~24 >24~30	−300	−160	−110	—	−65	−40	—	−20	—	−7	0		−4	−8	—	0	+2	+8	+15	+22	+28	+35	+41	+41 +48	+47 +55	+54 +64	+63 +75	+73 +88	+98 +118	+136 +160	+188 +218
>30~40 >40~50	−310 −320	−170 −180	−120 −130	—	−80	−50	—	−25	—	−9	0		−5	−10	—	0	+2	+9	+17	+26	+34	+43	+48 +54	+60 +70	+68 +81	+80 +97	+94 +114	+112 +136	+148 +180	+200 +242	+274 +325
>50~65 >65~80	−340 −360	−190 −200	−140 −150	—	−100	−60	—	−30	—	−10	0		−7	−12	—	0	+2	+11	+20	+32	+41 +43	+53 +59	+66 +75	+87 +102	+102 +120	+122 +146	+144 +174	+172 +210	+226 +274	+300 +360	+405 +480
>80~100 >100~120	−380 −410	−220 −240	−170 −180	—	−120	−72	—	−36	—	−12	0		−9	−15	—	0	+3	+13	+23	37	+51 +54	+71 +79	+91 +104	+124 +144	+146 +172	+178 +210	+214 +256	+258 +310	+335 +440	+445 +525	+585 +690
>120~140 >140~160 >160~180	−460 −520 −580	−260 −280 −310	−200 −210 −230	—	−145	−85	—	−43	—	−14	0		−11	−18	—	0	+3	+15	+27	+43	+63 +65 +68	+92 +100 +108	+122 +134 +146	+170 +190 +210	+202 +228 +252	+248 +280 +310	+300 +340 +380	+365 +415 +465	+470 +535 +600	+620 +700 +780	+800 +900 +1 000
>180~200 >200~225 >225~250	−660 −740 −820	−340 −380 −420	−240 −260 −280	—	−170	−100	—	−50	—	−15	0		−13	−21	—	0	+4	+17	+31	+50	+77 +80 +84	+122 +130 +140	+166 +180 +196	+236 +258 +284	+284 +310 +340	+350 +385 +425	+425 +470 +520	+520 +575 +640	+670 +740 +820	+880 +960 +1 050	+1 150 +1 250 +1 350
>250~280 >280~315	−920 −1 050	−480 −540	−300 −330	—	−190	−110	—	−56	—	−17	0		−16	−26	—	0	+4	+20	+34	+56	+94 +98	+158 +170	+218 +240	+315 +350	+385 +425	+475 +525	+580 +650	+710 +790	+920 +1 000	+1 200 +1 300	+1 550 +1 700
>315~355 >355~400	−1 200 −1 350	−600 −680	−360 −400	—	−210	−125	—	−62	—	−18	0		−18	−28	—	0	+4	+21	+37	+62	+108 +114	+190 +208	+268 +294	+390 +435	+475 +530	+590 +660	+730 +820	+900 +1 000	+1 150 +1 300	+1 500 +1 650	+1 900 +2 100
>400~450 >450~500	−1 500 −1 650	−760 −840	−440 −480	—	−230	−135	—	−68	—	−20	0		−20	−32	—	0	+5	+23	+40	+68	+126 +132	+232 +252	+330 +360	+490 +540	+595 +660	+740 +820	+920 +1 000	+1 100 +1 250	+1 450 +1 600	+1 850 +2 100	+2 400 +2 600

注：1. 公称尺寸小于 1 mm 时，各级的 a 和 b 均不采用。
2. js 的数值：对 IT7~IT11，若 IT 的数值（μm）为奇数，则取 js=±$\frac{IT-1}{2}$。

6. 孔的基本偏差的确定

孔的基本偏差可以由同名的轴的基本偏差换算得到。换算原则为：同名配合,配合性质不变,即基孔制的配合(如 $\phi70H8/f7$)变成同名基轴制的配合($\phi70F8/h7$)时,其配合性质(极限间隙或极限过盈)不变。

根据上述原则,孔的基本偏差按以下两种规则换算:

(1) 通用规则,参看图 2-18,通用规则为用同一字母表示的孔和轴基本偏差的绝对值相等,而符号相反,即：EI=-es 或 ES=-ei。

通用规则的应用范围如下:

从 A 到 H[图 2-18(a)],不论孔和轴的公差等级是否相同,均采用通用规则,因为 a 到 h 的基本偏差为 es,所以 A 到 H 的基本偏差为 EI=-es。

从 K 到 ZC[图 2-18(b)和图 2-18(c)],当孔和轴公差等级相同时,按通用规则换算,因为 k 到 zc 的基本偏差为 ei,所以 K 到 ZC 的基本偏差为 ES=-ei。

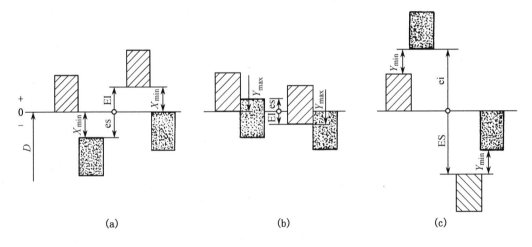

图 2-18 通用规则
(a) 间隙配合；(b) 过渡配合；(c) 过盈配合

(2) 特殊规则：特殊规则为用同一字母表示的孔和轴基本偏差的符号相反,而它们的绝对值相差一个 Δ 值。

由图 2-19 可以看出:

基孔制中： $Y_{min}=ES-ei=ITn-ei$

基轴制中： $Y_{min}=ES-ei=ES-[-ITn-1]=ES+ITn-1$

为了满足换算原则,基孔制的 Y_{min} 应等于基轴制的 Y_{min},因此

$$ITn - ei = ES + ITn-1$$

$$ES = -ei + ITn - ITn-1 = -ei + \Delta \tag{2-24}$$

即

$$EI = -es + \Delta \text{ 或 } ES = -ei + \Delta$$

$$\Delta = ITn - ITn-1$$

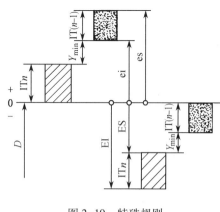

图2-19 特殊规则

式中 ITn——孔的标准公差值;

$ITn-1$——轴的标准公差值。

特殊规则的应用范围如下:

① J、K、M、N 的公差等级为 8 级或高于 8 级(标准公差≤IT8)时,采用特殊规则;

② P～ZC 的公差等级为 7 级或高于 7 级(标准公差≤IT7)时,采用特殊规则。

按上述两个规则,可计算并编制出孔的基本偏差数值表,见表2-7。

例 2-5 利用标准公差数值表和轴的公称偏差数值表,按 φ45H7/s6 确定 φ45s7/h6 中孔的基本偏差数值。

解:查标准公差数值表 2-3 得公称尺寸为 45 mm 的 IT7 = 0.025 mm,IT6 = 0.016 mm;查表 2-5 得公称尺寸为 45 mm 且基本偏差代号为 s 的轴的基本偏差为下极限偏差 ei = +0.043 mm。

因 S7 应按特殊规则换算,S 的基本偏差为上极限偏差 $ES = -ei + \Delta$,$\Delta = IT7 - IT6 = (0.025 - 0.016)$ mm $= 0.009$ mm,所以,孔的基本偏差为 ES = (-0.043 + 0.009) mm = -0.034 mm。

例 2-6 利用标准公差数值表和孔轴的基本偏差数值表,确定 φ80H8/r8 和 φ80R8/h8 的极限偏差数值。

解:查标准公差数值表 2-3 得公称尺寸为 80 mm 的 IT8 = 0.046 mm;查表 2-5 和表 2-7 得公称尺寸为 80 mm、基本偏差代号为 r 的轴的基本偏差为下极限偏差 ei = +0.043 mm,基本偏差代号为 R 的孔的基本偏差为上极限偏差 ES = -0.043 mm。所以,φ80r8 轴的另一极限偏差为 es = ei + IT8 = (0.043 + 0.046) mm = +0.089 mm,φ80R8 的另一极限偏差为 EI = ES - IT8 = (-0.043 - 0.046) mm = -0.089 mm。在 φ80H8/r8 配合中,基准孔的基本偏差 EI = 0,另一极限偏差 ES = +0.046 mm,es = +0.089 mm,ei = +0.043 mm,即 $\phi 80H8\left(^{+0.046}_{0}\right) / r8\left(^{+0.089}_{+0.043}\right)$。在 φ80R8/h8 配合中,基准轴的基本偏差 es = 0,另一极限偏差 ei = -0.046 mm,ES = -0.043 mm,EI = -0.089 mm,即 $\phi 80R8\left(^{-0.043}_{-0.089}\right) / h8\left(^{0}_{-0.046}\right)$。

三、极限与配合在图样上的标注

1. 在零件图上的标注

有三种标注方式:在公称尺寸后面标注孔或轴的公差带代号;标注上、下极限偏差数值;标注公差带代号和上下极限偏差数值,如图2-20所示。

2. 在装配图上的标注

有两种标注方式:在公称尺寸后面标注配合代号,即标注孔、轴的基本偏差代号及公差等级;标注配合代号和上、下极限偏差数值,如图2-21所示。

表 2-7 尺寸 ≤500 mm 的孔的基本偏差数值

基本偏差 μm

公称尺寸/mm	上极限偏差 ES											下极限偏差 EI								P~ZC	上极限偏差 ES													Δ/μm							
	A	B	C	CD	D	E	EF	F	FG	G	H	JS	J			K		M		N		≤7	P	R	S	T	U	V	X	Y	Z	ZA	ZB	ZC								
					所有的公差等级								6	7	8	≤8	>8	≤8	>8	≤8	>8		>7					>7							3	4	5	6	7	8		
≤3	+270	+140	+60	+34	+20	+14	+10	+6	+4	+2	0	偏差等于±IT/2	+2	+4	+6	0	0	-2	-2	-4	-4	在>7级的相应数值上增加一个Δ值	-6	-10	-14	—	-18	—	-20	—	-26	-32	-40	-60			0					
>3-6	+270	+140	+70	+46	+30	+20	+14	+10	+6	+4	0		+5	+6	+10	-1+Δ	—	-4+Δ	-4	-8+Δ	0		-12	-15	-19	—	-23	—	-28	—	-35	-42	-50	-80	1	1.5	1	3	4	6		
>6-10	+280	+150	+80	+56	+40	+25	+18	+13	+8	+5	0		+5	+8	+12	-1+Δ	—	-6+Δ	-6	-10+Δ	0		-15	-19	-23	—	-28	—	-34	—	-42	-52	-67	-97	1	1.5	2	3	6	7		
>10-14 >14-18	+290	+150	+95	—	+50	+32	—	+16	—	+6	0		+6	+10	+15	-1+Δ	—	-7+Δ	-7	-12+Δ	0		-18	-23	-28	—	-33	-39	-40 -45	—	-50 -60	-64 -77	-90 -108	-130 -150	1	2	3	3	7	9		
>18-24 >24-30	+300	+160	+110	—	+65	+40	—	+20	—	+7	0		+8	+12	+20	-2+Δ	—	-8+Δ	-8	-15+Δ	0		-22	-28	-35	-41	-41 -48	-47 -55	-54 -64	-65 -75	-73 -88	-98 -118	-136 -160	-188 -218	1.5	2	3	4	8	12		
>30-40 >40-50	+310 +320	+170 +180	+120 +130	—	+80	+50	—	+25	—	+9	0		+10	+14	+24	-2+Δ	—	-9+Δ	-9	-17+Δ	0		-26	-34	-43	-48 -54	-60 -70	-68 -81	-80 -95	-94 -114	-112 -136	-148 -180	-200 -242	-274 -325	1.5	3	4	5	9	14		
>50-65 >65-80	+340 +360	+190 +200	+140 +150	—	+100	+60	—	+30	—	+10	0		+13	+18	+28	-2+Δ	—	-11+Δ	-11	-20+Δ	0		-32	-41 -43	-53 -59	-66 -75	-87 -102	-102 -120	-122 -146	-144 -174	-172 -210	-226 -274	-300 -360	-400 -480	2	3	5	6	11	16		
>80-100 >100-120	+380 +410	+220 +240	+170 +180	—	+120	+72	—	+36	—	+12	0		+16	+22	+34	-3+Δ	—	-13+Δ	-13	-23+Δ	0		-37	-51 -54	-71 -79	-91 -104	-124 -144	-146 -172	-178 -210	-214 -254	-258 -310	-335 -400	-445 -525	-585 -690	2	4	5	7	13	19		
>120-140 >140-160 >160-180	+460 +520 +580	+260 +280 +310	+200 +210 +230	—	+145	+85	—	+43	—	+14	0		+18	+26	+41	-3+Δ	—	-15+Δ	-15	-27+Δ	0		-43	-63 -65 -68	-92 -100 -108	-122 -134 -146	-170 -190 -210	-202 -228 -252	-248 -280 -310	-300 -340 -380	-365 -415 -465	-470 -535 -600	-620 -700 -780	-800 -900 -1000	3	4	6	7	15	23		
>180-200 >200-225 >225-250	+660 +740 +820	+340 +380 +420	+240 +260 +280	—	+170	+100	—	+50	—	+15	0		+22	+30	+47	-4+Δ	—	-17+Δ	-17	-31+Δ	0		-50	-77 -80 -84	-122 -130 -140	-166 -180 -196	-218 -240 -268	-284 -310 -340	-350 -385 -425	-425 -470 -520	-520 -575 -640	-670 -740 -820	-880 -960 -1050	-1150 -1250 -1350	3	4	6	9	17	26		
>250-280 >280-315	+920 +1050	+480 +540	+300 +330	—	+190	+110	—	+56	—	+17	0		+25	+36	+55	-4+Δ	—	-20+Δ	-20	-34+Δ	0		-56	-94 -98	-158 -170	-218 -240	-315 -350	-385 -425	-475 -525	-580 -660	-710 -790	-920 -1000	-1150 -1300	-1550 -1700	4	4	7	9	20	29		
>315-355 >355-400	+1200 +1350	+600 +680	+360 +400	—	+210	+125	—	+62	—	+18	0		+29	+39	+60	-4+Δ	—	-21+Δ	-21	-37+Δ	0		-62	-108 -114	-190 -208	-268 -294	-390 -435	-475 -530	-590 -660	-730 -820	-900 -1000	-1150 -1300	-1500 -1650	-1900 -2100	4	5	7	11	21	32		
>400-450 >450-500	+1500 +1650	+760 +840	+440 +480	—	+230	+135	—	+68	—	+20	0		+33	+43	+66	-5+Δ	—	-23+Δ	-23	-40+Δ	0		-68	-126 -132	-232 -252	-330 -360	-490 -540	-595 -660	-740 -820	-920 -1000	-1100 -1250	-1450 -1600	-1850 -2100	-2400 -2600	5	5	7	13	23	34		

续表

公称尺寸 /mm	基本偏差/μm																									Δ/μm					
	上极限偏差 ES									下极限偏差 EI						上极限偏差 ES															
	A	B	C	CD	D	E	EF	F	FG	G	H	JS	J			K		M		N		P~ZC	P	R	S	T	U	V	X	Y	Z	ZA	ZB	ZC
	所有的公差等级												6	7	8	≤8	>8	≤8	>8	≤8	>8	≤7					>7						
																																		3	4	5	6	7	8

注：1. 公称尺寸小于1 mm时，各级的A和B及大于8级的N均不采用。

2. JS的数值：对IT7~IT11，若IT的数值（μm）为奇数，则取JS=±$\frac{IT-1}{2}$。

3. 特殊情况：当公称尺寸大于250~315 mm时，M6的ES等于-9（不等于-11）。

4. 对小于或等于IT8的K、M、N和小于或等于IT7的P~ZC，所需Δ值从表内表右侧栏选取。例如：大于6~10 mm的P6，Δ=3 μm，所以ES=(-15+3) μm=-12 μm。

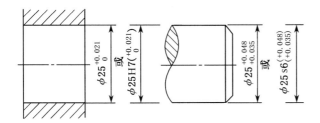
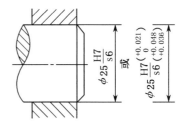

图 2-20 孔、轴公差带在零件图上的标注　　　　图 2-21 孔、轴公差带在装配图上的标注

四、一般、常用和优先的极限与配合

1. 孔、轴一般、常用和优先公差带代号

根据国家标准 GB/T 1800.1—2009 提供的标准公差和基本偏差,可以组成大量的、不同大小与位置的孔、轴公差带(孔有 543 种,轴有 544 种),由不同的孔、轴公差带又可以组合成多种多样的配合。如果如此多的公差与配合全部投入使用,显然很不经济。为了尽量减少零件、定值刀具、量具和工艺装备的品种及规格,对公差带和配合的选择应加以限制。因此,国家标准对孔、轴规定了一般公差带、常用公差带和优先公差带。

国家标准规定了一般、常用和优先轴用公差带共 119 种,如图 2-22 所示,其中方框内的 59 种为常用公差带,圆圈内的 13 种为优先公差带。

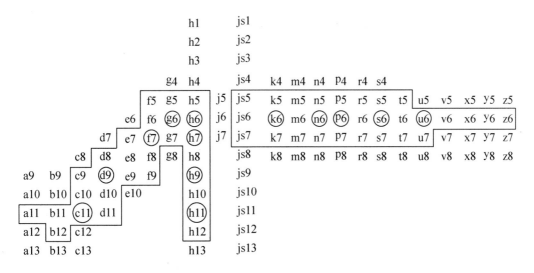

图 2-22　一般、常用和优先的轴公差带(尺寸≤500 mm)

国家标准规定了一般、常用和优先孔公差带共 105 种,如图 2-23 所示,其中方框内的 44 种为常用公差带,圆圈内的 13 种为优先公差带。

2. 孔、轴一般、常用和优先配合代号

国家标准在规定孔、轴公差带选用的基础上,还规定了孔、轴公差带的组合。

基孔制常用配合 59 种,优先配合 13 种,如表 2-8 所示;基轴制常用配合 47 种,优先配合 13 种,如表 2-9 所示。

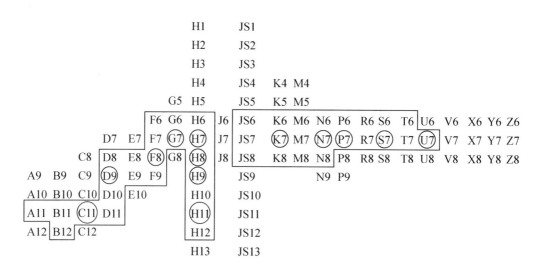

图 2-23 一般、常用和优先的孔公差带(尺寸≤500 mm)

表 2-8 基孔制优先、常用配合

基准孔	轴																			
	a	b	c	d	e	f	g	h	js	k	m	n	p	r	s	t	u	v	x	y	z
	间隙配合								过渡配合				过盈配合								
H6						$\frac{H6}{f\,5}$	$\frac{H6}{g\,5}$	$\frac{H6}{h\,5}$	$\frac{H6}{js\,5}$	$\frac{H6}{k\,5}$	$\frac{H6}{m\,5}$	$\frac{H6}{n\,5}$	$\frac{H6}{p\,5}$	$\frac{H6}{r\,5}$	$\frac{H6}{s\,5}$	$\frac{H6}{t\,5}$					
H7						$\frac{H7}{f\,6}$	$\frac{H7}{g\,6}$	$\frac{H7}{h\,6}$	$\frac{H7}{js\,6}$	$\frac{H7}{k\,6}$	$\frac{H7}{m\,6}$	$\frac{H7}{n\,6}$	$\frac{H7}{p\,6}$	$\frac{H7}{r\,6}$	$\frac{H7}{s\,6}$	$\frac{H7}{t\,6}$	$\frac{H7}{u\,6}$	$\frac{H7}{v\,6}$	$\frac{H7}{x\,6}$	$\frac{H7}{y\,6}$	$\frac{H7}{z\,6}$
H8					$\frac{H8}{e\,7}$	$\frac{H8}{f\,7}$	$\frac{H8}{g\,7}$	$\frac{H8}{h\,7}$	$\frac{H8}{js\,7}$	$\frac{H8}{k\,7}$	$\frac{H8}{m\,7}$	$\frac{H8}{n\,7}$	$\frac{H8}{p\,7}$	$\frac{H8}{r\,7}$	$\frac{H8}{s\,7}$	$\frac{H8}{t\,7}$	$\frac{H8}{u\,7}$				
				$\frac{H8}{d\,8}$	$\frac{H8}{e\,8}$	$\frac{H8}{f\,8}$		$\frac{H8}{h\,8}$													
H9			$\frac{H9}{c\,9}$	$\frac{H9}{d\,9}$	$\frac{H9}{e\,9}$	$\frac{H9}{f\,9}$		$\frac{H9}{h\,9}$													
H10			$\frac{H10}{c10}$	$\frac{H10}{d10}$				$\frac{H10}{h10}$													
H11	$\frac{H11}{a11}$	$\frac{H11}{b11}$	$\frac{H11}{c11}$	$\frac{H11}{d11}$				$\frac{H11}{h11}$													
H12		$\frac{H12}{b12}$						$\frac{H12}{h12}$													

注：① $\frac{H6}{n\,5}$、$\frac{H7}{p\,6}$ 在公称尺寸≤3 mm 和 $\frac{H8}{r\,7}$ 在≤100 mm 时，为过渡配合。

② 标注▼的配合为优先配合。

表 2-9 基轴制优先、常用配合

基准孔	孔																			
	A	B	C	D	E	F	G	H	JS	K	M	N	P	R	S	T	U	V	X	Y	Z
	间隙配合								过渡配合				过盈配合								
h5						F6/h5	G6/h5	H6/h5	Js6/h5	K6/h5	M6/h5	N6/h5	P6/h5	R6/h5	S6/h5	T6/h5					
h6						F7/h6	G7/h6	H7/h6	Js7/h6	K7/h6	M7/h6	N7/h6	P7/h6	R7/h6	S7/h6	T7/h6	U7/h6				
h7					E8/h7	F8/h7		H8/h7	Js8/h7	K8/h7	M8/h7	N8/h7									
h8				D8/h8	E8/h8	F8/h8		H8/h8													
h9				D9/h9	E9/h9	F9/h9		H9/h9													
h10				D10/h10				H10/h10													
h11	A11/h11	B11/h11	C11/h11	D11/h11				H11/h11													
h12		B12/h12						H12/h12													

注：标注 ▼ 的配合为优先配合。

在表 2-8 中，当轴的标准公差等级小于或等于 IT7 级时，与低一级的基准孔相配合；大于或等于 IT8 级时，与同级基准孔相配合。

在表 2-9 中，当孔的标准公差等级小于 IT8 级或少数等于 IT8 级时，与高一级的基准轴相配合，其余与同级基准轴相配合。基孔制与基轴制优先配合公差带图分别如图 2-24 和图 2-25 所示。

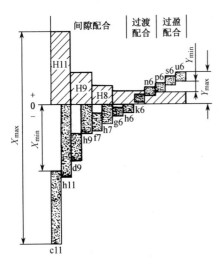

图 2-24 基孔制优先配合公差带图

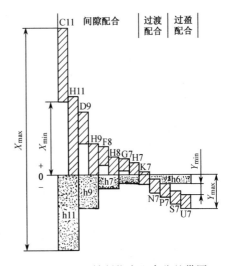

图 2-25 基轴制优先配合公差带图

3. 选用原则和温度条件

选用公差带时,应按优先、常用、一般公差带的顺序选取。若一般公差带中也没有满足要求的公差带,则可按国标规定的标准公差和基本偏差组成的公差带来选取,还可考虑用延伸和插入的方法来确定新的公差带。

国家标准规定的数值均以基准温度 20 ℃为准,当温度偏离基准温度时,应进行修正。

第四节 常用尺寸孔、轴极限与配合的选择

极限与配合的选择是机械设计和制造中非常重要的一环,是一项既重要又困难的工作。合理地选择,不但有利于产品质量的提高,而且还有利于生产成本的降低。在设计工作中,极限与配合的选择主要包括基准制、公差等级和配合种类的选择,选择原则是既要保证机械产品的性能优良,又要兼顾经济可行。

标准公差等级和配合种类的选择方法有计算法、试验法和类比法。

用计算法选择标准公差等级和配合种类,通常要用到相关专业理论知识,通过一些公式计算出极限间隙或极限过盈,可以借助计算机来完成。

用试验法选择标准公差等级和配合种类,主要用于对产品质量和性能有极大影响的重要配合,通过一定数量的实验,确定出最佳工作性能所需的极限间隙或极限过盈,这种方法费时、费力,且费用颇高,因此很少采用。

用类比法选择标准公差等级和配合种类是设计时常用的方法,借鉴使用效果良好的同类产品的技术资料或参考有关资料并加以分析来确定孔轴的极限尺寸。

应该指出,正确地选择极限与配合,要深入地掌握极限与配合国家标准,对产品的技术要求、工作条件以及生产制造条件进行全面分析,同时还要通过生产实践和科学试验不断累积经验,才能逐步加强这方面的实际工作能力,单靠本课程的知识是不够的。这里仅对极限与配合的选择提出一些基本原则。

一、基准制的选择

基准制包括基孔制和基轴制,基孔制和基轴制可以满足同样的使用要求。选用基准制主要从产品结构、工艺和经济性等方面来综合考虑。

1. 优先选用基孔制

设计时,应优先选用基孔制。因为孔通常用定值刀具(如钻头、绞刀、拉刀等)加工,使用光滑极限塞规检验,而轴使用通用刀具(如车刀、砂轮等)加工,便于用普通计量器具测量,所以采用基孔制配合可以减少定值刀具与光滑极限塞规的规格种类和数量,显然是经济合理的。参看表 2-10,设某一公称尺寸的孔和轴要求三种配合,采用基孔制,则三种配合由一种孔公差带和三种轴公差带构成;而采用基轴制,则三种配合由一种轴公差带和三种孔公差带构成。可见,基孔制所需要的定值刀具比基轴制少。

2. 选用基轴制的情况

在下列情况下采用基轴制较为经济合理:

(1) 当配合的公差等级要求不高时,可采用冷拉钢材(这种轴是按基轴制的轴制造的)直接做轴,而不需要进行机械加工,因此采用基轴制较为经济合理,对于细小直径的轴尤为明显。

表 2-10 基孔制和基轴制所需刀具和量规的比较

基孔制				基轴制			
孔	轴	轴	轴	轴	孔	孔	孔
工件							
刀具：铰刀	车刀砂轮			车刀砂轮	铰刀	铰刀	铰刀
光滑极限量规：塞规	卡规	卡规	卡规	卡规	塞规	塞规	塞规

（2）在同一公称尺寸的轴上需要装配几个具有不同配合的零件时，要求采用基轴制。如图 2-26（a）所示的活塞连杆机构中，活塞销同时与连杆孔和轴承孔相配合，连杆要转动，故采用间隙配合（H6/h5），而与支承孔的配合要求紧些，故采用过渡配合（M6/h5）。如采用基孔制，则如图 2-26（b）所示，活塞销需做成中间小、两头大的阶梯形，这种形状的活塞销加工不方便，同时装配也困难，易拉毛连杆孔。反之，若采用基轴制（见图 2-26（c）），则活塞销的尺寸不变，制成光轴，而连杆孔、轴承孔分别按不同要求加工，较为经济合理且便于装配。

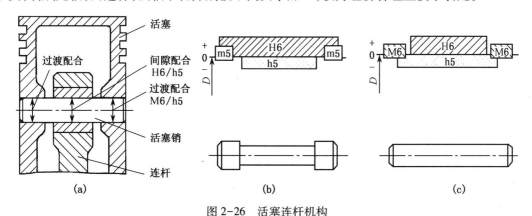

图 2-26 活塞连杆机构
（a）活塞连杆机构；（b）基孔制配合；（c）基轴制配合

3. 以标准部件为基准选择基准制

对于与标准件（或标准部件）配合的孔或轴，基准制的选择要依据标准件而定。例如与滚动轴承内圈相配合的轴应选用基孔制，而与滚动轴承外圈相配合的壳体孔则应选用基轴制。

4. 必要时采用任意孔、轴公差带组成非基准制的配合(混配)

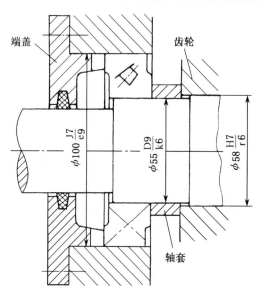

图 2-27 减速器中轴套处和轴承端盖处的配合

如图 2-27 所示，圆柱齿轮减速器中，输出轴轴颈的公差带按它与轴承内圈配合的要求已确定为 $\phi55k6$，而起轴向定位作用的轴套的孔与轴颈的配合允许间隙较大，轴套孔尺寸精度要求不高，只要求拆装方便，因此按轴颈的上极限偏差和最小间隙的大小来确定轴套孔的下极限偏差，本例确定该孔的公差带为 $\phi55D9$。箱体孔的公差带按它与轴承外圈配合的要求已确定为 $\phi100J7$，而端盖定位圆柱面与箱体孔的配合允许间隙较大，端盖要求拆装方便，而且尺寸精度要求不高，因此端盖定位圆柱面的公差带可选取 $\phi100e9$。这样组成非基准制配合 $\phi55D9/k6$ 和 $\phi100J7/e9$ 既可满足使用要求，又能获得最佳的技术经济效益。

上述两个非基准制配合的孔、轴公差带示意图分别如图 2-28 和图 2-29 所示。

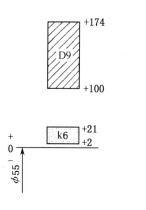

图 2-28 轴套孔与轴颈的公差带示意图

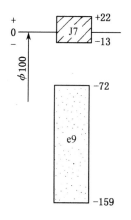

图 2-29 箱体孔与端盖定位圆柱面的公差带示意图

二、公差等级的选择

选择公差等级时，要正确处理使用要求、制造工艺和成本之间的关系。因此选择公差等级的基本原则是，在满足使用要求的前提下，尽量选取较低的公差等级，这样做可以取得较好的综合经济效益。

生产中，经常用类比法来确定公差等级，即参考经过实践证明为合理的类似产品上相应尺寸的公差，来确定孔和轴的公差等级。

表 2-11 列出了 20 个公差等级的大致应用范围，可供用类比法选择公差等级时参考。

确定公差等级时，还应考虑工艺上的可能性。表 2-12 所示为在正常条件下，公差等级和加工方法的大致关系，表 2-13 所示为各公差等级的应用条件及举例，可供参考。

第二章 极限与配合

表 2-11 公差等级的应用范围

应用	公差等级 IT																		
	01	0	1	2	3	4	5	6	7	8	9	10	11	12	13	14	15	16	17	18
高精度量块	✓	✓	✓																	
量规			✓	✓	✓	✓	✓	✓	✓											
特别精密的配合				✓	✓	✓	✓													
配合尺寸							✓	✓	✓	✓	✓	✓	✓	✓	✓					
非配合尺寸														✓	✓	✓	✓	✓	✓	✓
原材料尺寸										✓	✓	✓	✓	✓	✓					

表 2-12 各种加工方法的合理加工精度

加工方法	公差等级 IT																		
	01	0	1	2	3	4	5	6	7	8	9	10	11	12	13	14	15	16	17	18
研磨	✓	✓	✓	✓	✓	✓	✓													
珩磨						✓	✓	✓	✓											
圆磨							✓	✓	✓	✓										
平磨							✓	✓	✓	✓										
金刚石车							✓	✓	✓											
金刚石镗							✓	✓	✓											
拉削							✓	✓	✓	✓										
铰孔								✓	✓	✓	✓	✓								
车									✓	✓	✓	✓	✓							
镗									✓	✓	✓	✓	✓							
铣										✓	✓	✓	✓							
刨、插												✓	✓							
钻孔												✓	✓	✓	✓					
滚压、挤压												✓	✓							
冲压												✓	✓	✓	✓	✓				
压铸													✓	✓	✓	✓				
粉末冶金成型								✓	✓	✓										
粉末冶金烧结									✓	✓	✓									
砂型铸造、气割																		✓	✓	✓
锻造																	✓	✓		

表 2-13 公差等级的应用

公差等级	应用条件	应用举例
IT01	用于特别精密的尺寸传递基准	特别精密的标准量块
IT0	用于特别精密的尺寸传递基准及宇航中特别重要的极个别精密配合尺寸	特别精密的标准量块、个别特别重要和精密的机械零件尺寸
IT1	用于精密的尺寸传递基准、高精密测量工具及特别重要的极个别精密配合尺寸	高精密标准量规；校对检验 IT6~IT7 级轴用量规的校对量规；个别特别重要和精密的机械零件尺寸
IT2	用于高精密测量工具、特别重要的精密配合尺寸	检验 IT6~IT7 孔用塞规的尺寸制造公差；校对检验 IT8~IT12 级轴用量规的校对塞规；个别特别重要和精密的机械零件尺寸
IT3	用于精密测量工具、高精度的精密配合尺寸及 C 级、D 级滚动轴承配合的轴径和外壳孔径	检验 IT6~IT7 轴用量规及 IT8~IT10 级孔用塞规；校对检验 IT13~IT16 级轴用量规的校对量规；与特别精密的 C 级滚动轴承内环孔（直径至 100 mm）相配的机床、主轴、精密机械和高速机械的轴径；与 C 级深沟球轴承外环外径相配合的外壳孔径；航空工业及航海工业中导航仪器上特殊精密的特小尺寸零件的精密配合
IT4	用于精密测量工具、高精度的精密配合尺寸及 C 级、D 级滚动轴承配合的轴径和外壳孔径	检验 IT8~IT10 级轴用量规；检验 IT11~IT12 级孔用塞规和 C 级轴承孔（孔径>100 mm）；与 D 级轴承孔相配的机床主轴、精密机械和高速机械的轴径；与 C 级轴承相配的机床外壳孔孔径；柴油机活塞及活塞销座孔径；高精密齿轮的基准孔孔径或轴径；航空及航海工业用仪器中特殊精密孔的孔径
IT5	用于机床、发动机和仪表中特别重要的配合尺寸，在配合公差要求很小、形状精度要求很高的条件下，这类公差等级能使配合性质比较稳定，相当于旧国家标准中最高精度（1 级精度轴），故对加工要求较高，一般机械制造中较少应用	检验 IT11~IT12 级孔用塞规和轴用量规；与 D 级滚动轴承相配的机床箱体孔孔径；与 E 级滚动轴承孔相配的机床主轴、精密机械及高速机械的轴径；机床尾架套筒、高精度分度盘轴径；分度头主轴、精密丝杆基准轴径；高精度镗套的外径等；发动机中主轴的外径；活塞销外径与活塞的配合；精密仪器中轴与各种传运输车轴承的配合；5 级精度齿轮的基准孔及 5 级、6 级精度齿轮的基准轴轴径
IT6	广泛用于机械制造中的重要配合尺寸，配合表面有较高均匀性的要求；能保证相当高的配合性质，使用可靠。相当于旧国家标准中 2 级精度轴和 1 级精度孔的公差	检验 IT13~IT16 级孔用塞规；与 E 级滚动轴承相配的外壳孔孔径及与滚子轴承相配的机床主轴轴径；机床制造中，装配式青铜蜗轮轮壳外径；安装齿轮、蜗轮、联轴器、带轮、凸轮的轴颈；机床丝杆支承轴颈、矩形花键的定心直径、摇臂钻床的立柱等。机床夹具的导向件的外径尺寸；精密仪器、光学仪器、计算仪器中的精密轴；发动机中的气缸套外径、曲轴主轴颈、活塞销、连杆、衬套、连杆和轴瓦外径等；6 级精度齿轮的基准孔和 7 级、8 级精度齿轮的基准轴轴径，以及特别精密（1 级、2 级）齿轮的顶圆直径

续表

公差等级	应用条件	应用举例
IT7	应用条件与IT6相类似,但它要求的精度可比IT6稍低一点,在一般机械制造业中应用相当普遍,相当于旧国家标准中3级精度或2级精度孔的公差	检验IT13~IT16级孔用塞规和轴用量规;机床制造中装配或青铜涡轮轮缘孔径;联轴器、带轮、凸轮等的孔径,机床卡盘座孔、摇臂钻床的摇臂孔、车床丝杆的轴承孔等;机床夹头导向件的内孔(如固定钻套、可换钻套、衬套、镗套);发动机中的连杆孔、活塞孔、铰制螺栓定位孔等;精密仪器、光学仪器中精密配合的内孔;自动化仪表中的重要内孔;7级、8级精度齿轮的基准孔和9级、10级精度齿轮的基准轴
IT8	用于机械制造中属中等精度;在仪器、钟表制造及仪表中,由于公称尺寸较小,所以属较高精度范畴;在配合确定性要求不太高时,是应用范围较广的一个等级。尤其是在农业机械、纺织机械、印染机械、自行车、缝纫机、医疗器械中应用最广	轴承座衬套沿宽度方向的尺寸配合;手表中跨齿轴、棘爪拨针轮等夹板的配合;无线电仪表工业中的一般配合;电子仪器仪表中较重要的内孔;计算机中变数齿轮孔和轴的配合;医疗器械中牙科车头钻头套的孔与车针柄部的配合;电机制造中铁芯与机座的配合;发动机活塞油环槽宽、连杆轴瓦内径、低精度(9~12级精度)齿轮的基准孔、11~12级精度齿轮和基准轴及6~8级精度齿轮的顶圆
IT9	应用条件与IT8相类似,但要求精度低于IT8时用。比旧国家标准中的4级精度公差值要大	机床制造中轴套外径与孔、操纵件与轴、空转带轮与轴、操纵系统的轴与轴承等的配合,纺织机械、印染机械中的一般配合零件;发动机中机油泵体内孔、气门导管内孔、飞轮套、圈衬套、混合气预热阀轴、气缸盖孔径、活塞槽环的配合等;光学仪器、自动化仪表中的一般配合;手表中要求较高零件的未注公差尺寸的配合;单键连接中键宽配合尺寸;打字机中的运动件配合等
IT10	应用条件与IT9相类似,但要求精度低于IT9时用。相当于旧国家标准中的5级精度公差	电子仪器仪表中支架的配合;导航仪器中绝缘衬套孔与汇电环衬套轴;打字机中铆合件的配合尺寸;闹钟机构中的中心管与前夹板;轴套与轴;手表中尺寸小于18 mm时要求一般的未注公差尺寸及大于18 mm时要求较高的未注公差尺寸;发动机中油封挡圈孔与曲轴带轮毂
IT11	用于配合粗度要求较粗糙,装配后可能有较大的间隙。特别适用于要求间隙较大,且有显著变动而不会引起危险的场合,相当于旧国家标准中的6级精度公差	机床上法兰盘止口与孔、滑块与滑轮、齿轮、凹槽等,农业机械、机车车厢部件及冲压加工的配合零件;钟表制造中不重要的零件,手表制造用的工具及设备中的未注公差尺寸;纺织机械中较粗糙的活动配合;印染机械中较低的配合;医疗器械中手术刀片的配合;磨床制造中螺纹制造及粗糙的动连接;不作测量基准用的齿轮顶圆直径公差
IT12	配合精度要求很粗糙,装配后有很大的间隙,适用于基本上没有什么配合要求的场合。比旧国家标准中的7级精度公差值稍小	非配合尺寸及工序间尺寸;发动机分离杆;手表制造中工艺装备未注公差的尺寸;计算机行为切削加工中未注公差的极限偏差;医疗器械中手术刀柄的配合;机床制造中扳手孔与扳手座的连接

续表

公差等级	应用条件	应用举例
IT13	应用条件与IT12相类似,但比旧国家标准中的7级精度公差稍大	非配合尺寸及工序间尺寸;计算机、打字机中切削加工零件、圆孔及两孔中心距未注公差尺寸
IT14	用于非配合尺寸及不包括在尺寸链中尺寸。相当于旧国家标准中的8级精度公差	在机床、汽车、拖拉机、冶金、矿山、石油、化工、电动机、电器、仪器、仪表、造船、航空、医疗器械、钟表、自行车、缝纫机、造纸与纺织机械等工业中对切削加工零件未注公差尺寸的极限偏差,广泛应用此等级
IT15	用于非配合尺寸及不包括在尺寸链中的尺寸。相当于旧国家标准中的8级精度公差	冲压件、木模铸造零件、重型机床制造,当尺寸大于3 150 mm时未注公差尺寸
IT16	用于非配合尺寸及不包括在尺寸链中的尺寸。相当于旧国家标准中的10级精度公差	打字机中浇铸件尺寸;无线电制造中箱体外形尺寸;手术器械中的一般外形尺寸公差;压弯延伸加工用尺寸;纺织机械中木件尺寸公差;塑料零件尺寸公差;木模制造和自由锻造时用
IT17	用于非配合尺寸及不包括在尺寸链中的尺寸。相当于旧国家标准中的11级精度公差	塑料尺寸公差;手术器械中的一般外形尺寸公差
IT18	用于非配合尺寸及不包括在尺寸链中的尺寸。相当于旧国家标准中的12级精度公差	冷作焊接尺寸用公差

用类比法选择公差等级时,还应考虑以下问题。

1. 同一配合中孔和轴的工艺等价性

工艺等价性是指同一配合中孔、轴加工难易程度应基本相同。对间隙配合和过渡配合,当孔的标准公差高于或等于IT8时,孔的公差等级应比轴低一级;当孔的标准公差低于IT8时,孔和轴的公差等级应取同一级。对过盈配合,当孔的标准公差高于或等于IT7时,孔的公差等级应比轴低一级;当孔的标准公差低于IT7时,孔和轴的公差等级应取同一级。

2. 相关件或相配件的结构或精度要求

某些孔、轴的标准公差等级取决于相关件或相配件的结构或精度。例如,与齿轮孔配合的轴的公差等级,应与齿轮的精度等级相当;与滚动轴承配合的轴颈和壳体孔的公差等级,应与滚动轴承的精度相当。

3. 配合性质及加工成本

过盈、过渡配合和间隙较小的间隙配合中,孔的标准公差等级应不低于8级,轴的标准公差等级通常不低于7级,如H7/g6;而间隙较大的间隙配合中,孔的标准公差等级较低(9级或9级以下),如H10/d10。

间隙较大的间隙配合中,孔和轴出于某种原因,必须选用较高的标准公差等级,则与它配合的轴或孔的标准公差等级可以低两三级,以便在满足使用要求的前提下降低加工成本。例如图2-24中,轴套孔与轴颈配合为$\phi 55D9/k6$,箱体孔与端盖定位圆柱面的配合为$\phi 100J7/e9$。

随着公差等级的提高,加工误差减小,加工成本也随之提高,根据统计资料,加工误差与生产成本之间的关系如图 2-30 所示。在低精度区,精度提高,成本增加不多;在高精度区,精度稍提高,成本急剧增加,故高公差等级的选用应特别慎重。

在能够根据使用要求确定其配合间隙或过盈的允许变动范围时,也可用计算法确定公差等级。

三、配合种类的选择

选择配合主要是为了解决结合零件孔与轴在工作时的相互关系,即根据使用要求确定允许的间隙或过盈的变化范围,并由此确定孔和轴的公差带,以保证机器正常工作。

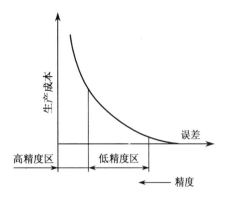

图 2-30 加工误差与生产成本的关系

基准制和公差等级的选择,确定了基准孔或基准轴的公差带,以及相应的非基准轴或非基准孔公差带的大小,因此选择配合种类就是确定非基准轴或非基准孔公差带的位置,也就是选择非基准轴或非基准孔的基本偏差代号。

在设计中,根据使用要求,应尽可能地选用国家标准推荐的优先配合和常用配合。如果优先配合和常用配合不能满足要求,则可选国家标准中推荐的一般用途的孔、轴公差带按需要组成配合。若仍不能满足使用要求,则可从国家标准所提供的孔、轴公差带中选取合适的公差带,组成所需要的配合。

选择配合时,确定间隙或过盈的方法有计算法、试验法和类比法三种。

计算法是根据一定的理论和公式,计算出所需的间隙或过盈,然后对照国家标准选择适当配合的方法。由于影响配合间隙或过盈的因素较多,孔与轴结合的实际情况较复杂,一般来说,理论的计算是近似的,只能作为重要的参考依据,应用时还要根据实际工作条件进行必要的修正,并了解各种配合的应用实例,然后根据具体要求选择配合种类。

各种基本偏差在具体选用时参考表 2-14,并尽量按表 2-15 所推荐的优先配合选用。

表 2-14 各种基本偏差的应用实例

配 合	基本偏差	特点及应用实例
间隙配合	a(A) b(B)	可得到特别大的间隙,应用很少,主要用于工作时温度高、热变形大的零件的配合,如发动机中活塞与缸套的配合为 H9/a9
	c(C)	可得到很大的间隙,一般用于工作条件较差(如农业机械)、工作时受力变形大及装配工艺性不好的零件的配合,也适用于高温工作的动配合,如内燃机排气阀杆与导管的配合为 H8/c7
	d(D)	与 IT7~IT11 对应,适用于较松的间隙配合(如滑轮、空转带轮与轴的配合),以及大尺寸滑动轴承与轴的配合(如涡轮机、球磨机等的滑动轴承)。活塞环与活塞槽的配合可用 H9/d9
	e(E)	与 IT6~IT9 对应,具有明显的间隙,用于大跨距及多支点的转轴与轴承的配合,以及高速、重载的大尺寸轴与轴承的配合,如大型电动机、内燃机的主要轴承处的配合为 H8/e7
	f(F)	多与 IT6~IT8 对应,用于一般转动的配合,以及受温度影响不大、采用普通润滑油的轴与滑动轴承的配合,如齿轮箱、小电动机、泵等的转轴与滑动轴承的配合为 H7/f6

续表

配 合	基本偏差	特点及应用实例
间隙配合	g(G)	多与IT5、IT6、IT7对应,形成配合的间隙较小,用于轻载精密装置中的转动配合,插销的定位配合,滑阀、连杆销等处的配合,钻套孔多用G
	h(H)	多与IT4~IT11对应,广泛用于相对转动的配合;一般的定位配合,若没有温度、变形的影响,也可用于精密滑动轴承,如车床尾座孔与滑动套筒的配合为H6/h5
过渡配合	js(JS)	多用于IT4~IT7具有平均间隙的过渡配合,以及略有过盈的定位配合,如联轴节,齿圈与轮毂的配合。滚动轴承外圈与外壳孔的配合多用JS7。一般用手或木槌装配
	k(K)	多用于IT4~IT7平均间隙接近于零的配合,用于定位配合,如滚动轴承内、外圈分别与轴颈、外壳孔的配合,用木槌装配
	m(M)	多用于IT4~IT7平均过盈较小的配合,用于精密定位的配合,如蜗轮的青铜轮缘与轮毂的配合为H7/m6
	n(N)	多用于IT4~IT7平均过盈较大的配合,很少形成间隙,用于加键传递较大扭矩的配合,如冲床上齿轮与轴的配合,用槌子或压力机装配
过盈配合	p(P)	用于小过盈配合,与H6或H7的孔形成过盈配合,而与H8的孔形成过渡配合,碳钢和铸铁制零件形成的配合为标准压入配合,如卷扬机的绳轮与齿圈的配合为H7/p6,合金钢制零件的配合需要小过盈时可用p(或P)
	r(R)	用于传递大转矩或受冲击负荷而需要加键的配合,如蜗轮与轴的配合为H7/r6。配合H8/r7在公称尺寸<100 mm时为过渡配合
	s(S)	用于钢和铸铁零件的永久性和半永久性接合,可产生相当大的结合力,如套环压在轴、阀座上用H7/s6配合
	t(T)	用于钢和铁制零件的永久性接合,不用键可传递扭矩,需用热套法或冷轴装配,如联轴节与轴的配合为H7/t6
	u(U)	用于大过盈配合,最大过盈需验算,用热套法进行装配,如火车轮毂和轴的配合为H6/u5
	v(V),x(X) y(Y),z(Z)	用于特大过盈配合,目前使用的经验和资料很少,须经试验后才能应用。一般不推荐

表 2-15 优先配合选用说明

优先配合		说 明
基孔制	基轴制	
$\dfrac{H11}{c11}$	$\dfrac{C11}{h11}$	间隙非常大,用于很松、转动很慢的动配合,以及装配方便的很松的配合
$\dfrac{H9}{d9}$	$\dfrac{D9}{h9}$	间隙很大的自由转动配合,用于精度非主要要求,或有大的温度变化、高转速或大的轴颈压力时

续表

优先配合		说　　明
基孔制	基轴制	
$\dfrac{H8}{f7}$	$\dfrac{F8}{h7}$	间隙不大的转动配合,用于中等转速与中等轴颈压力的精确转动,也用于装配较容易的中等定位配合
$\dfrac{H7}{g6}$	$\dfrac{G7}{h6}$	间隙很小的滑动配合,用于不希望自由转动,但在可自由移动和滑动并精密定位时,也可用于要求明确的定位配合
$\dfrac{H7}{h6}$	$\dfrac{H7}{h6}$	均为间隙定位配合,零件可自由装拆,而工作时一般相对静止不动,在最大实体条件下的间隙为零,在最小实体条件下的间隙由公差等级决定
$\dfrac{H8}{h7}$	$\dfrac{H8}{h7}$	
$\dfrac{H9}{h9}$	$\dfrac{H9}{h9}$	
$\dfrac{H11}{h11}$	$\dfrac{H11}{h11}$	
$\dfrac{H7}{k6}$	$\dfrac{K7}{h6}$	过渡配合,用于精密定位
$\dfrac{H7}{n6}$	$\dfrac{N7}{h6}$	过渡配合,用于允许有较大过盈的更精密定位
$\dfrac{H7}{p6}$	$\dfrac{P7}{h6}$	过盈定位配合即小过盈配合,用于定位精度特别重要时,能以最好的定位精度达到部件的刚性及对中性要求
$\dfrac{H7}{s6}$	$\dfrac{S7}{h6}$	中等压入配合,适用于一般钢件,或用于薄壁件的冷缩配合,用于铸铁可得到最紧的配合
$\dfrac{H7}{u6}$	$\dfrac{U7}{h6}$	压入配合适用于可以承受高压入力的零件,或不宜承受大压入力的冷缩配合

选择配合种类时还应考虑的主要因素：

1. 孔、轴间是否有相对运动

相互配合的孔、轴间有相对运动,必须选取间隙配合；无相对运动且传递载荷(转矩和轴向力)时,则选取过盈配合,有时也可选取过渡配合和间隙配合,但必须加键、销等连接件。

2. 过盈配合中的受载情况

用过盈来传递扭矩时,传递扭矩越大,所选取的过盈量也应越大。

3. 孔和轴的定心精度要求

相互配合的孔、轴定心精度要求高时,不宜用间隙配合,多用过渡配合。过盈配合也能保证定心精度。

4. 孔和轴的拆装情况

经常拆装零件的孔与轴的配合要比不常拆装零件的配合松些,如皮带轮与轴的配合,滚齿机、车床等的交换齿轮与轴的配合。有时零件虽不经常拆装,但若拆装困难,也要选取较松些的配合。

5. 孔和轴工作时的温度

如果相互配合的孔、轴工作与装配时的温度差别较大,则选择配合时要考虑到热变形的影响。现以铝活塞与气缸钢套孔的配合为例加以说明,设配合的公称尺寸 D 为 110 mm,活塞的工作温度 t_1 为 180 ℃,线膨胀系数 α_1 为 $24×10^{-6}$/℃;钢套的工作温度 t_2 为 110 ℃,线膨胀系数 α_2 为 $12×10^{-6}$/℃。要求工作时的间隙为 +0.1~+0.28 mm,装配时的温度 t 为 20 ℃,这时活塞与钢套孔的配合种类可如下确定。

有热变形引起的钢套孔与活塞间的间隙变化量为

$$\Delta X = D[\alpha_2(t_2-t) - \alpha_1(t_1-t)]$$
$$= 110 × [12×10^{-6}(110-20) - 24×10^{-6}(180-20)] \text{mm}$$
$$= -0.304 \text{ mm}$$

即工作时将把间隙减小 0.304 mm。因此,装配时必须满足最小间隙 $X_{min} = (0.1+0.304)$ mm = 0.404 mm,最大间隙 $X_{max} = (0.28+0.304)$ mm = 0.584 mm,才能保证工作间隙为 +0.1~+0.28 mm。所以在实际设计工作中,应该按 +0.304~+0.584 mm 来进行设计。

6. 装配变形

在机械结构中,经常遇到薄壁套筒装配变形的问题。如图 2-31 所示,套筒外表面与机座孔的配合为过盈配合 $\phi 80 H7/u6$,套筒内孔与轴的配合为间隙配合 $\phi 60 H7/f7$。由于套筒外表面与机座孔的装配会产生过盈,当套筒压入机座孔后,套筒内孔会收缩,使孔径变小,因此不能满足使用要求。

在选择套筒内孔与轴的配合时,此变形量应给予考虑。具体办法有两个:其一是将内孔做大些,以补偿装配变形;其二是用工艺措施来保证,将套筒压入机座孔后,再按 $\phi 60 H7$ 加工套筒内孔。

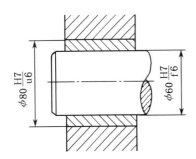

图 2-31 具有装配变形的结构

7. 生产类型

选择配合时,应考虑到生产类型(批量)的影响。在大批大量生产时,多用调整法加工,加工后尺寸通常按正态规律分布;单件小批生产,多用试切法加工,孔加工后尺寸多偏向最小极限尺寸,轴加工后多偏向最大极限尺寸。如图 2-32 所示,设计时给定孔与轴的配合为 $\phi 50 H7/js6$,大批大量生产时,孔和轴装配后形成间隙的概率较大,其平均间隙 X_{av} = +12.5 μm;单件小批生产时,则形成过盈的概率较大,平均间隙 X'_{av} 比 12.5 μm 小得多,就不能满足原设计要求。因此,在选择配合时,为满足同一使用要求,单件小批生产时采用的配合

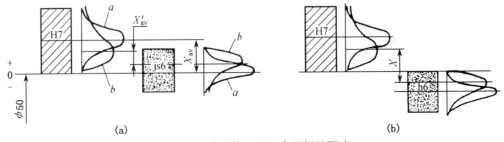

图 2-32 生产类型对配合选择的影响
(a) 调整法加工的尺寸分布;(b) 试切法加工的尺寸分布

应比大批大量生产时松些。在图2-31的示例中,为了满足大批大量生产时 $\phi50H7/js6$ 的要求,单件小批生产时应选择 $\phi50H7/h6$。

选择配合时,应根据零件的工作条件,综合考虑以上这些因素的影响。当工作条件变化时,可参考表2-16对配合的间隙或过盈的大小进行调整。

表2-16 工作情况对过盈和间隙的影响

具体情况	过盈应增大或减小	间隙应增大或减小
材料许用应力小	减小	—
经常拆卸	减小	—
工作时,孔温高于轴温	增大	减小
工作时,孔温高于轴温	减小	增大
有冲击载荷	增大	减小
配合长度较大	减小	增大
配合面形位误差较大	减小	增大
装配时可能歪斜	减小	增大
旋转速度高	增大	增大
有轴向运动	—	增大
润滑油黏度增大	—	增大
装配精度高	减小	减小
表面粗糙高度参数值大	增大	减小

例2-7 设孔、轴配合的公称尺寸为30 mm,要求间隙在0.020~0.055 mm,试确定孔与轴的公差等级和配合种类。

解:(1)选择基准制。本例没有特殊要求,应选用基孔制,因此基准孔 $EI=0$。

(2)选择公差等级。根据使用要求,由式(2-18)和式(2-21)得

$$T_f = T_h + T_s = X_{max} - X_{min} = [(+55) - (+20)] \mu m = 35 \mu m$$

取 $T_h = T_s = T_f/2 = 17.5 \mu m$。从表2-3查得:孔和轴的公差等级介于IT6和IT7之间。因为IT6和IT7属于高的公差等级,所以孔和轴应选取不同的公差等级:孔为IT7, $T_h = 21 \mu m$;轴为IT6, $T_s = 13 \mu m$。这样,得出孔的公差带为H7。

选取的孔和轴的配合公差为34 μm,小于 T_f,故满足使用要求。

(3)选择配合种类。根据使用要求,本例为间隙配合。由式(2-10)知: $X_{min} = EI - es$,而 $EI = 0$,故 $es = -X_{min} = -20 \mu m$,此数值为轴的基本偏差数值,从表2-5查得轴的基本偏差代号为f,因此确定轴的公差带为f6。根据查表数值,画出公差带图,如图2-33所示。

(4)验算计算结果。 $\phi30H7/f6$ 的最大间隙为+54 μm,最小间隙为+20 μm,它们分别小于要求的最大间隙+55 μm 和最小间隙+20 μm,因此,设计结果满足使用要求。

所以最后的配合为 $\phi30H7/f6$。

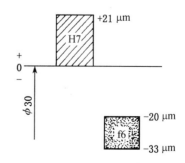

图2-33 $\phi30H7/f6$ 公差带图

例 2-8 试分析确定图 2-34 所示 C616 型车床尾座有关部位的配合。

解：尾座在车床上的作用是与主轴顶尖共同支持工件，承受切削力。尾座工作时，转动手柄 11，通过偏心机构将尾座夹紧在床身上，再转动手轮 9，通过丝杠 5、螺母 6，使套筒 3 带动顶尖 1 向前移动，顶住工件。最后转动手柄 21，使夹紧套 20 靠摩擦夹住套筒，从而使顶尖的位置固定。

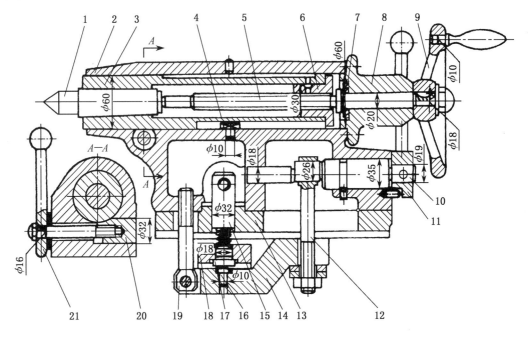

图 2-34　C616 型车床尾座装配图

1—顶尖；2—尾座体；3—套筒；4—定位块；5—丝杠；6—螺母；7—挡油圈；8—后盖；9—手轮；10—偏心轴；11，21—手柄；12—拉紧螺钉；13—滑座；14—杠杆；15—圆柱；16，17，18—压块；19—螺钉；20—夹紧套

尾座部件有关部位的配合的分析和选用如下：

（1）套筒 3 外圆柱面与尾座体 2 孔的配合选用 $\phi 60H6/h5$。这是因为套筒在调整时要在孔中滑动，需要有间隙，但在工作时要保证顶尖高的精度，又不能有间隙，故只能采用精度高而间隙小的间隙配合。

（2）套筒 3 内孔与螺母零件 6 外圆柱面的配合选用 $\phi 30H7/h6$。螺母零件装入套筒，靠圆柱面来径向定位，再用螺钉固定。为了装配方便，不应有过盈，但也不允许间隙过大，以免螺母在套筒中偏心，影响丝杠移动的灵活性。

（3）套筒 3 上长槽与定位块 4 侧面的配合选用 12D10/h9。定位块的宽度按键标准取 h9，考虑长槽与套筒轴线有歪斜，故取较松配合。

（4）定位块 4 圆柱面与尾座体 2 孔的配合选用 $\phi 10H9/h8$。此配合易装配，且可略微转动，以修正定位块安装时的位置误差。

（5）丝杠 5 轴径与后盖 8 内孔的配合选用 $\phi 20H7/g6$。丝杠可在后盖孔中转动。

（6）挡油圈 7 孔与丝杠 5 轴颈的配合选用 $\phi 20H11/g6$。由于丝杠轴颈较长，为了使挡油圈易于套上轴颈，用间隙配合，又由于无定心要求，故挡油圈内孔的精度可取低些。

（7）后盖 8 凸肩与尾座体 2 孔的配合选用 $\phi 60H6/js6$。此配合面较短，虽然整个尾座孔按

H6加工，但孔口易做成喇叭口，实际配合是有间隙的。装配时，此间隙可使后盖窜动，以补偿偏心误差，使丝杠轴能够灵活转动。

（8）手轮9孔与丝杠5轴端的配合选用 $\phi 18H7/js6$。手轮通过半圆键带动丝杠一起转动。选此配合是考虑装拆的方便并避免手轮在轴端上晃动。

（9）手柄11轴与手轮9小孔的配合选用 $\phi 10H7/k6$。这是考虑到这种装配是永久性的，可采用过盈配合，又考虑到手轮是铸件，故不能取过大的过盈。

（10）手柄11孔与偏心轴10的配合选用 $\phi 19H7/h6$。手柄通过销转动偏心轴。装配时销与偏心轴配作。配作前，要调整手柄处于紧固位置，偏心轴也处于偏心向上位置，因此配合不能有过盈。

（11）偏心轴10两轴颈与尾座体2上两支承孔的配合分别选用 $\phi 35H8/d7$ 和 $\phi 18H8/d7$。配合要使偏心轴能在支承孔中转动。考虑偏心轴两轴颈和尾座体两支承孔可能分别产生同轴度误差，故采用间隙较大的间隙配合。

（12）偏心轴10偏心圆柱面与拉紧螺钉12孔的配合选用 $\phi 26H8/d7$。考虑装配方便，没有其他要求，故用大间隙配合。

（13）压块16圆柱销与杠杆14孔的配合选用 $\phi 10H7/js6$。压块17圆柱销与压板18孔的配合选用 $\phi 18H7/js6$。此处配合无特殊要求，只要求压块装上后掉不下来，以便于总装。

（14）杠杆14孔与螺钉19孔同时与一标准圆销配合。该圆销标准中规定圆销为 $\phi 16h6$。圆销与杠杆孔配合需紧些，取 $\phi 16H7/h6$，而圆销螺钉孔配合需松些，取 $\phi 16D8/h6$。

（15）圆柱15与滑座13孔的配合选用 $\phi 32H7/h6$。圆柱用锤打入孔中，在横向推力作用下不松动。必要时要将圆柱在孔中转位，故采用偏紧的过渡配合。

（16）夹紧套20外圆柱面与尾座体2横孔的配合选用 $\phi 32H8/e7$。此配合间隙较大，当手柄21放松后，夹紧套易于退出，便于套筒3移动。

（17）手柄21孔与收紧螺钉轴的配合选用 $\phi 16H7/h7$，装配方便，用半圆键带动轴转动。

第五节 大尺寸段孔轴的极限与配合

大尺寸是指公称尺寸为500～3 150 mm的尺寸。大尺寸与常用尺寸的孔、轴公差和配合相比较，既有联系，又有差别。

在常用尺寸分段中，标准公差因子与公称尺寸呈立方抛物线关系，它反映构成总误差的主要部分是加工误差。但是，随着公称尺寸的增大，测量误差、温度及形状误差等因素的影响将显著增加，测量误差（包括温度的影响）在总误差中所占比例将随公称尺寸的增大而增加，并逐步转化成主要部分，所以大尺寸的标准公差因子 I 与公称尺寸 D 呈线性关系，如图2-35所示。其关系式如下：

$$I = 0.004D + 2.1 \text{（μm）} \quad (2-25)$$

式中 D——公称尺寸，mm。

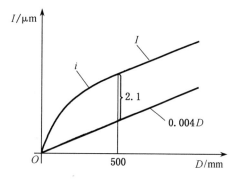

图2-35 标准公差因子 I 与公称尺寸 D 的关系

按式(2-25)计算标准公差因子 I 时,D 以尺寸分段的几何平均值代入。

按 GB/T 1800.1—2009 的规定,大尺寸的标准公差等级分为 20 级(表示的方法同常用尺寸),IT5~IT18 标准公差数值的计算公式与常用尺寸的相同,即标准公差数值等于标准公差因子乘以标准公差等级系数。由于大尺寸孔、轴加工和测量都比较困难,因此选用大尺寸的标准公差等级时,以 IT6~IT18 为宜。

国家标准 GB/T 1801—1999《极限与配合 公差带和配合的选择》对大尺寸规定了 31 种常用孔公差带(见图 2-36)和 41 种常用轴公差带(见图 2-37)。

			G6	H6	JS6	K6	M6	N6
		F7	G7	H7	JS7	K7	M7	N7
D8	E8	F8		H8	JS8			
D9	E9	F9		H9	JS9			
D10				H10	JS10			
D11				H11	JS11			
				H12	JS12			

图 2-36 常用的大尺寸孔公差带

			g6	h6	js6	k6	m6	n6	p6	r6	s6	t6	u6
		f7	g7	h7	js7	k7	m7	n7	p7	r7	s7	t7	u7
d8	e8	f8		h8	js8								
d9	e9	f9		h9	js9								
d10				h10	js10								
d11				h11	js11								
				h12	js12								

图 2-37 常用的大尺寸轴公差带

大尺寸孔和轴的配合一般采用基孔制配合,并且孔和轴采用相同的标准公差等级。

大尺寸孔、轴的标准公差等级及配合种类的选择方法可参考常用尺寸孔、轴的标准公差等级及配合种类的选择方法。

大尺寸孔或轴可按互换性原则加工。但单件小批生产时标准公差等级较高的大尺寸孔或轴按互换性原则加工就不经济,在这种情况下,可采用配制配合。配制配合是指以相互配合的孔和轴中的孔或者轴的实际尺寸为基数,来配制与它配合的轴或者孔的工艺措施。

设计产品时,孔和轴应按互换性原则选取配合。当采用配制配合时,配制配合的极限间隙或极限过盈必须与按互换性原则选取的配合的极限间隙或极限过盈相符合。

采用配制配合时,通常选择相互配合的孔和轴中较难加工,但能得到较高测量精度的那一件(多数情况下取孔)作为先加工件,予以一个比较容易达到的公差加工或按一般公差加工,另一件即配制件(多数情况下取轴)的公差应大于按互换性原则规定的该件公差,甚至可以等于按互换性生产选取的孔、轴配合公差。配制件的极限尺寸以先加工件的实际尺寸为基数来确定。

在装配图和零件图上,配制配合用代号 MF 表示。在装配图上的标注,须借用基准孔的代号 H 或基准轴的代号 h 表示先加工件,例如 $\phi 1\,500\,\dfrac{H7}{f7}\text{MF}$ 表示先加工件为孔,$\phi 1\,500\,\dfrac{F7}{h7}\text{MF}$ 表示先加工件为轴。此外,在装配图上要标明按互换性原则加工时的配合代号,如图 2-38(a)

所示的 $\phi1500\frac{H7}{f7}$；在零件图上则标明配制加工的公差带代号，如图 2-38(b)所示的先加工件（孔）按 $\phi1500H9$ 加工，图 2-38(c)所示的配制件（轴）按 $\phi1500f8$ 加工。

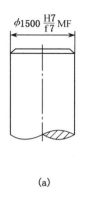
(a)

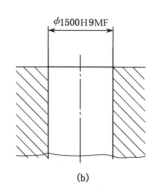
(b)

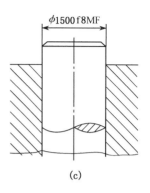
(c)

图 2-38　配制配合在图样上的标注
(a) 装配图；(b) 零件图；(c) 零件图

"配制配合"与目前许多工厂应用的"配作"是有区别的。"配制配合"既能扩大公差，保证配合性质，又具有系列化、理论化和标准化的特点。"配制配合"只涉及零件的尺寸公差，其他技术要求不应因采用配制配合而降低。

例 2-9　公称尺寸为 $\phi1500$ mm 的孔和轴的配合，要求配合的最大间隙为+0.380 mm，最小间隙为+0.105 mm。采用配制配合来满足使用要求，并确定先加工件和配制件的极限尺寸。

解：为了满足上述使用要求，按互换性生产可选用配合 $\phi1500H7/f7$（F7/h7），配合的最大间隙为+0.360 mm，最小间隙为+0.110 mm，配合公差 T_f 为 0.250 mm。采用基孔制，选取孔作为先加工件，在装配图上标注为 $\phi1500\frac{H7}{f7}MF$。

对先加工件孔给一个比较容易达到的标准公差等级 IT9，该孔的公差带代号为 H9，在零件图上该孔标注为 $\phi1500H9MF$。如果该孔按一般公差加工，则标注为 $\phi1500MF$。

因为本配制配合为间隙配合，所以配制件轴的基本偏差为上极限偏差 es，es = $-X_{min}$ = -0.110 mm。配制件轴公差的大小应符合 $\phi1500H7/f7$ 的配合公差要求，因此该轴的下极限偏差 ei = es − Tf = $(-0.110-0.250)$ mm = -0.360 mm。根据配制配合的公称尺寸和轴的上、下极限偏差数值，查得与其近似而符合要求的配制件轴的公差带代号为 f8。在零件图上该轴标注为 $\phi1500f8MF$，这时规定的轴公差 IT8（0.195 mm）大于按互换性原则规定的轴公差 IT7。

若先加工件孔的实际尺寸为 D_a，则配制件轴的尺寸确定为 $\phi D_a f8$。假如先加工件孔按 $\phi1500H9$ 加工后测得它的实际尺寸为 $\phi1500.210$ mm，则该孔和配制件轴的公差带示意图如图 2-39 所示。

此时该轴的极限尺寸为

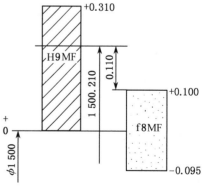

图 2-39　配制配合的孔、轴公差带示意图

最大极限尺寸 = (1 500.210 - 0.110) mm = 1 500.100 mm
最小极限尺寸 = (1 500.210 - 0.305) mm = 1 499.905 mm

第六节　小尺寸段孔轴的极限与配合

一、特点

小尺寸是指尺寸至 18 mm，特别是尺寸小于 3 mm 的零件。这类零件无论在加工、测量、装配还是使用等方面都与常用尺寸段和大尺寸段有所不同。

1. 加工误差

从理论上讲，零件加工误差随公称尺寸增大而增加，因此小尺寸零件加工误差应很小。但实际上，由于小尺寸零件刚性差，受切削力影响变形很大，同时加工时定位、装夹等都比较困难，因而有时零件尺寸越小反而加工误差越大，而且小尺寸轴比孔加工困难。

2. 测量误差

国内外曾有人对小尺寸零件的测量误差作过一系列调查分析，发现至少尺寸在 10 mm 范围内，测量误差与零件尺寸不成正比关系，这主要是由于量具误差、温度变化以及测量力等因素的影响。

二、孔、轴公差带与配合

国家标准 GB/T 1803—2003《极限与配合　尺寸至 18 mm 孔、轴公差带》规定了尺寸至 18 mm 孔、轴公差带，主要用于仪表和钟表工业。

国家标准规定了尺寸至 18 mm 轴公差带 162 种和孔公差带 145 种，分别如图 2-40 和图 2-41 所示。标准对这些公差带未指明优先、常用和一般的选用次序，也未推荐配合，各行业、工厂可根据实际情况自行选用公差带并组成配合。在小尺寸段由于轴比孔难加工，所以基轴制用得较多。在配合中，孔和轴公差等级关系更为复杂。除孔、轴采用同级配合外，也有

```
                                                      h1    js1
                                                      h2    js2
                              ef3  f3   fg3  g3  h3   js3  k3  m3  n3   p3  r3
                              ef4  f4   fg4  g4  h4   js4  k4  m4  n4   p4  r4  s4
              c5  cd5  d5  e5 ef5  f5   fg5  g5  h5   js5  k5  m5  n5   p5  r5  s5  u5  v5  x5  z5
              c6  cd6  d6  e6 ef6  f6   fg6  g6  h6   js6  k6  m6  n6   p6  r6  s6  u6  v6  x6  z6  za6
                   cd7  d7  e7 ef7  f7   fg7  g7  h7   js7  k7  m7  n7   p7  r7  s7  u7  v7  x7  z7  za7 zb7 zc7
              b8  c8   cd8 d8 e8  ef8  f8   fg8  g8  h8   js8  k8  m8  n8   p8  r8  s8  u8  v8  x8  z8  za8 zb8 zc8
         a9   b9  c9   cd9 d9 e9  ef9  f9                h9   js9  k9                 p9  r9  s9       u9      x9  z9  za9 zb9 zc9
         a10  b10 c10  cd10 d10 e10                      h10  js10 k10
         a11  b11 c11       d11                          h11  js11
         a12  b12 c12                                    h12  js12
         a13  b13 c13                                    h13  js13
```

图 2-40　尺寸至 18 mm 轴公差带

							H1		JS1											
							H2		JS2											
		EF3	F3	FG3	G3	H3	JS3	K3	M3	N3	P3	R3								
						H4	JS4	K4	M4											
	E5	EF5	F5	FG5	G5	H5	JS5	K5	M5	N5	P5	R5	S5							
CD6	D6	E6	EF6	F6	FG6	G6	H6	J6	JS6	K6	M6	N6	P6	R6	S6	U6	V6	X6	Z6	
CD7	D7	E7	EF7	F7	FG7	G7	H7	J7	JS7	K7	M7	N7	P7	R7	S7	U7	V7	X7	Z7	ZA7 ZB7 ZC7
A9 B8 C8 CD8	D8	E8	EF8	F8	FG8	G8	H8	J8	JS8	K8	M8	N8	P8	R8	S8	U8	V8	X8	Z8	ZA8 ZB8 ZC8
A10 B9 C9 CD9	D9	E9	EF9	F9			H9		JS9	K9		N9	P9	R9	S9	U9		X9	Z9	ZA9 ZB9 ZC9
A11 B10 C10 CD10	D10	E10		F10			H10		JS10	K10		N10								
A12 B11 C11			D11				H11		JS11											
B12 C12							H12		JS12											
							H13		JS13											

图 2-41 尺寸至 18 mm 孔公差带

采用相差 1~3 级配合的,而且往往是孔的公差等级高于轴的公差等级。

第七节 线性尺寸的一般公差

在本章的前几节,重点介绍了孔和轴的极限与配合问题,但在机械产品的零件上,有许多尺寸为精度较低的非配合尺寸。为了明确而统一地处理这类尺寸的公差要求问题,国家标准 GB/T 1804—2000《一般公差 未注公差的线性和角度尺寸的公差》规定了线性尺寸一般公差的等级和极限偏差。

一、一般公差的概念

一般公差是在车间普通工艺条件下,机床设备一般加工能力可保证的公差。在正常维护和操作情况下,它代表经济加工精度。一般公差适用于功能上无特殊要求的要素。

线性尺寸的一般公差主要用于较低精度的非配合尺寸。当功能上允许的公差大于或等于一般公差时,均应采用一般公差。

采用一般公差的尺寸,在该尺寸后不注出极限偏差。只有当要素的功能允许一个比一般公差更大的公差,且采用该公差比一般公差更为经济时(例如装配时所钻的盲孔深度),其相应的极限偏差才在尺寸后注出。

应用一般公差可以简化制图,使图样清晰易懂;可以节省图样设计时间,设计人员只要熟悉和应用一般公差规定,可不必逐一考虑其公差值;突出图样上注出的公差尺寸,以便在加工和检验时引起重视。采用一般公差的线性尺寸,在正常车间保证加工精度的条件下,一般可不用检验。

二、线性尺寸的一般公差

线性尺寸的一般公差规定四个公差等级:精密级(f)、中等级(m)、粗糙级(c)、最粗级(v)。其中精密级公差等级最高,公差数值最小;最粗级公差等级最低,公差数值最大。每个公差等级都规定了相应的极限偏差,线性尺寸的极限偏差数值列于表 2-17,倒圆半径和倒角高度尺寸的极限偏差数值列于表 2-18。

表 2-17　线性尺寸的极限偏差数值　　　　　　　　　　　　　　　　　　　　mm

公差等级	尺寸分段							
	0.5~3	>3~6	>6~30	>30~120	>120~400	>400~1 000	>1 000~2 000	>2 000~4 000
f(精密级)	±0.05	±0.05	±0.1	±0.15	±0.2	±0.3	±0.5	—
m(中等级)	±0.1	±0.1	±0.2	±0.3	±0.5	±0.8	±1.2	±2
c(粗糙级)	±0.2	±0.3	±0.5	±0.8	±1.2	±2	±3	±4
v(最粗级)	—	±0.5	±1	±1.5	±2.5	±4	±6	±8

表 2-18　倒圆半径与倒角高度尺寸的极限偏差数值　　　　　　　　　　　mm

公差等级	尺寸分段			
	0.5~3	>3~6	>6~30	>30
f(精密级)	±0.2	±0.5	±1	±2
m(中等级)	±0.2	±0.5	±1	±2
c(粗糙级)	±0.4	±1	±2	±4
v(最粗级)	±0.4	±1	±2	±4

注:倒圆半径与倒角高度的含义参见国家标准 GB/T 6403.4—2008《零件倒圆与倒角》。

规定图样上线性尺寸的未注公差时,应考虑车间的一般加工精度,选取标准规定的公差等级,由相应的技术文件或标准作出具体的规定。

采用 GB/T 1804—2000 规定的一般公差,在图样、技术文件或标准中用该标准号和公差等级符号表示。例如选用中等级时,表示为:GB/T 1804—m,该标准规定的线性尺寸的未注公差适用于金属切削加工的尺寸,也适用于一般的冲压加工的尺寸。非金属材料和其他工艺方法加工的尺寸可参照采用。

第三章　力学基础知识

第一节　力学基础知识

在工程实际中,常会涉及了解机器的运动规律、分析机器零件的破坏形式、校核机器零件承受破坏的能力等问题。如对于起重汽车的起重绞车,为了合理地确定传动系统和选择电动机,就必须根据工作的要求对起重绞车进行运动和功率的计算;为了合理地确定轴、齿轮等零件的尺寸,就必须分析它们在工作时的受力情况,进行强度、刚度的计算。学习力学的目的就是为解决这类问题提供必要的基础知识。

一、力的概念

（1）力是物体间相互的机械作用,力能使物体的机械运动状态发生变化。

（2）力是一物体对另一物体的机械作用。在研究物体受力时,必须分清哪个是受力物体,哪个是施力物体。

（3）力的作用方式可以是物体间的直接作用,也可以是"场"与物体的作用（例如地球的重力场对物体的作用）。

（4）力是具有大小和方向的矢量。力的国际单位和我国的法定计量单位是牛顿,符号是 N。

力的图示可用有向线段来表示,线段的长度（按一定比例）表示力的大小,线段末端的箭头表示力的指向,线段始端或末端表示力的着力点,线段所在的直线称为力的作用线。

二、力的基本定律

1. 两力平衡条件

作用在一个物体上的两力平衡,其必要和充分的条件是：两力的大小相等、方向相反,而且作用在同一直线上（图 3-1）,即

$$F_1 + F_2 = 0 \quad (3-1)$$
$$F_1 = -F_2 \quad (3-2)$$

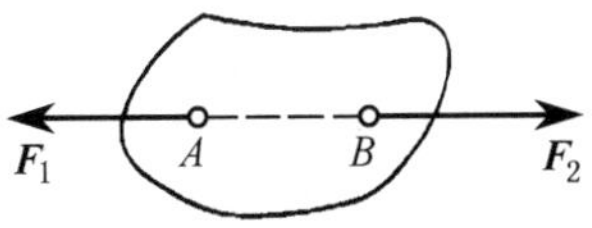

图 3-1　两力平衡条件

2. 力的传递和等效替换

在作用于刚体上的任何一个力系中,可以加上或减去任意的平衡力系,而并不改变原力系对刚体的作用效果（图 3-2）。作用在物体上的力,其作用点可沿着它的作用线任意移动,而不改变力对物体的作用效果。

3. 力的平行四边形法则

力的平行四边形法则指作用在物体上同一点的两个力,可以合成为一个力,其作用线也通

过该点,大小和方向由这两个已知力为边构成的平行四边形的对角线表示,如图3-3所示。

作用在物体上 O 点的两个已知力 F_1 和 F_2 的合力为 F,力的这种合成法则也可以用式(3-3)表示。

$$F = F_1 + F_2 \tag{3-3}$$

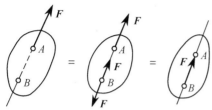

图 3-2 力的等效替换

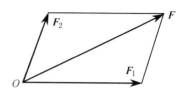

图 3-3 力的平行四边形法则

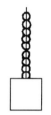

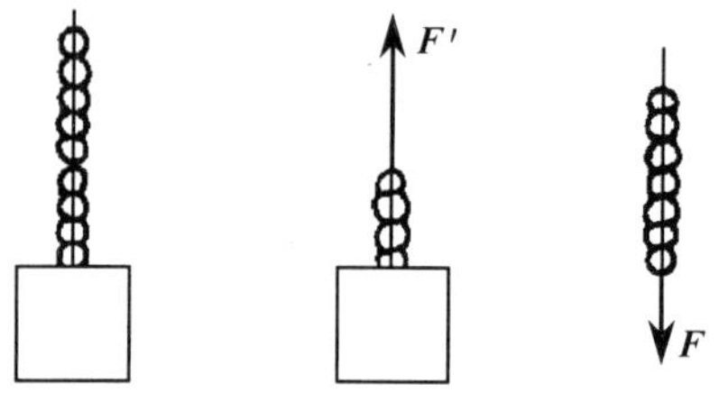

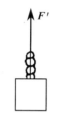

图 3-4 作用力与反作用力

4. 作用与反作用定律

物体间的作用是相互的,当起升重物时,重物对绳子的作用力 F 与绳子对重物的反作用力 F' 是同时产生的,并且大小相等、方向相反。所以作用力与反作用力总是同时存在,且大小相等、方向相反,沿着同一条直线,如图3-4所示。作用力与反作用力是分别作用在两个不同物体上的,因而这两个力是不能抵消的。

三、物体受力图

1. 受力分析

研究物体的平衡或运动时,首先必须分析物体受到哪些力的作用。为了清楚地表示物体的受力情况,就有必要把所研究的物体从周围的物体中分离出来,即单独画出所研究物体的简单轮廓图,并表示出它所受到的全部力,这种图形称为受力图。

2. 约束与约束反力

凡对物体的运动起阻碍作用的周围物体称为约束,约束作用在物体上的力称为约束反作用力(简称约束反力或反力)。

物体受到的力一般可分为两类:一类是物体的主动力,如物体的重力、物体上的载荷等;另一类是物体的约束反力。主动力的大小和方向通常是已知的,而约束反力的大小和方向则是未知的。一般情况下,物体受到的约束反力的方向可根据物体的约束类型来确定,至于大小则需要应用平衡条件来计算。

3. 约束类型和约束反力方向的确定

(1) 柔性约束,即由柔软的绳索等构成的约束。

绳索等柔性物体,在不计其自重的情况下,将物体系住而被拉紧时,两端受到拉力。根据二力平衡条件可知,两端的拉力沿着绳索作用,如图3-5所示。

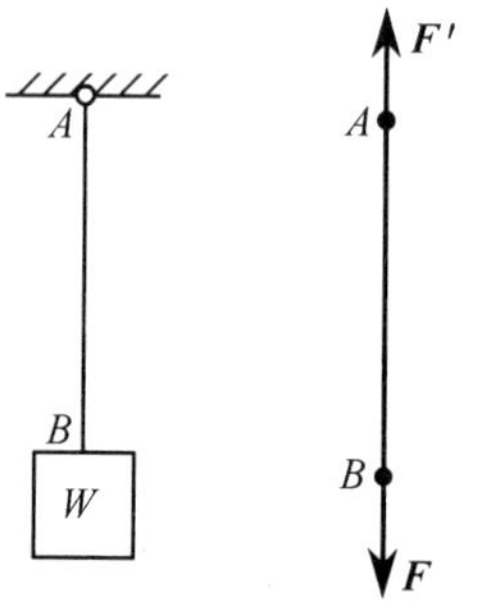

结论:柔性约束的反力的方向沿着绳索而背离物体。

(2) 刚性光滑接触表面约束,即由完全光滑的接触表面所构成

图 3-5 柔性约束

的约束。

物体放在光滑的平面上,在不计摩擦的情况下,可以认为支撑面不能限制物体沿其切线方向滑动,而仅能阻止物体沿支撑面法线向下运动,如图3-6所示。

结论:刚性光滑接触表面约束反力的方向,沿着接触面法线面指向物体。

(3) 固定铰链支座约束,如图3-7所示。当杆受载荷作用时,销钉孔壁便紧压到销钉上的某处,销钉将通过接触点给杆一个反力 F,这个反力的作用线必定通过销钉中心,且随着杆件所受的主动力不同,杆与销钉接触点的位置也随之不同。

结论:固定铰链支座的反力作用线必定通过销钉中心,但方向需要根据物体受力情况而定。一般在未确定反力方向时,用两个方向垂直的分力 F_X 与 F_Y 来代替,然后求出合力 F。

(4) 活动铰链支座约束,图3-8所示为桥梁上用的活动铰链支座,这种支座下面有几个圆柱形滚子,支座可在支撑面滚动,允许支座的间距有稍许变化。

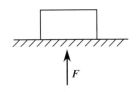　　　　

图3-6　刚性光滑接触表面约束　　图3-7　固定铰链支座约束　　图3-8　活动铰链支座约束

结论:在不计摩擦的情况下,活动铰链支座反作用力作用线必定通过铰链中心,方向垂直于支撑面。

(5) 二力杆,指本身不受主动力作用的双铰链刚杆,其反力的方向沿两端铰链中心的连线。

如图3-9所示,在实际工程中,经常会遇到一种不计自重的双端铰链连接的刚杆。三脚架中的杆 BC,当不计自重时,它是只受两个力作用的平衡物体。由二力平衡条件可知,杆 BC 所受的力必定沿两个铰链中心的连线,所以杆 BC 对杆 AB 的反力也一定沿此连线。

注意:杆 AB 因受到载荷 F 的作用,两端铰链的反力就不再沿铰链 A 和 B 的连线,也就是说,AB 杆不是二力杆。

顺口溜:绳子链条,力沿中线;二力平衡,力过两点;光滑接触,力沿法线;轴承铰链,力分两边。

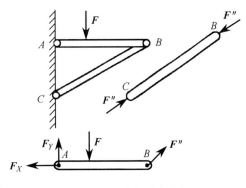

图3-9　三脚架受力分析

4. 物体受力分析

物体受力分析及画受力图是学习力学的基本功,学习时必须掌握画受力图的方法。

例3-1　杆 AB 一端为固定铰链支座,另一端为活动铰链支座,其上作用有载荷 F。试画杆 AB 的受力图。

解:杆 AB 受到的力有:

(1) 载荷 F;

(2) 支座 B 的反力 F_B，方向垂直于支撑面，且向上；

(3) 支座 A 的反力 F_{AY} 和 F_{AX}，如图 3-10 所示。

例 3-2　画出图 3-11 中球的受力图。

解：如图 3-11 所示，球受到的力有：

(1) 重力 G；

(2) B 端绳拉力的反力 F；

(3) A 点受地面光滑约束力 F_A，方向垂直于支撑面向上。

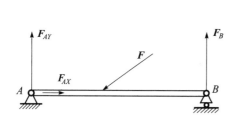

图 3-10　杆 AB 受力分析

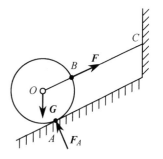

图 3-11　球的受力分析

例 3-3　图 3-12 所示为曲柄滑块机构中滑块的受力图。

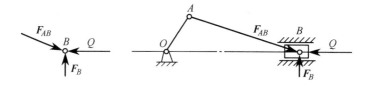

图 3-12　滑块受力分析

第二节　平面汇交力系

在工程实际中，受平面汇交力系作用的实例很多。如图 3-13 所示起重机的吊钩，通过钢丝绳 AB 和 AC 吊起重物 G，在节点 A 处受到三个力 F_1、F_2 和 F 的作用，这些力的作用线都在同一平面内，且相交于一点。这种力系叫作平面汇交力系。

一、平面汇交力系的平衡条件

1. 平面汇交力系的充要条件

$$F = \sqrt{\left(\sum F_X\right)^2 + \left(\sum F_Y\right)^2} = 0 \quad (3-4)$$

式中　$\sum F_X$，$\sum F_Y$——x 和 y 坐标轴上分力的和。即力系的合力等于零。

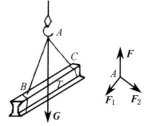

图 3-13　平面汇交力系的实例

2. 平面汇交力系的平衡方程

只有当 $\sum F_X = 0$ 和 $\sum F_Y = 0$，合力 F 的大小才为零。平面汇交力系平衡的解析条件为：力系中所有各力在两个相互垂直的轴上投影的代数和都等于零，即平面汇交力系的平衡方程为 $\sum F_X = 0$ 和 $\sum F_Y = 0$。

注意：平面汇交力系有两个平衡方程，因而只能解决包含不超过两个未知量的力系的平衡问题。

二、力在坐标轴上的投影

1. 力坐标的建立

设在物体的某点 O 作用一力 F，并选取坐标轴 x 与 y，如图 3-14 所示。自力 F 的两端分别向 x、y 轴作垂线。Oa 称力 F 在 x 轴上的投影，记为 F_X；Ob 称力 F 在 y 轴上的投影，记为 F_Y。

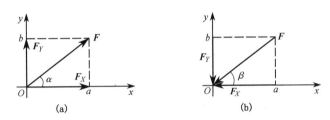

图 3-14 力在坐标上的投影
（a）与坐标轴同向；(b) 与坐标轴反向

2. 力投影的方向

一般规定力的起端到末端的投影方向与坐标轴的正向相同时，投影为正，反之为负。如图 3-14(a)、(b) 所示。

$$\begin{cases} F_X = F\cos\alpha \\ F_Y = F\sin\alpha \end{cases} \quad (3-5)$$

$$\begin{cases} F_X = -F\cos\beta \\ F_Y = -F\sin\beta \end{cases} \quad (3-6)$$

3. 力在坐标轴上的投影的代数量

当力与坐标轴垂直时，力在该轴上的投影为零；当力与坐标轴平行时，力的投影的绝对值等于力本身的大小。

4. 合力投影定理

指合力在某一轴上的投影，等于力系中各力在同一轴上的投影的代数和。

例 3-4 在三脚架 ABC 的销 B 上悬挂一重 $G = 1\,000\,N$ 的物体，如不计杆 AB、BC 的自重，已知 $\alpha = 45°$，$\beta = 30°$，试求杆 AB 和 BC 所受的力。

解：为了求出三脚架中杆 AB 和 BC 所受的力，可取销 B 为研究对象。销 B 受到三个汇交力的作用，如图 3-15 所示。

（1）已知力 G；

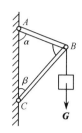 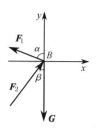

图 3-15 销 B 点受力分析

（2）杆 AB 和 BC 为二力杆，其反力 F_1 和 F_2 沿着杆的轴线，杆 AB 受拉，杆 BC 受压。取直角坐标系：由平面汇交力系的平衡方程得

$$\begin{cases} F_X = 0 \\ F_Y = 0 \end{cases} \quad (3-7)$$

即

$$\begin{cases} -F_1\sin\alpha + F_2\sin\beta = 0 \\ F_1\cos\alpha + F_2\cos\beta - G = 0 \end{cases} \quad (3-8)$$

$$\begin{cases} \dfrac{\sqrt{2}}{2}F_1 = \dfrac{1}{2}F_2 \\ \dfrac{\sqrt{2}}{2}F_1 + \dfrac{\sqrt{3}}{2}F_2 = 1\,000 \end{cases} \quad (3-9)$$

所以

$$F_1 = \left(\dfrac{2\,000}{(1+\sqrt{3})\cdot\sqrt{2}}\right)\text{N} = 513\text{ N}$$

$$F_2 = \sqrt{2}F_1 = 732\text{ N}$$

根据作用与反作用定律，杆 AB 和 BC 所受的力为：杆 AB 受拉力 $F_1 = 513$ N，杆 BC 受压力 $F_2 = 732$ N。

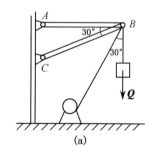 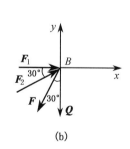

图 3-16 滑轮 B 点受力分析

例 3-5 物体重力 $Q = 2\times 10^4$ N，利用绞车和绕过定滑轮 B 的绳子吊起物体，如图 3-16(a)。滑轮由两端铰链的钢杆 AB 和 BC 支持，杆和滑轮的重量均可不计。试求钢杆 AB 和 BC 所受的力。

解：(1) 求钢杆 AB 和 BC 所受的力，取 B 为研究对象。

（2）滑轮的受力分析：如图 3-16(b) 所示，滑轮受两边绳子的拉力 F 和物体重力 Q 的作用，因不计滑轮的摩擦，$F = Q = 2\times 10^4$ N，杆 AB 和 BC 的反力 F_1 和 F_2 的方向都是沿该杆两端铰链中心的连线，假定这两个力都是压力，即假定两杆本身都受压。

（3）取坐标轴，写出滑轮的平衡方程并求解。

$$\begin{cases} \sum F_X = F_1 + F_2\cos 30° - F\sin 30° = 0 \\ \sum F_Y = F_2\sin 30° - F\cos 30° - Q = 0 \end{cases} \quad (3-10)$$

所以
$$F_2 = \frac{2 \times 10^4 \cos 30° + 2 \times 10^4}{\sin 30°} \text{N} = \frac{(2 \times 0.866 + 2) \times 10^4}{0.5} \text{N} = 7.45 \times 10^4 \text{ N}$$

所以
$$F_1 = 2 \times 10^4 \sin 30° - F_2 \cos 30° = -5.45 \times 10^4 \text{ N}$$

F_1 为负值,这表示力 F_1 的实际指向与假定的指向相反,即杆 AB 实际上受拉力。

第三节　力矩和力偶

一、力矩

1. 力矩的概念

如图 3-17 用扳手拧螺母时,力 F 使扳手及螺母绕 O 点转动,为了度量力使物体绕点转动的效果,引进"力对点的矩"(力矩)的概念。

使螺母绕 O 点转动的效果,不仅与 F 的大小成正比,而且与 O 点至该力作用线的垂直距离 d 也成正比。F 与 d 的值越大,螺母越容易转动。F 与 d 的乘积称为 F 对 O 点的矩,O 点至力 F 的作用线的垂直距离 d 称为力臂,O 点称为矩心。

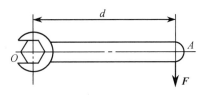

图 3-17　螺母的扭转

2. 力矩的大小与方向

力使物体绕点转动时,有两种不同的转向。通常规定:力使物体按顺时针方向转动时力矩为负,力使物体按逆时针方向转动时力矩为正。

由此可见,力 F 使物体绕 O 点转动的效果,可完全地由下列两个要素决定:

(1) 力的大小与力臂的乘积 Fd;

(2) 力使物体绕 O 点转动的方向。

力 F 对 O 点的矩,记作 $M_O(F)$,即

$$M_O(F) = \pm Fd \tag{3-11}$$

力矩的单位是 N·m。

注意:当力的作用线通过矩心时,力臂为零,即力矩等于零,力不能使物体绕点转动。

二、力偶

1. 力偶的定义

力偶是大小相等、方向相反,而作用线不在一直线上的两个平行力,记作 (F, F')。如攻螺纹扳手(见图 3-18)、转向盘等,物体受力偶作用时产生的转动效果,不仅与力偶中力 F 的大小成正比,且与两力作用线间的垂直距离 l 成正比。

力 F 与距离 l 越大,转动效果就越明显。F 与 l 的乘积称为力偶矩。力偶两力作用线间的垂直距离 l 称为力偶臂,力偶中两力作用线所决定的平面称力偶作用面。

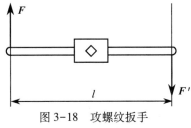

图 3-18　攻螺纹扳手

2. 力偶的大小与方向

用力偶矩的正、负来表示物体受力偶作用时的转向。力偶矩正、负的规定与力矩相同,即使物体顺时针方向转动时为负,逆时针方向转动时为正。

力偶对物体的作用效果是由力偶矩的大小和力偶在作用平面内的转向两个要素决定的,也即力偶矩的大小等于力偶中力的大小与力偶臂的乘积,它的正负表示力偶的转向。

以 M 表示力偶(F,F')的力偶矩,即 $M=\pm Fl$。力偶矩的单位与力矩的单位相同,为 N·m。

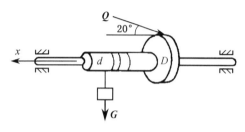

图 3-19 绞车的鼓轮轴受力分析

例 3-6 绞车的鼓轮轴如图 3-19 所示,鼓轮所受的推力 $Q=5\,000$ N,力 Q 与水平切线间的夹角 $\alpha=20°$,鼓轮分度圆直径 $D=60$ cm,鼓轮直径 $d=20$ cm,求匀速转动时起重载荷的大小 G。

解:根据轮轴平衡条件 $\Sigma M_X(\boldsymbol{F})=0$,有

$$-Q\frac{D}{2}\cos\alpha + G\frac{d}{2} = 0 \qquad (3-12)$$

所以

$$G = \frac{QD\cos\alpha}{d} = \frac{5\,000 \times 60 \times 0.942\,0}{20}\text{N} = 14\,100\text{ N}$$

第四节　平面任意力系

前面讨论了构件在平面汇交力系作用下的平衡问题,但在工程中有许多构件所受的力的作用线虽然在同一平面内,但并不都汇交于一点,如起重机横梁的受力情况(图 3-20),即横梁所受的这些力的作用线并不汇交一点。如果作用在物体上的各力的作用线在同一平面内,但不交于一点,也不互相平行,则这样的力系称为平面任意力系。

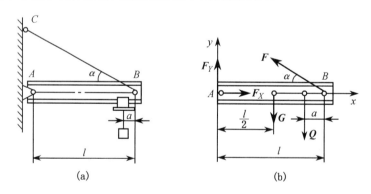

图 3-20 起重机横梁受力分析

一、平面任意力系的平衡条件及其应用

1. 平面任意力系的平衡条件

以图 3-20 中起重机的横梁为例来研究平面任意力系的平衡条件。从横梁的受力图上可看出,这些力中重力 G 和吊重 Q 是已知力,而绳索拉力 F 及支座约束力 F_X、F_Y 是未知力。横

梁在 G 和 Q 的作用下,由于绳索及铰链约束而处于平衡状态。在前面我们已经研究过平面汇交力系的平衡方程：$\sum F_X = 0$，$\sum F_Y = 0$。显然,这两个条件在物体受到平面任意力系作用时,也是必须满足的。另外横梁处于平衡状态,不能绕任意点转动,因此作用在梁上的各力对平面任意一点力矩的代数和等于零,即 $\sum M_O(F) = 0$。由此可知,受平面任意力系作用的物体的平衡方程由下列三式组成：

$$\begin{cases} \sum F_X = 0 \\ \sum F_Y = 0 \\ \sum M_O(F) = 0 \end{cases} \quad (3\text{-}13)$$

上列方程组称为平面任意力系的平衡方程组,它表示物体受平面任意力系作用时的平衡条件。

力系中各力沿直角坐标轴的分力的代数和都等于零,各力对平面内任意一点力矩的代数和等于零。

2. 平衡方程的应用

例 3-7 如图 3-21(a)所示,悬臂式起重机悬臂 AB 重力为 G = 2 200 N。起重机连同吊起的重物共产生重力 Q = 4 000 N,若 l = 4.4 m,b = 0.9 m,α = 25°。

试求：绳索 BC 的拉力及铰链 A 处的约束力。

解： 选取臂 AB 为研究对象。臂 AB 受到的绳索约束力用 F 表示,F 的方向沿绳索向上；铰链 A 处的约束力因其方向未定,故用它的两个分力 F_{AX} 和 F_{AY} 来表示。臂 AB 的受力图如图 3-21(b) 所示。

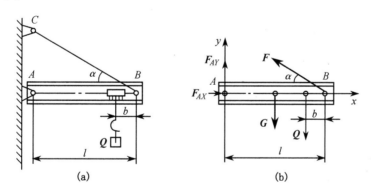

图 3-21 悬臂式起重机受力分析

选取直角坐标系 x、y,列出平衡方程式求解：

$$\sum F_X = 0, F_{AX} - F\cos\alpha = 0 \quad (3\text{-}14)$$

$$\sum F_Y = 0, F_{AY} + F\sin\alpha - G - Q = 0 \quad (3\text{-}15)$$

$$\sum M_A(F) = 0, G\frac{l}{2} + Q(l-b) - Fl\sin\alpha = 0 \quad (3\text{-}16)$$

由式(3-16)得

$$F = \frac{G\frac{1}{2} + Q(l-b)}{l\sin\alpha} = \left[\frac{2\ 200 \times 2.2 + 4\ 000 \times (4.4 - 0.9)}{4.4\sin 25°}\right] \text{N} = 10\ 130 \text{ N}$$

将 $F = 10\ 130$ N 代入式(3-14),得

$$F_{AX} = F\cos\alpha = (10\ 130\cos 25°) \text{N} = 9\ 180 \text{ N}$$

将 $F = 10\ 130$ N 代入式(3-15),得

$$F_{AY} = G + Q - F\sin\alpha = 2\ 200 \text{ N} + 4\ 000 \text{ N} - 10\ 130\sin 25° \text{ N} = 1\ 920 \text{ N}$$

二、平面平行力系的平衡条件及其应用

如果作用在物体上各力的作用线在同一平面内,它们虽然不汇交于一点,但互相平行,这样的力系称为平面平行力系。

1. 平面平行力系的平衡条件

平面平行力系是属于平面任意力系中的一种特殊情况,因此平面平行力系的平衡问题可以运用平面任意力系的平衡方程来解决。由于该力系中各力的作用线互相平行,故只需选取直角坐标系中的 x 轴与各力的作用线相互垂直,则各力沿两个直角坐标轴 x 和 y 方向分解时,x 轴方向的分力都等于零,y 轴方向的分力就等于它原来的力。因此,平面平行力系的平衡方程由下面两式组成:

$$\begin{cases} \sum \boldsymbol{F} = 0 \\ \sum M(\boldsymbol{F}) = 0 \end{cases} \tag{3-17}$$

2. 平衡方程的应用

下面举例说明平面平行力系平衡方程的应用。

例 3-8 图 3-22(a)所示为一桥式起重机。小车连同所吊起重物的重力 $Q = 4 \times 10^4$ N,桥的重力 $G = 6 \times 10^4$ N,桥全长为 $AB = 12$ m,小车离 A 端距离为 4 m。求小车在此位置时,桥 AB 受到轨道的约束力。

解: (1) 选取桥 AB 为研究对象。桥在 A、B 两点处受到轨道的约束力 F_A、F_B,它们的方向都是垂直向上,所以桥 AB 的受力如图 3-22(b)所示。

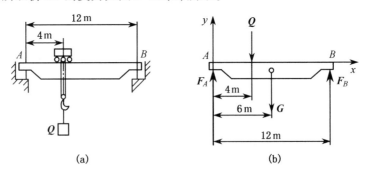

图 3-22 桥式起重机受力分析

(2) 选取直角坐标 x、y,列出平衡方程求解:

$$\sum \boldsymbol{F} = 0, F_A + F_B - Q - G = 0 \tag{3-18}$$

$$\sum M_A(\boldsymbol{F}) = 0, Q \times 4 + G \times 6 - F_B \times 12 = 0 \qquad (3-19)$$

由式(3-19)得

$$F_B = \left[\frac{(4 \times 4 + 6 \times 6) \times 10^4}{12}\right] \text{N} = 4.33 \times 10^4 \text{ N}$$

代入式(3-18)得

$$F_A = Q + G - F_B = 4 \times 10^4 \text{ N} + 6 \times 10^4 \text{ N} - 4.33 \times 10^4 \text{ N} = 5.67 \times 10^4 \text{ N}$$

第五节　摩擦与润滑

前面,在进行物体的受力分析时,都忽略了物体间的摩擦。摩擦具有有利的方面,在工程中常利用摩擦来完成某些特定的工作,例如带传动、摩擦轮传动、摩擦制动。摩擦也有不利的方面,如摩擦会造成动力消耗、零件磨损,使机械设备使用寿命降低,甚至使机械设备报废。因而对这些不利的方面需要通过润滑的方法进行控制。

一、滑动摩擦概述

如果两个相互接触的物体做相对滑动或有相对滑动趋势,则在接触面上就产生阻碍滑动的力,这种力称为摩擦力。它的方向与相对滑动或相对滑动趋势的方向相反。

图 3-23 表示质量为 G 的物体放在固定的水平面上,在其上作用一水平拉力 F。由实验可知,当力 F 逐渐增大而不超过一定限度时,物体仍保持静止。这是由于物体在受到拉力 F 作用的同时,还受到水平面给它的摩擦力的作用,使物体处于平衡状态。这个摩擦力称为静摩擦力,它的大小可用平衡方程求得

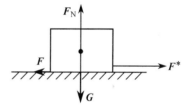

图 3-23　物体受力分析

$$\begin{cases} \sum F_X = 0 \\ F^* = F \end{cases} \qquad (3-19)$$

由上述可知,静摩擦力 F^* 的大小是随拉力 F 的增大而增大的,当拉力 F 增大到某一临界值时,物体就处于将要滑动而尚未滑动的临界状态,此时摩擦力达到了最大值 $F^*_{\max}$,这个最大值称为最大静摩擦力。所以静摩擦力的大小在零与最大静摩擦力之间。

实验证明:最大静摩擦力 $F^*_{\max}$ 的大小与法向反力(或称正压力 F_N)的大小成正比。

$$F^*_{\max} = f F_N \qquad (3-20)$$

式中　f——静摩擦因数,它和接触物体的材料、表面状况、温度等因素有关。

在图 3-23 中,如果力 F 超过最大静摩擦力 $F^*_{\max}$,物体就开始滑动,滑动后的摩擦力称为滑动摩擦力,并以 F^* 表示。实践证明,对于滑动摩擦力 F^*,也符合上述规律,即

$$F^* = f' F_N \qquad (3-21)$$

式中　f'——滑动摩擦因数(旧称"滑动摩擦系数")。它略小于静摩擦因数。例如钢和钢的静摩擦因数(有润滑)为 0.1~0.12,而滑动摩擦因数(有润滑)为 0.05~0.1。

二、滚动摩擦概述

上面讨论了两个相对接触的物体在做相对滑动趋势时的滑动摩擦问题。现在来讨论工程实际中常常遇到的另一类摩擦问题,即滚动摩擦问题。

图 3-24(a)表示一放在水平面上的滚子,它的质量为 Q,半径为 r,在滚子中心处作用着一水平力 F。由实践可知,当作用力 F 不太大时,滚子仍能保持静止状态。这时在滚子上除了受到水平力 F 和重力 Q 以外,还受到水平面的法向反力 F_N 和静摩擦力 F' 的作用。我们知道,滚子在力 F 的作用下,一方面有沿力 F 方向滑动的趋势,同时也有绕接触点滚动的趋势。摩擦力 F' 阻止了滚子的滑动,但它不能阻止滚子的滚动。那么,究竟是什么力阻止了滚子的滚动呢?因为滚子压紧在水平面上,接触面处会发生一定的变形,如图 3-24(b)所示,此时反力 F_N 的作用线实际上已经向前移动了一段距离 δ。力 F 和 F' 组成一力偶,它使滚子滚动;而重力 Q 和 F_N 组成的另一力偶力图阻止滚子的滚动。这种力偶称为滚动摩擦力偶。

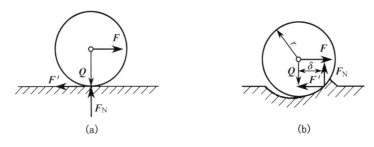

图 3-24 滚动受力分析

当力 F 在一定范围内逐渐增大时,力 F_N 移动的距离 δ 也随之相应地增大,滚子还能保持静止状态。当力 F 增大到某一临界值时,滚子处于将要滚动而尚未滚动的临界状态,距离 δ 增大到最大值。这时使滚子产生滚动的力偶的力偶矩为 F_r,滚动摩擦力偶的力偶矩达到最大值,即

$$M_{max} = \delta F_N \qquad (3-22)$$

式中 δ——法向反力 F_N 移动的最大距离,它具有长度的量纲,称为滚动摩擦系数,其大小与接触物体的材料和接触面的情况有关,而与滚子半径的大小无关,其数值可查有关手册。

根据上面分析可知,使滚子产生滚动的条件是

$$F_r > M_{max} \quad 或 \quad F_r > \delta F_N \qquad (3-23)$$

由此可知,使滚子产生滚动所需的力为

$$F_r > \frac{\delta}{r} F_N \qquad (3-24)$$

而使滚子产生滑动所需的力为

$$F' > f' F_N \qquad (3-25)$$

由于 δ/r 远小于动摩擦因数 f',因而 $F' \gg F_r$,这就是滚动比滑动省力的原因。

三、润滑

滑动摩擦和滚动摩擦在机械设备中大量出现,这对减轻机械的磨损、降低能量的消耗、提

高效率是不利的,必须加强机械设备的正确润滑,以减少这种不利的影响。

1. 润滑剂的作用

(1) 润滑作用:即在两摩擦表面之间形成一层牢固的油膜,使摩擦表面的凸起不会因互相碰撞而产生阻力,使干摩擦变成液体摩擦,从而大大降低摩擦阻力。

(2) 冷却作用:润滑油的流动,可将机械摩擦中产生的热量带走,使机械工作温度不致过高。

(3) 洗涤作用:将摩擦面上的杂物冲去。

(4) 防锈作用:油膜可防止周围环境中水气、二氧化碳、二氧化硫等有害介质的锈蚀。

(5) 封闭作用:油脂可以防止漏气、漏液。

(6) 缓冲与防振作用:在往复运动中,一定性质的润滑剂可起到缓冲和防振的作用。

2. 润滑材料

润滑材料应有一定的黏度,良好的吸附与楔入能力,较高的纯度与抗氧化稳定性,没有腐蚀性,不易在水、空气作用下变质。

润滑材料分为三类:

(1) 液体润滑材料,如天然润滑油(矿物油、动植物油)和人工合成润滑油。

(2) 半固体润滑材料,如天然润滑脂和人工合成润滑脂。

(3) 固体润滑材料,如二硫化钼、二氧化钨、石墨等。

3. 润滑油的种类和选用

润滑油中使用最广泛的是矿物油,它是从原油中提炼出来的,由于其成本低廉、产量大、性能稳定,因此得到广泛应用。动植物油和人工合成润滑油,因产量少、成本高,故只在特殊情况下使用。国产的润滑油所定的品名牌号,大部分按照使用机具的名称来确定。例如汽油机油用在汽车的汽油发动机上,汽轮机油用在汽轮机上。一般机械上用油称为全损耗系统用油,有 L–AN5、L–AN7、L–AN10、L–AN15、L–AN22 等 10 种,数字越大,运动黏度就越大。

润滑油的一般选用原则如下:

(1) 工作温度低,宜选黏度低的;工作温度高,宜选黏度高的。工作温度超过 200 ℃ 时,要用半固体或固体润滑材料。

(2) 运动速度越大,油膜越容易形成。在这种情况下,油的黏度宜选小的,以减低油的内摩擦力,降低运动消耗。

(3) 压力(负荷)越大,油的黏度要高,以保持油膜存在,且不被挤破。

(4) 摩擦件结构间隙小、精度高的摩擦面,宜选黏度小的;垂直滑动面、外露齿轮、链条钢丝,宜用黏度大的,以减少流失。采用机械循环以及油芯、毛毡滴油系统的,要求油的流动性好,宜采用黏度小的。

4. 润滑脂的性能和选用

润滑脂是一种凝胶状润滑材料,由润滑油、稠化剂和添加剂所合成。它有润滑、封闭、防腐和不易淌流等特点,主要应用在加油、换油不方便的地方,如高空行车(桥式起重机)的轮子轴承处;单独润滑或不易密封的滚动轴承;承受冲击和间歇运动的轴承及需要与外界隔绝以防杂质侵入的地方,如箱体的结合面等。

润滑脂种类很多,可根据机械的工作条件来选用。一般工作温度不高,潮湿金属摩擦件,宜用钙基润滑脂;高温重负载处,宜用钠基润滑脂;高速运动机械,宜用锂基润滑脂;精密仪器,宜用铝基润滑脂;外露重负载的机械,宜用石墨脂;承受极大负载的机械,采用二硫化钼润滑脂。

5. 固体润滑材料

由于近代新技术、新工艺的出现,高温、高压技术的应用,一般润滑脂已不能满足需要,从而研制了石墨、二硫化钼、聚四氟乙烯等在高温、高压中使用的润滑剂。

6. 润滑方式和润滑装置

(1) 手工加入润滑油,系统中有油孔、油嘴和旋盖加油油杯。

(2) 滴油润滑,常用装置有滴油油杯等。

(3) 油绳、油垫润滑。

(4) 油杯、油链及油轮润滑。

(5) 溅油润滑,发动机中利用曲轴转动,把油池中的油溅到缸壁使之得到润滑。

(6) 强制送油润滑,由齿轮泵或转子泵,通过润滑系统的管道,把油压到各个润滑点去。如大型柴油发动机的凸轮轴带动泵向管路中输油进行润滑。

第六节 刚体的定轴转动

在日常生活和生产中,我们经常看到很多物体在旋转。凡是物体绕着固定的轴做旋转的运动叫作定轴转动。

一、角速度和线速度

1. 角速度

钟表上的轴以恒定的转速在回转,秒针 1 min 转一圈,时针 12 h 转一圈,而汽车的传动轴可以用变速器选择各种转速进行回转。物体转动的快慢程度可以用角速度来表示。

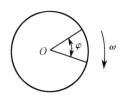

图 3-25 转动物体

图 3-25 所示为一个转动的物体,它在时间 t 内绕轴 O 转过了一个角度 φ。物体转过的角度 φ 与所用时间 t 的比值叫作角速度,常用字母 ω 表示。

$$\omega = \varphi/t \tag{3-26}$$

角速度的单位是 rad/s。1 rad 等于弧长与半径相等的圆弧所对的圆心角(1 rad = 57.3°)。

在生产中常以每分钟的转数来表示物体转动的快慢程度,称为转速,用字母 n 表示,单位为 r/min。

因为每一圈等于 2π 弧度,所以角速度 ω 与转速 n 之间的关系为

$$\omega = 2\pi n/60 \text{ 或 } \omega = \pi n/30 \tag{3-27}$$

2. 线速度

定轴转动物体上的各点都在做圆周运动。但每转一角度时,物体上半径不同的各点通过的路程是不同的。如图 3-26 所示,在转动的砂轮上有半径不同的两点 A 和 B,它们的角速度是相等的,但通过的路程是不相等的。

转动物体上某点所通过的路程 s 与通过这段路程所需的时间 t 之比叫作该点的线速度,用字母 v 表示。

$$v = s/t \qquad (3-28)$$

如果转动物体上某点的转动半径是 R,在时间 t 内转过角度为 φ,则通过路程 $s=R\varphi$。

$$v = \frac{s}{t} = \frac{R\varphi}{t} \qquad (3-29)$$

将 $\omega=\varphi/t$ 代入式(3-29),可得

$$v = R\omega = R\frac{\pi n}{30} = \frac{\pi R n}{30} \qquad (3-30)$$

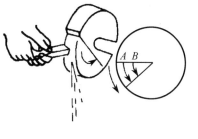

图 3-26　转动的砂轮

即定轴转动物体上某点的线速度等于转动半径与角速度的乘积,线速度与转动半径和转速成正比。

二、向心力和离心力

物体在转动时,它的各点都在做圆周运动。物体在做圆周运动时出现向心力和离心力两个力。

1. 向心力

如图 3-27(a)所示的实验,用绳的一端系一小球,绳的另一端用手拉住,使小球做圆周运动,转动半径为 R,小球的线速度为 v。小球在做圆周运动时受到绳子的拉力 F 的作用,这个力的方向总是沿着绳子指向圆心,因此力 F 称为向心力,它与线速度方向垂直。

在圆周运动中,物体线速度的方向不断地改变,就是由于向心力的作用。如果绳子突然断开,如图 3-27(b)所示,小球就会失去向心力,那么小球就会由于惯性而沿切线方向飞去。

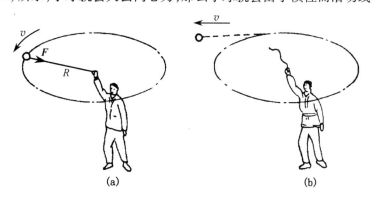

图 3-27　使小球做圆周运动

实践证明,物体做圆周运动时,向心力 F 的大小与线速度 v 的大小、圆的半径 R 的大小以及物体的质量 m 有关,它们的关系可由式(3-31)表示。

$$F = m\frac{v^2}{R} \qquad (3-31)$$

2. 离心力

当手拉着绳子使小球做圆周运动时,我们会感到小球对绳子也有一个拉力的作用,方向离开圆心,这是向心力的反作用力,叫作离心力。根据作用和反作用定律可知,离心力和向心力总是成对地出现,大小相等、方向相反,分别作用在两个物体上。向心力作用在做圆周运动的

物体(小球)上,离心力作用在施力物体(绳子)上,所以物体(小球)在做圆周运动时,具有沿着切线方向离开圆心的趋势,在生产实际中,有些机器和机构是利用这一原理制成的。例如:离心水泵、离心油水分离器以及发动机上常用的离心调速器等。而有些机器和机构却由于离心力作用而产生振动、零件磨损以及影响工作质量等严重的不良后果。

3. 力矩、功率和转速三者关系

图3-28表示一轮子在A点受到与半径R相垂直的力F以后,以转速n绕轴心O转动,A点的线速度为v。在这种情况下,功率P可按$P=Fv$公式来计算。因为前面式(3-31)可知,$v=\dfrac{\pi Rn}{30}$,所以

$$P = F\frac{\pi Rn}{30} = FR\frac{\pi n}{30} \qquad (3-32)$$

式中 FR——力F对O点的力矩,称为转矩,以M_O表示,因此式(3-33)可写成

$$P = M_O \frac{\pi n}{30} \qquad (3-33)$$

经换算,有

$$M_O = 9\,550\frac{P}{n}(\text{N}\cdot\text{m}) \qquad (3-34)$$

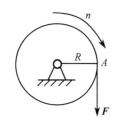

图3-28 轮子转动情况

式中,转矩M_O的单位是N·m,转速n的单位是r/min,功率P的单位是kW。

从式(3-34)中可以看出,物体在转动时,转矩M_O与功率P成正比而与转速n成反比。机床上电动机的额定功率都是一定的,因此转速越高则转矩越小。如果用割刀切断工件,则这时需要有大的转矩,必须降低转速。汽车爬坡时,需要降低车轮的转速来增大转矩,以适应爬坡的能力。

第四章　液压传动知识

液压传动是以液体(通常是油液)作为工作介质,利用液体压力来传递动力和进行控制的一种传动方式。

第一节　液压传动的工作原理

一、液压传动原理

图4-1所示为人们常见的液压千斤顶的原理图,它由手动活塞液压泵和液压缸两大部分构成。大小活塞与缸体及泵体接触面之间要维持良好的配合,不仅要使活塞能够移动,而且要形成可靠的密封。

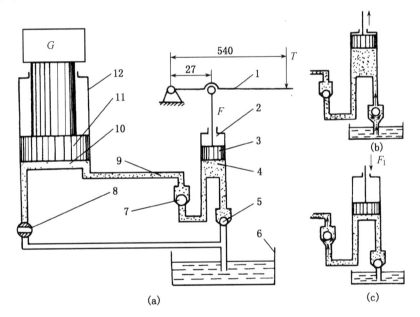

图4-1　液压千斤顶的工作原理图
(a)工作原理图；(b)吸油过程；(c)压油过程
1—杠杆；2—泵体；3,11—活塞；4,10—油腔；5,7—单向阀；6—油箱；8—放油阀；9—油管；12—缸体

液压千斤顶的工作过程如下:工作时关闭放油阀8,向上提起杠杆1时,活塞3就被带动上升[图4-1(b)],油腔4密封容积增大(此时单向阀7因受油腔10中油液的作用力而关闭),形成局部真空;于是油箱6中的油液在大气压力的作用下,推开钢球并沿着吸油管道进入油腔4;接着用力压下杠杆1,活塞3下移[图4-1(c)],油腔4的密封容积减少;油液受到外力

挤压产生压力,迫使单向阀 5 关闭并使单向阀 7 的钢球受到一个向上的作用力,手压杠杆的力越大,油液压力越大,向上作用力就越大,当这个作用力大于油腔 10 中油液对钢球的作用力时,钢球被推开,油腔 4 中油液的压力就传递到油腔 10,油液就被压入油腔 10,迫使它的密封容积变大,结果推动活塞 11 连同重物 G 一起上升。反复提压杠杆,就能不断将油液压入油腔 10,使活塞 11 和重物不断上升,从而达到起重的目的。显然,提压杠杆 1 的速度越快,单位时间内压入油腔 10 中的油液越多,重物上升的速度就越快;重物越重,下压杠杆所需的力就越大,于是油压的压力也越大。

若将放油阀 8 旋转 90°,油腔 10 中油液在重物 G 的作用下流回油箱,活塞 11 就下降并恢复到原位。

液压千斤顶虽然是一个简单的液压传动装置,但是从对它工作过程的简单介绍中,我们可以看出,液压传动的工作原理是以油液作为工作介质,依靠密封容积的变化来传递运动,依靠油液内部的压力来传递动力。液压传动装置实质上是一种能量转换装置,它先将机械能转换为便于输送的液压能,然后又将液压能转换为机械能,以驱动工作机构完成所要求的各种动作。

(一)液体静力学

1. 液体的压强

压强(常称为压力)是液体在静止状态下单位面积上所受到的作用力,即

$$p = \frac{F}{A} \tag{4-1}$$

式中　p——压力,N/m²;
　　　F——作用力,N;
　　　A——作用面积,m²。

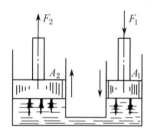

图 4-2　水压机工作原理

2. 静压力的传递(帕斯卡定理)

加在密闭液体上的压力,能够大小不变地被液体向各个方向传递,这个规律叫帕斯卡定理。

如图 4-2 所示,两个相互连通的密闭的液压缸中装着油液(工作介质),液压缸上都装有活塞,小活塞和大活塞的面积分别为 A_1 和 A_2。如果在小活塞上作用一外力 F_1,则由 F_1 所形成的压强为 F_1/A_1。根据帕斯卡定理,在大活塞的底面上也将作用有同样的压强 F_1/A_1,则作用于大活塞上的力 $F_2 = F_1 A_2/A_1$。设 $A_2/A_1 = n$,则大活塞输出的力为 nF_1。两活塞的面积比 A_2/A_1 越大,大活塞输出的力也越大。

(二)液体动力学

1. 液体流动的连续性

液体的可压缩性很小,一般可忽略不计。因此,液体在管内做稳定流动(流体中任一点的压力、速度和密度都不随时间改变而变化),则在单位时间内管中每一个横截面的液体质量一定是相等的,这就是液体流动的连续性原理。图 4-3 所示为液体在不等横截面的管中流动,设横截面 1 和 2 的直径分别为 d_1 和 d_2,面积分别为 A_1 和 A_2,平均流速分别为 v_1 和 v_2,两个横截面处液体的密度都为 ρ。根据液流的连续性原理,流经横截面 1 和 2 的液体质

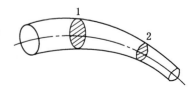

图 4-3　液流的连续性简图

量都相等。

$$\rho v_1 A_1 = \rho v_2 A_2 = \rho vA = 常量 \quad (4-2)$$

式(4-2)称为液体流动的连续性方程式,若除以液体的密度ρ,则

$$v_1 A_1 = v_2 A_2 = vA = 常量 \quad (4-3)$$

或

$$v_1/v_2 = A_2/A_1 \quad (4-4)$$

这说明通过管内不同截面的液体流动的速度与其横截面积的大小成反比,即管子细的地方流速大,管子粗的地方流速小。

流速v和横截面积A的乘积表示单位时间内流过管路的液体容积,即为流量,用Q表示,单位为L/min,公式如下

$$Q = vA \quad (4-5)$$

从而,液体流动连续性方程式也可写成

$$Q_1 = Q_2 = 常量 \quad (4-6)$$

2. 伯努利定理

液压传动是借助于有压力的流动液体来传递能量的。液体能量的表现形式有三种,即压力能、势能和动能,它们之间可以互相转化,并且液体在管道内任一处的三种能量之和为常数,这就是伯努利定理。它的方程式为

$$p_1/\rho g + h_1 + v_1^2/2g = p_2/\rho g + h_2 + v_2^2/2g \quad (4-7)$$

式中　p——压力,N/m^2;

　　　v——流速,m/s;

　　　h——高度,m;

　　　ρ——液体的密度,kg/m^3。

从伯努利定理的方程式中看出,液体的流速越高,压力就越低;反之,液体的流速越低,压力也就越高。

3. 液体流动中的压力损失

(1) 液体在直径相同的直管中流动时的压力损失,称为沿程损失,主要由液体流动时的摩擦所引起。

(2) 由于管道截面形状的突然变化(如突然扩大、收缩、分流、集流等)和液流方向突然改变引起的压力损失,称为局部损失。

(三) 功及功率

在图4-4中,活塞在时间t内以力F推动负载移动距离s,所做的功W为

$$W = Fs \quad (4-8)$$

功率P是单位时间内所做的功,即

$$P = W/t = Fs/t = Fv \quad (4-9)$$

因为

$$F = pA, v = Q/A \quad (4-10)$$

所以

$$P = pAQ/A = pQ \quad (4-11)$$

经单位换算后得到

$$P = pQ/60 \quad (4-12)$$

式中　p——压力，MPa；
　　　Q——流量，L/min；
　　　P——功率，kW。

由于液压系统在实际工作中存在容积损失 η_v 和机械损失 η_m，所以液压泵实际需要输入的功率 $P_入$ 为

$$P_入 = pQ/60\eta \quad (4-13)$$

式中　η——泵的总效率，$\eta = \eta_v \eta_m$。

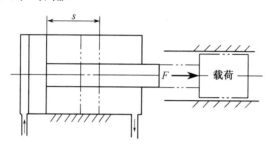

图 4-4　液压传动装置做功示意图

（四）液体压力、流量、功率计算

1. 压力计算

例 4-1　有一重 5×10^5 N 的物体，用液压缸将其顶升起一定的高度。已知液压缸活塞直径 $D = 0.25$ m，求输入液压缸内的压力。

解：根据压力公式 $p = F/A$，活塞面积

$$A = \pi R^2 = 3.14159 \times 0.125^2 = 0.0491 \text{ (m}^2\text{)}$$

压力

$$p = F/A = 5 \times 10^5 / 0.0491 = 10.2 \times 10^6 \text{ Pa} = 10.2 \text{ MPa}$$

故输入液压缸内的压力应为 10.2 MPa。

2. 流量计算

例 4-2　一单杆活塞液压缸的活塞直径 $D = 0.25$ m，活塞杆直径 $d = 0.18$ m，设计要求活塞杆伸出的理论运动速度 $v_1 = 2$ m/min，求进入液压缸无杆腔的流量。根据求出的流量计算出活塞杆的回程运动速度。

解：（1）已知 $D = 0.25$ m，$v_1 = 2$ m/min，根据流量公式 $Q = vA$ 可得

$$A = \frac{\pi}{4}D^2 = \frac{\pi}{4} \times 0.25^2 = 0.0491 \text{ (m}^2\text{)}$$

$$Q = v_1 A = 2 \times 0.0491 \times 10^3 \text{ L/min} = 98.2 \text{ L/min}$$

故进入液压缸无杆腔的流量为 98.2 L/min。

（2）已知 $D = 0.25$ m，$d = 0.18$ m，$Q = 98.2$ L/min，$v = 4Q/\pi(D^2-d^2) \times 10^{-3}$

$$v_2 = \left[\frac{4 \times 98.2}{3.14159 \times (0.25^2 - 0.18^2)} \times 10^{-3}\right] \text{ m/min} = 4.154 \text{ m/min}$$

故活塞杆回程运动速度为 4.154 m/min。

3. 功率计算

例 4-3 某液压泵输出口的压力为 10.2 MPa,流量为 98.2 L/min,总效率 η 为 0.8,求输入液压泵的功率。

解：已知压力 $p=10.2$ MPa,流量 $Q=98.2$ L/min,总效率 $\eta=0.8$,根据 $P_入=pQ/60\eta$,有

$$P_入 = \left(\frac{10.2 \times 98.2}{60 \times 0.8}\right) \text{kW} = 20.87 \text{ kW}$$

故输入液压泵的功率为 20.87 kW。

二、液压传动系统的组成

一般液压传动系统除油液外,各液压元件按其功能可分成四个部分,各部分的名称、所包含的主要液压元件及其作用见表 4-1。

表 4-1 液压系统的组成及各部分作用

序号	组成		作用	图 4-1 中相应元件
1	动力部分	液压泵	将机械能转换为液压能	由元件 1、2、3、5、7 组成的手动柱塞泵
2	执行部分	液压缸(简称缸)及液压马达	将液压能转化为机械能并分别输出直线运动和旋转运动	由元件 11、12 组成的液压缸
3	控制部分	控制阀	控制液体压力、流量和流动方向	放油阀 8
4	辅助部分	管路和接头 油箱 滤油器 密封件	输送液体 储存液体 对液体进行过滤 密封	油管 9 油箱 6

三、液压图形符号

无论是液压系统的安装还是维修,都需求看懂液压系统原理图。要看懂液压系统的原理图,应首先知道各种液压图形符号。本节就介绍常见的液压图形符号。由于气压传动符号与液压传动中的符号有许多是相同的,所以有关气压传动的符号也在此一并介绍。

1. 基本符号

基本符号见表 4-2。

表 4-2 液压图形基本符号

名称	符号	备注	名称	符号	备注
工作管路	 ————		多位阀	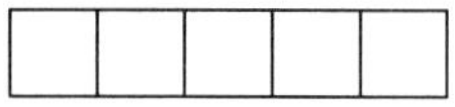	
控制管路	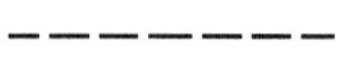 - - - - - -		阀内流体流动方向	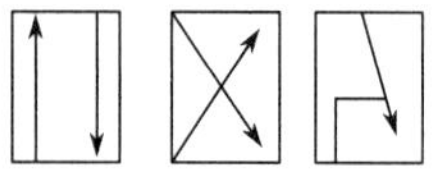	
流动方向	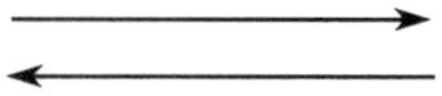 → ←		阀内封闭通道	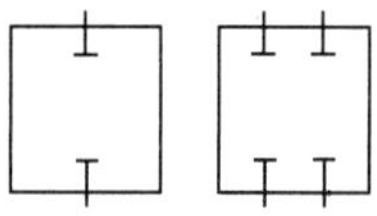	
传压方向	▼ ▽	实心:液压;空心:气压	阀内常闭通道	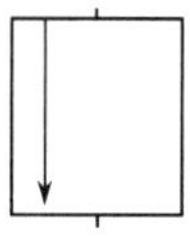	
可调符号	 ↗	箭头只能指向右上方	阀内常通通道	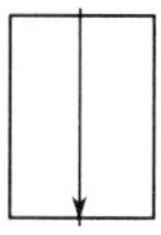	
旋转运动方向			油箱、补油器等符号	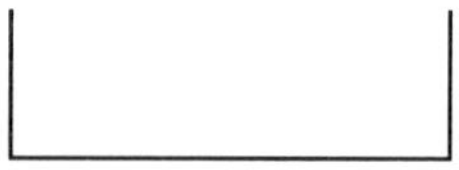	
圆形符号	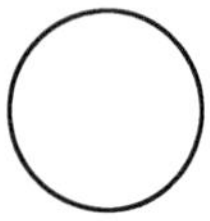 ○	泵、马达、压缩机、仪表等符号	过滤、冷却等元件符号	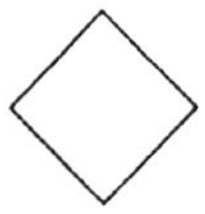 ◇	
弹簧	 W		组合元件框线		
二位阀	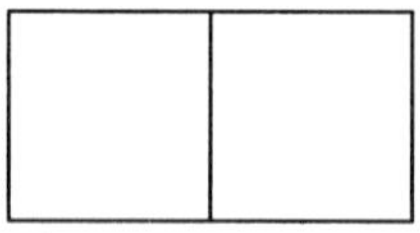		固定符号	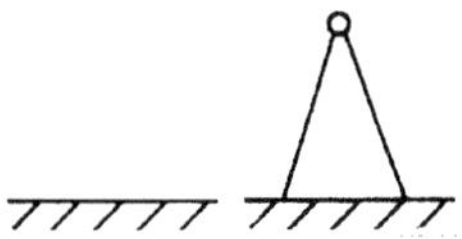	
三位阀	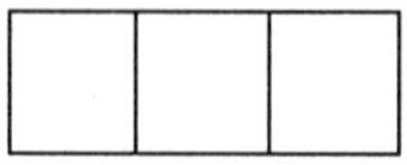				

2. 管路连接与接头

管路连接与接头符号见表4-3。

表4-3 管路连接与接头符号

名　称	符　号	备　注	名　称	符　号	备　注
连接管路	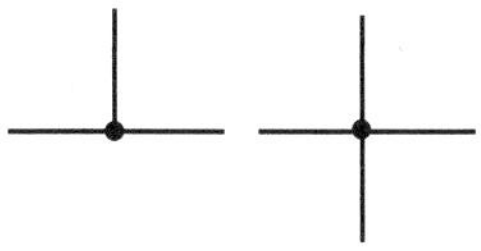		管端在液面以上	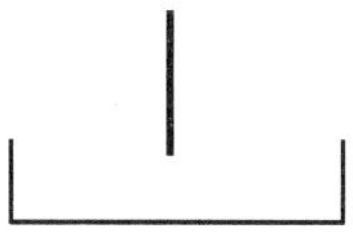	
交叉管路	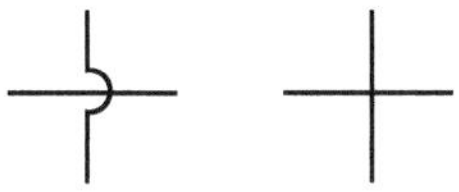	两种表示方法均可	管端在液面以下	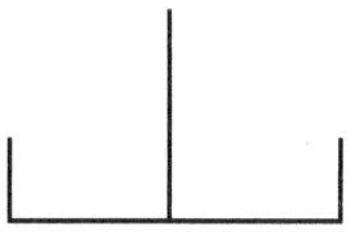	
柔性管路			管端连于油箱底	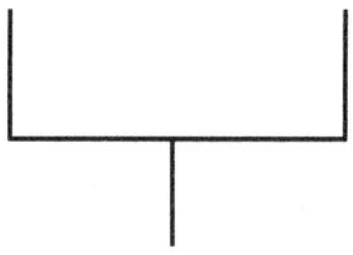	
放气装置	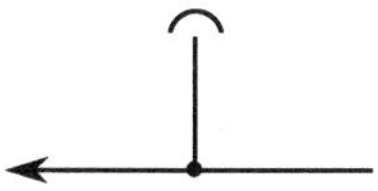		一般快速接头		
堵头			带单向元件的快速接头		
压力接点			一般快速接头组	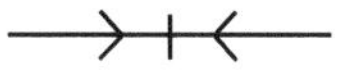	
排气口			带一个单元件的快速接头组	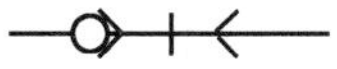	
引出排气口	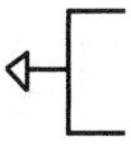		带二个单向元件的快速接头组		

3. 液压泵、液压马达及液压缸

液压泵、液压马达及液压缸符号见表4-4。

表4-4 液压泵、液压马达及液压缸符号

名 称	符 号	备 注	名 称	符 号	备 注
单向定量泵			摆动电动机	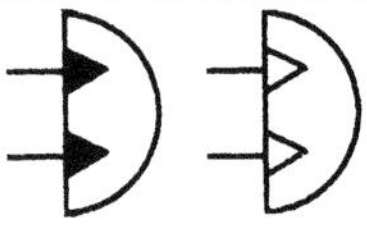	
双向定量泵			柱塞式液压缸	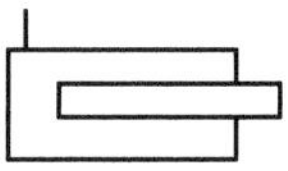	
单向变量泵			单作用活塞式液压缸	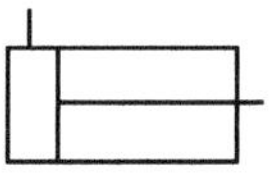	
双向变量泵			单作用伸缩缸	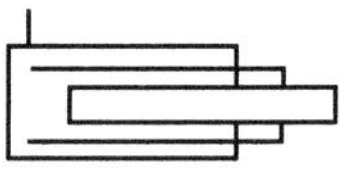	
空气压缩机			单活塞杆液压缸	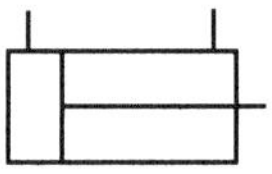	
真空泵			不可调单向缓冲式液压缸	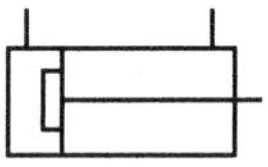	
单向定量马达	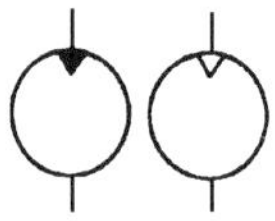		不可调双向缓冲式液压缸	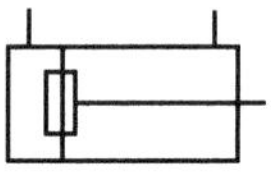	
双向定量马达	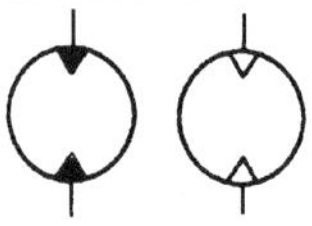		可调单向缓冲式液压缸	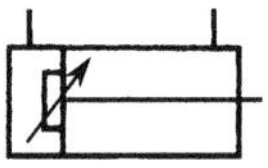	
单向变量马达	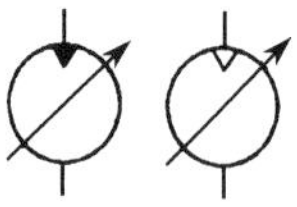		可调双向缓冲式液压缸	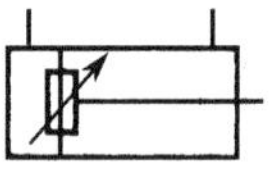	
双向变量马达	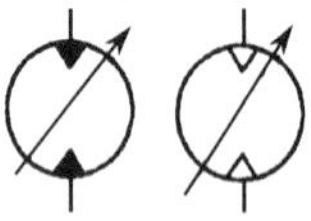		双活塞杆液压缸	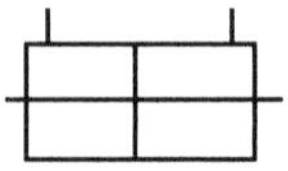	
定量泵-马达			伸缩式套筒缸	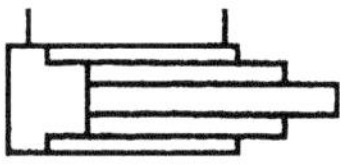	
变量泵-马达			相同介质增压缸	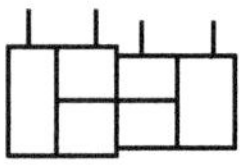	

4. 控制方式

控制方式符号见表4-5。

表4-5 控制方式符号

名 称	符 号	备 注	名 称	符 号	备 注
手柄式 人工控制			差动式液(气)压控制	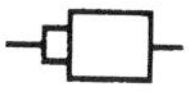	
转动式 人工控制			压力-位移比例式液(气)压控制	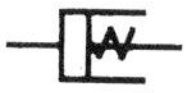	
按钮式 人工控制			单线圈式 电磁控制		
脚踏式 人工控制			双线圈式 电磁控制		
弹簧式 机械控制			差动线圈式 电磁控制		
顶杆式 机械控制			伺服控制		
滚轮式 机械控制			电动机控制 交流单向旋转式		
可通过滚轮式 机械控制			电动机控制 直流双向旋转式	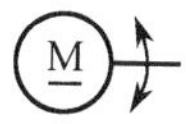	
离心式 机械控制			单向旋转式 液压马达	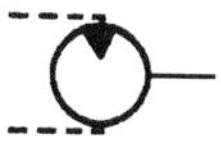	
直控式 液(气)压控制			双向旋转式 液压马达	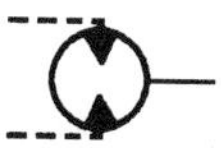	
先导式 液(气)压控制	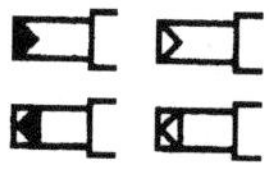	上图为加压控制,下图为卸压控制	摆动式液压马达	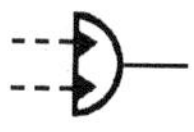	

5. 压力控制阀

压力控制阀符号见表4-6。

表4-6 压力控制阀符号

名称	符号	备注	名称	符号	备注
溢流阀	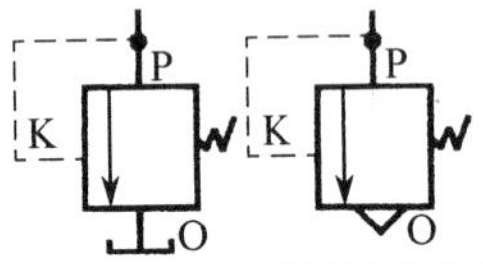	P—压力腔；O—回油腔；K—控制腔	先导型减压阀	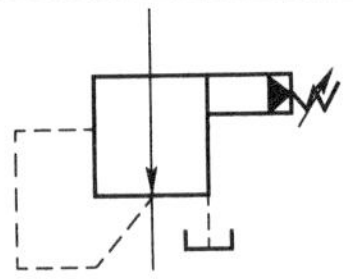	
先导型溢流阀	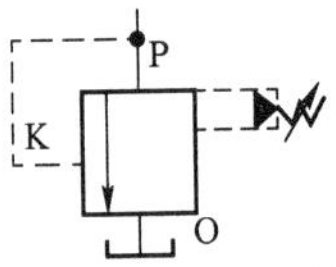		卸荷阀	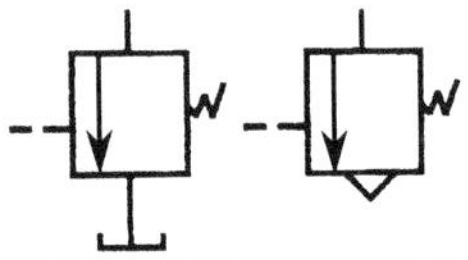	
定压减压阀	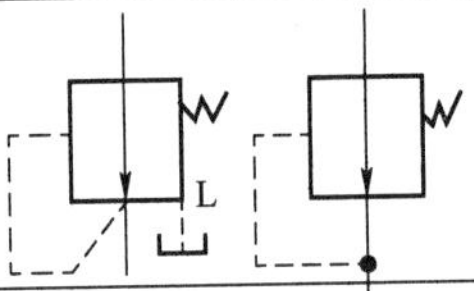		限压切断阀	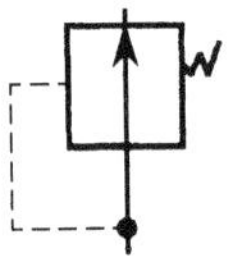	
带溢流阀的定压减压阀	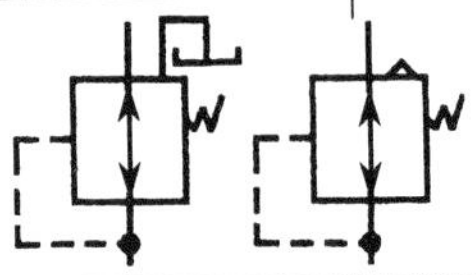			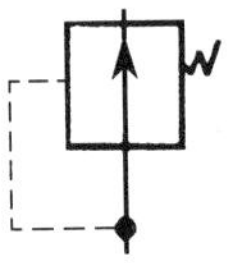	

6. 流量控制阀

流量控制阀符号见表4-7。

表4-7 流量控制阀符号

名称	符号	备注	名称	符号	备注
固定节流器			可调式节流阀	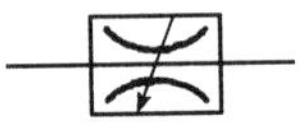	
可调节流器			集流阀	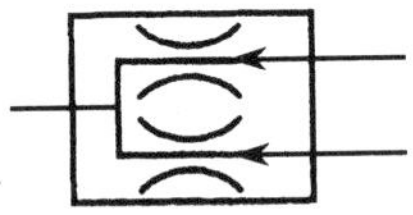	
固定式节流阀			分流阀	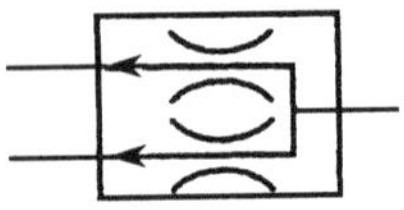	
调速阀	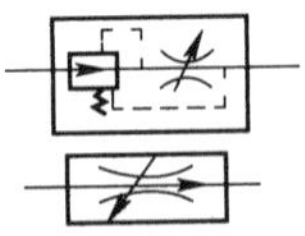	上图为详细符号，下图为简化符号	溢流节流阀	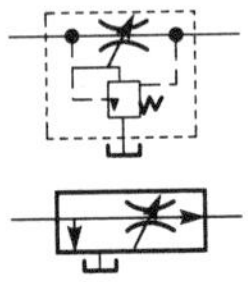	上图为详细符号，下图为简化符号

7. 方向控制阀

方向控制阀用于控制液体或气体的流动方向。方向控制阀符号见表4-8。

表4-8 方向控制阀符号

名称	符号	备注	名称	符号	备注
常闭式二位二通阀	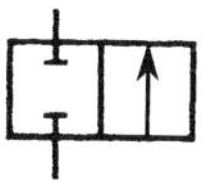		三位四通阀	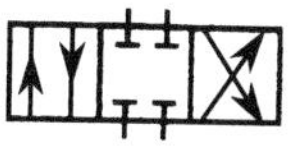	
常通式二位二通阀	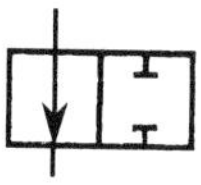		三位五通阀	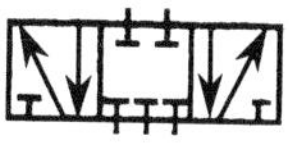	
一般二位三通阀			单向元件		
二位三通阀（带中间过渡位置）	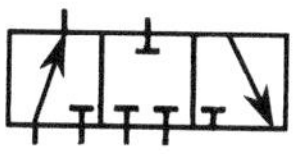		单向阀	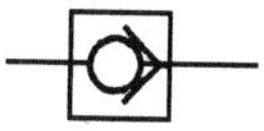	
二位四通阀	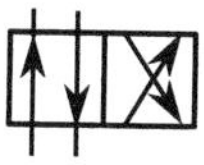		液(气)控单向阀	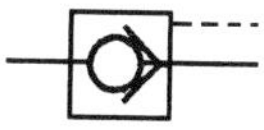	
二位五通阀	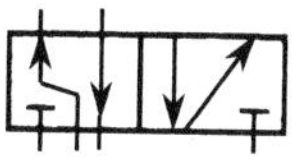		快速排气阀	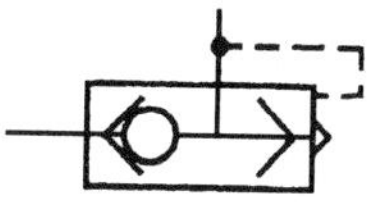	
三位三通阀	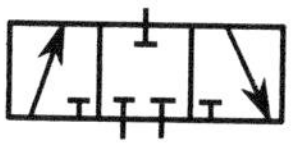				

8. 辅件及其他装置

辅件及其他装置的符号见表4-9。

表4-9 辅件及其他装置的符号

名称	符号	备注	名称	符号	备注
充压油箱			人工放水式分水过滤器	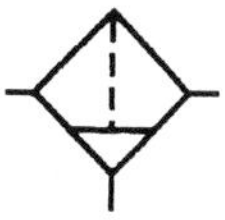	
油箱			自动放水式分水过滤器		
蓄能器			管路加热器	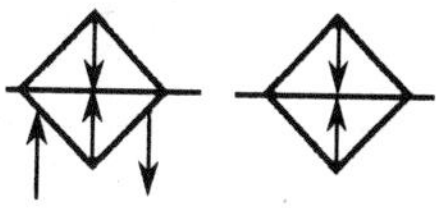	

续表

名　称	符　号	备　注	名　称	符　号	备　注
气液传送器	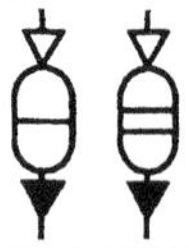	左图为非离式，右图为隔离器	冷却器	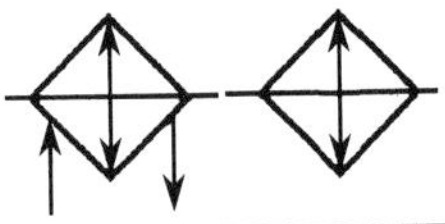	
油温调节器			交流电动机		
消声器	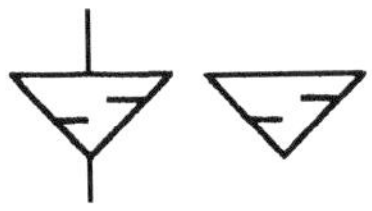	左图用于液压，右图用于气压	直流变速电动机	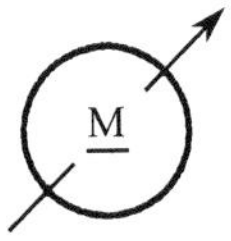	
压力继电器	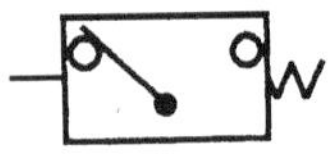	带冷却介质通道的符号	指针式压力表		
粗过滤器			带远程发送器的指针压力表		
细过滤器	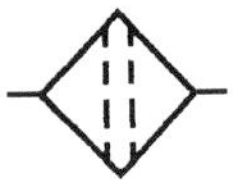		带电接触点的指针压力		
人工放水式水分离器			单指针差压表		
自动放水式水分离器			真空表	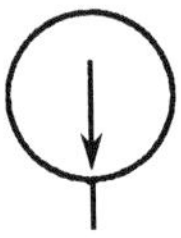	
流量计	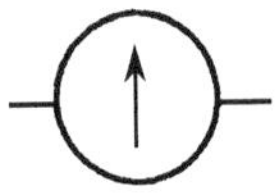		转速表	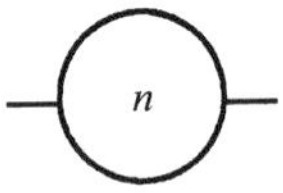	
直读温度计	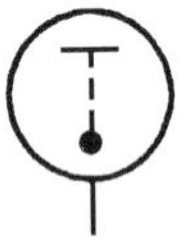		扭矩仪	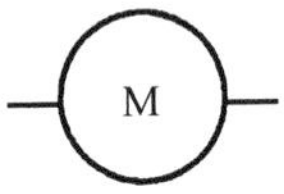	
带电接点温度计	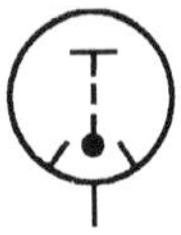		压力源	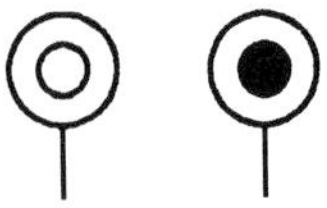	

9. 基本符号的典型组合示例

基本符号的典型组合示例见表4-10。

表4-10 基本符号的典型组合示例

名 称	符 号	备 注	名 称	符 号	备 注
手动泵			比例高速阀	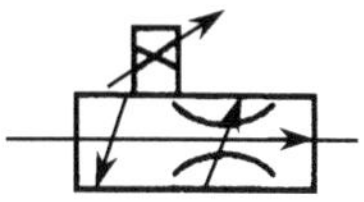	
手轮控制变量泵	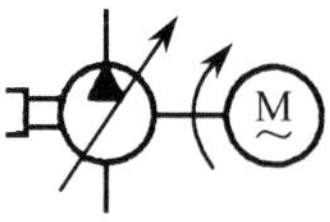		可调式计量阀	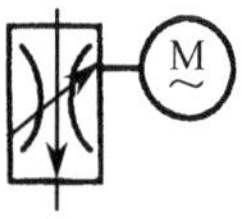	
双联定量泵	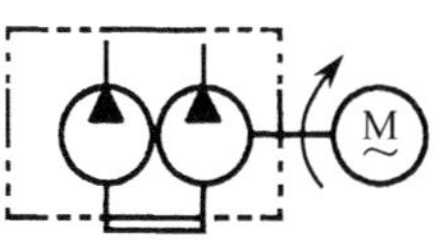	两只泵具有公共进油口	带单向阀的精细过滤器	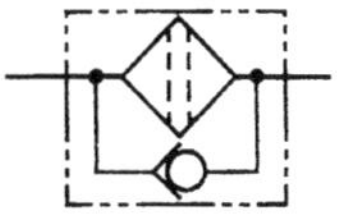	
定压变量泵	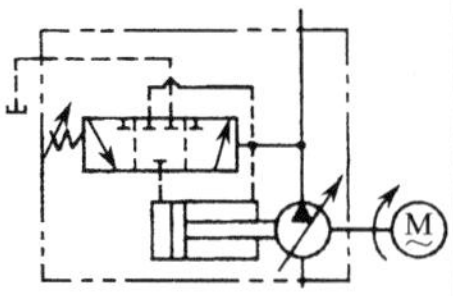		过滤器-减压阀-油雾器	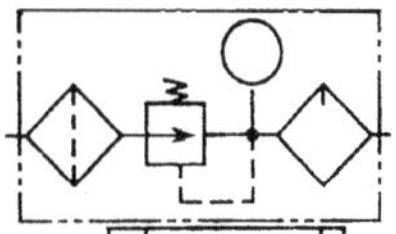 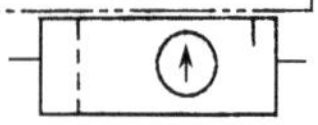	简图
其他控制方式变量泵	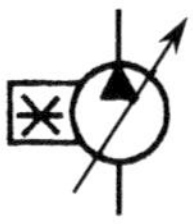	*表示控制方式	三位四通液动换向阀		
单向定量泵及单向定量电动机组合	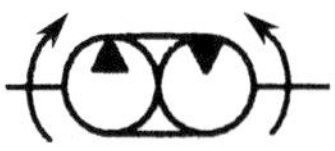		三位四通电磁换向阀	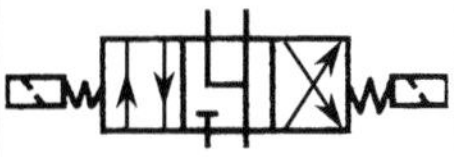	
单向双速电动机	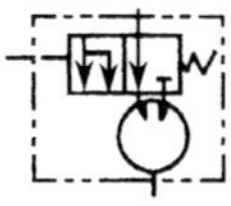		二位四通机械控制换向阀	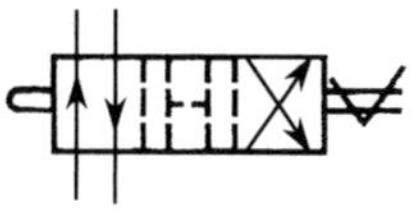	
单向减压阀	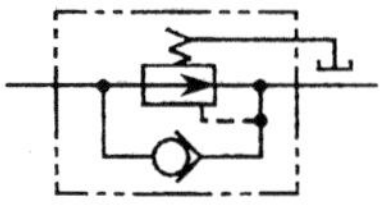		三位四通手动换向阀		

续表

名　称	符　号	备注	名　称	符　号	备注
比例溢流阀	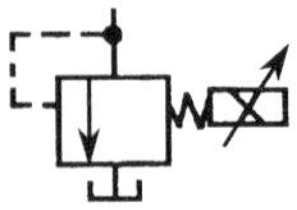		四位四通手动转阀	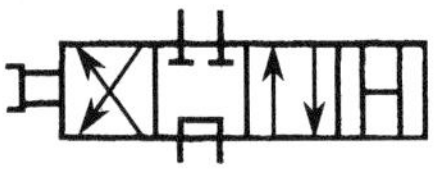	
单向节流阀	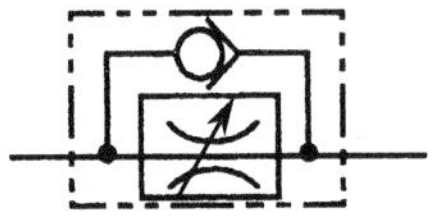		三位四通手动换向阀	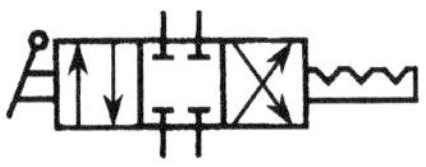	
单向调速阀					

四、液压传动的特点

(一) 液压传动的优点

1. 体积小、质量小、能容量大

液压传动与电传动和机械传动相比,具有质量小、体积小的突出优点,如液压泵和液压马达单位功率的质量指标是发电机和发动机的十分之一。

2. 调速范围大,可方便地实现无级调速

借助阀或变量泵、变量马达可以实现无级调速,这是一般机械传动(小功率的摩擦传动除外)无法实现的。如磨床工作台的往复运动速度、高速轧钢机轧辊的间隙调整,都是采用液压传动实现无级调节的。

3. 可方便灵活的布置传动机构

借助油管的连接可以方便灵活地布置传动机构,这是比机械传动优越的地方。执行元件可以布置得离原动机较远,方位也不受限制。例如已有人用螺杆电动机(布置在紧靠钻头处)来驱动深孔地质钻机的钻头,还有人采用液压传动来驱动在井下抽取石油的泵,用以克服长驱动轴效率低的缺点。由于液压缸的推力很大,加之极易布置,因此在挖掘机等重型工程机械上已基本取代了老式的机械传动,不仅操作方便,而且外形美观大方。

4. 与微电子技术结合,易于实现自动控制

液压传动借助于各种控制阀,可实现机器运行的自动化,特别是采用微电子技术电液联合控制以后,不但可实现更高程度的自动控制过程,而且可以实现远距离遥控。

5. 可实现过载保护

液压系统借助溢流阀等可自动实现过载保护,同时以油作为介质时,相对运动表面间可自行润滑,从而延长使用寿命。

(二) 液压传动的主要缺点

1. 传动效率低,且有泄漏

由于液体流动的阻力损失和泄漏均较大,因此液压传动的效率较低,一般为 75%～80%,如果处理不当产生泄漏,不仅会污染场地,而且附近有火种存在时还可能引起火灾和爆炸事故。

2. 工作时受温度变化的影响大

温度变化引起液体黏性发生变化,随之泄漏可能发生。

3. 噪声较大

近年来正在研究抑制噪声的措施,某些泵的噪声值已下降到 70 dB。

4. 液压元件对污染敏感

污染的液压油会使液压元件磨损和堵塞,导致性能变坏,使用寿命缩短,甚至损坏。

5. 价格较贵,对操作人员的技术水平要求较高

液压元件制造精度要求较高,因而价格较贵,要求使用和维修人员有较高的技术水平和一定的专业知识。

五、液压传动的应用

由于液压技术有许多优点,故从民用到国防,由一般传动到精确度很高的控制系统,都得到了广泛的应用。在机床工业中,目前机床系统有 85% 采用液压传动与控制,如磨床、铣床、刨床、拉床、压力机、剪床和组合机床等。在国防工业、冶金工业、工程机械、汽车工业、船舶工业中,也普遍采用了液压传动技术。总之,一切工程领域,凡是有机械设备的场合,均可采用液压技术。

六、液压传动的主要参数

在液压传动系统中有两个重要参数:压力 p 和流量 Q。

1. 压力 p

压力是液体在静止状态下单位面积上所受到的法向作用力(即物理学中的压强)。

$$p = F/A \tag{4-14}$$

式中　p ——压力,Pa 或 N/m²;
　　　F ——作用力,N;
　　　A ——作用面积,m²。

工程中常用的压力单位是 MPa,1 MPa = 10^6 Pa = 1 N/mm²。

由液体静压力传递原理(帕斯卡原理)可知,在密封容器内的液体压力 p 能等值地传递到液体内部的所有点,而在液压系统中执行元件(液压泵或液压马达)的结构尺寸已确定,所以液压系统中液体的工作压力取决于外负载。

例 4-4 图 4-5 所示为相互连通的两个液压缸,已知大缸内径 D = 100 mm,小缸内径 d = 20 mm,大活塞上放一重物 G = 20 kN。请问在小活塞上应加多大的力才能使大活塞顶起重物?

解:根据帕斯卡原理,由外力产生的压力在两缸中相等,即

$$p = F/(\pi d^2/4) = G/(\pi D^2/4)$$

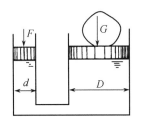

图 4-5 帕斯卡原理应用实例

故顶起重物时在小活塞上应加的力为

$$F = Gd^2/D^2 = (20 \times 10^3 \times 20^2/100^2) \text{ N} = 800 \text{ N}$$

由例 4-4 可知,液压装置具有力的放大作用,液压压力机和液压千斤顶就是利用这个原理进行工作的。

实际液体在管道中流动时,由于液体有黏性,在液体内部会产生相互的摩擦力;同时由于管道的形状和尺寸有所变化,液体在流动中会发生撞击和出现旋涡,产生对液体流动的阻力,所以必然造成一部分能量的损失,在液压系统中即表现为压力损失 Δp。

液体的压力损失分为两种:一种是发生在直管中的压力损失,称为沿程压力损失 Δp_λ,管道越长、直径越小、流速越快,沿程压力损失越大;另一种是发生在管道的弯头、接头、突变截面以及阀口等处的压力损失,称为局部压力损失 Δp_ξ。在额定流量下,一般中、低压液压阀的局部压力损失,为 0.1~0.3 MPa,高压阀的局部压力损失为 0.4~0.5 MPa。液压传动中的压力损失,绝大部分转变为热能,造成油温升高、泄漏增多,使液压传动效率降低,从而影响液压系统的工作性能。减少压力损失的主要措施有:适当降低流速,缩短管道长度,减少管道弯头,增大通流面积,提高管道内壁的表面质量等。

2. 流量 Q

流量是单位时间流过某一通流截面的液体体积,即

$$Q = V/t = vA \tag{4-15}$$

式中　Q ——流量,m^3/s;

　　　V ——液体体积,m^3;

　　　t ——时间,s;

　　　v ——液体的流速,m/s;

　　　A ——通流截面的面积,m^2。

工程中流量以 L/min 为单位,$1 \text{ m}^3/\text{s} = 6 \times 10^4$ L/min。

根据流动液体连续性原理,即它在同一时间内通过管道内两个截面的液体质量相等,可知

$$v_1 A_1 = v_2 A_2 = vA \tag{4-16}$$

说明流速和截面面积成反比,管粗流速低,管细流速高。由于液压系统的执行元件(液压缸)的结构尺寸已确定,故其工作的运动速度取决于进入执行元件的流量。

在实际液压系统和液压元件中,由于加工误差和配合表面具有相对运动要求(间隙配合),总会存在一定的缝隙,油液流经这些缝隙时就会产生泄漏现象。泄漏的形式有两种:一是油液由高压区流向低压区的泄漏,为内泄漏;二是系统内的油液泄露到液压系统外面的泄漏,叫外泄漏。泄漏是由压力差与配合件表面间的间隙造成的。泄漏会使液压系统效率降低,并污染环境;内泄漏的损失转换为热能,使系统油温升高,影响液压元件的性能和系统的正常工作。

第二节　液　压　泵

液压泵是将电动机(或其他原动机)输出的机械能转换为液压能的能量转换装置。在液压系统中,液压泵是动力元件,是液压系统的重要组成部分。

一、液压泵的常用种类和图形符号

液压泵的种类很多,按结构不同可分为柱塞泵、齿轮泵、叶片泵、螺杆泵及凸轮转子泵等;按输油方向能否改变可分为单向泵和双向泵;按输出的流量能否调节可分为定量泵和变量泵;按额定压力的高低分为低压泵、中压泵和高压泵三类。液压泵的图形符号见表 4-11。

表 4-11 液压泵的图形符号

项目	单向定量	双向定量	单向变量	双向变量	并联单向定量
液压泵					

二、齿轮泵

1. 齿轮泵工作原理

齿轮泵工作原理图如图 4-6 所示,主要由泵体和两个互相啮合转动的齿轮所组成。齿轮的顶圆、端面和泵体及端盖之间的间隙很小。泵体两端在前后端盖封闭的情况下,内部形成了密封容腔,而这对齿轮把这个容腔划分为两部分:吸油腔和压油腔。当齿轮在电动机带动下按图 4-6 所示箭头方向旋转时,左面容腔由于啮合着的齿逐渐脱开,把齿的槽部让出来,使得这一容腔的容积不断增大,形成了部分真空,从而产生吸油作用。外界油液便在大气压力作用下由吸油腔吸入泵内。随着齿轮转动,油液填满齿槽空间,并被带到右面容腔。右面密封容腔由于轮齿不断进入啮合,使得这一容腔的容积不断减小,于是形成压油作用,把齿槽空间的油液相继压出泵外。齿轮连续旋转,吸油腔就不断吸油,压油腔也就不断压油。

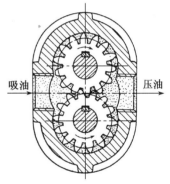

图 4-6 齿轮泵工作原理

2. 齿轮泵的特点及其应用

外啮合齿轮泵结构简单,制造方便,价格低廉,工作可靠,自吸能力强,对油液污染不敏感,目前应用比较广泛。但这种泵噪声较大,且输油量不均。由于压油腔的压力大于吸油腔的压力,使齿轮和轴承受到径向不平衡的液压力作用,其结果不仅加速了轴承的磨损,甚至会使轴弯曲变形,造成严重磨损和大的泄漏。尽管通常采用减小压油口(压油口小于吸油口)的方法可以减少高压油在齿轮上的作用面积,降低径向不平衡力,但这种做法也限制了工作压力的提高。通常情况下,齿轮泵多用于低压液压系统(2.5 MPa 以下)。常用 CB 型齿轮泵额定压力为 25×10^5 Pa,额定流量有 2.66×10^{-4} m^3/s、3.33×10^{-4} m^3/s、4.15×10^{-4} m^3/s 和 5.33×10^{-4} m^3/s 等几种。

齿轮泵型号的含义如下:

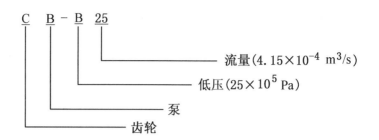

第三节 液压控制阀及液压油

液压控制阀是液压系统的控制元件,用来控制和调节液流方向、压力和流量,从而控制执行元件的运动方向、输出的力或力矩、运动速度、动作顺序,以及限制和调节液压系统的工作压力,防止过载。根据用途和工作特点的不同,控制阀主要可分为方向控制阀(单向阀、换向阀等)、压力控制阀(溢流阀、减压阀、顺序阀等)和流量控制阀(节流阀、调速阀等)。

一、方向控制阀

控制油液流动方向以改变执行机构的运动方向的阀称为方向控制阀,它分为单向阀和换向阀两大类。

1. 单向阀

单向阀的作用是允许油液按一个方向流动,不能反向流动。图4-7所示为常用单向阀。

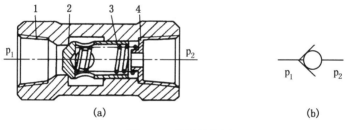

图4-7 常用单向阀
(a)单向阀结构;(b)单向阀职能符号
1—阀体;2—阀芯;3—弹簧;4—弹性卡圈

2. 换向阀

换向阀的作用是利用阀芯和阀体间相对位置的改变,来控制油液流动方向,接通或关闭油路,从而改变液压系统的工作状态。

(1)换向阀的结构特点和换向原理。滑阀式换向阀是靠阀芯在阀体内沿轴向做往复滑动而实现换向作用的。

下面以滑阀式三位四通换向阀为例说明换向阀是如何实现换向的。如图4-8所示,滑阀式三位四通换向阀有三个工作位置和四个通路口。三个工作位置就是滑阀在中间以及滑阀移到左、右两端时的位置,四个通路口即压力油口P、回油口O及通往执行元件两端的油口A和B。由于滑阀相对阀体做轴向移动,改变了位置,所以各油口的连接关系就改变了,这就是滑阀式换向阀的换向原理。

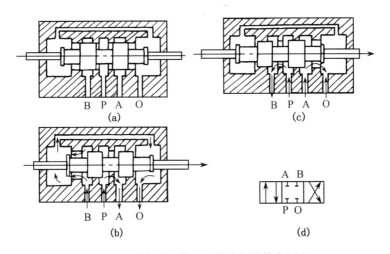

图 4-8 滑阀式三位四通换向阀的换向原理
(a) 滑阀处于中间；(b) 滑阀移到右端；(c) 滑阀移到左端；(d) 职能符号

(2) 换向阀的图形符号。换向阀按阀芯的可变位置数，可分为二位和三位，通常用一个方框符号代表一个位置。按主油路进、出油口的数目，又可分为二通、三通、四通、五通等，表达方法是在相应位置的方框内表示出油口的数目及通道的方向。如图 4-9 所示，其中箭头表示通路，一般情况下还表示液流方向，"⊥"和"⊤"与方框的交点表示通路被阀芯堵死。

根据改变阀芯位置的操纵方式不同，换向阀可分为手动、机动、电磁、液动和电液动换向阀等，其符号如图 4-10 所示。

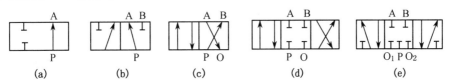

图 4-9 换向阀的位数和通路符号
(a) 二位二通；(b) 二位三通；(c) 二位四通；(d) 三位四通；(e) 三位五通

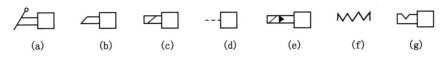

图 4-10 换向阀操纵方式符号
(a) 手动；(b) 机动；(c) 电磁；(d) 液动；(e) 电液动；(f) 弹簧；(g) 定位

二、压力控制阀

在液压系统中，控制工作液体压力的阀称为压力控制阀。常用的压力控制阀有溢流阀和减压阀和顺序阀。

直动式溢流阀如图 4-11 所示。当 $pS<F$ 时，滑阀在弹簧力的作用下下移，阀口关闭；当系统压力升高到 $pS>F$ 时，弹簧压缩，滑阀上移，阀口打开，部分油液流回油箱，限制系统压力继续升高，并使压力保持在 $p=F/S$ 的数值。调节弹簧力 F，即可调节液压泵的供油压力。

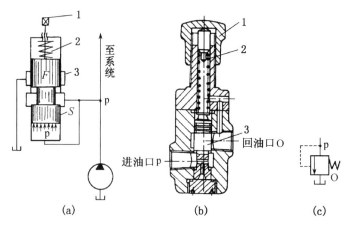

图 4-11 直动式溢流阀
(a) 原理；(b) 结构图；(c) 职能符号
1—调节螺母；2—弹簧；3—阀芯

三、流量控制阀

流量控制阀是靠改变工作开口的大小来控制通过阀的流量，从而调节执行机构（液压缸或液压马达）运动速度的液压元件。油液流经小孔、狭缝或毛细管时，会遇到阻力，阀口通流面积越小，油液通过时的阻力就越大，因而通过的流量就越少。流量控制阀就是利用这个原理制造的。常用的流量控制阀有普通节流阀、调速阀、温度补偿调速阀以及这些阀与单向阀、行程阀等组成的各种组合阀。

图 4-12 所示为一普通节流阀，这种节流阀节流口的形式是轴向三角槽式。油从进油口 p_1 流入，经孔道 b 和阀芯 1 右端的节流槽进入孔 a，再从出油口 p_2 流出。调节手柄 3，即可利用推杆 2 使阀芯 1 做轴向移动，以改变节流口面积，从而达到调节流量的目的。弹簧 4 的作用是使阀芯 1 始终向右压紧在推杆 2 上。

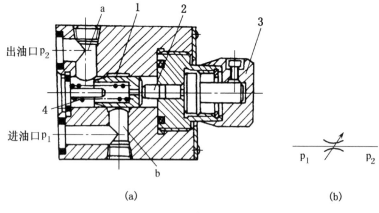

图 4-12 普通节流阀
(a) 结构图；(b) 职能符号
1—阀芯；2—推杆；3—手柄；4—弹簧

四、液压油的物理性质及选用

液压油是液压传动系统的重要组成部分,是用来传递能量的工作介质。除此之外它还起着润滑运动部件和保护金属不被锈蚀的作用。液压油的质量及其各种性能将直接影响液压系统的工作。在液压技术不断发展、液压油的品种越来越多的情况下,深入了解液压油的性质、正确地选用液压油显得更为重要。

(一) 液压油的使用要求

对液压系统使用的油液有以下几点要求。

(1) 适宜的黏度和良好的黏温性能。

(2) 润滑性能好。在液压传动的机械设备中,除液压元件外,其他一些有相对滑动的元件也要用液压油来润滑,因此,液压油应具有良好的润滑性能。通常用加入添加剂的方法提高其润滑性能。

(3) 稳定性好。稳定性好,即对热、氧化、水解和剪切都有良好的稳定性,使用寿命长。油液抵抗其受热时发生化学变化的能力叫作热稳定性。热稳定性差的油液在温度升高时容易使油的分子裂化或聚合,产生脂状沥青、焦油等物质。由于这种化学反应是随着温度升高而加快的,所以一般液压油的工作温度被限制在 650 ℃ 以下。

油液与空气中的氧或其他含氧物质发生反应后生成酸性化合物,能腐蚀金属,这种化学反应的速度越慢,其氧化稳定性就越好。

油液遇水发生分解变质的程度称为水解稳定性,水解变质后的油液黏度降低、腐蚀性增强。

油液在很大的压力下流过很小的缝隙或孔时,由于机械剪切作用使油的化学结构发生变化,黏度降低。因此要求油液具有较好的抗剪切稳定性,不至于在受机械剪切作用时使油液黏度发生显著变化。

(4) 消泡性好。油液中的泡沫一旦进入液压系统,就会造成振动、噪声以及增大油液的压缩性等,因此需要液压油具有能够迅速而充分地放出气体而不致形成泡沫的性质,即消泡性。为了改善油液的消泡性,可在油液中加入消泡添加剂。

(5) 凝固点低,流动性好。为了保证能够在寒冷气候下正常工作,需要液压油的凝固点低于工作环境的最低温度,保证低温下流动性好。

(6) 闪点高。对于高温或有明火的工作场合,为满足防火和安全的要求,要求油的闪点要高。

(7) 要求油液的质地纯净,杂质含量少。

(二) 液压油的物理性质

1. 密度

单位体积的油所具有的质量称为密度,用 ρ 表示,单位为 kg/m³。

通常石油基液压油的密度一般为 9×10^2 kg/m³。

2. 黏度

液体在外力作用下流动时,液体内部各流层之间产生内剪切摩擦阻力,这种现象称为液体的黏性。表示黏性大小程度的物理量,称为黏度。

3. 压缩性

一般情况下油的可压缩性可以不计,但在精确计算时,尤其是在考虑系统的动态过程时,油的可压缩性是一个很重要的因素。液压传动用油的可压缩性比钢的可压缩性大 100~140 倍。当油中混入空气时,其可压缩性将显著增加,常使液压系统产生的噪声增加,并降低系统的传动刚性和工作可靠性。

(三)液压油的选用

在选用液压油时,应首先考虑液压系统的工作条件、周围环境,同时还应符合泵、阀等元件产品的规定。

1. 液压系统的工作条件

工作压力高,宜选用黏度较高的油液,因为高压的液压系统泄漏较突出;当工作压力较低时,宜选用黏度较低的油液。

2. 液压系统的环境条件

液压系统油温高或环境温度高,宜用黏度较高的油液;反之,宜用黏度较低的油液。

3. 液压系统中工作机构的速度(转速)

当液压系统中工作机构的速度(转速)高时,油流速度高,压力损失也大,系统效率低,还可能导致进油不畅,甚至卡住零件。因此,宜用黏度较低的油液。反之,宜用黏度较高的油液。

在选用液压油时,有时还要考虑到一些特殊因素。例如高速、高压液压系统中的元件,要求所用的油液具有较高的抗磨性或油膜强度,以防止急剧的磨损,这时可选用抗磨液压油,对于环境温度在-15℃以下的高压、高速液压系统,为保证在低温下有良好的起动性,可选用低凝液压油。精密机床主轴使用滑动轴承,要求润滑油具有较好的抗氧化性、耐磨性、耐锈蚀性,以便能有效地降低主轴温升,延长主轴使用寿命,宜选用精密机床主轴油。

机床液压用油类型的选择通常要考虑油的黏度、工作的环境温度和系统工作压力这三项主要因素。油的黏度是选用油的一个重要指标,因为黏度会直接影响到机床液压系统的效率、灵敏性和可靠性。一般情况下,液压传动用油选择参照表 4-12。

表 4-12 按液压泵类型选择液压传动用油

液压泵类型		环境温度 14 ℃~38 ℃	环境温度 38 ℃~80 ℃
		推荐通用液压油	推荐通用液压油
叶片泵	中压	20	30~40
	高压	20~30	40~60
齿轮泵		20~30	60~80
柱塞泵		20~30	80

所用液压油必须保持清洁,不允许其他油液、水、空气和杂质混入,否则将造成各种故障,减少液压元件的使用寿命,降低加工质量,甚至导致设备损坏。

（四）高水基液压油

高水基液压油是一种以水为主要成分的抗燃液压油,它的油含量只有5%左右,目前广泛应用于采煤坑道等对防火有较高要求的液压系统中。它不仅是安全的工作介质,而且价格便宜,对周围环境污染小。在国际石油能源紧张的情况下,高水基油受到普遍重视,是一种很有发展前景的液压传动介质。

1. 高水基液压油的类型

高水基液压油包括可溶性油、合成溶液和微乳化液三种类型。可溶性油含有5%~10%的油和添加剂,它实际上是一种油的乳化液,如目前在矿山机械液压系统中使用的水包油型液压油就属于这种可溶性油。合成溶液不含油,而是含有5%左右的化学添加剂。微乳化液含有5%左右的添加剂和精细扩散的油。

2. 高水基液压油的优缺点

（1）优点：价格低、抗燃性好、工作温度低（因为水的传热性好,所以工作温度比矿物油低）、黏度变化小、体积弹性模量大、运输和保存均较方便（因为95%的水是用时临时加进去的）。

（2）缺点：润滑性差、黏度低、使用条件受局限（因为黏度低,工作温度范围窄,所以只能用于室内性能要求不高的设备）、对金属的腐蚀性大。

3. 高水基液压油的使用

由于高水基液压油的黏度低、润滑性差,故对于高速、高压液压泵不适用,对于中低压系统可以使用,但存在以下几个问题：

（1）黏度低但泄漏量大。

（2）对齿轮泵和叶片泵使用高水基液压油后性能和使用寿命都比使用矿物油时低。

（3）干式电磁阀及电液伺服阀的电器部分遇到高水基液压油时会产生误动作。

因此,推广使用高水基液压油的关键是要设计出适应高水基液压油的液压元件。

第四节　液压基本回路

液压基本回路是用液压元件组成并能完成特定功能的典型回路。对于任何一种液压系统,不论其复杂程度如何,实际上都是由一些液压基本回路组成的。

一、压力控制回路

压力控制回路主要是利用压力控制阀来控制系统压力,如实现增压、减压、卸荷、顺序动作等,以满足工作机构对力或力矩的要求。图4-13所示为一减压回路,由于油缸G返程时所需的压力比主系统低,所以在支路上设置减压阀3,实现分支油路减压。

二、速度控制回路

速度控制回路主要有定量泵节流调速、变量泵和节流阀调速、容积调速等基本回路,以达到对执行机构不同的运动速度的要求。在定量泵的节流调速回路中,采用节流阀、调速阀或溢流调速阀来调节进入液压缸（或液压马达）的流量,根据阀在回路中的安装位置,分进口节流、出口节流和旁路节流三种。

三、换向回路

液压系统工作机构的换向大部分是由换向阀来实现的。图 4-14 所示为采用二位四通换向阀的换向回路。当换向阀的电磁铁 YA 通电时,左位接入系统,液压泵输出油液经换向阀 P→A 进入液压缸左腔,右腔油液经 B→O 回油池,活塞向右运动;当电磁铁 YA 断电时,滑阀复位(图 4-14 所示状态),油液经通道 P→B 进入液压缸右腔,左腔油液由 A→O 回油池,活塞向左运动。电磁铁不断通电和断电,活塞便可以做左右往复运动。

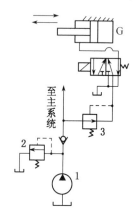

图 4-13 减压回路
1—液压泵;2—溢流阀;3—减压阀

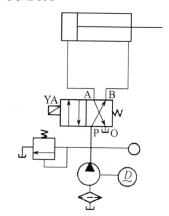

图 4-14 采用二位四通换向阀的换向回路

四、同步回路

当液压设备上有两个或两个以上的液压缸,在运动时要求能保持相同的位移或速度,或要求以一定的速比运动时,可以采用同步回路。

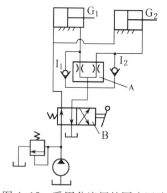

图 4-15 采用分流阀的同步回路

在一泵多缸的系统中,由于受负载、摩擦阻力、泄漏量及制造误差等多种因素的影响,几个液压缸难以同步运动。同步回路的作用就是要尽可能克服上述影响,调节及补偿流量的变化。常用的同步回路有:采用调速阀调速的同步回路和采用同步阀(分流阀)的同步回路。前者由于受负载、油温、泄漏等因素的影响,同步精度较低;后者则具有结构简单、使用方便、易保证精度、能耗较小等特点,且可达到速度同步,已得到广泛的应用。图 4-15 所示为采用分流阀的同步回路,图中当油从液压缸 G_1、G_2 经换向阀 B 回油箱时分流阀 A 起作用,因此在回路中各装一单向阀 I_1 与 I_2。

五、顺序动作回路

当用一个液压泵驱动几个要求按照一定顺序依次动作的工作机构时,可采用顺序动作回路。实现顺序动作可以采用压力控制、行程控制和时间控制等方法。

图 4-16 所示为压力控制的顺序动作回路。当电磁铁 YA_1 通电时,压力油推动液压缸 G_1

的活塞向右运动,至终点位置时,系统压力升高,则可打开顺序阀1,使压力油经顺序阀1进入液压缸 G_2,推动其活塞向右运动,这样即可实现两液压缸的顺序动作。顺序阀的调节压力应高于液压缸 G_1 所需的最大压力。这种顺序动作回路适用于液压缸数量不多,而且负载(阻力)变化不大的场合。

在液压系统中,工作机构的起动、停止或改变运动方向,是利用控制进入工作机构的油流的通、断及变向来实现的。实现这些控制的回路,就称为方向控制回路。

六、锁紧回路

为了使液压缸能在移动过程中停止在任意位置上,并防止在停止后由于外力作用而发生移动,可以采用锁紧回路。图 4-17 所示为采用 O 形换向阀的锁紧回路。当电磁铁 YA_1、YA_2 都断电时,滑阀处于中间位置,由于液压缸的进、出油口都关死,缸两腔都有油液,即活塞被锁紧。因此,只要调节行程开关发讯撞铁的位置,就可使活塞锁紧在任意位置上。

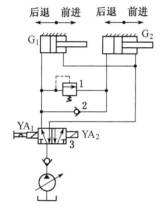

图 4-16　压力控制的顺序动作回路
1—顺序阀；2—单向阀；3—电磁阀

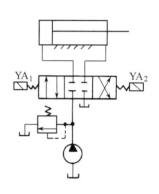

图 4-17　用 O 形换向阀的锁紧回路

第五节　辅　助　元　件

液压辅助元件包括密封件、油管、管接头、过滤器、蓄能器、油箱和压力计等,它们是液压系统的重要组成部分,对系统工作稳定性、效率和使用寿命等有直接的影响。除油箱外,其他辅助元件都已标准化和系列化,合理选用即可。

一、密封件

密封件的功用在于防止液压油的泄漏、外部灰尘的侵入,避免影响液压系统的工作性能及污染环境。

常用的密封方法为间隙密封[见图 4-18(a)],采用的密封件有 O 形密封圈[见图 4-18(b)]、Y 形密封圈[见图 4-18(c)]和 V 形密封圈[见图 4-18(d)]及活塞环、密封垫圈等。间隙密封用于尺寸较小、压力较低、运动速度较高的活塞与缸体内孔间的密封。O 形密封圈应用最广泛,不仅用于运动件的密封,也可用于固定件的密封。Y 形密封圈则用于相对运动速度较高的液压缸的密封。V 形密封圈由三个环组成,多用于相对运动速度不高的液压缸和活塞杆等处的密封。

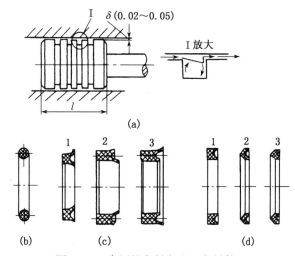

图 4-18　常用的密封方法和密封件
(a) 间隙密封；(b) O 形密封圈；(c) Y 形密封圈；(d) V 形密封圈

二、油管和管接头

油管用来连接液压元件和输送液压油,管接头则是油管与油管、油管与液压元件之间的可拆卸连接件。对油管的要求是尽可能减少输油过程中的能量损失,其应有足够的通油截面、最短的路程、光滑的管壁等。对管接头的要求是连接牢固可靠、密封性能好。

常用的油管有钢管、铜管、塑料管、尼龙管和橡胶软管等。常用的管接头有焊接式、螺纹式、扩口式、卡套式、法兰式及油路块等,如图 4-19 所示。

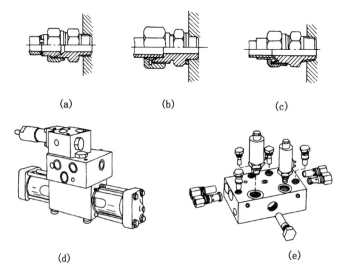

图 4-19　常用的管接头
(a) 焊接式；(b) 卡套式；(c) 扩口式；(d) 叠加油路块；(e) 集成油路块

三、过滤器

过滤器的作用是从油液中清除固体污染物。液压系统中所有故障的80%左右都是由污染的油液引起的,保持油液清洁是液压系统可靠工作的关键,使用过滤器则是主要手段。

过滤器可以安装在液压系统的不同部位去完成不同的任务,也决定了过滤器的不同类型,如图4-20和表4-13所示。

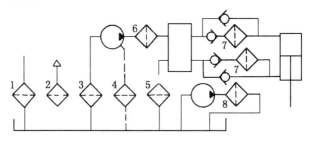

图4-20 过滤器在系统中的位置

表4-13 过滤器的种类

种类(图4-20中所示位置)	用　　途
吸油过滤器(3)	保护液压泵
高压过滤器(6)	保护泵下游元件不受污染
回油过滤器(5)	降低油液污染度
离线过滤器(8)	连续过滤,保持清洁度
泄油过滤器(4)	防止生成污染物进入油箱
安全过滤器(7)	保护污染抵抗力低的元件
通气过滤器(2)	防止污染物随空气侵入
注油过滤器(1)	防止注油时侵入污染物

过滤器按结构不同又可分为网式、线隙式、纸芯式、烧结式和磁性过滤器。

四、蓄能器

蓄能器是储存和释放压力能的装置,以活塞式蓄能器[图4-21(a)]和气囊式蓄能器应用最为广泛。蓄能器在液压系统中的主要用途如下:

1. 储存能量

蓄能器可储存一定容积的压力油,并在需要时释放出来,供液压系统使用。

(1)提高液压缸的运动速度。液压缸在慢速运动时,需要的流量较小,可用小流量泵供油,并把液压泵输出的多余的压力油储存在蓄能器里。当液压缸快速运动时,需要的流量大,此时系统压力较低,于是蓄能器将压力油排出,与液压泵输出的压力油同时供给液压缸,使液压缸实现快速运动。液压缸快速运动时,由于蓄能器参与供油,因此不必采用较大流量的液压泵,不但可减少电动机功率的消耗,还可降低液压系统的油温。

（2）做应急能源。液压装置在工作中突然停电、阀或泵发生故障时，蓄能器可作为应急能源供给液压系统油液，或保持系统压力，或将某一动作完成，从而避免发生事故。

（3）实现停泵保压。图4-21（c）所示为用于夹紧系统的停泵保压回路。当液压缸夹紧时，系统压力上升，蓄能器充液；当达到压力继电器开启压力时，发出电信号，使液压泵停止转动，此时夹紧液压缸的压力依靠蓄能器的压力油保持，从而减少液压系统的功率消耗。

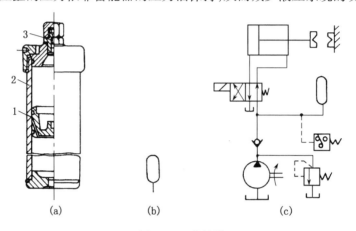

图4-21　蓄能器
（a）活塞式蓄能器；（b）蓄能器图形符号；（c）蓄能器的应用
1—活塞；2—缸筒；3—气门

2. 吸收压力脉动

一般在液压泵附近设置一个蓄能器，用以吸收液压泵输出油的压力脉动。

3. 缓和压力冲击

执行元件的往复运动或突然停止、控制阀的突然切换或关闭、液压泵的突然起动或停止，往往会产生压力冲击，引起机械振动。在液压系统中，将蓄能器设置在易产生压力冲击的部位，可缓和压力冲击，从而提高液压系统的工作性能。

五、油箱

油箱起储油、散热、分离油中的空气和沉淀油中的杂质等作用。按油箱液面是否与大气相通，可分为开式油箱与闭式油箱。开式油箱广泛用于一般的液压系统，图4-22所示为油箱结构示意图。

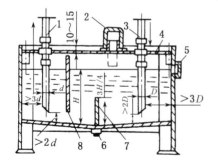

图4-22　油箱结构示意图
1—吸油管；2—空气过滤器；3—回油管；4—箱盖；
5—油面指示器；6—放油塞；7,8—隔板

设计油箱时应注意的问题如下：

（1）基本结构。油箱常用钢板焊接成箱体，并具有足够的容量。箱壁在保证强度和刚度的前提下要尽量薄，以利于散热，箱盖、箱底可适当加厚。

（2）吸、回、泄油管的设置。吸油管1与回油管3之间的距离尽可能加大。油管都应插入油面之下，与箱底距离应大于2倍管径，以免吸空和飞溅起泡。吸油管处一般安装粗过滤器，离箱壁距离大于3

倍管径,以便四面进油;阀的泄油管应在液面之上,以免产生背压。

(3) 隔板的设置。设置隔板的目的是将吸、回油区隔开,迫使液压油循环流动,利于油的冷却和放出气泡,并使杂质沉淀在回油管一侧。隔板7用于阻挡沉淀杂质。隔板8用于阻挡泡沫进入吸油管。

(4) 空气过滤器与油面指示器的设置。设置空气过滤器2的目的是使油箱与大气相通,既能过滤空气又兼作注油口,油箱侧面应有表示油面高度的油面指示器5。

(5) 放油口与防污密封。油箱底面一般做成双斜面,在最低处设放油口,平时用放油塞6堵死,换油时将其打开放走污油。油箱的箱盖以及吸、回油管通过的孔均需加密封装置。

(6) 油箱内壁加工与油温控制。油箱内壁应涂优质耐油防锈漆。根据需要可在油箱适当部位安装冷却器和加热器,使油箱的温度保持在30 ℃~50 ℃。

六、流量计、压力计及其开关

1. 流量计

流量计用以观测系统的流量。常用的有涡轮流量计和椭圆齿轮流量计。图4-23(a)所示为涡轮流量计,导磁的不锈钢涡轮1装在不导磁壳体2中心的轴承3上,它有4~8片螺旋形叶片。当液体流过流量计时,涡轮即以一定的转速旋转,这时装在壳体外的非接触式磁电转速传感器6则输出脉冲信号,信号频率与涡轮的转速成正比,即与通过的流量成正比,因此可测定液体的流量。图4-23(b)所示为流量计的图形符号。

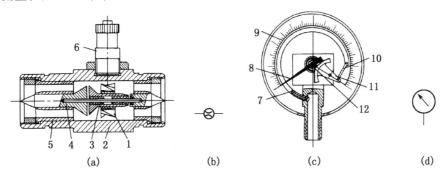

图4-23 流量计和压力计

(a) 涡轮流量计;(b) 流量计的图形符号;(c) 弹簧管式压力计;(d) 压力计的图形符号
1—涡轮;2—壳体;3—轴承;4—支承;5—导流器;6—磁电传感器;7—弹簧弯管;
8—指针;9—刻度盘;10—杠杆;11—齿扇;12—小齿轮

2. 压力计

液压系统各部位的压力可通过压力计来观测,以便调整和控制压力。压力计的种类很多,最常用的是弹簧管式压力计,如图4-23(c)所示。压力油进入扁截面金属弯管7,弯管变形使其曲率半径加大,端部的位移通过杠杆10使齿扇11摆动。此时与齿扇11啮合的小齿轮12带动指针8转动,即可在刻度盘上读出压力值。图4-23(d)所示为压力计的图形符号。用压力计测量压力时,被测压力不应超过压力计量程的3/4,压力计必须直立安装。

3. 压力计开关

压力油路与压力计之间必须安装有压力计开关,在正常工作状态时,使压力计与系统油路断开,以保护压力计并延长其使用寿命。压力计开关实际上是一个小型的截止阀,用以接通或断开压力计与油路的通道。多点压力计开关可使压力计油路分别与几个被测油路相连通,因而用一个压力计就可检测多点处的压力。

第六节　液压系统常见故障分析

液压系统中的故障是多种多样的,有的是因某一液压元件失灵而引起,有的是由系统中各液压元件综合性影响所造成,机械、电气及外界因素也会导致液压系统出现故障。因此,在排除故障时,必须对引起故障的因素加以分析,找出产生故障的主要原因,再提出排除故障的措施。

一、噪声和振动

液压系统工作时,会产生轻微振动并伴有和谐而有节奏的声音,这是正常的现象。而噪声是指音响很强而又刺耳的怪声,此时振动现象比较严重,从而影响系统的正常工作,恶化工作环境。

液压泵与液压油马达的噪声和振动往往比较严重,而空气侵入往往是产生噪声和振动的重要原因。泵吸油口密封不严、油箱中油液不足、吸油管道太细、液压泵吸油位置太高、油箱透气性不好、补给液压泵供油不充分、油液黏度太高、滤油器被污物堵塞等都可引起噪声和振动。

压力阀失灵,如阀芯阀座损坏、配合间隙过大、弹簧疲劳损坏、滑阀卡住、阻尼孔堵塞等,均会引起压力波动过大,使噪声、振动严重。

另外,金属油管管道细长、未用管夹装置固定而重叠在一起、油管互相撞击等将引起强烈噪声。

常见的液压系统噪声、振动故障原因及排除方法如表4-14所示。

表4-14　液压系统噪声及振动故障原因及排除方法

故障零部件	故　障　原　因	排　除　方　法
液压泵方面	液压泵吸油口密封不严而导致空气进入	拧紧进油口螺母,防止泄漏与空气进入
	油箱中油液不足,吸油管浸入油箱太少;液压泵吸油位置太高	保持油液在油标线以上,将吸油管浸入油箱油面高度的2/3处,液压泵进油口至吸油口高度一般不应超过500 mm
	油液黏度太高,增加了运动阻力	更换黏度较低的油液
	液压泵吸油截面小,造成吸油不畅	将进油管口做45°斜切,增加吸油面积
	过滤器表面被污物阻塞	消除污物,定期更换油液,保持油液清洁
	齿轮液压泵的齿形精度不高,叶片液压泵的叶片卡死、裂断或配合不良,柱塞泵的柱塞卡死或移动不灵活	修理、更换损坏零件
	液压泵内部零件磨损,使轴向径向间隙过大	参照液压泵的修复方法进行修复

续表

故障零部件	故　障　原　因	排　除　方　法
溢流阀失灵	阀座损坏	修理阀座
	油中杂质较多,堵塞了阻尼孔	疏通阻尼孔,更换油液
	阀芯与阀体孔配合间隙太大,弹簧疲劳或损坏,使阀芯移动不灵活	研磨阀孔,更换新阀芯,重配间隙,更换弹簧
	阀体孔拉毛或有污物等,使阀芯在阀体内的移动受阻	修去毛刺,清除污物,使其移动灵活,无阻滞现象
油管管道	油管管道碰击,或吸油管与回油管相离太近	检查油路,使进油管、回油管之间,管道与机床之间保持一定距离,必要时用管夹固定,并使进油管与回油管离得远一点
电磁阀失灵	阀芯在阀体中卡住或移动不灵活	研配阀芯,使其在阀体内移动灵活
	弹簧损坏或过硬	更换弹簧
	电极焊接得不好或接触不良	修整焊接电极,保证接触良好
其他	液压泵电动机联轴器不同心或松动	检查、修整联轴器,保证同心度在 0.1 mm 之内
	运动部件换向时缺乏阻尼,产生冲击	调节换向节流,使换向平稳、无冲击
	管道泄漏或回油管没有浸入油箱,造成大量空气被吸入	紧固各连接处,严防泄漏,并将主要回油管浸入油箱

二、爬行

当液压机床的工作台或执行机构运动时,会出现走走停停的情况,而不是连续的运动,这种故障现象叫作"爬行"。"爬行"破坏了机床工作的稳定性,严重影响加工质量。

空气侵入液压系统是产生"爬行"的原因之一。这是因为空气侵入油液后,形成大量气泡混杂在油液中,而气泡的压缩性是很大的。气泡在随油液进行工作循环时,油液传递压力,先压缩气泡,再传递到活塞上。活塞移动后,气泡又趁机膨胀体积,而被油液再次压缩。这样油缸活塞所受的液压力是变化的,当大于负载力时,活塞带动工作台移动;小于负载时,工作台停止。气泡在油液中反复地被压缩和膨胀,工作台就出现了"爬行"故障。

摩擦阻力变化是产生"爬行"的原因之二。假如油液以一定的压力推动活塞运动,但工作部件的导轨摩擦阻力时大时小,或有其他变化的外力作用在工作部件上,就会产生"爬行"。

常见的液压系统"爬行"故障原因及排除方法如表 4-15 所示。

表 4-15　液压系统"爬行"故障分析

故　障　原　因	排　除　方　法
液压系统中存有空气,油液受压后体积变化不稳定,使部件运动不均匀	紧固各结合面螺钉和管道连接外螺母,严防泄漏。清除过滤器网上的污物,保证进油口吸油通畅及进回油互不干涉,排除系统内空气
导轨精度不好,使局部阻力变化,或导轨面接触不良,使油膜不易形成。通常新机床或新修刮过的机床,因导轨摩擦阻力较大,常会产生"爬行"	检查及修复导轨,使精度达到要求。对于新机床或新修刮过的机床,可在导轨接触面均匀地涂上一层薄薄的氧化铬,用手工的方法使之相对运动,对研几次,以减少刮研点所引起的阻力

续表

故障原因	排除方法
液压缸中心线与导轨不平行;活塞杆局部或全长弯曲;油缸体内孔拉毛,活塞与活塞杆不同心;活塞杆两端油封调整过紧等都会导致摩擦力不均匀	逐个检查,并加以修复
相对运动的接触面缺乏润滑油,而产生干摩擦或半干摩擦	调节润滑油量,保持适量的润滑油,润滑油压力一般在 4.9~14.7 N/cm² 范围内
拖板的楔铁或压板调整得太紧,或者楔铁弯曲	检查、调整或修刮楔铁,使运动部件移动无阻滞现象

三、油温过高

液压系统在工作过程中,温度必然会有所上升,当系统温度上升到一定值以后,将会稳定下来,使系统发热与散热处于平衡状态。这时,如果温升不超过允许值,则认为是正常的。对精加工的磨床等一般温度不超过 55 ℃,对于拉床、刨床、组合机床一般不超过 60 ℃~65 ℃。引起发热的主要原因有:

(1) 液压泵、液压缸的效率损失而发热。
(2) 压力油通过溢流阀、节流阀等的开口缝隙发生压力损失。
(3) 压力油在管道内高速流动而摩擦发热。
(4) 做相对运动的部件将摩擦热传给油液。

油温过高,对液压系统的工作性能产生恶劣影响,可使机床产生热变形,破坏机床精度;使油的黏度下降,泄漏增加,系统压力降低;使油氧化变质,使用寿命缩短。

常见的液压系统油温过高故障原因及排除方法如表 4-16 所示。

表 4-16 液压系统油温过高故障分析

故障原因	排除方法
液压泵等液压元件内部间隙过小或密封接触面过大,使液压泵等元件运动时发热	检查及修整,保证间隙合适
压力调节不当,超过实际所需的压力	合理调整系统中各种压力阀,在满足正常工作的情况下,压力尽可能低
液压泵及各连接处的泄漏,造成容积损失而发热	紧固各连接处,严防泄漏。特别是液压泵间隙大,应及时修复
油管太长、油管太细、弯曲太多等,造成压力损失而发热	将油管适当加粗,特别是回油管,保证回油通畅,并尽量减少弯曲,缩短管道
油箱散热性能差或容积小	对于精密液压传动机床,不宜用床身做油箱,应设独立油箱以减少机床热变形,加大油箱容积,改善散热条件
油液黏度太高,增加了摩擦发热量	合理选用油液,如使用黏性稳定的硅基油等
外界热源影响	减少或隔绝外界热源

四、其他常见故障

除上述故障外,液压系统在工作中还常出现泄漏、压力不足、冲击、工作不稳定等故障,这些故障都将导致液压系统工作不正常及设备的提前老化损坏,因此必须加以检查和排除。

其他常见液压系统故障原因及排除方法见表4-17。

表4-17 其他常见液压系统故障分析

故障现象	故障原因	排除方法
液压系统泄漏	工作压力调整过高	在满足工作性能情况下,尽量将工作压力降低
	液压元件内,因磨损间隙增大,使油液在压力作用下从一处渗到不应流注的另一处	研磨阀孔,根据阀孔配阀芯
	密封件密封性能不良	更换密封件,保证密封良好
	单向阀中钢球不圆,阀座损坏,造成封油不良	更换损失件,保证密封良好
	两接触面平行度不好或阀芯与阀孔同心度差	放在平面磨床上修磨或研磨修整,使同心度达到要求
	在连接处零件损失或螺母松动	更换损坏件,紧固已松动的螺母
	油管破裂	更换油管
	油箱本身有铸造缺陷,如气孔、砂眼、裂纹等造成泄漏	用焊接、黏堵等方法来消除泄漏
压力打不上或压力不足	电动机反转和液压泵转向不对	改正电动机接线或改变液压泵转向
	液压泵、液压缸等内部泄漏过大,吸油腔和压油腔相通	检查和修理液压泵、液压缸活塞的密封,调整活塞与缸壁的间隙
	溢流阀失灵,经常开路,有污物阻塞,弹簧或阀芯零件损坏	检查溢流阀,并清洗干净;修理或更换已损坏的零件
压力波动较大	吸油管插入油面太浅或吸油口密封不好,吸油口靠近回油口,有空气吸入	增高油面高度,使吸油管深入油箱油面高度的2/3处,修理吸油口的管接头,改善密封,移开回油口位置,排除空气
	管接头、液压缸等密封不好,有泄漏	检查各密封部位,保证密封良好
	溢流阀的阀体孔和阀芯磨损,弹簧太软,阀的缓冲作用不足	检查、修理或更换损坏的零件
冲击	工作压力调整过高	调整压力阀,减低工作压力
	背压阀调整不当,压力太低	调整背压阀,适当提高背压阀压力
	采用针形节流阀缓冲,因节流变化大,稳定性差	改用三角槽式节流阀
	系统内存在大量空气	排除系统内空气
	液压缸活塞杆两端螺母松动	适当旋紧螺母
	缓冲节流装置调节不当,或调节失灵	将节流阀的调节螺钉适当旋进,增加缓冲阻尼。若仍不起作用,可检查单向阀封油情况

续表

故障现象	故障原因	排除方法
换向精度差	系统内存在空气	排除系统中的空气
	导轨润滑油太多,使工作台处于浮动状态	适当减少润滑油量,但不能过少,否则会造成低速"爬行"
	换向阀阀芯与阀孔的配合间隙因磨损而过大	研磨阀孔,配做新阀芯,使其配合间隙在0.08~0.012 mm之内
	液压缸单端泄漏	检查及修整,消除泄漏
	油温高,油黏度小	控制温升,更换黏度较大的油液
	控制换向阀的油路压力太低	调整压力阀,适当提高系统压力
换向时出现死点(不换向)	从减压阀来辅助压力油压力太低,不能推动换压阀芯移动	调整减压阀,适当提高辅助压力
	辅助压力油由于内部泄漏,缺乏推力,换向阀不动作	检查及修整,严防内部泄漏
	换向阀两端节流阀调节不当,使回油阻尼太大	适当将节流阀的调节螺钉向外旋,减少回油阻尼
	换向阀阀芯由于拉毛或有污物等,在阀孔内卡死	清除污物、去毛刺,使换向阀阀芯在阀孔中移动灵活
	工作压力较低、导轨润滑油太少,使摩擦阻力太大,作用力无法克服摩擦阻力	适当提高工作压力和润滑油量,减少摩擦阻力
	用弹簧或电磁铁控制的换向阀,当弹簧过硬、过软、断裂卡死、电磁铁失灵等时,均会发生不换向现象	检查及修理,必要时调换弹簧和电磁铁
	控制换向阀移动速度的节流阀开口,被污物堵塞	清除节流阀开口的污物,保持油液清洁
换向起步迟缓	控制换向阀移动慢的节流阀开口太小	将节流阀调节螺钉向外拧,增加节流开口量
	系统中存在空气,台面换向时,压力油中的空气被压缩,而使台面换向迟缓	排除系统中的空气
	工作压力不足,缺乏推力	适当提高压力
	换向阀阀芯拉毛或被污物等阻碍,移动不灵活	清除污物,修去毛刺,使换向阀阀芯移动灵活
	系统严重泄漏	修整泄漏部分
	导轨润滑油过少,或液压缸活塞杆两端油封压得太紧	适当增加润滑油量和轻微放松活塞杆两端压盖螺钉

续表

故障现象	故障原因	排除方法
工作台往返速度误差较大	液压缸两端的泄漏不等或单端泄漏	调整两端封油圈压盖,保证不泄漏或泄漏相当
	液压缸活塞杆两端弯曲程度不一样	校直活塞杆,或用抵消误差原则重新安装
	操纵箱内部泄漏	检查及修整,杜绝泄漏
	放气阀间隙大,因而漏油	更换阀芯,消除间隙
	放气阀工作台运动时未关闭	放完空气后,应将空气阀关闭
	床身安装水平误差大	调整床身安装水平
	换向阀由于弹簧疲劳或辅助压力不足,使阀芯在阀孔中移动不灵活	更换弹簧,适当提高辅助压力,消除污物、去毛刺,使阀芯在阀孔内移动灵活
	节流开口有杂物黏附,影响回油节流的稳定性	消除杂质,更换清洁油液,保持油液清洁
	节流阀在台面换向时,由于振动和压力冲击而使节流开口变化	将锁紧螺母紧固
周期性的进给不稳定	动作错乱 单向阀油封不良	调换钢球,调整阀座
	操纵板两板间纸垫被冲坏	更换纸垫
	节流阀的节流开口堆积污物	清除污物
	因针形节流阀调节范围小,所以稳定性较差	将针形节流阀改为三角槽式节流阀
	进给量不稳 节流阀调节不当,使进给换向阀往返速度不等	调节节流阀,顺时针旋转时进给分配阀移动速度慢,工作台进给量大;逆时针旋转时,进给分配阀移动速度快,则进给量小。调整时仔细观察调整量的变化,当调节正确后,将节流阀上的锁紧螺母旋紧,以免变动
	棘轮和撑牙磨损	撑牙可焊补,并用锉刀整形,而棘轮一般磨损较小,若磨损严重则更换
	横进给机构及机械部分轴向间隙太大	调换较硬的支承弹簧,调整轴向间隙,但需保证手摇进给手轮轻重一致

第七节 汽车常用液压系统

一、液压制动

一般汽车用液压制动系统工作原理如图 4-24 所示。一个内圆面为工作表面的金属制动鼓 8 固定在车轮轮毂上,随车轮一同旋转。在固定不动的制动底板 11 上有两个支承销 12,支

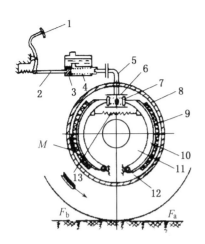

图 4-24 一般汽车用液压制动系工作原理示意图
1—制动踏板；2—推杆；3—主缸活塞；4—制动主缸；
5—油管；6—制动轮缸；7—轮缸活塞；8—制动鼓；
9—摩擦片；10—制动蹄；11—制动底板；
12—支承销；13—制动蹄回位弹簧

承着两个弧形制动蹄 10 的下端。制动蹄的外圆面上又装有一般是非金属的摩擦片。制动底板上还装有液压制动轮缸 6，用油管 5 与装在车架上的液压制动主缸 4 相连通。主缸活塞 3 可由驾驶员通过制动踏板 1 来操纵。

制动系不工作时，制动鼓的内圆面与制动蹄摩擦片的外圆面之间保持有一定的间隙，使车轮和制动鼓可以自由旋转。

要使行驶中的汽车减速，驾驶员应踩下制动踏板 1，通过推杆 2 和主缸活塞 3，使主缸内的油液在一定压力下流入轮缸，并通过两个轮缸活塞 7 使两制动蹄绕支承销转动，上端向两边分开而以其摩擦片压紧在制动鼓的内圆面上。这样，不旋转的制动蹄就对旋转着的制动鼓作用一个摩擦力矩 M_μ，其方向与车轮旋转方向相反。制动鼓将该力矩 M_μ 传到车轮后，由于车轮与路面间有附着作用，车轮对路面作用一个向前的周缘力 F_μ，同时路面也对车轮作用一个向后的反作用力，即制动力 F_b。制动力 F_b 由车轮经车桥和悬架传给车身，迫使整个车身产生一定的减速度。制动力越大，则汽车减速度也越大。当放开制动踏板时，制动踏回位弹簧 13 即将制动蹄拉回原位，摩擦力矩 M_μ 和制动力 F_b 消失，制动作用即终止。

二、动力转向

液压转向加力装置的工作压力可高达 10 MPa 以上，其部件尺寸很小。液压系统工作时无噪声，工作滞后时间短，而且能吸收因路面不平产生的冲击。因此，液压转向加力装置已在各类各级汽车上获得广泛应用。

液压转向加力装置有常压式和常流式两种。

常压式液压转向加力装置如图 4-25 所示。在汽车直线行驶，转向盘保持中立位置时，转向控制阀 5 经常处于关闭位置。转向液压泵 2 输出的压力油充入储能器 3。当储能器压力增长到规定值后，液压泵即自动卸荷空转，从而可使储能器压力限制在该规定值以下。驾驶员转动转向盘时，机械转向器 6 即通过转向摇臂等杆件使转向控制阀转入开启（工作）位置。此时储能器中的液压油即流入转向动力缸 4，通过动力缸推杆输出的液压作用力，作用在转向传动机构上，以助机械转向器输出力之不足。转向盘一停止运动，转向控制阀便随

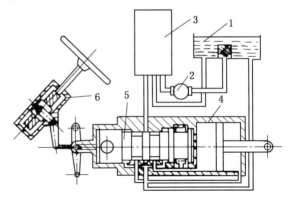

图 4-25 常压式液压转向加力装置示意图
1—转向油罐；2—转向液压泵；3—储能器；4—转向动力缸；
5—转向控制阀；6—机械转向器

之恢复到关闭位置。于是转向加力作用终止。由此可见,无论转向盘处于中立位置还是转向位置,也无论转向盘保持静止还是运动状态,液压系统工作管路中总是保持高压。

常流式液压转向加力装置如图4-26所示。不转向时,流量控制阀4保持开启。转向动力缸8由于其中活塞两边的工作腔都与低压回油管路相通而不起作用。转向液压泵2输出的油液流入转向控制阀,又由此流回转向油罐1。因转向控制阀的节流阻力很小,故液压泵输出压力也很低,液压泵实际上处于空转状态。当驾驶员转动转向盘,通过机械转向器7使转向控制阀处于与某一转弯方向相应的工作位置时,转向动力缸的相应工作腔方与回油管路隔绝,转而与液压泵输出管路相通,而动力缸的另一腔则仍然通回油管路。地面转向阻力经转向传动机构传到转向动力缸的推杆和活塞上,形成比转向控制阀节流阻力高得多的液压泵输出管路阻力。于是转向液

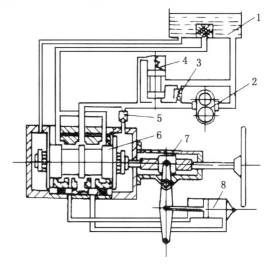

图4-26 常流式液压转向加力装置示意图
1—转向油罐;2—转向液压泵;3—安全阀;4—流量控制阀;
5—单向阀;6—转向控制阀;7—机械转向器;8—转向动力缸

压泵输出压力急剧升高,直到足以推动转向动力缸活塞为止。转向盘停止转动后,转向控制阀随即回复到中立位置,使动力缸停止工作。

上述两种液压转向加力装置相比,常压式的优点在于有储能器积蓄液压能,可以使用流量较小的转向液压泵,而且还可以在液压泵不运转的情况下保持一定的转向加力能力,使汽车有可能续驶一定距离。这一点对重型汽车而言尤为重要。常流式的优点则是结构较简单,液压泵使用寿命较长,漏泄较少,消耗功率也较小。因此,目前只有少数重型汽车(如法国贝利埃T25型、美国WABCO120C型等自卸汽车)采用常压式转向加力装置,而常流式转向加力装置则广泛应用于各种汽车。

三、制动防抱死装置(ABS)

近年来,随着电子技术在汽车上的广泛应用,车轮制动器电子制动防抱死装置(Anti-lock Braking System,ABS)已被许多高级轿车和大客车所采用。该装置是利用电子控制装置,将传统的制动过程转变为随机瞬息控制的制动过程,使车轮在制动过程中接近滑移状态(既滚动又滑动)而不抱死,以缩短制动距离,防止制动时发生滑移和甩尾,从而保证获得最佳的制动效能。

这里只介绍ABS中的制动压力调节装置。

制动压力调节装置是ABS中电子控制电路的执行元件,其功用是根据来自电子控制器的指令(电信号),及时调节制动管路中的液压(或气压)。

液压制动压力调节装置主要由电磁线圈、储能器、减压柱塞、球阀1、球阀2,以及液压泵等组成,如图4-27所示。

制动开始时,储能器的液压(该油压高于制动主缸至制动轮缸的液压)经高压油道迫使制

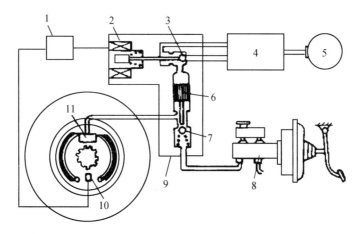

图 4-27　液压制动压力调节装置
1—电子控制装置；2—电磁线圈；3—球阀 1；4—储能器；5—液压泵；6—减压柱塞；
7—球阀 2；8—总泵；9—压力调节装置；10—传感器；11—分泵

动压力调节装置中的减压柱塞处于下方位置,球阀 2 被顶开,制动轮缸与制动主缸直接相通；制动轮缸内液压上升,这与普通液压制动装置的工作情况相同,此时液压调节器不通电。随着调动轮缸液压的升高,制动蹄摩擦片和制动鼓(盘)的摩擦扭矩增高,车轮转速迅速降低；当电子控制装置接收到车轮速度传感器测出的车轮转动参数,并判断出车轮即将抱死时,电子控制器即给制动压力调节器的电磁线圈发出电脉冲信号,使电磁线圈产生电磁吸力,使铁芯连同推杆向右移动,推动球阀 1 关闭储能器的高压油舱,减压柱塞上方与储能器的低压油腔相通,减压柱塞在制动管路高液压的作用下向上移动,制动轮缸的液压降低,蹄鼓(盘)间的摩擦扭矩减小(制动力下降),防止了车轮抱死滑移现象的出现。与此同时,球阀 2 被弹簧顶到上端阀座上,制动轮缸与制动主缸之间的油路被切断。

当车轮制动器的制动压力降低后,车轮转速又增加,电子控制器给电磁线圈发出切断电信号,使铁芯和推杆向左移动,储能器的高压油顶开球阀 1 推动减压柱塞下移,球阀 2 又被顶开,制动轮缸的液压再次升高,制动力又增加。制动轮缸的液压如此反复变化,以防车轮抱死,从而获得最佳的制动效果。

第五章 机械传动知识

第一节 机构及运动副

一、机器和机构

1. 机器

机器就是人工的物体组合,它的各部分之间具有一定的相对运动,并能用来做出有效的机械功或转换机械能。

机器是执行机械运动的装置,用来变换或传递能量、物料和信息。凡将其他形式的能量变换为机械能的机器称为原动机,如内燃机、电动机(分别将热能和电能变换为机械能)等都是原动机;凡利用机械能去变换或传递能量、物料、信息的机器称为工作机,如发电机(机械能变换为电能)、起重机(传递物料)、金属切削机床(变换物料外形)、录音机(变换和传递信息)等都属于工作机。

图 5-1 所示为单缸四冲程内燃机,由气缸体1、活塞2、进气阀3、排气阀4、连杆5、曲轴6、凸轮7、顶杆8、齿轮9和10等组成。燃气推动活塞做往复移动,经连杆转变为曲轴的连续转动。凸轮和顶杆是用来启闭进气阀和排气阀的。为了保证曲轴每转两周进、排气阀各启闭一次,曲轴与凸轮轴之间安装了齿数比为1∶2的齿轮。这样,当燃气推动活塞运动时,各构件协调地动作,进、排气阀有规律地启闭,加上汽化、点火等装置的配合,就把热能转换为曲轴回转的机械能。

图 5-2 所示为一工业机器人,由铰接臂机械手1、计算机控制器2、液压装置3和电力装置4组成。当机械手的大臂、小臂和手按指令有规律地运动时,手端夹持器(图中未示出)便将物料搬运到预定的位置。在这部机器中,机械手是传递运动和执行任务的装置,是机器的主体部分,电力装置和液压装置提供动力,计算机实施控制。

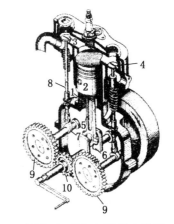

图 5-1 单缸四冲程内燃机
1—气缸体;2—活塞;3—进气阀;4—排气阀;5—连杆;
6—曲轴;7—凸轮;8—顶杆;9,10—齿轮

2. 机构

机器的主体部分是由许多运动构件组成的。用来传递运动和力的、使构件间能够相对运动的连接方式组成的构件系统称为机构,如机器中的带传动机构、齿轮传动机构等。通常所说

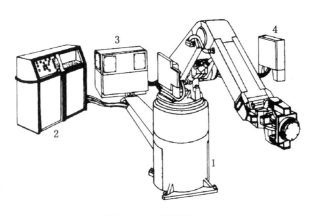

图 5-2 工业机器人
1—铰接臂机械手；2—计算机控制器；3—液压装置；4—电力装置

的机械,是机构和机器的总称。在一般情况下,为了传递运动和力,机构各构件间应具有确定的相对运动。在图 5-1 所示的内燃机中,活塞、连杆、曲轴和气缸体组成一个曲柄滑块机构,可将活塞的往复运动变为曲柄的连续转动。凸轮、顶杆和气缸体组成凸轮机构,将凸轮轴的连续转动变为顶杆有规律的间歇移动。曲轴和凸轮轴上的齿轮与气缸体组成齿轮机构,使两轴保持一定的速比。一部机器可以包含一个或若干个机构,例如鼓风机、电动机只包含一个机构,而内燃机则包含曲柄滑块机构、凸轮机构、齿轮机构等若干个机构。机器中最常用的机构有连杆机构、凸轮机构、齿轮机构、轮系和间歇运动机构等。

就功能而言,一般机器包含四个基本组成部分:动力部分、传动部分、控制部分、执行部分。动力部分可采用人力、畜力、风力、液力、电力、热力、磁力、压缩空气等作动力源,其中利用电力和热力的原动机(电动机和内燃机)使用最广。传动部分和执行部分由各种机构组成,是机器的主体。控制部分包括各种控制机构(如内燃机中的凸轮机构)、电气装置、计算机和液压系统、气压系统等。

机构与机器的区别在于:机构只是一个构件系统,而机器除构件系统之外还包含电气、液压等其他装置;机构只用于传递运动和力,机器除传递运动和力之外,还应当具有变换或传递能量、物料、信息的功能。但是,在研究构件的运动和受力情况时,机器与机构之间并无区别。因此,习惯上用"机械"一词作为机器和机构的总称。

二、运动副

一个做平面运动的自由构件具有三个独立运动。如图 5-3 所示,在 xOy 坐标系中,构件 S 可随其上任一点 A 沿 x 轴、y 轴方向移动和绕 A 点转动。这种相对于参考系构件所具有的独立运动称为构件的自由度。所以一个做平面运动的自由构件有三个自由度。

机构是由许多构件组成的。机构的每个构件都以一定的方式与某些构件相互连接。这种连接不是固定连接,而是能产生一定相对运动的连接。这种使两构件直接接触并能产生一定相对运动的连接称为运动副。例如轴与轴承的连接、活塞与气缸的连接、传动齿轮两个轮齿间的连接等都构成运动副,构件组成运动副后,其独立运动受到约束,自由度便随之减少,两构件组成的运动副,不外乎通过点、线或面的接触来实现。按照接触特性,通常把运动副分为低副和高副两类。

1. 低副

两构件通过面接触组成的运动副称为低副,如轴与滑动轴承、铰链连接、滑块与导槽、螺母与螺杆等。平面机构中的低副有转动副和移动副两种。

（1）转动副。若组成运动副的两构件只能在一个平面内相对转动,则这种运动副称为转动副或称铰链,如图 5-4 所示。

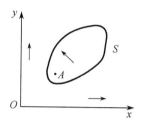

图 5-3 平面运动刚体的自由度

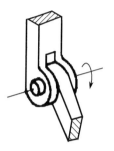

图 5-4 转动副

（2）移动副。若组成运动副的两个构件只能沿某一轴线相对移动,则这种运动副称为移动副,如图 5-5 所示。

2. 高副

两构件通过点或线接触组成的运动副称为高副。如轴与滚动轴承、凸轮机构和齿轮啮合等。图 5-6(a)中的车轮与钢轨、图 5-6(b)中的凸轮与从动件、图 5-6(c)中的轮齿与轮齿

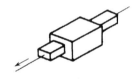

图 5-5 移动副

分别在接触处 A 组成高副。组成平面高副两构件间的相对运动是沿接触处切线 $t-t$ 方向的相对移动和在平面内的相对转动。

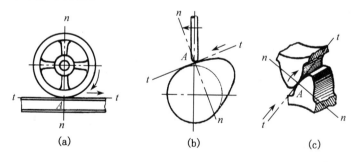

图 5-6 平面高副举例
(a) 车轮与钢轨;(b) 凸轮与从动件;(c) 轮齿与轮齿

高副的显著特点是能传递较复杂的运动,但因为是点或线接触,承受载荷时接触位置单位面积上的压力较高,因此组成高副的构件易磨损,使用寿命短。

低副呈面接触,承受载荷的单位面积压力较低,比高副的承载能力大;低副的接触表面一般是圆柱面和平面,容易制造和维修。但是,低副不能传递较复杂的运动,由于采用滑动摩擦,

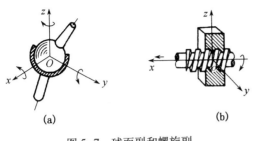

图 5-7 球面副和螺旋副
(a) 球面副;(b) 螺旋副

故摩擦损失比高副大,效率低。在机器及机构中常用滚动轴承来代替滑动轴承,用滚动导轨来代替滑动导轨。

除上述平面运动副之外,机械中还经常见到如图5-7(a)所示的球面副和图5-7(b)所示的螺旋副。这些运动副两构件间的相对运动是空间运动,故属于空间运动副。空间运动副已超出本节讨论的范围,故不赘述。

第二节 带传动及链传动

一、平带传动的形式及使用特点

1. 平带传动形式

平带传动有以下几种形式,见表5-1。

表5-1 常用平带的传动形式

	开口式	交叉式	半交叉式
传动简图			

(1) 开口式传动:用于两轴轴线平行且旋转方向相同的场合。
(2) 交叉式传动:用于两轴轴线平行且旋转方向相反的场合。
(3) 半交叉式传动:用于两轴轴线互不平行且空间交错的场合。

2. 平带传动的使用特点

结构简单,适宜用于两轴中心距较大的场合;富有弹性,具有缓冲作用,能吸振,传动平稳无噪声;在过载时可产生打滑,因此能防止薄弱零部件的损坏,起到安全保护作用;不能保持准确的传动比,外廓尺寸较大,效率较低。

3. 传动比

平带传动的传动比为带轮的转速 n_1、n_2 之比,与两带轮的直径成反比,即

$$i_{12} = \frac{n_1}{n_2} = \frac{D_1}{D_2} \tag{5-1}$$

式中　n_1, n_2——带轮的转速,r/min;
　　　D_1, D_2——带轮的直径,mm。

通常平带传动采用的传动比为 $i \leq 5$。

二、V带传动特点与型号

V带是一种没有接头的环状带,通常几根同时使用。V带同平带相比,主要特点是传动能力强(在相同条件下,约为平带的3倍)。

V带又分为普通V带、窄V带、宽V带、大楔角V带、汽车V带等多种类型,其中普通V带应用最广。本节主要介绍普通V带传动的计算。

V带由抗拉体、顶胶、底胶和包布组成,如图5-8所示。抗拉体是承受负载拉力的主体,其上下的顶胶和底胶分别承受弯曲时的拉伸和压缩,外壳用橡胶帆布包围成型。抗拉体由帘布或线绳组成,绳芯结构柔软、易弯,有利于提高使用寿命。抗拉体的材料可采用化学纤维或棉织物,前者的承载能力较强。

如图5-9所示,当带受纵向弯曲时,在带中保持原长度不变的任一条周线称为节线;由全部节线构成的面称为节面。带的节面宽度称为节宽(b_d),当带受纵向弯曲时,该宽度保持不变。

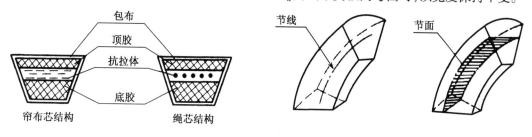

图5-8 V带的结构

图5-9 V带的节线和节面

V带的剖面尺寸(国家标准)共分为Y、Z、A、B、C、D、E七种型号。而线绳结构的V带,目前只生产Y、Z、A、B四种型号。Y型V带的截面积最小,E型的截面积最大。V带的截面积越大,传递的功率也越大。

楔角 φ 为40°、相对高度 $\dfrac{h}{b_d}$ 约为0.7的V带称为普通V带。普通V带已标准化,按截面尺寸的不同,分为七种型号,见表5-2。

表5-2 普通V带横截面积(GB/T 11544—1997《普通V带和窄V带尺寸》)

型号	Y	Z	A	B	C	D	E
顶宽 b/mm	6	10	13	17	22	32	38
节宽 b_d/mm	5.3	8.5	11	14	19	27	32
高度 h/mm	4.0	6.0	8.0	11	14	19	25
楔角 φ/(°)	40						
每米质量 q/(kg·m^{-1})	0.04	0.06	0.10	0.17	0.30	0.60	0.87

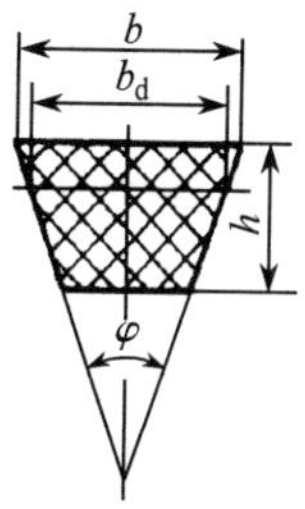

在V带轮上,与所配用V带的节面宽度 b_d 相对应的带轮直径称为基准直径 d。V带在规定的张紧力下,位于带轮基准直径上的周线长度称为基准长度 L_d。

普通V带的长度系列和带长修正系数 K_L 见表5-3。

表 5-3 普通 V 带的长度系列和带长修正系数 K_L（国家标准 GB/T 13575.1—2008
《普通和窄 V 带传动 第 1 部分:基准宽度制》）

基准长度 L_d/mm	K_L					基准长度 L_d/mm	K_L			
	Y	Z	A	B	C		Z	A	B	C
200	0.81					2 000	1.08	1.03	0.98	0.88
224	0.82					2 240	1.10	1.06	1.00	0.91
250	0.84					2 500	1.30	1.09	1.03	0.92
280	0.87					2 800		1.11	1.05	0.95
315	0.89					3 150		1.13	1.07	0.97
355	0.92					3 550		1.17	1.09	0.99
400	0.96	0.79				4 000		1.19	1.13	1.02
450	1.00	0.80				4 500			1.15	1.04
500	1.02	0.81				5 000			1.18	1.07
560		0.82				5 600				1.09
630		0.84	0.81			6 300				1.12
710		0.86	0.83			7 100				1.15
800		0.90	0.85			8 000				1.18
										1.21
900		0.92	0.87	0.82		9 000				1.23
1 000		0.94	0.89	0.84		10 000				
1 120		0.95	0.91	0.86		11 200				
1 250		0.98	0.93	0.88		12 500				
1 400		1.01	0.96	0.90		14 000				
1 600		1.04	0.99	0.92	0.83	16 000				
1 800		1.06	1.01	0.95	0.86					

V 带具有一定的厚度,为了制造与测量的方便,以其内周长作为标准长度 L_0,但是在传动计算和设计时,则要用计算长度 L,即 V 带中性层的长度。计算长度 L 与标准长度 L_0 相差一个修正值 ΔL,即

$$L = L_0 + \Delta L \tag{5-2}$$

ΔL 值可查国家标准 GB/T 1171—1996《一般用普通 V 带》。

V 带的型号和标准长度都压印在胶带的外表面上,以供识别和选用。例如:"B2240"即表示 B 型 V 带,标准长度为 2 240 mm。

楔角 φ 为 40°、相对高度 $\dfrac{h}{b_d}$ 约为 0.9 的 V 带称为窄 V 带。窄 V 带是用合成纤维绳作抗拉体的新型 V 带。与普通 V 带相比,当高度相同时,窄 V 带的宽度约缩小 1/3,而承载能力可提高到 1.5~2.5 倍,适用于传递动力大而又要求传动装置紧凑的场合。

三、链传动的类型

（一）链传动及其传动比

链传动是由一个具有特殊齿形的主动链轮,通过传动链带动另一个具有特殊齿形的从动链轮传递运动和动力的一套传动装置。如图 5-10 所示的链传动是由主动链轮 1、传动链 2 和从动链轮 3 组成的。当主动链轮转动时,从动链轮也跟着旋转。

链传动的传动比,就是主动链轮的转速 n_1 与从动链轮的转速 n_2 之比,等于两链轮齿数 z_1、z_2 的反比,即

$$i_{12}=\frac{n_1}{n_2}=\frac{z_1}{z_2} \qquad (5-3)$$

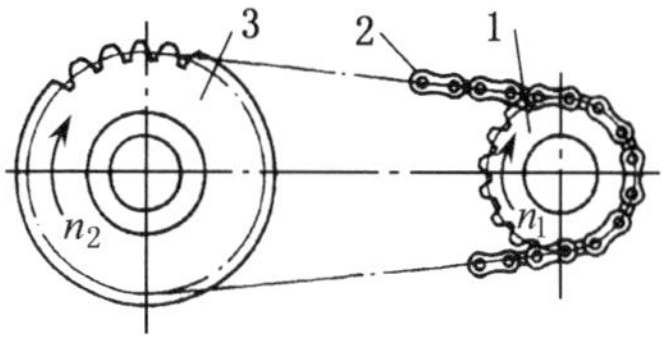

图 5-10 链传动
1—主动链轮；2—传动链；3—从动链轮

(二) 链的类型

链传动的类型很多,按用途不同,链分为以下三类:
(1) 传动链:在一般机械中用来传递运动和动力。
(2) 起重链:用于起重机械提升重物。
(3) 牵引链:用于运输机械驱动输送带等。

1. 链

传递动力用的链,按结构的不同主要有滚子链和齿形链。

滚子链是由内链板1、外链板2、轴销3、套筒4和滚子5所组成的(图5-11),也称为套筒滚子链。其中内链板紧压在套筒两端,销轴与外链板铆牢,分别称为内、外链节。这样内、外链节就构成一个铰链。滚子与套筒、套筒与销轴均为间隙配合。当链条啮入和啮出时,内、外链节做相对转动；同时,滚子沿链轮轮齿滚动,可减少链条与轮齿的磨损。内、外链板均制成"8"字形,以减轻重量并保持链板各横截面的强度大致相等。

链的各零件由碳素钢或合金钢制成,并经热处理,以提高其强度和耐磨性。

滚子链上相邻两滚子中心的距离称为链的节距,以 p 表示,它是链的主要参数。节距越大,链各零件的尺寸越大,所能传递的功率也越大。

滚子链可制成单排链(图5-11)和多排链,如双排链(图5-12,图中 p_t 为排距)或三排链等。

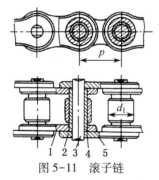

图 5-11 滚子链
1—内链板；2—外链板；3—轴销；4—套筒；5—滚子

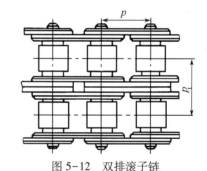

图 5-12 双排滚子链

表5-4根据国家标准GB/T 1243—2006《传动用短节距精密滚子键、套筒链、附件和链轮》列出了几种A系列滚子链的主要参数。

表 5-4 A 系列滚子链的主要参数

链号	节距 p/mm	排距 p_1/mm	滚子直径 d_1/mm (max)	抗拉强度 F_u/kN (单排,min)	动载强度 F_d/N (单排,min)
08A	12.7	14.38	7.92	13.9	2 480
10A	15.875	18.11	10.16	21.8	3 850
12A	19.05	22.78	11.91	31.3	5 490

续表

链号	节距 p/mm	排距 p_1/mm	滚子直径 d_1/mm (max)	抗拉强度 F_u/kN (单排,min)	动载强度 F_d/N (单排,min)
16A	25.4	29.29	15.88	55.6	9 550
20A	31.75	35.76	19.05	87.0	14 600
24A	38.10	45.44	22.23	125.0	20 500
28A	44.45	48.87	25.40	170.0	27 300
32A	50.80	58.55	28.58	223.0	34 800
36A	57.15	65.84	35.71	281.0	44 500
40A	63.50	71.55	39.68	347.0	53 600
48A	76.20	87.83	47.63	500.0	73 100

链长度以链节数来表示。链节数最好取为偶数,以便链条连成环形时正好是外链板与内链板相接,接头处可用开口销或弹簧夹锁紧[图 5-13(a)、(b)]。若链节数为奇数,则需采用过渡链节[图 5-13(c)]。在链条受拉时,过渡链节还要承受附加的弯曲载荷,因此通常应避免采用过渡链节。

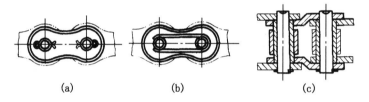

(a)　　　　(b)　　　　(c)

图 5-13　滚子链的接头形式
(a),(b) 弹簧夹锁紧;(c) 过渡链节

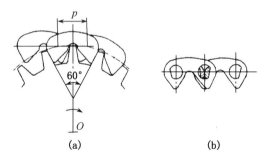

(a)　　　　(b)

图 5-14　齿形链
(a) 多齿形链板;(b) 棱柱式

齿形链是由许多齿形链板用铰链连接而成的,如图 5-14 所示。齿形链板的两侧是直边,工作时链板侧边与链轮齿廓相啮合。铰链可做成滑动副或滚动副,图 5-14(b) 所示为棱柱式滚动副,链板的成型孔内装入棱柱,两组链板转动时,两棱柱相互滚动,可减少摩擦和磨损。与滚子链相比,齿形链运转平稳,噪声小,承受冲击载荷的能力高;但结构复杂,价格较贵,也较重,所以它的应用没有滚子链广泛。齿形链多用于高速(链速可达 40 m/s)或运动精度要求较高的传动。

2. 链轮

国家标准仅规定了滚子链链轮齿槽的齿面圆弧半径 r_e、齿沟圆弧半径 r_i 和齿沟角 α 的最大和最小值,如图 5-15 所示,其详细参数由国家标准 GB/T 1243—2006《传动用短节距精密滚子链、套筒链、附件和链轮》规定。各种链轮的实际端面齿形均应在最大和最小齿槽形状之间,这样处理使链轮齿廓曲线设计有很大的灵活性。但齿形应保证链节能平稳自如地进入和退出啮合,便于加工。符合上述要求的端面齿形曲线有多种,最常用的是"三圆弧一直线"齿形。

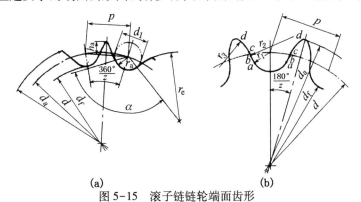

图 5-15 滚子链链轮端面齿形

如图 5-15(b)所示的端面齿形由三段圆弧(aa、ab、cd)和一段直线(bc)组成,这种"三圆弧一直线"齿形基本上符合上述齿槽形状规范,且具有较好的啮合性能,便于加工。

滚子链链轮轴面齿形两侧呈圆弧形,如图 5-16 所示,以便于链节进入和退出啮合。

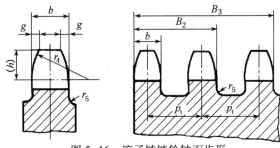

图 5-16 滚子链链轮轴面齿形

链轮上被链节距等分的圆称为分度圆,其直径用 d 表示(图 5-15)。若已知节距 p 和齿数 z,则链轮主要尺寸的计算式为

分度圆直径
$$d = \frac{p}{\sin\frac{180°}{z}} \tag{5-4}$$

齿顶圆直径
$$d_{a\,max} = d + 1.25p - d_1 \tag{5-5}$$

$$d_{a\,min} = d + \left(1 - \frac{1.6}{z}\right)p - d_1 \tag{5-6}$$

齿根圆直径
$$d_f = d - d_1 \quad (d_1 \text{ 为滚子直径}) \tag{5-7}$$

如选用三圆弧一直线齿形,则

$$d_a = p\left(0.54 + \cot\frac{180°}{z}\right) \tag{5-8}$$

齿形用标准刀具加工时,在链轮工作图上不必绘制端面齿形,但须绘出链轮轴面齿形,以便车削链轮毛坯。轴面齿形的具体尺寸见有关设计手册。

链轮齿应有足够的接触强度和耐磨性,故齿面多经热处理。小链轮的啮合次数比大链轮多,所受冲击力也大,故所用材料一般优于大链轮。常用的链轮材料有碳素钢(如 Q235、Q275、34、ZG310-570 等)、灰铸铁(如 HT200)等。重要的链轮可采用合金钢。

链轮的结构如图 5-17 所示。小直径链轮可制成实心式[图 5-17(a)];中等直径的链轮可制成孔板式[图 5-17(b)];直径较大的链轮可设计成组合式[图 5-17(c)]。若轮齿因磨损而失效,可仅更换齿圈。

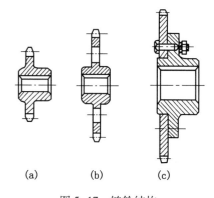

图 5-17 链轮结构
(a) 实心式;(b) 孔板式;(c) 组合式

四、链传动的应用特点

通常,链传动的传动比 $i \leqslant 8$;中心距 $a \leqslant 5 \sim 6$ m,最大中心距可达 15 m;传递功率 $P \leqslant 100$ kW;圆周速度 $v \leqslant 15$ m/s;传动效率为 $0.95 \sim 0.98$。

当两轴平行、中心距较远、传递功率较大且平均的传动比要求较准确,不宜采用带传动和齿轮传动时,可采用链传动。同时在低速、重载和高温条件及不良环境下也可采用链传动。

与带传动相比,链传动没有弹性滑动和打滑,能保持准确的传动比;需要的张紧力小,作用在轴上的压力也小,可减少轴承的摩擦损失;结构紧凑;能在温度较高、有油污等恶劣环境条件下工作。与齿轮传动相比,链传动的制造和安装精度要求较低;中心距较大时其传动结构简单,可以在两轴中心相距较远的情况下传递运动和动力。链传动的主要缺点:瞬时链速和瞬时传动比不是常数,因此传动平稳性较差;链条的铰链磨损后,使得节距变大,易造成脱落现象;工作中有一定的冲击和噪声;安装和维护要求较高。

目前,链传动广泛应用于矿山机械、农业机械、石油机械、机床及摩托车中。

第三节 螺旋传动

所谓螺旋传动,是用内、外螺纹组成的螺旋副传递运动和动力的传动。螺旋传动可方便地把主动件的回转运动转变为从动件的直线往复运动。例如车床的大拖板,借助开合螺母与长螺杆的啮合,实现其纵向直线往复运动(图 5-18);转动刨床刀架螺杆可使刨刀上下移动;转动铣床工作台丝杠可使工作台做直线移动等。

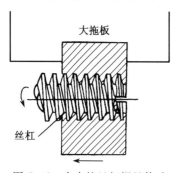

图 5-18 车床的丝杆螺母传动

螺旋传动与其他将回转运动转变为直线运动的传动装置(如曲柄滑块机构)相比,具有结构简单、工作连续平稳、承载能力强、传动精度高等优点。缺点是由于螺纹之间产生较大的相对滑动,因而磨损大、效率低。

一、螺旋传动的类型

螺旋传动主要用来把回转运动变为直线运动。按使用要求的不同可分为以下三类。

1. 传力螺旋

以传递动力为主,要求用较小的力矩转动螺杆(或螺母)而使螺母(或螺杆)产生轴向运动和较大的轴向力,这个轴向力可以用来做起重和加压等工作。例如图5-19(a)所示的起重机、图5-19(b)所示的压力机(加压或装拆用)等。

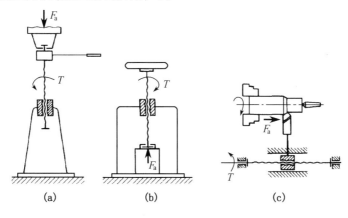

图 5-19 螺旋传动

(a) 起重机;(b) 压力机;(c) 车床用螺旋传动

2. 传导螺旋

以传递运动为主,并要求具有很高的运动精度,它常用作机床刀架或工作台的进给机构,如图5-19(c)所示。

3. 调整螺旋

用于调整并固定零件或部件之间的相对位置[图5-20(a)和图5-20(b)],以及用于调整带传动的初拉力。调整螺旋不经常转动。

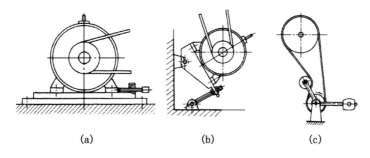

图 5-20 带传动张紧装置的调整螺旋

螺杆和螺母的材料除要求有足够的强度、耐磨性外,还要求两者配合时摩擦系数小。一般螺杆可选用 Q275、45、50 钢等;重要螺杆可选用 T12、40Cr、65Mn 钢等,并进行热处理。常用的螺母材料有铸造锡青铜 ZCuSn10Pb5 和 ZCuSn5Pb5Zn5,重载低速时可选用强度高的铸造铝青铜 ZCuAl10Fe3;在低速轻载,特别是不经常运转时,也可选用耐磨铸铁。

二、螺旋传动的形式

常用的螺旋传动有普通螺旋传动、差动螺旋传动和滚珠螺旋传动等。

1. 螺母位移

螺母位移应用在机床溜板位移上的实例如图 5-21 所示。螺杆 1 在机架 3 中可以转动而不能移动,螺母 2 与螺杆 1 啮合并与溜板(工作台)4 相连接,螺母 2 只能移动而不能转动。当摇动手轮使螺杆 1 转动时,螺母 2 即可带动溜板(工作台)沿机架 3 的导轨移动。螺杆每转动一周,螺母带动溜板(工作台)位移一个导程。

螺母位移的传动多应用于进给机构等传动机构中。

2. 螺杆位移

螺杆位移应用在台虎钳上的实例如图 5-22 所示。螺杆 1 上装有活动钳口 2 并与螺母相啮合,螺母 4 与固定钳口 3 连接。转动手柄时,螺杆 1 相对螺母 4 做螺旋运动,产生的位移带动活动钳口 2 一起移动。这样,活动钳口 2 相对固定钳口 3 之间可做合拢或张开的动作,从而实现夹紧或松开工件。

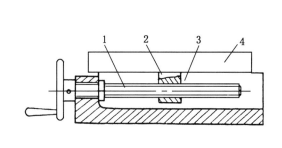

图 5-21 螺母位移的机床溜板　　　　　　　图 5-22 螺杆位移的台式虎钳
1—螺杆；2—螺母；3—机架；4—溜板(工作台)　　1—螺杆；2—活动钳口；3—固定钳口；4—螺母

螺杆位移的传动,通常应用于千分尺、千斤顶、螺旋压力机等传动机构中。

3. 滚动螺旋

在螺旋和螺母之间设有封闭循环的滚道,滚道间充以钢珠,这样就使螺旋面的摩擦成为滚动摩擦,这种螺旋称为滚动螺旋或滚珠丝杠。滚动螺旋按滚道回路形式的不同,分为外循环和内循环两种,如图 5-23 所示。钢珠在回路过程中离开螺旋表面的称为外循环,钢珠在整个循环过程中始终不脱离螺旋表面的称为内循环。内循环螺母上开有侧孔,孔内镶有反向器将相邻两螺纹滚道连通起来,钢珠越过螺纹顶部进入相邻滚道,形成一个循环回路。因此,一个循环回路里只有一圈钢珠和一个反向器。一个螺母常设置 2~4 个回路。外循环螺母只需前后各设一个反向器即可,但为了缩短回路滚道的长度,也可在一个螺母中设置两个或三个回路。

滚动螺旋的主要优点:摩擦损失小,效率在 90% 以上;磨损很小,还可以用调整方法消除间隙并产生一定的预变形来增加刚度,因此其传动精度很高;不具有自锁性,可以变直线运动为旋转运动,其效率也可达到 80% 以上。

滚动螺旋的缺点:结构复杂,制造困难;有些机构中为防止逆转需另加自锁机构。由于其明显的优点,滚动螺旋早已在汽车和拖拉机的转向机构中得到应用。目前在要求高效率和高

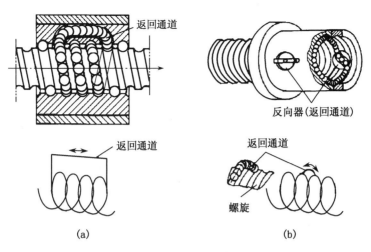

图 5-23 滚动螺旋
（a）外循环；（b）内循环

精度的机构中多已广泛应用滚动螺旋,例如飞机机翼和起落架的控制、水闸的升降和数控机床等。

三、螺旋传动时转速与移距的关系

螺旋传动主要是把旋转运动变换为直线运动。不管是螺母位移还是螺杆位移,其位移量 L 和螺旋传动时的转速 n 之间的关系为

$$L = nS \tag{5-9}$$

式中　S——螺纹的导程（如螺纹线数为 l,则可用螺距代入）,mm；

n——螺杆（或螺母）转速,r/min。

例 5-1　在图 5-18 所示的螺母位移溜板（工作台）机构中,$S=4$ mm,$n=50$ r/min。试求螺母每分钟带动溜板（工作台）的位移量 L。

解：　　　　$L = nS = (50 \times 4)$ mm/min $= 200$ mm/min

第四节　平面连杆及凸轮机构

一、平面连杆机构

平面连杆机构是由一些刚性构件用转动副和移动副相互连接而组成的机构。低副是面接触,耐磨损;加上转动副和移动副的接触表面是圆柱面和平面,制造简便,易于获得较高的制造精度。因此,平面连杆机构在各种机械和仪器中获得广泛使用。连杆机构的缺点：低副中存在间隙,数目较多的低副会引起运动积累误差;而且它的设计比较复杂,不易精确地实现复杂的运动规律。

最简单的平面连杆机构是由四个构件组成的,称为平面四杆机构。它的应用非常广泛,而且是组成多杆机构的基础。最常用的是由四根杆（四个构件）组成的平面四杆机构。

（一）铰链四杆机构的基本形式和特性

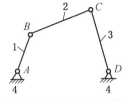

图5-24 铰链四杆机构
1,3—连架杆；2—连杆；4—机架

全部用转动副相连的平面四杆机构称为平面铰链四杆机构，简称铰链四杆机构。如图5-24所示，机构的固定构件4称为机架，与机架用转动副相连接的杆1和3称为连架杆，不与机架直接连接的杆2称为连杆。连架杆1或3如能绕机架上的转动副中心A或D做整周转动，则称为曲柄；若仅能在小于360°的某一角度内摆动，则称为摇杆。

对于铰链四杆机构来说，机架和连杆总是存在的，因此可按照连架杆是曲柄还是摇杆，将铰链四杆机构分为三种基本形式：曲柄摇杆机构、双曲柄机构和双摇杆机构。

1. 曲柄摇杆机构

在铰链四杆机构中，若两个连架杆中一个为曲柄，另一个为摇杆，则此铰链四杆机构称为曲柄摇杆机构。通常曲柄1为原动件，并做匀速转动；而摇杆3为从动件，做变速往复摆动。

图5-25（a）所示为牛头刨床横向自动进给机构。当齿轮1转动时，驱动齿轮2（曲柄）转动，再通过连杆3使摇杆4往复摆动，摇杆另一端的棘爪便拨动棘轮5，带动送进丝杠6做单向间歇运动。图5-25（b）所示为其中的曲柄摇杆机构的运动简图。

图5-26所示为调整雷达天线俯仰角的曲柄摇杆机构。曲柄1缓慢地匀速转动，通过连杆2，使摇杆3在一定角度范围内摆动，从而调整天线俯仰角的大小。

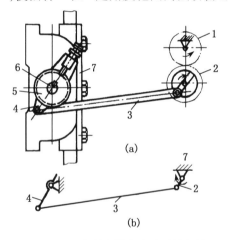

图5-25 牛头刨床横向自动进给机构
1—齿轮；2—齿轮（曲柄）；3—连杆；4—摇杆；
5—棘轮；6—送进丝杠；7—机座

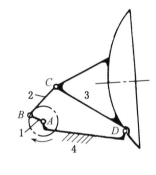

图5-26 雷达调整机构
1—曲柄；2—连杆；3—摇杆；4—机座

2. 双曲柄机构

两连架杆均为曲柄的铰链四杆机构称为双曲柄机构。

图5-27（a）所示为旋转式水泵。它由相位依次相差90°的四个双曲柄机构组成，图5-27（b）是其中一个双曲柄机构的运动简图。当原动曲柄1等角速顺时针转动时，连杆2带动从动曲柄3做周期性变速转动，因此相邻两从动曲柄（隔板）间的夹角也周期性地变化。转到右边时，相邻两隔板间的夹角及容积增大，形成真空，于是从进水口吸水；转到左边时，相邻两隔板的夹角及容积变小，压力升高，从出水口排水，从而起到泵水的作用。

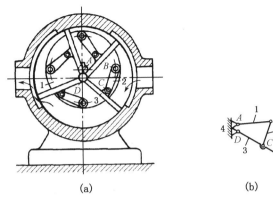

图 5-27　旋转式水泵
1—原动曲轴；2—连杆；3—从动曲柄；4—机座

双曲柄机构中，用得最多的是平行四边形机构，或称平行双曲柄机构，如图 5-28(a)中的 AB_1C_1D 所示。这种机构的对边长度相等，组成平行四边形。当杆 1 等角速度转动时，杆 3 也以相同的角速度同向转动，连杆 2 则做平移运动。必须指出，这种机构当四个铰链中心处于同一直线(如图中 AB_2C_2D 所示)上时，将出现运动不确定状态。例如在图 5-28(a)中，当曲柄 1 由 AB_2 转到 AB_3 时，从动曲柄 3 可能转到 DC'_3，也可能转到 DC''_3。为了消除这种运动不确定状态，可以在主、从动曲柄上错开一定角度再安装一组平行四边形机构，如图 5-28(b)所示。当上面一组平行四边形机构转到 $AB'C'D$ 共线位置时，下面一组平行四边形机构 $AB'_1C'_1D$ 却处于正常位置，故机构仍然保持确定运动。如图 5-29 所示的机车驱动轮联动机构，则是利用第三个平行曲柄来消除平行四边形机构在这种位置的运动不确定状态。

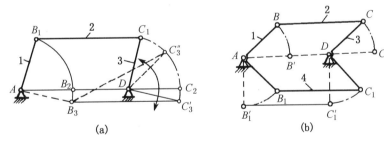

图 5-28　平行四边形机构

3. 双摇杆机构

两连架杆均为摇杆的铰链四杆机构称为双摇杆机构。图 5-30 所示为飞机起落架机构的运动简图。飞机着陆前，需要将着陆轮 1 从机翼 4 中推放出来(图中实线所示)；起飞后，为了减小空气阻力，又需将着陆轮收入翼中(图 5-30 中虚线所示)。这些动作是由原动摇杆 3 通过连杆 2、从动摇杆 5 带动着陆轮来实现的。

两摇杆长度相等的双摇杆机构，称为等腰梯形

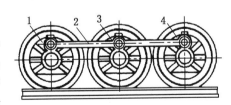

图 5-29　机车驱动轮连动机构
1—驱动轮；2—连杆；3—原动摇杆；
4—从动摇杆

机构。如图 5-31 所示汽车的前轮转向机构就是等腰梯形机构的应用实例。车子转弯时,与前轮轴固连的两个摇杆的摆角 β 和 δ 不等。如果在任意位置都能使两前轮轴线的交点 P 落在后轮轴线的延长线上,则当整个车身绕 P 点转动时,四个车轮都能在地面上纯滚动,避免轮胎因滑动而损伤。等腰梯形机构就能近似地满足这一要求。

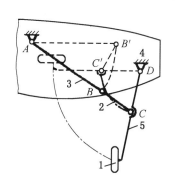
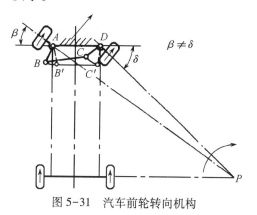

图 5-30 飞机起落架机构的运动简图
1—着陆轮;2—连杆;3—原动摇杆;4—机翼;5—从动摇杆

图 5-31 汽车前轮转向机构

(二) 平面四连杆的演化机构

通过用移动副取代转动副、变更杆件长度、变更机架和扩大转动副等途径,还可以得到平面四杆机构的其他演化形式。

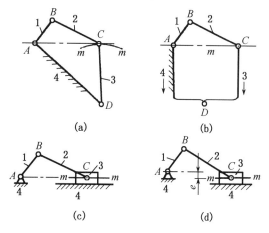

图 5-32 曲柄滑块机构
(a)、(b) 曲柄摇杆机构;(c) 曲柄滑块机构;
(d) 偏置曲柄滑块机构

1. 曲柄滑块机构

如图 5-32(a) 所示的曲柄摇杆机构,铰链中心 C 的轨迹为以 D 为圆心和 l_3 为半径的圆弧 $\overset{\frown}{mm}$。若 l_3 增至无穷大,则如图 5-32(b) 所示,C 点轨迹变成直线,于是摇杆 3 演化为直线运动的滑块,转动副 D 演化为移动副,机构演化为如图 5-32(c) 所示的曲柄滑块机构。若 C 点运动轨迹正对曲柄转动中心 A,则称为对心曲柄滑块机构[图 5-32(c)];若 C 点运动轨迹 mm 的延长线与回转中心 A 之间存在偏距,[图 5-32(d)],则称为偏置曲柄滑块机构。当曲柄等速转动时,偏置曲柄滑块机构可实现急回运动。

曲柄滑块机构广泛应用于活塞式内燃机、空气压缩机、冲床等机械中。

2. 导杆机构

导杆机构可看成是改变曲柄滑块机构中的固定构件而演化来的。如图 5-33(a) 所示的曲柄滑块机构,若取杆 1 为固定构件,即得图 5-33(b) 所示导杆机构。杆 4 称为导杆,滑块 3 相对导杆滑动并一起绕 A 点转动。通常取杆 2 为原动件,当 $l_1<l_2$ 时[图 5-33(b)],杆 2 和杆 4 均可整周回转,称为曲柄转动导杆机构,或转动导杆机构;当 $l_1>l_2$ 时(图 5-34),杆 4 只能往复摆动,称为曲柄摆动导杆机构,或摆动导杆机构。由图5-34可见,导杆机构的传动角始终等于90°,具有很好的传力性能,故常用于牛头刨床、插床和回转式液压泵之中。

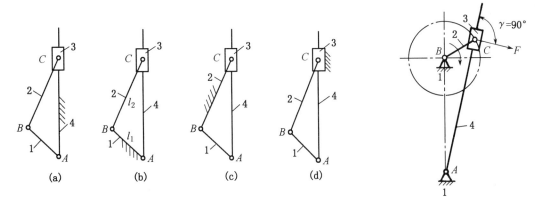

图5-33 曲柄滑块机构的演化
(a)曲柄滑块机构;(b)导杆机构;(c)摆动滑块机构;(d)固定滑块机构

图5-34 摆动导杆机构

3. 摇块机构和定块机构

在图5-33(a)所示的曲柄滑块机构中,若取杆2为固定构件,即可得图5-33(c)所示的摆动滑块机构(或称摇块机构)。这种机构广泛应用于摆缸式内燃机和液压驱动装置中。例如在图5-35所示卡车车斗自动翻转卸料机构中,当液压缸3中的压力油液推动活塞杆4运动时,车斗1便绕回转副中心B倾转,当达到一定角度时,物料就自动卸下。

在图5-33(a)所示曲柄滑块机构中,若取杆3为固定件,即可得图5-33(d)所示的固定滑块机构或称定块机构。这种机构常用于抽水唧筒(图5-36)和抽水用液压泵中。

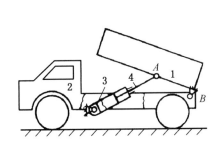

图5-35 自卸货车
1—车厢;2—杆;3—液压缸;4—活塞杆

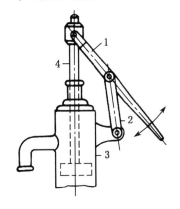

图5-36 抽水唧筒
1—摇杆;2—连杆;3—筒壁;4—滑块

4. 双滑块机构

双滑块机构是具有两个移动副的四杆机构,可以认为是由铰链四杆机构中的两杆长度趋于无穷大而演化成的。

按照两个移动副所处位置的不同,可将双滑块机构分成四种形式。

(1) 两个移动副不相邻,如图5-37所示。这种机构从动件3的位移与原动件1的转角 φ

的正切成正比,故称为正切机构。

(2) 两个移动副相邻,且其中一个移动副与机架相关联,如图 5-38 所示。这种机构从动件 3 的位移与原动件 1 的转角 φ 的正弦成正比,故称为正弦机构。这两种机构常见于计算装置之中。

图 5-37　正切机构　　　　　　图 5-38　正弦机构

(3) 两个移动副相邻,且均不与机架相关联,如图 5-39(a)所示。这种机构的主动件 1 与从动件 3 具有相等的角速度。如图 5-39(b)所示的滑块联轴器就是这种机构的应用实例,它可用来连接中心线不重合的两根轴。

(4) 两个移动副都与机架相关联。如图 5-40 所示的椭圆仪就用到这种机构。当滑块 1 和 3 沿机架的十字槽滑动时,连杆 2 上的各点便描绘出长、短径不同的椭圆。

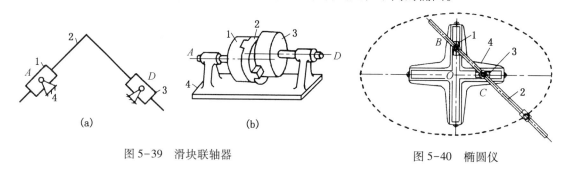

图 5-39　滑块联轴器　　　　　　图 5-40　椭圆仪

5. 偏心轮机构

图 5-41(a)所示为偏心轮机构。杆 1 为圆盘,其几何中心为 B。因运动时该圆盘绕偏心 A 转动,故称偏心轮。A、B 之间的距离 e 称为偏心距。按照相对运动关系,可画出该机构的运动简图,如图 5-41(b)所示。由图 5-41 可知,偏心轮是回转副 B 扩大到包括回转副 A 而形成的,偏心距 e 即是曲柄的长度。

同理,如图 5-41(c)所示的偏心轮机构可用图 5-41(d)来表示。

当曲柄长度很小时,通常都把曲柄做成偏心轮,这样不仅增大了轴颈的尺寸,提高了偏心轴的强度和刚度,而且当轴颈位于中部时,还可安装整体式连杆,使结构简化。因此,偏心轮广泛应用于传力较大的剪床、冲床、颚式破碎机和内燃机等机械中。

除上述以外,生产中常见的某些多杆机构也可以看成是由若干个四杆机构组合扩展形成的。

如图 5-42 所示的手动冲床是一个六杆机构,它可以看成是由两个四杆机构组成的。第一个是由原动摇杆(手柄)1、连杆 2、从动摇杆 3 和机架 4 组成的双摇杆机构;第二个是由摇杆 3、小连杆 5、冲杆 6 和机架 4 组成的摇杆滑块机构。在这里前一个四杆机构的输出件被作为第二个四杆机构的输入件。扳动手柄 1,冲杆就上下运动。采用六杆机构,使扳动手柄的力获得两次放大,从而增大了冲杆的作用力。这种增力作用在连杆机构中经常用到。

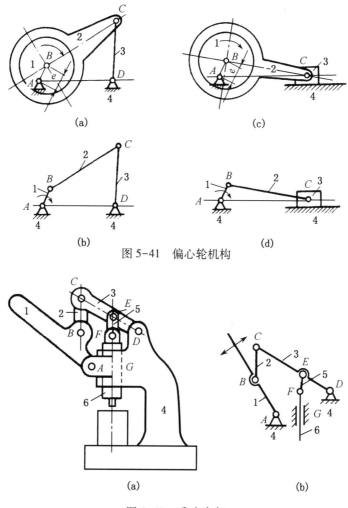

图 5-41　偏心轮机构

图 5-42　手动冲床
1—原动摇杆(手柄);2,5—连杆;3—从动摇杆;4—机架;6—冲杆

图 5-43 所示为筛料机主体机构的运动简图。这个六杆机构也可看成由两个四杆机构组

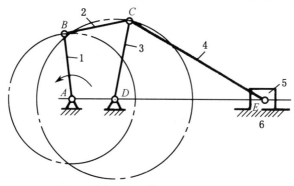

图 5-43　筛料机机构
1—原动曲柄;2—连杆;3—从动曲柄;4—连杆;5—滑块(筛子);6—机架

成。第一个是由原动曲柄 1、连杆 2、从动曲柄 3 和机架 6 组成的双曲柄机构,第二个是由曲柄 3(原动件)、连杆 4、滑块 5(筛子)和机架 6 组成的曲柄滑块机构。

二、凸轮机构

凸轮机构是机械中的一种常用机构,在自动化和半自动化机械中应用非常广泛。凸轮机构的作用主要是将凸轮(主动件)的连续转动,转化成从动件的往复移动或摆动。

如图 5-44 所示的自动车床进刀机构中,当凸轮按顺时针方向回转时,推动摆杆摆动,再经齿轮齿条,使刀架和刀具向左移动而完成送刀动作。凸轮由 Ⅰ、Ⅱ、Ⅲ、Ⅳ 四段曲线组成,作用是分别使刀具做快速接近、工作进刀、快速退刀、停止等四个循环动作。

图 5-45 所示为内燃机配气凸轮机构。凸轮 1 以等角速度回转,它的轮廓驱使从动件 2 (阀杆)按预期的运动规律启闭阀门。

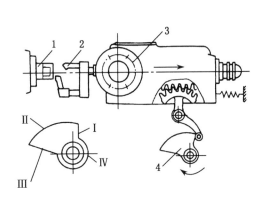

图 5-44 自动车床的进刀凸轮
1—工件;2—刀具;3—回转刀架;4—凸轮

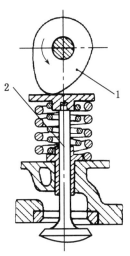

图 5-45 内燃机配气机构
1—凸轮;2—阀杆

图 5-46 所示为绕线机中用于排线的凸轮机构,当绕线轴 3 快速转动时,其经齿轮带动凸轮 1 缓慢地转动,通过凸轮轮廓与尖顶 A 之间的作用,驱使从动件 2 往复摆动,从而使线均匀地缠绕在绕线轴上。

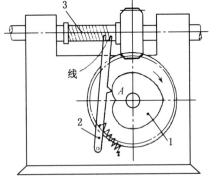

图 5-46 绕线机构
1—凸轮;2—从动件(送线杆);3—绕线轴

图 5-47 所示为录音机卷带装置中的凸轮机构。凸轮 1 随放音键上下移动。放音时,凸轮 1 处于图示最低位置,在弹簧 6 的作用下,安装于带轮轴上的摩擦轮 4 紧靠卷带轮 5,从而将磁带卷紧。停止放音时,凸轮 1 随按键上移,其轮廓压迫从动件 2 顺时针摆动,使摩擦轮与卷带轮分离,从而停止卷带。

图 5-48 所示为自动送料机构。当带有凹槽的凸轮 1 转动时,通过槽中的滚子,驱使从动件 2 做往复移动。凸轮每回转一周,从动件即从储料

器中推出一个毛坯,送到加工位置。

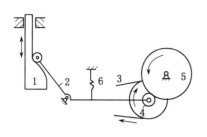

图 5-47　录音机卷带机构
1—凸轮;2—从动件;3—磁带;4—摩擦轮;
5—卷带轮;6—弹簧

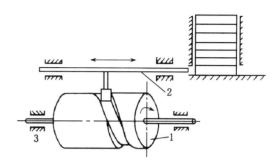

图 5-48　送料机构
1—凸轮;2—从动件;3—机架

从以上所举的例子可以看出:凸轮机构主要由凸轮、从动件和机架三个基本构件组成。根据凸轮与从动件的不同形状和形式,凸轮机构可分类如下:

1. 按凸轮的形状分

（1）盘形凸轮,是凸轮的最基本形式。这种凸轮是一个绕固定轴线转动并且具有变化半径的盘形零件,如图 5-45 和图 5-46 所示。

（2）移动凸轮,当盘形凸轮的回转中心趋于无穷远时,凸轮相对机架做直线运动,这种凸轮称为移动凸轮,如图 5-47 所示。

（3）圆柱凸轮,将移动凸轮卷成圆柱体即成为圆柱凸轮,如图 5-48 所示。

2. 按从动件的形式分

（1）尖顶从动件,如图 5-46 所示,尖顶能与复杂的凸轮轮廓保持接触,因而能实现任意预期的运动规律。但尖顶与凸轮是点接触,磨损快,所以只宜用于受力不大的低速凸轮机构。

（2）滚子从动件,如图 5-47 和图 5-48 所示。为了克服尖顶从动件的缺点,在从动件的尖顶处安装一个滚子,即成为滚子从动件。滚子和凸轮轮廓之间为滚动摩擦,耐磨损,可以承受较大的载荷,所以是从动件中最常用的一种形式。

（3）平底从动件,如图 5-45 所示,这种从动件与凸轮轮廓表面接触的端面为一平面。显然,它不能与凹陷的凸轮轮廓相接触。这种从动件的优点是:当不考虑摩擦时,凸轮与从动件之间的作用力始终与从动件的平底相垂直,传动效率较高,且接触面间易于形成油膜,利于润滑,故常用于高速凸轮机构。

以上三种从动件都可以相对机架做往复直线移动或做往复摆动。为了使凸轮与从动件始终保持接触,可以利用重力、弹簧力(见图 5-45、图 5-46 及图 5-47)或依靠凸轮上的凹槽(见图 5-48)来实现。

凸轮机构的优点为:只需设计适当的凸轮轮廓,便可使从动件得到所需的运动规律,并且结构简单、紧凑,设计方便。它的缺点是凸轮轮廓与从动件之间为点接触或线接触,易于磨损,所以通常多用于传力不大的控制机构。

第五节 齿轮传动

一、齿轮传动的应用特点

齿轮传动是由齿轮副组成的传递运动和动力的一套装置。如图 5-49 所示,当一对齿轮相互啮合工作时,主动轮 O_1 的轮齿($1,2,3,\cdots$)通过啮合点法向力 F_n 的作用逐个地推动从动轮 O_2 的轮齿($1',2',3',\cdots$),使从动轮转动,从而将主动轴的动力和运动传递给从动轴。

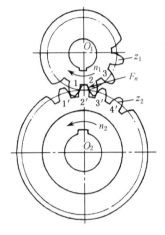

图 5-49 齿轮传动

1. 传动比

如图 5-49 所示的一对齿轮传动中,设主动齿轮转速为 n_1,齿数为 z_1,从动齿轮的转速为 n_2,齿数为 z_2,则有 $z_1 n_1 = z_2 n_2$。由此可得一对齿轮的传动比为

$$i_{12} = \frac{n_1}{n_2} = \frac{z_2}{z_1} \qquad (5-10)$$

式(5-10)说明一对齿轮传动比 i_{12},就是主动齿轮与从动齿轮转速之比,等于其齿数的反比。

例 5-2 有一对齿轮传动,已知 $n_1 = 960 \text{ r/min}$,齿数 $z_1 = 20, z_2 = 50$,试计算传动比 i_{12} 和 n_2。

解:由式(5-10)可得

$$i_{12} = \frac{z_1}{z_2} = \frac{50}{20} = 2.5$$

从动轮转速为

$$n_2 = \frac{n_1}{i_{12}} = \frac{960}{2.5} \text{ r/min} = 384 \text{ r/min}$$

2. 应用特点

齿轮传动与摩擦传动、带传动和链传动等相比,有以下特点:
(1)能保证瞬时传动比恒定,平稳性较好,传递运动准确可靠。
(2)传递的功率和速度范围较大。
(3)结构紧凑,工作可靠,可实现较大的传动比。
(4)传动效率高,使用寿命长。
(5)齿轮的制造、安装要求较高。

3. 渐开线齿轮啮合特性

渐开线齿轮的轮齿由两条对称的渐开线作齿廓而组成,如图 5-50 所示。
(1)传动平稳性。传动平稳就是瞬时速比不变。从两齿轮在啮合传动时分析可得,$i_{12} = \dfrac{\omega_1}{\omega_2} = \dfrac{r_2'}{r_1'} =$ 常数,即传动比等于角速度之比,与节圆半径成反比。而齿轮加工后的节圆半径是不变的,所以能保持传动比恒定不变。也就是说,一对渐开线的轮齿能够平稳啮合。
(2)正确啮合条件。要使一对渐开线齿轮各对轮齿依次正确啮合传动,就必须使它们的

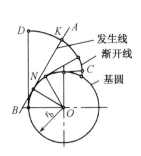 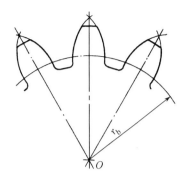

图 5-50　渐开线齿廓的形成

模数 m_1、m_2 和压力角 α_1、α_2 分别相等,即

$$m_1 = m_2 = m,\alpha_1 = \alpha_2 = \alpha$$

(3) 连续传动条件。一对齿轮啮合传动,当这对轮齿还没有脱离啮合以前,后一对轮齿就应进入啮合,否则齿轮传动就会中断,将产生冲击。连续传动条件为重合度 $\varepsilon_\alpha > 1$。重合度 ε_α 表示了同时接触的轮齿对数。如 $\varepsilon_\alpha = 2$,表示任意瞬间有两对轮齿同时进入啮合传动。ε_α 越大,表示同时进入啮合的轮齿对数越多,每对轮齿分担的载荷越小。

二、轮系

在许多机械中,为了获得较大的传动比和变换转速等原因,通常需要采用一系列互相啮合的齿轮传动系统,这种一系列齿轮所构成的传动系统称为轮系。

1. 轮系的分类

轮系的结构形式很多,根据轮系运转时各齿轮的几何轴线在空间的相对位置是否固定,轮系可分定轴轮系和周转轮系两大类。

(1) 定轴轮系:轮系在传动时各齿轮的轴线位置均固定不动,这种轮系称为定轴轮系(或普通轮系),图 5-51(a)所示即为定轴轮系。

(2) 周转轮系:轮系在传动时至少有一个齿轮的轴线绕另一齿轮的固定轴线回转,这种轮系称为周转轮系。图 5-51(b)所示即为周转轮系,图中齿轮 2 的轴线绕齿轮 1 的轴线回转。周转轮系在应用上具有把两个运动合成一个运动,或把一个运动分解成两个运动等特点。

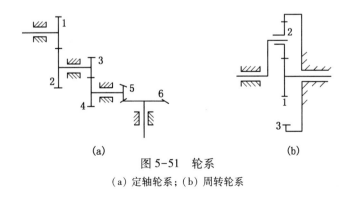

图 5-51　轮系
(a) 定轴轮系；(b) 周转轮系

2. 定轴轮系的传动比及其计算

把轮系中首、末两轮的转速之比称为轮系的传动比。

图 5-52 所示为一圆柱齿轮组成的定轴轮系,齿轮 1 为首轮(主动轮),齿轮 7 为末轮(从动轮)。设轮系中各齿轮的齿数分别为 z_1、z_2、z_3、z_4、z_5、z_6、z_7,各齿轮的转速分别为 n_1、n_2、n_3($n_3 = n_2$)、n_4、n_5、n_6($n_6 = n_5$)、n_7,则轮系的传动比为

$$i_{17} = \frac{n_1}{n_7} = i_{12} \cdot i_{34} \cdot i_{45} \cdot i_{67} = (-1)^3 \frac{z_2 \cdot z_4 \cdot z_5 \cdot z_7}{z_1 \cdot z_3 \cdot z_4 \cdot z_6} \tag{5-11}$$

由此可知,定轴轮系的传动比等于其各对啮合齿轮的传动比的连乘积;或传动比的大小等于所有从动轮齿数的连乘积与所有主动轮齿数的连乘积之比,其正负号决定于外啮合齿轮的对数,奇数对外啮合齿轮取负号,偶数对外啮合齿轮取正号。图 5-52 中有三对(奇数对)外啮合齿轮,故取负号,说明该轮系首、末两轮旋转方向相反。

根据以上分析,可以推出定轴轮系传动比计算的普通公式

$$i_{1K} = \frac{n_1}{n_K} = i_{12} \cdot i_{34} \cdot i_{56} \cdots i_{(K-1)K} = (-1)^n \frac{z_2 \cdot z_4 \cdot z_6 \cdots z_K}{z_1 \cdot z_3 \cdot z_5 \cdots z_{(K-1)}} \tag{5-12}$$

例 5-3 如图 5-53 所示轮系,已知主动轮 1 的转速 $n_1 = 280$ r/min,各齿轮齿数分别为 $z_1 = 24$、$z_2 = 20$、$z_3 = 12$、$z_4 = 36$、$z_5 = 18$、$z_6 = 45$。求齿轮 6 的转速大小及转向。

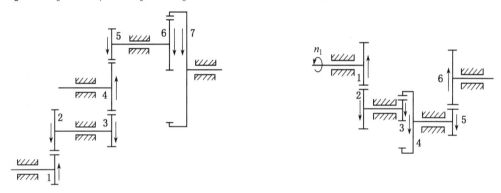

图 5-52 定轴轮系传动比分析　　图 5-53 带有内齿轮的定轴轮系传动比计算

解:由图 5-53 可知此轮系为一定轴轮系,故可根据式(5-12)进行计算。外啮合齿轮的对数 $n = 2$,设齿轮 6 的转速为 n_6,则

$$i_{16} = \frac{n_1}{n_6} = (-1)^n \frac{z_2 \cdot z_4 \cdot z_6}{z_1 \cdot z_3 \cdot z_5} = (-1)^2 \frac{20 \times 36 \times 45}{24 \times 12 \times 18 \times} = \frac{25}{4}$$

所以

$$n_6 = n_1 \times \frac{1}{i_{16}} = \left(2\,800 \times \frac{4}{25}\right) \text{r/min} = 448 \text{ r/min}$$

三、蜗杆传动

1. 蜗杆传动的组成

蜗杆传动由蜗杆和蜗轮组成,如图 5-54 所示,它们的轴线在空间交错成 90°,通常蜗杆是主动件。

常用的蜗杆犹如一梯形螺杆,它的轴向截面如图 5-54(a)所示,呈直边齿条形(牙形半角为 20°),在垂直于轴线的剖面上为阿基米德螺旋线蜗杆。它是目前应用最广的一种蜗杆。蜗杆与螺杆一样,有单线、多线及左旋、右旋之分,加工方法也和螺杆的加工方法一样。

蜗轮的形状略如斜齿轮,它的螺旋角 β 的大小、方向与蜗杆导程角 λ 的大小、方向相同($\beta=\lambda$)。为了改善齿面的接触情况,蜗轮轮齿沿齿宽方向是圆弧形的,如图 5-54(b)所示。蜗轮一般是用与蜗杆形状相同的滚刀切制的。在主平面内,蜗杆的形状呈标准的直边齿条形,故蜗轮在主平面内的齿形亦为一般的渐开线齿形,如图 5-54 所示。

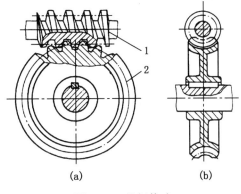

图 5-54 蜗杆传动
1—蜗杆;2—蜗轮

2. 蜗杆传动的传动比

如图 5-55 所示,设蜗杆头数为 z_1、转速为 n_1,蜗轮齿数为 z_2、转速为 n_2,观察图中节点 p 处时,因蜗杆每转过 1 周便有 z_1 个齿经过 p 点,故每分钟将有 $n_1 z_1$ 个齿经过 p 点;同样地,蜗轮每转 1 周有 z_2 个齿经过 p 点,故每分钟有 $n_2 z_2$ 个齿经过 p 点。在啮合过程中,这两个数目必然相等,即

$$n_1 z_1 = n_2 z_2 \tag{5-13}$$

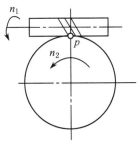

图 5-55 蜗杆传动示意图

故传动比为

$$i = \frac{n_1}{n_2} = \frac{z_2}{z_1} \tag{5-14}$$

蜗杆的线数一般为 $z_1=1\sim4$,线数少则传动比大,但此时导程角 λ 小,效率较低。一般分度机构中多用 $z_1=1$,动力传动中则常用多线蜗杆。

3. 蜗杆传动的特点

与齿轮传动相比,蜗杆传动有很多不同点:

(1) 传动比大:蜗杆传动的传动比大,一般动力传动中 $i=8\sim60$,在分度机构中 $i=600\sim1\,000$。

(2) 工作平稳:蜗杆的齿是连续的螺旋形,故工作平稳、噪声小。

(3) 可以自锁:在蜗杆传动中,蜗杆如同螺旋,蜗轮与蜗杆齿间的作用力关系也和螺旋传动一样。螺纹可以是自锁的,蜗杆传动也可以自锁,即蜗轮不能带动蜗杆(条件为蜗杆导程角 λ 小于当量摩擦角 ρ',即 $\lambda<\rho'$)。

(4) 效率低:蜗杆传动的效率较低,一般 $\eta=0.7\sim0.9$,自锁时 $\eta<0.5$,这就限制了它传递的功率(一般不超过 50 kW)。连续工作时,要求有良好的润滑和散热。

(5) 不能任意互换啮合。在直齿圆柱齿轮传动中,由于模数和压力角都已标准化,故切制模数相同而齿数不同的齿轮,只要用一把齿轮滚刀即可,而且具有相同模数的齿轮可以互换啮合。但在蜗杆传动中,由于蜗轮的轮齿是呈圆弧形而包围着蜗杆的,所以切制蜗轮的蜗轮滚刀,其参数必须与工作蜗杆的参数完全相同(即不仅模数、压力均相同,滚刀与蜗杆的分度圆直径、螺纹的线数、升角 λ 也都要求相同),因此蜗轮滚刀的专用性强。

第六章 汽车常用材料

第一节 金属材料的主要性能

金属材料的使用性能和工艺性能是指其在不同情况下性能的体现,使用性能是反映金属材料在使用过程中所表现出来的特性,包括力学性能、物理性能和其他性能;工艺性能则反映金属材料在加工制造过程中所表现出来的特性,如冲压性能、铸造性能、焊接性能、切削加工性能、热处理性能等。只有了解了金属材料的各种性能,才能在加工钣金制品和汽车车身维修时既正确,又经济合理地选择和使用金属材料,达到提高维修质量、降低成本的目的。

一、金属材料的机械性能

在钣金成型过程中,要采取各种工艺方法(如弯曲、压延、拉伸等),使板料变成所需的形状。对板料施加外力的作用时,金属板料对外力的作用表现出来一定的抵抗,称为金属材料的力学性能,又称机械性能。不同的金属材料的机械性能不同,因此在钣金成型过程中,金属的工艺成型性能也不一样。经常用弹性、塑性、屈服强度、抗拉强度等来反映金属的力学性能。金属的性能主要由金属的结构决定。

(一) 金属的晶体结构

金属由原子按一定几何形状有规律地排列构成。不同的金属其原子有不同的排列方式,这种排列方式称为金属的晶体结构。金属的晶体结构是影响金属性能的最重要的因素。

实际金属晶体中各原子都是紧密地堆积在一起的,如图 6-1(a) 所示。但在研究晶体结构时,为了便于分析各种晶体中原子排列的规律,可以用假想的线条将各原子的中心连接起来,使之构成一个空间格子,如图 6-1(b) 所示。各连接的交点称为"结点",原子都位于该假想空间格子的结点上,这种描述原子在晶体中排列形式的几何空间格架称为结晶格子,简称"晶格"。

为了说明晶体中原子排列的规律性,从其晶格中取出一个能完全代表晶格的最小几何单元来表达原子排列形式的特征,这种最基本的单元称为"晶胞",如图 6-1(c) 所示。晶胞的大小以及其各边的尺寸 a、b、c,称为"晶格常数",一般用 10^{-10} m 为单位来度量,晶胞间的夹角分别用 α、β 和 γ 表示。

各种晶体物质表现出各不相同的力学性能和物理性能,除了原子本身的特性不同外,主要是由于晶体结构形式及晶格常数不同。

金属元素的晶格类型有多种,一般常见的有三种:体心立方晶格、面心立方晶格和密排六方晶格。这三种晶格的立方图形如图 6-2 所示。

体心晶格的结构是一个立方体,在立方晶格的 8 个结点上各有 1 个原子,在立方体的中心还有 1 个原子[图 6-2(a)];面心晶格除在立方晶格的 8 个结点上各有 1 个原子外,在 6 个面的中心也各有 1 个原子[图 6-2(b)]；密排六方晶格除在六棱柱上下两面的几个结点和上下两面的中心有 1 个原子外，在六棱柱中心处还有 3 个原子[图 6-2(c)]。

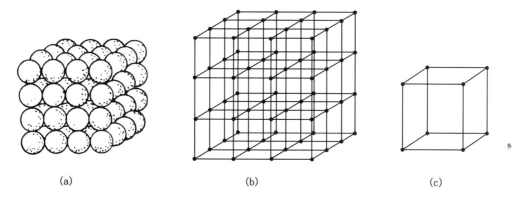

图 6-1　金属的晶体结构示意图
(a) 实际晶体中原子的排列；(b) 晶格；(c) 晶胞

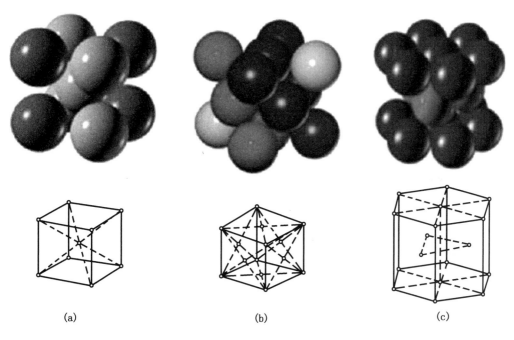

图 6-2　三种晶格类型
(a) 体心立方晶格；(b) 面心立方晶格；(c) 密排六方晶格

在晶体内部，如果晶格位向是完全一致的，则这种晶体称为单晶体，单晶体金属的性能是各向异性的。但实际上金属是由许多不同位向的单个晶体所组成的多晶体，在多晶体中各单个晶体的各向异性互相抵消，使其在各方向的性能基本一致。

(二) 弹性

金属材料受外力作用时发生变形，当外力去掉后，能完全恢复原来形状的性能，称为弹性。

这种能完全恢复的变形量越大,说明材料的弹性越好。在弹性变形范围内,外力和变形成正比,如图 6-3 所示,在材料拉伸曲线上 Oe 是一条直线段。材料弹性大小,用材料在外力作用下产生弹性变形时所能承受的最大应力 σ_e 来表示,σ_e 称为弹性极限(单位为 MPa),其计算式为

$$\sigma_e = \frac{P_e}{F_0} \qquad (6-1)$$

式中　P_e——弹性极限的负荷,N;
　　　F_0——拉伸试棒原始横截面面积,mm^2。

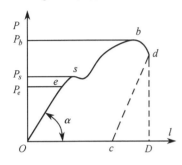

图 6-3　拉伸曲线(低碳钢拉伸图)

材料的弹性是从弹性极限大小及弹性变形量大小两个方面来衡量的。材料在弹性变形范围内,外力与变形量之比为比例常数,也称弹性系数,常用 E 来表示

$$E = \tan \alpha \qquad (6-2)$$

式中　α——图 6-3 中 Oe 与 OD 的夹角。

金属在不受外力作用时,金属晶格原子处于平衡状态[图 6-4(a)]。在受到外力作用后,引起原子间距离的改变,造成晶格的畸变[图 6-4(b)]时,使晶格中的原子处于不稳定状态,这样就表现为整个晶格的变形。在除去外力后,晶格中的原子因内力的作用,又立即恢复到原来平衡位置,晶格畸变和整个晶体的变形也立即消失,这就是金属弹性变形的实质,这种变形一般是很微小的。

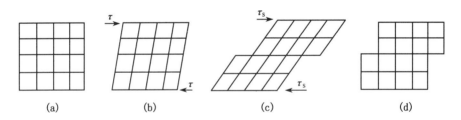

图 6-4　晶格的滑移过程
(a) 晶体原子平衡;(b) 晶格的畸变;(c),(d) 晶格变形

(三) 屈服强度

塑性高的材料,在拉伸过程中,当加载到 P_s 时,外力不增加,而材料变形仍继续伸长,这种现象为屈服现象。

金属材料在外力作用下,开始发生明显的塑性变形时的应力称为屈服强度,也称屈服极限,用符号 σ_s 表示(单位为 MPa),其计算式为

$$\sigma_s = \frac{P_s}{F_0} \qquad (6-3)$$

式中　P_s——屈服时的外力,N
　　　F_0——拉伸试棒原始横截面面积,mm^2

屈服点的测定比较简单,在拉力试验过程中,当指示外力的指针停止转动或微有返回时,其外力读数就是 P_s。屈服以后,金属就开始有明显的塑性变形。

除退火状态下的低碳合金钢或中碳钢以及某些低合金钢有明显的屈服现象外,高碳钢及其他一些钢则无明显屈服的现象。因此,对这些钢规定,产生试棒标距长 0.2%塑性变形时的应力为条件屈服强度,以 $\sigma_{0.2}$ 表示。

很多汽车零件因过量的塑性变形而报废,所以一般零件都不允许产生塑性变形。而在钣金成型过程中,要使板料改变成一定形状,所加外力必须能使板料产生的应力大于 σ_s 或 $\sigma_{0.2}$。

(四) 抗拉强度

金属材料在拉力作用下,抵抗破坏的最大能力,称为抗拉强度,即试件被拉断的最大负荷 P_b 与原始横截面面积之比,也称为强度极限,常用 σ_b 来表示,其计算式为

$$\sigma_b = \frac{P_b}{F_0} \text{ (MPa)} \tag{6-4}$$

从图 6-3 中可以看出,b 点为强度极限点,金属材料所受外力超过 P_b 就会断裂。因此,在钣金成型过程中,为了不使零件断裂,所加外力必须小于 P_b。

当材料所受的力为压应力或弯曲应力时,这种抵抗破坏的最大应力分别称为抗压强度(以"σ_{bc}"表示)和抗弯强度(以"σ_{bb}"表示),其单位与 σ_b 相同。

(五) 塑性

金属材料在外力作用下产生变形而不被破坏,当外力去除后,仍然使其变形保留下来的性能称为塑性。这种外力去除后保留的永久性变形称为塑性变形。材料一般受拉力作用会伸长,受压力作用会变形,这种伸长或变形量越大,而又不出现破坏现象,则说明该材料塑性好。塑性的好坏可以用两个指标来反映,一个是延伸率,用符号 δ 表示;另一个是断面收缩率,用符号 Ψ 表示。

当一定横截面面积的试样受拉伸直至断裂时,它的横截面面积缩小、长度增加,以此便可以计算出材料断面收缩率 Ψ 和延伸率 δ,其计算式为

$$\Psi = \frac{F_0 - F_1}{F_0} \times 100\% \tag{6-5}$$

式中 F_0——拉伸试棒原始横截面面积;
F_1——拉断后的横截面面积。

$$\delta = \frac{L_1 - L_0}{L_0} \times 100\% \tag{6-6}$$

式中 L_0——拉伸前的标距长度;
L_1——拉断后的长度。

金属材料的 Ψ 和 δ 的百分数越大,其塑性越好。在生产上常用 δ_5 或 δ_{10} 分别表示用不同规格的拉伸试棒试验时得到的延伸率。如 δ_5 表示试棒的计算长度 L_0 等于试棒直径 d 的 5 倍($L_0 = 5d$)时所测得的延伸率,一般 $\delta_5 = (1.2 \sim 1.5)\delta_{10}$。

塑性好的材料,容易进行各种成型加工,如冷冲压、冷拔、冷镦、压延和弯曲等。

金属材料产生塑性变形时,金属晶格发生较大畸变,当畸变到一定程度时,晶格的一部分相对另一部分产生较大的错移[图 6-4(c)],错移后的晶格原子就在新的位置与附近的原子组成新的平衡。当外力去除后,原子间的距离可以恢复原状,但错移的晶格却不能再恢复到原来位置,这就产生了一种不可恢复的永久变形,即为塑性变形[图 6-4(d)]。这种变形量比弹性变形量大得多。

塑性变形的形式大体分为滑移、孪晶和晶间变形。

1. 滑移

金属在外力作用下,晶体的某一部分沿着一定的晶面和一定方向,与另一部分之间做相对移动,这种现象称为滑移。这个晶面称为滑移面,这个方向为滑移方向。金属的滑移面一般是晶格中原子分布最密的晶面,滑移方向则是原子分布最密的结晶方向。金属晶格中,原子分布最密的晶面和结晶方向越多,产生滑移的可能性就越大,金属的塑性也就越好。面心立方晶格的金属(如铝、铜)塑性好,体心立方晶格的金属(如钼、钨、α-铁等)塑性次之,密排六方晶格的金属(如镁、钛、锌等)塑性较差。

实际上,金属滑移是比较复杂的,不只是在一个晶面上,而是在若干个平行的晶面(称滑移层)上进行,并在滑移层之间形成一个阶梯。当塑性变形程度较大时,在金属表面上可以看到滑移的痕迹,即无数互相平行的线条,常称滑移线。

2. 孪晶

孪晶是在切应力作用下,晶体的一部分相对另一部分,沿着一定的晶面(孪晶面)产生一定角度的切变,其过程如图 6-5 所示。

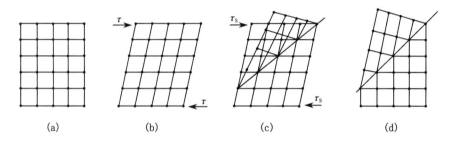

图 6-5 晶格的孪晶过程
(a) 平衡状态;(b) 弹性畸变;(c) 晶面发生转动;(d) 永久变形

金属的孪晶是突然发生的,原子位置不能产生较大的错动,因此晶体取得较大的永久变形的方式主要是滑移作用。产生孪晶后晶体内部出现空隙,易于导致金属破裂。

3. 晶间变形

上述两种变形都是在每个晶体内部进行的,称为晶内变形。而实际金属在变形中,晶体(晶粒)之间在外力作用下相对移动或转动产生变形,这种变形称为晶间变形。晶粒之间的相对移动破坏了晶粒界面,降低了晶粒之间的机械嵌合,会导致金属的破坏。脆性材料其晶间结合力差,易于产生晶间破坏,所以可塑性差。而韧性材料晶间结合力强,不易产生晶间破坏,所以可塑性好。

金属塑性变形后,会引起金属性能的改变,主要是随变形程度的加大,金属产生了硬度增高、塑性降低,即加工硬化现象(也称冷作硬化),在此温度条件下的变形为冷变形。加工硬化不利于金属的继续成型加工,但有时可用来提高产品的表面硬度和性能。

加工硬化的金属材料通过加热可使其得到部分消除或全部消除。当加热温度升高到该金属熔点(绝对温度)的 0.1~0.3 倍时,晶粒中的原子由于热运动的加剧而得到了正常的排列,消除了晶格畸变,加工硬化部分消除了。这一过程称为"回复",该温度即为回复温度。当温度继续升高到熔点(绝对温度)的 0.4~0.5 倍时,大量的热能使金属再次结晶出无应力应变的新晶粒,从而完全消除了加工硬化现象,即出现了再结晶过程,此温度就称为再结晶温度。在再结晶温度以上的塑性变形称热变形。由于金属具有再结晶组织,无加工硬化现象,因而金属就具有较高的机械性能。所以大部分金属压力加工常采用热变形方法。在实际工业生产中,常通过加热产生再结晶的方法使金属再次获得良好塑性,称为再结晶退火。

(六) 硬度

硬度是衡量金属材料软硬的一个指标,通常是指金属材料抵抗比它更硬物体压入其表面的能力,也可以说是材料抵抗局部塑性变形的能力。

测定硬度的方法有压入法、划痕法、弹跳回弹法等。金属材料的硬度以压入法测定最多。压入法硬度指标有布氏硬度(HBS、HBW)、洛氏硬度(HRA、HRB、HRC)、维氏硬度(HV)、肖氏硬度(HS)等。硬度试验是金属机械性能试验中最简便的一种,它无须专门的试样,也不损坏被试验金属,比一般试验方法简单、迅速,故应用广泛。汽车钣金修理业在检验方面常采用布氏硬度和洛氏硬度。

布氏硬度的检验方法是用直径为 10 mm、5 mm 或 2.5 mm 的淬硬钢球压入试件表面,在规定负荷[如较硬的黑色金属,负荷 $P = 294D^2$,单位为 N,式中 D 为钢球直径(单位为 mm)]作用下保持一定时间,待负荷卸除后,根据其压痕直径换算出硬度值。压痕直径越大,硬度值越低。

布氏硬度一般用于测定铸铁、有色金属和低合金结构钢等原材料,以及退火、正火和调质材料的硬度。

洛氏硬度常用的检验方法是利用一个顶角为 120°的金刚石圆锥或直径为 $\phi 1.588$ mm 的钢球作为压头,在规定的初负荷(一般 98 N)下压入被检验材料表面,并将负荷加至规定的总负荷(如 1 839 N),然后根据压痕的深度定出硬度值。

洛氏硬度有 15 种标尺,如 A、B、C、D、E、F、G、…,最常用的是 A、B、C 三种,其中 HRA 用于检验热处理后的薄壁工件及硬质合金、表面热处理的工件;HRB 用于检验退火或正火状态下的钢铁及有色金属等;HRC 用于检验淬火后的工具和零件。

(七) 冲击韧性

金属材料抵抗冲击载荷的能力,称为冲击韧性。它以单位横截面面积上所耗用的功来表示,也称为冲击值。其值的大小表示材料韧性的高低,以符号 a_k 来表示,单位为 kJ/m^2。

汽车上许多零件在工作时要受冲击载荷。所谓冲击载荷就是以很大的速度作用于零件上的载荷,如汽车的悬挂机构,在汽车起步、制动或改变速度时,钢板弹簧、钢板吊耳均要受到冲击,制动越急,起步越猛,冲击力越大。另外,还有一些机件,如发动机活塞、连杆、活塞销等,在发动机做功时都会受到很大的冲击载荷。因此要求这些零件具有一定的耐冲击性能。

实际上,在动载荷下工作的机件,很少因受一次冲击而破坏的。大部分情况下,零部件所承受的冲击载荷是属于小能量的多次重复冲击载荷,如曲轴、气门弹簧等。材料承受多次重复冲击的能力,主要决定于强度。

金属材料的力学性能,除上述外还有抗疲劳强度、耐磨性和抗蠕变性等。

二、金属材料的工艺性能

工艺性能是指制造配件时,各种冷、热加工工艺对材料性能的要求,如冲压性能、焊接性能、铸造性能、切削性能和热处理性能等。根据钣金作业实际,这里只介绍金属材料的冲压性能和焊接性能。

（一）金属材料的冲压性能

金属在冷或热的状态时，在压力作用下进行塑性变形的能力，叫作冲压性能，即金属可进行热锻、冷冲压、冷镦、冷挤压等的能力。如汽车车身、搪瓷制品的胎料及许多日用品都是用冲压方法制成的。用于冲压的金属材料必须有良好的冲压性能或延展性能。

金属材料的冲压性能常用金属的塑性和变形抗力来综合衡量，塑性越大，变形抗力越小，其压力加工性能越好。

在汽车工业中，钢板的消耗量很大，以生产载货汽车为例，钢板消耗量一般要占整车钢料总消耗量的42%，而且大多要经过各种程度的冲压加工（主要是冷冲压）。评定钢板冲压性能的最简易方法是180°冷弯试验：用不同的弯心直径（如弯心直径 $D=1/2d$，$D=2d$，$D=3d$，d 为板厚），把钢板压弯180°。弯心直径越小，压弯后无裂纹，钢板的冲压性能越好。

（二）金属材料的焊接性能

金属材料的焊接性能又称可焊性，表示金属材料对焊接加工的适应性，是指在一定的焊接工艺条件下，金属材料获得优质焊接接头的难易程度；或材料在限定的施工条件下，焊接成规定设计要求的构件，并满足预定使用要求的能力。金属材料的焊接性好，则说明该金属材料易于用一般焊接方法与工艺施焊，而且焊接时不易形成裂纹、气孔、夹渣等缺陷，其接头强度可与母材相近。焊接性能差的材料必须用特定的方法与工艺进行焊接。

金属焊接性能涉及的内容很广，包括可焊性、熔接合金成分的改变，吸气性及氧化性，内应力及冷热裂倾向，热影响区的组织改变及晶粒长大趋势等。对于不同材料、不同工作条件下的焊件，焊接性能的主要内容是不同的。例如，普通合金结构钢，对于淬硬和冷裂纹是比较敏感的，焊接性能的主要内容便是如何解决其淬硬和冷裂纹问题；又如，焊接奥氏体不锈钢时，晶间腐蚀和热裂纹是主要矛盾，因此该问题则成为焊接性的主要内容。

鉴定金属材料焊接性能的方法有间接判断法和直接试验法。

1. 间接判断法

判断焊接性最简便的方法是碳当量鉴定法。碳当量是根据钢材的化学成分与焊接热影响区淬硬性的关系，把钢中合金元素（包括碳）的含量，按其作用折算成碳的相当含量（以碳的作用系数为1），并以常用焊接方法为前提，作为粗略地评定钢材焊接性的一种参考指标。

钢的化学成分是决定焊接热影响区是否淬硬的基本条件，合金元素越多，钢的淬硬因素越大，其中碳的影响最大。把所有合金元素都折合成碳的影响量，便可知该材料在焊接时的淬硬倾向。

碳当量有很多估算公式，适合于碳钢和低合金钢常用的碳当量公式（国际焊接学会推荐），如下：

$$w(\mathrm{C_{eq}}) = w(\mathrm{C}) + \frac{w(\mathrm{Mn})}{6} + \frac{w(\mathrm{Cr}) + w(\mathrm{Mo}) + w(\mathrm{V})}{5} + \frac{w(\mathrm{Ni}) + w(\mathrm{Cu})}{15} \quad (6-7)$$

式中，$w+$元素的符号表示其在钢中含量的百分数。

根据经验，通常情况当 $w(\mathrm{C_{eq}})$（碳当量）<0.4%时，钢的淬硬倾向不明显，焊接性能优良，焊接时可不必预热；当 $w(\mathrm{C_{eq}}) = 0.4\% \sim 0.6\%$ 时，钢的淬硬倾向增大，焊接性尚可，焊接时应采取一定的措施（如预热、控制线热能）；当 $w(\mathrm{C_{eq}}) > 0.6\%$ 时，钢的淬硬性较大，焊接性不好，属较难焊的钢材，焊接时必须有较高的预热温度和严格的工艺措施。

用碳当量鉴定法省时省料,方便易行,并在焊前就能估计焊接接头出现裂纹的可能性,因此在工程中常采用此法。但此法只是理论上的估算、判断,与实际情况有一定的出入,尤其是有些工艺因素(如焊接规范、方法、板厚等)均未考虑进去,故此法仅供参考。在实际生产中,还需采用直接试验法来对焊接性做正确的鉴定。

2. 直接试验法

在焊接工程施工前或焊接产品制造前,应掌握材料的焊接特点,这就需要对材料进行焊接性的鉴定,以便焊接时采取相应的工艺措施。

评价焊接性的试验方法是多种多样的,每一种试验方法只是从某一特点来考核或说明焊接性的某一方面。因此,往往需要进行一系列的试验才能较全面地说明焊接性,从而有助于确定焊接方法、焊接材料、工艺规范及必要的措施等。

第二节 碳钢及合金钢

一、碳钢

钢和铁是工业中应用最广泛的金属材料,它们是由铁和碳两种元素为主组成的合金,因此又称铁碳合金。其中铁元素是最基本的,它在钢中起着决定性作用。因此,认识铁碳合金的本质,首先要从铁开始,然后研究铁和碳的相互作用,以便掌握铁碳合金成分、组织结构与性能之间的关系。

(一) 纯铁的同素异构转变

多数金属在凝固后的晶体结构保持不变,但某些金属如铁、锡、钛、锰等,凝固后在不同的温度下有着不同的晶体结构。金属在固态下随温度的改变,由一种晶格转变为另一种晶格的转变称为同素异构转变(或同素异晶转变)。

纯铁的冷却曲线如图 6-6 所示。由图可知,液态纯铁在 1 538 ℃ 进行结晶,得到具有体心立方晶格的 δ-Fe,继续冷却到 1 394 ℃ 时发生同素异构转变,δ-Fe 转变为面心立方晶格的 γ-Fe,再继续冷却到 912 ℃ 时又发生同素异构转变,γ-Fe 转变为体心立方晶格的 α-Fe。如再继续冷却,晶格的类型不再发生变化。这些转变可以用下式表示

$$\underset{\left(\substack{\text{体心立方}\\\text{晶格}}\right)}{\delta\text{-Fe}} \xrightleftharpoons{1\,394\,℃} \underset{\left(\substack{\text{面心立方}\\\text{晶格}}\right)}{\gamma\text{-Fe}} \xrightleftharpoons{912\,℃} \underset{\left(\substack{\text{体心立方}\\\text{晶格}}\right)}{\alpha\text{-Fe}} \qquad (6-8)$$

金属的同素异构转变与液态金属的结晶过程相似,遵循结晶的一般规律,转变过程也是由生核和核长大来完成的。

但是,由于同异构转变是在固态下发生的,转变温度较低,所以它与液态金属结晶相比,具有明显的不同之处,其主要差别是:

(1) 固态转变时,新相晶核往往在旧相的晶界或某些特定的晶面上生成。

(2) 固态转变具有较大的过冷度,这是由于在固态下原子扩散要比液态困难得多,因而转变所需的时间也较长,在快速冷却的条件下,转变就容易被推移到更低的温度下发生。

(3) 固态转变往往要产生较大的内应力。这是由于转变时晶格的变化引起了体积的变

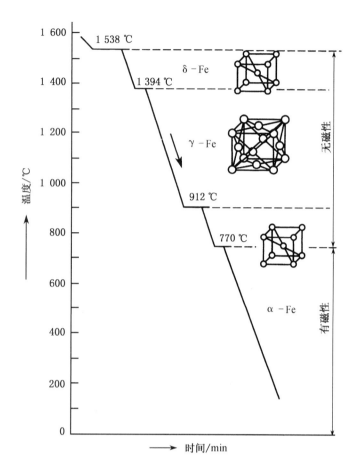

图 6-6 纯铁的冷却曲线

化。例如:由 γ-Fe 转变为 α-Fe 的体积膨胀约为 1%,在较低的温度下,金属材料塑性差,少量的体积变化就可能引起明显的内应力,这是造成零件变形甚至开裂的重要原因之一。

铁的同素异构转变具有极其重要的意义。正是由于铁能够发生同素异构转变,生产中才有可能对钢和铸铁进行各种热处理来改变其组织和性能。

(二) 铁碳合金的基本组织

纯铁具有较好的塑性,但其强度较低,所以很少用纯铁制造机械零件,通常都使用铁和碳的合金。在铁碳合金中,根据含碳量的不同,碳可以与铁组成化合物,也可以溶解在铁中形成固溶体,或者形成化合物与固溶体的机械混合物。因此,在铁碳合金中的基本组织有以下几种:

1. 铁素体

碳溶解在 α-Fe 中的间隙固溶体称铁素体,用符号"F"或"α"表示。它保持 α-Fe 的体心立方晶格,晶格中空隙分散,最大空隙半径较小,约为 $3.6×10^{-9}$m,而碳原子半径为 $7.7×10^{-9}$m。按上述情况,α-Fe 中几乎不能溶解碳原子,实际上,由于 α-Fe 中存在着许多晶体缺陷,如位错、空位、晶界等,这些都是碳原子可能存在的地方。所以碳在 α-Fe 中溶解度很小,在 727 ℃时,最大溶解度为 0.021 8%,在室温时降为 0.006%。由于铁素体含碳量低,所以铁素体的性能与纯铁相似,即具有良好的塑性和韧性,以及低的强度和硬度(HB = 50~80)。

工业上的纯铁,含碳量为 0.006%~0.021 8%,所以几乎全部是铁素体组织。

2. 奥氏体

碳溶解于 γ-Fe 中的间隙固溶体称为奥氏体,用符号"A"或"γ"表示,仍保持 γ-Fe 的面心立方晶格,晶格空隙集中,空隙半径较大,约为 $5.2×10^{-9}$ m,故奥氏体的溶碳能力较强,在 1 148 ℃时溶碳量可超 2.11%,随着温度的下降,溶解度逐渐减小,在 727 ℃时溶碳量为 0.77%。

奥氏体的强度和硬度不高,但具有良好的塑性,当钢处于奥氏体状态时,能较顺利地进行压力加工。

3. 渗碳体

碳在铁中的溶解能力有限,当碳的含量超过铁中的溶解度时,多余的碳就会和铁以一定比例形成化合物 Fe_3C,称为渗碳体,用符号"Fe_3C"表示。渗碳体含碳量为 6.69%,具有复杂的晶格。它的硬度很高(HB = 800)、脆性很大,而塑性和韧性几乎等于零。在钢中,渗碳体的数量、形态、大小及分布对钢的性能有很大影响。

4. 珠光体

铁素体和渗碳体组成的机械混合物称为珠光体,用符号"P"表示。它是奥氏体在冷却过程中,在 727 ℃的恒温下发生共析转变而得到的产物,因此它只存在于 727 ℃以下。

珠光体的平均含碳量为 0.77%,由于它是由硬的渗碳体和软的铁素体两相组成的混合物,所以其机械性能介于铁素体和渗碳体之间,它的强度较高,硬度适中(HB = 180~200),具有一定的塑性。

5. 莱氏体

含碳量为 4.3%的铁碳合金,在 1 148 ℃时,从液体中同时结晶出奥氏体和渗碳体的机械混合物称为莱氏体,用符号"Ld"表示。由于奥氏体在 727 ℃时转变为珠光体,所以在室温时,莱氏体由珠光体和渗碳体所组成。为区别起见,将 727 ℃以上的莱氏体称为高温莱氏体(用"Ld"表示),727 ℃以下的莱氏体称为低温莱氏体(用"L'd"表示)。

莱氏体的性能和渗碳体相似,硬度很高(HB>700),塑性很差。

铁碳合金基本相及组织中,铁素体、奥氏体、渗碳体是基本相,都是单相组织,而珠光体、莱氏体则是由基本相组成的多相组织。

(三)铁碳合金相图

1. 铁碳合金相图

铁碳合金相图是通过实验测定的,是反映铁碳合金在结晶过程中温度、化学成分、组织三者之间关系的图解。如图 6-7 所示,它是指导热处理和热加工工艺的基本依据,因 $w(C)$ 大于 6.69%的铁碳合金脆性极高,没有实用价值,因此这一相图实际上是由铁和渗碳体两个组元构成的相图。

为了便于学习,将图 6-7 中实际较少应用的左上角部分和 GPQ 线以左含碳量极低的铁素体区域加以简化,成为如图 6-8 所示简化的铁碳合金相图。

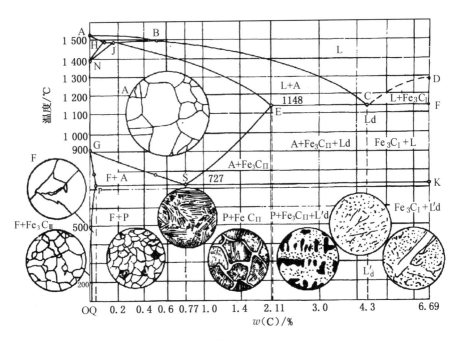

图 6-7 铁碳合金相图

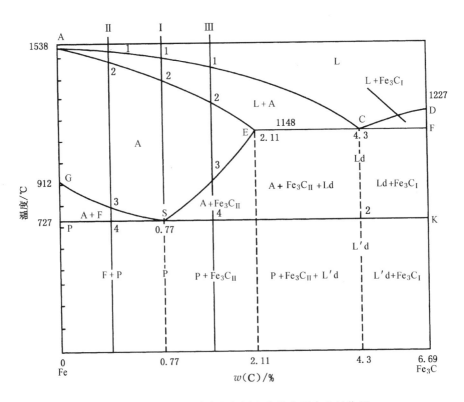

图 6-8 简化的铁碳合金相图上几种典型合金的位置

铁碳合金相图中各主要特性点的含义见表6-1。

表6-1 铁碳合金相图中各主要特性点的含义

特性点的符号	温度 $t/℃$	含碳量 $w(C)/\%$	含 义
A	1 538	0	纯铁的熔点
C	1 148	4.3	共晶点,$L_{4.3} \xrightleftharpoons{1\ 148℃} Ld(A_{2.11}+Fe_3C)$
D	1 227	6.69	渗碳体的熔点
E	1 148	2.11	碳在奥氏体中的最大溶解度,钢与铁的分界点
G	912	0	$\alpha-Fe \xrightleftharpoons{912℃} \gamma-Fe$ 同素异晶转变点
P	727	0.021 8	碳在铁素体中的最大溶解度
S	727	0.77	共析点,$A_{0.77} \xrightleftharpoons{727℃} P(F_{0.218}+Fe_3C)$

相图中主要线的含义:

ACD 线——液相线。各种成分的合金在此线以上都处于液体状态,当温度降低到此线时,液态合金开始结晶,*AC* 线开始结晶出奥氏体,*CD* 线开始结晶出渗碳体,称为一次渗碳体,用"Fe_3C_I"表示。因此液相线是不同成分铁碳合金开始结晶的温度线。

AECF 线——固相线。当温度降至此线时,各种成分的合金均处在固体状态。因此固相线是不同成分铁碳合金结晶终止的温度线。

ECF 水平线——共晶线。含碳量为4.3%的液态合金冷却到此线时,在1 148 ℃由液态合金同时结晶出奥氏体和渗碳体的机械混合物,称为高温莱氏体,用符号"Ld"表示。其反应式为

$$L_{4.3} \xrightleftharpoons{1\ 148℃} Ld(A_{2.11}+Fe_3C) \qquad (6-9)$$

此反应称为共晶反应(在相图中一个液相生成两个固相的反应,称为共晶反应)。故高温莱氏体也称共晶体。

含碳量为2.11%~6.69%的铁碳合金冷却到此线时,均会发生共晶反应生成高温莱氏体。

PSK 水平线——共析线,亦称 A_1 线。含碳量为0.77%的奥氏体冷却到此线,即在727 ℃同时析出铁素体和渗碳体的机械混合物,称为珠光体,用符号"P"表示。其反应式为

$$A_{0.77} \xrightleftharpoons{727℃} P(F_{0.021\ 8}+Fe_3C) \qquad (6-10)$$

此反应称为共析反应(在相图中一个固相生成两个固相的反应,称为共析反应)。故珠光体也称共析体。

含碳量为0.02%~6.69%的合金,冷却到 *PSK* 线均会发生共析反应生成珠光体。

GS 线,亦称 A_3 线,是冷却时奥氏体转变为铁素体的开始线。

ES 线,亦称 A_{cm} 线,是碳在奥氏体中的溶解度曲线。奥氏体自1 148 ℃冷却至727 ℃时,均会由奥氏体中析出网状的二次渗碳体,用"Fe_3C_{II}"表示,实际上 *ES* 线是冷却时由奥氏体中析出二次渗碳体的开始线。

2. 典型合金结晶过程分析

铁碳合金可分为工业纯铁、钢和生铁三大类。

(1) 工业纯铁:含碳量小于 0.02% 的铁碳合金。

(2) 钢:含碳量为 0.02%~2.11% 的铁碳合金。根据金相组织不同,钢又可分为以下三种。

① 共析钢,含碳量为 0.77%;

② 亚共析钢,含碳量在 0.02%~0.77% 之间;

③ 过共析钢,含碳量在 0.77%~2.11% 之间。

(3) 生铁:含碳量为 2.11%~6.69% 的铁碳合金,根据金相组织不同,生铁又分为以下三种。

① 共晶生铁,含碳量为 4.3%;

② 亚共晶生铁,含碳量在 2.11%~4.3% 之间;

③ 过共晶生铁,含碳量在 4.3%~6.69% 之间。

下面在选取几种典型合金,来说明结晶过程中的组织变化情况。

(1) 共析钢的结晶过程及组织:共析钢的含碳量为 0.77%,如图 6-8 所示的合金 I,当合金在 1 点温度以上时,全部为液态。当温度缓降到 1 点后,开始由液态结晶出奥氏体。在 1-2 点间随温度降低奥氏体量不断增加,温度降至 2 点全部变为单一均匀的奥氏体。2-S 点间仍为奥氏体。温度降至 S 点,奥氏体发生共析反应生成珠光体。因此共析钢缓慢冷却时,室温组织是珠光体。图 6-9 所示为共析钢结晶过程组织转变示意图。

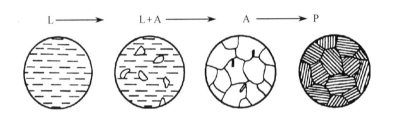

图 6-9 共析钢结晶过程组织转变示意图

(2) 亚共析钢的结晶过程及组织:以含碳量为 0.4% 的合金为例,如图 6-8 所示合金 II。合金在冷却过程中,3 点以前其结晶过程与合金 I 类似。当温度降至 3 点时,奥氏体开始转变为铁素体,随温度下降,铁素体量逐渐增多,奥氏体量逐渐减少。当温度降至 4 点时,奥氏体的含碳量升至 0.77% 则发生共析反应,剩余的奥氏体全部转变为珠光体。4 点以下至室温,合金的组织为铁素体和珠光体。所有的亚共析钢,其室温组织都是由铁素体和珠光体组成的,不同之处在于铁素体与珠光体的相对量不同。含碳量越高,组织中珠光体量越多,而铁素体量越少。图 6-10 所示为亚共析钢结晶过程组织转变示意图。

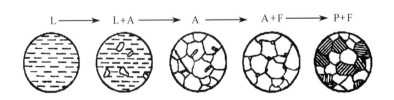

图 6-10 亚共析钢结晶过程组织转变示意图

(3) 过共析钢的结晶过程及组织

以含碳量为 1.2% 的合金为例,如图 6-8 所示合金Ⅲ。合金开始时全部呈液态。温度降到 1 点开始从液体中结晶出奥氏体,到 2 点结晶完毕,合金为单一奥氏体。2-3 点间仍为奥氏体。温度降至 3 点,开始沿奥氏体晶界析出二次渗碳体。随着温度下降,析出的二次渗碳体不断增加。温度降至 4 点,即 727 ℃时,奥氏体的含碳量降至 0.77% 则发生共析反应,奥氏体全部转变为珠光体。4 点以下至室温组织为珠光体和网状的二次渗碳体。过共析钢室温下的组织都是由珠光体和网状的二次渗碳体组成的,不同的是含碳量不同的过共析钢,珠光体和二次渗碳体的相对量不同。含碳量越高,组织中的网状二次渗碳体越多且网越宽。图 6-11 所示为过共析钢结晶过程组织转变示意图。

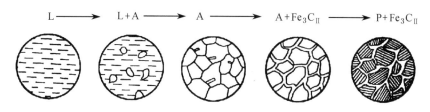

图 6-11 过共析钢结晶过程组织转变示意图

3. 铁碳合金成分与组织性能的关系

由前面的分析可知,不同成分的铁碳合金,其室温组织不同。图 6-12 表示含碳量对钢力学性能的影响。低碳钢的组织多为铁素体,强度、硬度较低,而塑性、韧性很高。随着含碳量的增加,钢的组织中铁素体不断减少,而珠光体不断增加,导致强度、硬度提高,而塑性、韧性下降。当钢的含碳量增加至 0.9% 时,其组织大多数是珠光体,且有尚未成为网状的渗碳体作为强化相,使其强度达到最大值。随着含碳量的继续增加,钢的组织中网状渗碳体不断增加,使其硬度继续提高,而强度、塑性、韧性一起下降。为了保证钢具有足够的强度、硬度,又有一定的塑性和韧性,钢中的含碳量一般不超过 1.4%。

二、碳钢及合金钢的分类与牌号

含碳量在 0.0218%~2.11% 范围内的铁碳合金叫碳素钢,简称碳钢;含碳量大于 2.11% 的铁碳合金称为铸铁;含碳量低于 0.0218% 的铁碳合金称为工业纯铁。

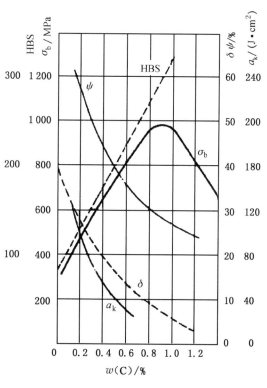

图 6-12 含碳量对正火状态碳钢力学性能的影响

碳钢及合金钢一般可按化学成分、质量和用途等来分类,见表 6-2。

表 6-2 钢的分类

分类方法	名称			说明
按化学成分分类	碳素钢	低碳钢（含碳量≤0.25%）		碳素钢的成分中除铁外，还含有碳和一定数量的硅、锰、硫、磷等元素，碳素钢按其含碳量多少可分为低、中、高碳钢三类
		中碳钢（含碳量为0.25%~0.60%）		
		高碳钢（含碳量≥0.60%）		
	合金钢	低合金钢（合金元素总含量低于5%）		在碳素钢中加入一定数量的合金元素称为合金钢。加入合金元素的目的在于改善钢的力学性能、工艺性能、物理性能和化学性能。加入的合金元素有：铬（Cr）、镍（Ni）、硅（S）、锰（Mn）、硼（B）、铌（Nb）等
		中合金钢（合金元素总含量为5%~10%）		
		高合金钢（合金元素总含量高于10%）		
按质量分类	普通钢（含硫量不超过0.050%，含磷量不超过0.045%）			这种分类法是根据钢中含硫、磷等有害杂质的多少而区分的
	优质钢（含硫量不超过0.040%，含磷量不超过0.040%，含铜量不超过0.030%）			
	高级优质钢（含硫量不超过0.030%，含磷量不超过0.035%，含铜量不超过0.025%）			
按用途分类	结构钢（含碳量小于0.7%）	碳素结构钢		用于工程结构，制造机械零件
		合金结构钢		
		滚动轴承钢		
		弹簧钢		
	工具钢（含碳量为0.7%~1.4%）	碳素工具钢		用于制造各种工具，又可细分为量具钢、刃具钢、模具钢等
		合金工具钢		
		高速工具钢		
	特殊用途钢	不锈耐酸钢		用于特殊用途，具有特殊的物理、化学性能
		耐热不起皮钢		
		磁性材料和电热合金		
其他分类	按炼钢方法分	平炉钢		
		转炉钢		
		电炉钢		
	按浇铸前脱氧程度分	镇静钢		
		沸腾钢		
		半镇静钢		
	按金相组织不同分	奥氏体钢		
		马氏体钢		
		铁素体钢		

（一）碳钢的牌号

我国钢材的牌号是采用化学元素符号和汉语拼音字母并用的原则来表示的。钢号中的化学元素采用国际化学符号来表示，如 Fe、Si、Mn、Cr、W 等，而产品名称、用途、冶炼和浇注方法等则采用汉语拼音的缩写字母来表示。

1. 碳素结构钢

碳素结构钢含碳量低，具有较高的强度和良好的塑性与韧性，同时工艺性能（焊接性和冷成形性）优良，冶炼成本低。因此，碳素结构钢广泛应用于一般建筑、工程结构及普通机械零件。

碳素结构钢是工程中应用最多的钢种，其产量占钢总产量的 70%～80%。按国家标准 GB/T 700—2006《碳素结构钢》规定，碳素结构钢分为 5 类 20 种，如表 6-3 所示。

表 6-3 碳素结构钢牌号与化学成分（GB/T 700—2006《碳素结构钢》）

牌 号	等 级	化学成分（质量分数）/%，不大于					脱氧方法
		C	Mn	Si	S	P	
Q195	—	0.12	0.50	0.30	0.040	0.035	F、Z
Q215	A	0.15	1.2	0.35	0.050	0.045	F、Z
	B				0.045		
Q235	A	0.22	1.4	0.35	0.050	0.045	F、Z
	B	0.20			0.045		
	C	0.17			0.040	0.040	Z
	D				0.035	0.035	TZ
Q275	A	0.24	1.5	0.35	0.050	0.045	F、Z
	B	0.22			0.045	0.045	Z
	C	0.20			0.040	0.040	Z
	D				0.035	0.035	TZ

碳素结构钢通常热轧成扁平成品（钢板、钢带等）或型材（圆钢、方钢、工字钢、钢筋等）供应，使用中一般不再进行热处理，在热轧状态下直接使用。

碳素结构钢的牌号是以钢材厚度（或直径）不大于 16 mm 钢的屈服强度（σ_s）数值划分的，并且还有质量等级和脱氧方法的细划分。表 6-3 中的符号、代号的意义如下：

Q——钢的屈服强度，"屈"字汉语拼音首位字母；

A、B、C、D——质量等级；

F——沸腾钢，"沸"字汉语拼音首位字母；

Z——镇静钢，"镇"字汉语拼音首位字母；

TZ——特殊镇静钢，"特镇"两字汉语拼音首位字母。

在牌号组成表示方法中，"A"级 S、P 含量最高，质量等级最低；"D"级 S、P 含量最低，质量等级最高。"Z"与"TZ"符号予以省略。

例如：Q235AF，表示 $\sigma_s \geq 235\text{MPa}$ 的 A 级碳素结构钢（属沸腾钢）。

2. 优质碳素结构钢

这类钢中有害杂质及非金属夹杂物含量较少，化学成分控制得也较严格，塑性和韧性较高，多用于制造较重要零件。

这类钢的编号方法是以平均含碳量万分数表示，例如，平均含碳量为 0.45% 的优质碳素结构钢，称为 45 钢。

优质碳素结构钢主要用于制造重要的机械零件，一般都要经过热处理之后使用。随着优质碳素结构钢含碳量的增加，其强度、硬度提高，而塑性、韧性降低。因此，不同牌号的优质碳素结构钢具有不同的力学性能及用途。

3. 碳素工具钢

这类钢的编号方法是在"碳"或"T"后加数字，数字表示钢的平均含碳量的千分数。例如，碳 7（T7）、碳 12（T12）分别表示平均含碳量为 0.7% 和 1.2% 的碳素工具钢。

碳素工具钢都是优质以上的钢，若为高级优质碳素工具钢，则在钢号后面加一个"高"字或 A，例如碳 12 高（或 T12A）。

碳素工具钢一般须热处理后使用，各种碳素工具钢淬火后的硬度相近，但随含碳量的增加，钢中未溶渗碳体增多，钢的耐磨性增加，而韧性降低。

（二）合金钢的牌号

为了改善钢的组织和性能，有意识地在钢中加入某些合金元素所获得的钢种称为合金钢。合金钢综合力学性能比碳钢好，但由于生产和加工工艺较复杂，价格也较高，因此在碳钢能满足使用要求时，尽量不要选用合金钢。合金钢分类方式与碳钢有些类似，常用的合金钢有以下几类。

1. 合金结构钢

合金结构钢通常都是优质钢，其牌号由三部分组成，即"数字+元素+数字"。前面的数字表示平均含碳量为万分之几，合金元素以化学元素符号表示；后面的数字表示合金元素的含量，一般以百分之几表示。当合金元素含量<1.5%时，钢号中一般只标出元素而不标明含量。当合金元素含量≥1.5%、≥2.5%、≥3.5%、…时，则在元素符号后面相应标出 2、3、4、…高级优质合金结构钢在牌号后面加字母"A"。例如 40Cr 表示含碳量为 0.4% 左右、含铬量为 1% 左右的合金结构钢；12Cr2Ni4A 表示含碳量为 0.12% 左右、含铬量为 2% 左右、含镍量为 4% 左右的高级优质合金结构钢。含有合金元素的弹簧钢如 55CrMnA、60CrMnA、60Si2Mn 等，其表示方法同前述。

2. 合金工具钢

合金工具钢牌号的表示方法原则上和合金结构钢大致相同，所不同的仅是含碳量的表示方法。如平均含碳量>1.0%，则不标出含碳量；平均含碳量<1.0%，则在牌号前以千分之几表示。例如 3Cr2W8 表示含碳量为 0.3% 左右、含铬量为 2% 左右、含钨量为 8% 左右的合金工具钢；Cr12MoV 表示含碳量为 1.45%~1.70%、含铬量为 12% 左右，并含有钼和钒的合金工具钢。

3. 高速工具钢

高速工具钢的牌号有 W9Cr4V、W18Cr4V、W12Cr4V4Mo 和 W6Mo5Cr4V2 等。

在高速工具钢的牌号中一般不标出含碳量，并把钨元素放在前面。合金元素平均含量的表示方法和合金结构钢相同。例如 W18Cr4V 表示含碳量为 0.70%~0.80%、含钨量为 18% 左右、含铬量为 4% 左右、含钒量为 1% 左右的高速工具钢。

4. 滚动轴承钢

滚动轴承钢的牌号有 GCr6、GCr9、GCr15、GCr15SiMn、GSiMnMoV 等。字母 G 表示滚动轴承钢，Cr 后的数字表示平均含铬量为千分之几，含碳量不标出，一般在 1% 左右。例如 GCr15 表示含铬量为 1.5% 左右的滚动轴承钢；GSiMnMoV 表示含硅量为 0.55% 左右、含锰量为 1% 左右并含有钼和钒的滚动轴承钢。

5. 不锈耐酸钢、耐热钢和电热合金

这几种钢牌号表示方法和合金工具钢相同。但含碳量一般不标出，在钢号有重复或含碳量较高时，才在牌号中标出平均含碳量（为千分之几）。如果 $w(C) \leqslant 0.03\%$ 或 $\leqslant 0.08\%$，则牌号前应冠以 "00" 或 "0"。不锈耐酸钢的牌号有 1Cr13、2Cr13、4Cr13、Cr14、9Cr18、0Cr18Ni9、1Cr18Ni9、1Cr18Ni9Ti 等，耐热钢有 4Cr9Si2、Cr3Si、Cr5Mo、4Cr10Si2Mo 等，电热合金有 Cr8Al5、Cr13Al4、1Cr17Al5 等。

三、碳钢及合金钢的用途

1. 碳素结构钢

碳素结构钢的含碳量一般小于 0.7%，可分为普通碳素结构钢和优质碳素结构钢，有较高的强度、塑性和韧性，常用于制造工程结构件（如建筑的屋架、桥梁、车辆等）以及机械零件（如螺钉、螺母、冲压零件、齿轮、轴、连杆等）。

普通碳素结构钢的应用见表 6-4，优质碳素结构钢的应用见表 6-5。

表 6-4 普通碳素结构钢的应用

牌　号	应　用
Q195，Q215-A，Q215-B	薄板、焊接钢管、铁丝、铁钉、屋面板、烟囱等
Q235-A，Q235-B，Q235-C，Q235-D	薄板、中板、钢筋、条钢、钢管、焊接件、铆钉、小轴、螺栓、连杆、外壳等
Q255-A，Q255-B，Q275	拉杆、连杆、键、轴、销钉，要求刚度较高的某些零件

表 6-5 优质碳素结构钢的应用

牌　号	性　能	应 用 举 例
08，08F，10，10F	低碳钢，具有高的塑性和韧性，优良的冷冲压性能及焊接性能	制造仪表外壳，汽车上的冷冲压件、车身、驾驶室等
15，20，25	低碳钢，硬度、强度不高，塑性、韧性高；渗碳淬火后表面硬而耐磨，芯部保持高韧性	制造受力不大、韧性要求较高的零件，如螺钉、螺母、法兰盘、拉杆；也可制造凸轮、摩擦片、样板等
30，35，40，45	中碳钢，经调质处理后具有良好的综合机械性能	制造汽车曲轴、连杆，机床主轴、齿轮及受力不大的轴类零件
55，60，65	高碳钢，经淬火后具有高强度和良好的弹性	制造钢丝绳、弹簧及其他弹性零件等

在优质碳素结构钢中，45 钢因其调质（淬火后高温回火）后有良好的综合力学性能

(有较高的强度、硬度，塑性、韧性均适中)，故在机械制造业中用量较大。

2. 碳素工具钢

碳素工具钢的含碳量在 0.7%~1.4%。由于含碳量高，故硬度偏高，但红硬性差，主要用于制造各种手工具，一般都需经热处理后使用。

碳素工具钢的应用见表 6-6。

表 6-6 碳素工具钢的应用

牌 号	应 用 举 例
T7，T7A，T8，T8A，T8Mn，T8MnA	用于制造韧性要求较高、承受冲击载荷作用的工具，如小型冲头、錾子、锤子、木工工具等
T9，T9A，T10，T10A，T11，T11A	用于制造要求中等韧性的工具，如钻头、丝锥、车刀、冲模、拉丝模、锯条及量规、塞规、样板等量具
T12，T12A，T13，T13A	具有高硬度、高耐磨性，但韧性低，用于制造不受冲击的工具，如量规、塞规、样板等量具及锉刀、刮刀、精车刀等刀具

3. 合金结构钢与合金工具钢

合金结构钢和合金工具钢的用途与碳素结构钢和碳素工具钢相仿，但其性能优于碳素钢。如 40 钢经调质其抗拉强度 σ_b<750 MPa，而 40Cr 钢经调质其强度 σ_b>1 000 MPa。调质后，在硬度相同的情况下，40Cr 钢的塑性和韧性均优于 40 钢。

部分合金结构钢的用途见表 6-7，合金工具钢的用途见表 6-8。

表 6-7 部分合金结构钢的用途

牌 号	应 用	牌 号	应 用
09MnNb	桥梁、车辆	16MnRe	桥梁、起重机械
12Mn	船舶、低压锅炉、容器、油罐	10MnPNbRe	港口工程结构、大桥、船舶、车辆
16Mn	船舶、桥梁、车辆、大型容器、大型钢结构、起重机械	14MnVTiRe	桥梁、高压容器、电站设备、大型船舶
15MnVNb	大型焊接结构、大桥、船舶、车辆		

表 6-8 合金工具钢的用途

牌 号	应 用	牌 号	应 用	牌 号	应 用
9Mn2V	小冲模、冷压模、落料模,各种变形小的量规、样板、丝锥、板牙和铰刀等	CrWMn	板牙、拉刀、长丝锥、长铰刀、量规、形状复杂的高精度冲模	5CrNiMo	大型锻模等
9CrSi	板牙、丝锥、钻头、铰刀、冷冲模	Cr12	冷冲模冲头、冷切剪刀、钻套、量规、螺纹滚模、木工切削工具等	5CrMnMo	中型锻模等
Cr2	车刀、铣刀、插刀、铰刀和样板、凸轮销、偏心轮	Cr12MoV	冷切剪刀、圆锯、切边模、滚边模、标准工具与量规、拉丝模等	3Cr2W8V	高应力冲压模、热剪切刀、压铸模等

第三节　钢的热处理

碳钢或合金钢经热处理后,它不仅能充分发挥材料的性能潜力,提高零件的使用性能,延长使用寿命,同时还可改善材料的加工工艺性能,是强化材料的重要工艺途径之一。金属材料经过不同的热处理可以获得不同的力学性能。如 T8 钢制造的刀具,不经热处理其硬度仅为 180~200 HBS,不能用于切削金属,但经淬火热处理后,硬度可提高到 60~62 HRC,其性能得到大大改善,可以用来切削较硬的金属材料。

钢的热处理是将钢在一定介质中加热、保温和冷却,以改变其整体或表面组织,从而获得所需性能的一种工艺方法。

热处理方法虽然很多,但任何一种热处理工艺都是由加热、保温和冷却三个阶段所组成的,因此,热处理工艺过程可用"温度-时间"为坐标的曲线图形表示,如图 6-13 所示,此曲线称为热处理工艺曲线。

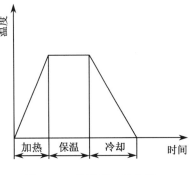

图 6-13　热处理工艺曲线

热处理方法分类如下:

$$热处理\begin{cases}普通热处理\begin{cases}退火\\正火\\淬火\\回火\end{cases}\\表面热处理\begin{cases}表面淬火——火焰加热、感应加热等\\化学热处理——渗碳、氮化、渗金属、碳氮共渗等\end{cases}\end{cases}$$

一、钢在加热和冷却时的转变

热处理之所以能够改变一些金属的性能,是因为这些金属材料在加热和冷却过程中存在着组织结构或溶解度的变化。钢的热处理就是遵循了这样的规律,而铅、锡等一些纯金属或合金便由于不具备这一条件而不能由热处理来改变其性能。

(一)钢在加热时的转变

由 Fe-Fe$_3$C 相图得知,A_1、A_3、A_{cm} 是碳钢在极缓慢地加热或冷却时的组织转变温度,因此 A_1、A_3 和 A_{cm} 点都是组织平衡临界点。但在实际生产中,加热和冷却并不是极缓慢的,因此不可能在平衡临界点进行组织转变。由图 6-14 可知,实际加热时各临界点的位置分别为图中的 Ac_1、Ac_3、Ac_{cm} 线,而实际冷却时各临界点的位置分别为 Ar_1、Ar_3、Ar_{cm}。

钢进行热处理时首先要加热,任何成分的碳钢加热到 A_1 点以上时,其组织都要发生珠光体向奥氏体的转变,这种转变称为奥氏体化。奥氏体化后的钢,以不同的冷却方式进行冷却时,便可得到不同的组织,从而使钢获得不同的性能。因此奥氏体化是钢的组织转变的基本条件。

以共析钢为例,在 A_1 点以下其组织全部为珠光体,是铁素体和渗碳体两相组成的机械混

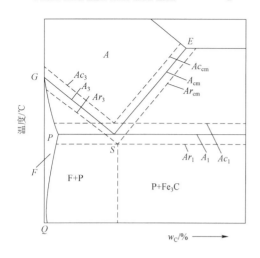

图 6-14 碳素钢的临界点在 Fe-Fe$_3$C 相图上的位置

合物,因此珠光体向奥氏体的转变必然进行晶格的改组和铁、碳原子的扩散,属于扩散型转变,其形成过程遵循结晶过程的一般规律,即由形核与长大过程来实现,奥氏体形成过程如下:

当钢加热到略高于 Ac_1 时,奥氏体晶核形成并开始长大。它是依靠铁、碳原子的扩散,使其邻近的铁素体晶格改组为面心立方晶格的奥氏体和与其邻近的渗碳体不断溶入奥氏体而进行的。一直到铁素体全部转变为奥氏体为止,此时仍有部分渗碳体未溶解,随着保温时间延长,残余渗碳体不断溶入奥氏体,直至全部消失。这时奥氏体中碳浓度仍是不均匀的,必须有一段保温时间,通过碳原子的扩散才能获得均匀的奥氏体。

对于亚共析钢或过共析钢加热到 Ac_1 以上,虽然珠光体会全部转变成奥氏体组织,但仍会残留有先析出的铁素体或先析出的二次渗碳体,因此,亚共析钢或过共析钢只有加热到 Ac_3 或 Ac_{cm} 以上时,才会获得单一的奥氏体组织。

由此可见,热处理时把钢加热到一定温度后,一定要保温一段时间,其目的不仅是使工件芯部达到与表面同样的温度,而且是获得成分均匀的奥氏体组织。

(二) 钢在冷却时的转变

钢通过加热和保温获得成分均匀细小的奥氏体组织并不是热处理的目的,仅是正确实施热处理的先决条件。热处理的目的是提高和改善钢的性能。实践证明,冷却过程是钢的热处理的关键工序,它决定着钢在室温下的组织和性能。如 45 钢制造的直径为 15 mm 的轴,经 840 ℃ 加热后,如在空气中冷却,其表面硬度为 HB≤209;如在油中冷却,其表面硬度可达 45 HRC 左右;如在水中冷却,其硬度则可达 55 HRC 左右。可见,同样的钢虽然加热条件相同,但由于冷却条件不同,使它们在性能上有明显差别。究其原因就是冷却后转变所获得的组织不同造成的,因此了解奥氏体在冷却过程中的变化规律是掌握热处理理论的关键所在。

在热处理工艺中,奥氏体的冷却过程常采用等温冷却和连续冷却两种冷却方式。

1. 过冷奥氏体的等温转变

钢在 A_1 以上温度时奥氏体是稳定的相,当冷却到临界温度 A_1 以下时奥氏体是不稳定的,必定发生转变。在 A_1 温度以下暂时存在的、处于不稳定状态的奥氏体称为"过冷奥氏体"。

将高温奥氏体迅速冷却到低于 A_1 的某一温度,并保持恒温,让过冷奥氏体在此温度完成其转变的过程,称为过冷奥氏体的等温转变。

过冷奥氏体在不同温度进行等温转变,将获得不同的组织和性能。全面表示过冷奥氏体的等温转变温度与转变产物之间关系的曲线,称为过冷奥氏体等温转变曲线,如图 6-15 所示。由于曲线的形状与"C"字相似,故过冷奥氏体等温转变曲线又简称为 C 曲线。根据英文名称(Time,Temperature,Transform)字头,它也称为 TTT 曲线。

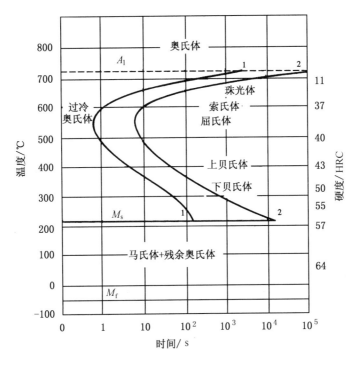

图 6-15　共析钢过冷奥氏体等温转变曲线

图 6-15 中 A_1 线以上是奥氏体稳定区域，A_1 线以下转变开始线以左的区域奥氏体处于不稳定状态，称为过冷奥氏体。过冷奥氏体经过一段时间孕育期（以转变开始线与纵坐标轴之间的距离来表示）后将发生转变，不同温度下等温转变所需的孕育期是不同的。随转变温度降低，孕育期先逐渐缩短，然后又逐渐变长，在 550 ℃左右孕育期最短，过冷奥氏体最不稳定，它的转变速度最快，称为 C 曲线的"鼻尖"。A_1 以下，转变终止线以右的区域为转变产物区，在转变开始线和转变终止线之间的区域为过冷奥氏体和转变产物的共存区。

图 6-15 中水平线 M_s 为马氏体转变开始温度，M_f 为马氏体转变终止温度。按温度的高低和组织形态，过冷奥氏体的转变可以分为三种，550 ℃以上为珠光体转变，M_s 线以下为马氏体转变，550 ℃到 M_s 点之间为贝氏体转变。

2. 共析钢过冷奥氏体等温转变产物的组织和性能

实验研究表明，过冷奥氏体转变的条件不同，所获得产物的组织形态和分散程度也不同，因而具有不同的力学性能。过冷奥氏体转变的类型、产物、组织结构和性能特点见表 6-9。

表 6-9　共析钢过冷奥氏体等温转变产物的组织和性能

转变类型	转变温度/℃	产物及符号	产物组织特征	硬度/HRC
珠光体类型的转变 （高温转变） （扩散型转变）	A_1~650	珠光体（P）	珠光体中铁素体与渗碳体的片层间距离随着转变温度的降低（即过冷度的增大）而减小	7~27
	650~600	索氏体（S）		25~35
	600~550	屈氏体（T）		35~38

续表

转变类型	转变温度/℃	产物及符号	产物组织特征	硬度/HRC
贝氏体类型转变 （中温转变） （半扩散型转变）	550~350	上贝氏体（$B_上$）	平行密排的铁素体片层间，为不连续的小片状渗碳体，组织特征呈羽毛状	40~45
	350~M_s	下贝氏体（$B_下$）	铁素体针内弥散分布着微小的粒状碳化物，组织特征为黑色针状	45~55
马氏体转变 （低温转变） （非扩散型转变）	M_s~室温	马氏体（M）	碳在α-Fe中的过饱和固溶体组织	62~65

过冷奥氏体的转变产物性能表明，过冷奥氏体的转变温度越低，产物的硬度越高。

在高温转变区域，随着转变温度的降低，珠光体片层间距减小，钢的硬度提高。同时钢的强度也有所提高，塑性略有改善。

在中温转变区域，贝氏体类组织有较高的硬度。上贝氏体的硬度为40~45 HRC，下贝氏体的硬度为45~55 HRC。但是，上贝氏体中铁素体片较宽，碳化物粗大，分布不均匀且位于铁素体片层间，所以它的脆性较大，基本上无实用价值。下贝氏体中的碳化物细小，分布均匀且位于针状铁素体内，针状铁素体有一定的过饱和度，因此，它具有较高的强度和硬度，同时也具有良好的韧性和塑性，是生产上希望获得的组织，如常采用等温淬火来获得下贝氏体组织。

在低温转变区域，由于转变温度低，过冷度很大，此时铁原子和碳原子均已不能扩散，这一阶段的转变属于非扩散型转变。转变时，只进行γ-Fe向α-Fe晶格改组，γ-Fe中溶解的碳原子将全部被迫固溶于α-Fe的晶格中，这种碳在α-Fe中的过饱和固溶体组织称为马氏体，用字母"M"来表示。由于α-Fe中碳的过饱和程度很大，引起其晶格的畸变，体积增大，而且马氏体含碳量越大，晶格畸变越严重，体积效应越大。高硬度是马氏体组织力学性能的主要特点：其硬度主要受其含碳量的影响，随马氏体含碳量增加，其硬度也随之升高，脆性增大，原因是过饱和碳引起晶格畸变，固溶强化作用增强。此外，马氏体在转变过程中产生的大量晶体缺陷（如位错、孪晶等）和引起的组织细化，以及过饱和碳以弥散碳化物形式的析出都对马氏体的强化有不同程度的影响。合金元素的存在对钢中马氏体的硬度影响不大。马氏体强化是钢的主要强化手段之一，广泛应用于工业生产中。

马氏体转变主要特点：

（1）转变的不完全性——马氏体转变伴有比热容的明显变化，即马氏体形成时伴有体积膨胀，这将对尚未转变的奥氏体造成很大压力，阻碍其转变，使得部分奥氏体未能转变而被保留下来，这部分奥氏体称为残余奥氏体（A'）。

（2）具有转变开始点M_s和转变终了点M_f，随奥氏体中含碳量及合金元素（除Co）的增加，M_s及M_f点降低，例如当含碳量达到0.5%以上时，M_f点便下降至室温以下，使得残余奥氏体量增加。

（3）属于非扩散型转变，形成速度极快，且须在M_s~M_f范围内连续冷却马氏体转变才可进行。由于形成速度极快，产物之间产生冲击，加之晶格的畸变和较大的比容变化，使转变后的组织内应力大，易变形开裂。

3. 影响过冷奥氏体等温转变曲线的因素

过冷奥氏体等温转变曲线的位置和形状不仅对转变速度及转变产物的性质具有十分重要的意义,同时对钢的热处理工艺有重要指导作用。

图 6-16 所示为亚共析碳钢、共析碳钢和过共析碳钢的过冷奥氏体等温转变曲线比较。由图可见,它们都具有奥氏体转变开始线与转变终止线,但在亚共析碳钢的过冷奥氏体等温转变曲线上多出一条先析出的铁素体线,在过共析碳钢过冷奥氏体等温转变曲线上多出一条二次渗碳体析出线,亚共析钢的过冷奥氏体在转变为珠光体前,要先析出铁素体。类似地,过共析钢的过冷奥氏体则要先析出渗碳体。

一切影响奥氏体稳定性和分解特性的因素都能影响过冷奥氏体的等温转变,从而改变过冷奥氏体等温转变曲线的位置和形状。过冷奥氏体等温转变曲线越靠右,说明过冷奥氏体越稳定而不易分解。

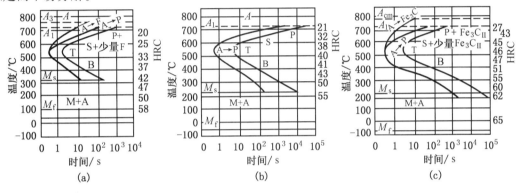

图 6-16　亚共析钢、共析钢和过共析钢奥氏体等温转变图
(a) 亚共析钢;(b) 共析钢;(c) 过共析钢

(1) 含碳量的影响:在正常加热条件下,亚共析钢的过冷奥氏体等温转变曲线随碳的含量增加向右移,而过共析钢的过冷奥氏体等温转变曲线随碳的含量增加向左移,即钢中含碳量越接近共析成分,过冷奥氏体越稳定,过冷奥氏体等温转变曲线就越向右移。

(2) 合金元素的影响:除钴以外,所有合金元素的溶入均能增大过冷奥氏体的稳定性,导致过冷奥氏体等温转变曲线右移。铬、钼、钨、钒、钛等合金元素,不仅使过冷奥氏体等温转变曲线右移,且在它们含量较多时,还会使过冷奥氏体等温转变曲线的形状发生变化,即珠光体转变与贝氏体转变均各自形成一个独立的过冷奥氏体等温转变曲线,二者之间出现一个奥氏体相当稳定的区域,如图 6-17 所示。

(3) 加热温度和保温时间的影响:钢的加热转变温度越高,保温时间越长,奥氏体成分越均匀,晶粒越粗大,未溶碳化物质点就越少,这些均使过冷奥氏体稳定性增加,使过冷奥氏体等温转变曲线右移。

4. 过冷奥氏体连续冷却转变

在实际热处理生产中,除了极少数采用等温转变外,奥氏体的转变大多是在连续冷却过程中进行的。这种连续转变的规律是用"连续冷却转变曲线"来表示的,又称为"CCT 曲线"(Continuous Cooling Transformation)。

共析钢连续冷却转变曲线如图 6-18 所示。它与过冷奥氏体等温转变曲线大体相同,但

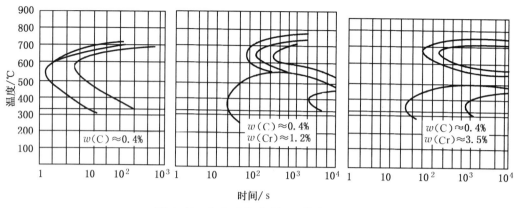

图 6-17 合金元素对碳钢 C 曲线的影响

有两点主要区别：

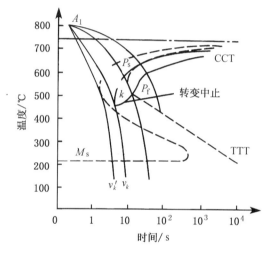

图 6-18 共析碳钢 CCT 曲线与 TTT 曲线比较图

(1) 连续冷却转变曲线位于过冷奥氏体等温转变曲线右下方，即前者的珠光体转变稍滞后一些，转变温度也略低一些。

(2) 在连续冷却转变曲线中没有过冷奥氏体过冷转变图的下半部分，即共析钢连续冷却条件下没有贝氏体转变。这是由于在连续冷却时，温度下降很快，即相应提供的转变时间小于实际孕育期。

由图 6-18 可以看出，凡冷却曲线碰到 v_k 线，过冷奥氏体就不再发生珠光体转变，而一直保持到 M_s 点以下才转变为马氏体。v_k 称为连续冷却转变时的临界冷却速度，它是获得全部马氏体组织的最小冷却速度。钢的 v_k 值越小，表明钢在淬火时越容易获得马氏体组织，即钢接受淬火的能力越大。

由于连续冷却转变曲线的测定比较困难，而当前过冷奥氏体等温转变曲线的资料又比较多，因此在实际生产中往往利用过冷奥氏体等温转变曲线来定性地、近似地分析连续冷却的转变过程。

图 6-19 就是在共析碳钢的过冷奥氏体等温转变曲线上估计连续冷却时的转变情况。图中冷却速度 v_1 相当于随炉冷却的速度，根据它和过冷奥氏体等温转变曲线相交的位置，可估计出过冷奥氏体将转变为珠光体。冷却速度 v_2 相当于在空气中冷却的速度，根据它和过冷奥氏体等温转变曲线相交的位置，可估计出它将转变为索氏体。冷却速度 v_3 相当于它在油中淬火时的冷却速度，它与过冷奥氏体等温转变曲线相割于一条转变开始线，并且相割于 550 ℃ 左右温度，但与转变终了线未相交，这表明先有一部分过冷奥氏体转变为屈氏体，剩余的过冷奥氏体冷却到 M_s 点以下变成马氏体，最终获得屈氏体与马氏体和残余奥氏体的混合组织。冷却速度 v_4 相当于在水中冷却时的冷却速度，它不与过冷奥氏体等温转变曲线相交，一直过冷

到 M_s 点以下开始转变为马氏体,得到马氏体和残余奥氏体的组织。冷却速度 v_k 与过冷奥氏体等温转变曲线鼻尖相切,为该钢的临界冷却速度。

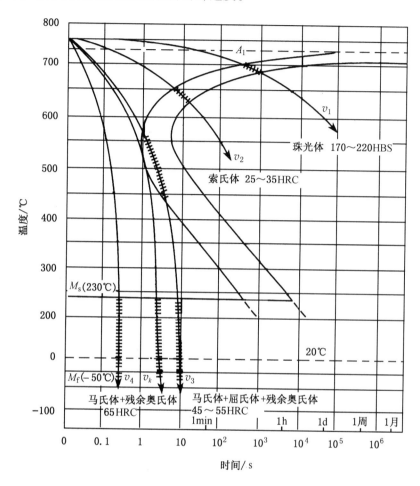

图 6-19　过冷奥氏体等温转变图在连续冷却中的应用示意图

二、钢的热处理

(一) 钢的退火

退火是将钢件加热到一定温度后保温一定时间,随之缓慢冷却下来的一种工艺操作方法。退火的目的在于:降低钢的硬度,提高塑性,改善加工性能,细化晶粒,改善组织,消除内应力,为以后的热处理做准备。

退火方法主要有完全退火、球化退火和去应力退火等。

1. 完全退火

将钢加热到 Ac_3 以上 30 ℃~50 ℃,保温一定时间,然后随炉缓慢冷却到 600 ℃ 以下出炉,再置于空气中冷却的方法称为完全退火。完全退火的目的是细化晶粒、消除热加工造成的内应力、降低硬度,它主要用于钢的型材、锻件、铸件和焊接结构件上。常用结构钢的完全退火工艺规范见表 6-10。

表 6-10 常用结构钢的完全退火工艺规范

钢 号	临界温度/℃	加热温度/℃	冷却方式	布氏硬度/HBS
20	855	860~900	炉冷	111~180
35	802	850~880	炉冷	≤187
45	780	800~840	炉冷	≤197
20Cr	838	860~890	炉冷	≤179
20CrMnMo	830	850~870	炉冷	≤217
35CrMo	800	830~850	炉冷	≤229
40Cr	782	830~850	炉冷	≤207
40CrNi	769	820~850	炉冷	≤250
35SiMn	—	850~870	炉冷	≤229
65Mn	765	780~840	炉冷	≤229

2. 球化退火

球化退火是一种不完全退火,通常加热温度为 Ac_1 以上 20 ℃~30 ℃,在保温过程中,片状渗碳体发生不完全溶解而断开,成为许多细小的点状渗碳体,弥散地分布在奥氏体基体上;同时由于低温短时加热,奥氏体的成分极不均匀,故在随后的缓冷过程中产生新的核心,均匀地形成球状渗碳体。这种在铁素体基体上均匀分布着球状渗碳体的组织,称为球状珠光体。球状珠光体同片状珠光体相比,不但硬度低,便于切削加工,而且在随后的淬火加热时,奥氏体晶粒不易粗大,冷却时工件的变形和开裂的倾向小,并为淬火做好准备。球化退火主要用于工具钢工件如刀具、模具、量具等。常用工具钢的球化退火工艺规范见表 6-11。

表 6-11 常用工具钢的球化退火工艺规范

钢 号	临界温度/℃	加热温度/℃	冷却方式	布氏硬度/HBS
T8A	730	740~760	炉冷	≤187
T12A	730	740~770	炉冷	≤197
GCr15	745	790~810	随炉缓冷	207~229
9CrSi	770	790~810	随炉缓冷	197~241
CrWMn	750	780~840	随炉缓冷	207~225
W18Cr4V	820	850~880	以<20 ℃/h 缓冷	207~255

3. 扩散退火

扩散退火是把钢加热到 1 050 ℃~1 150 ℃高温,长时间保温,然后缓冷的工艺。目的是利用长时间高温,使原子充分扩散,以消除钢中的成分不均匀等缺陷,使之均匀化。但由于长时间高温必然引起奥氏体晶粒的严重粗大,所以必须再进行正火来细化晶粒。

4. 去应力退火

去应力退火是将钢加热到 500 ℃~650 ℃,保温后随炉缓慢冷却至 200 ℃~300 ℃时出炉空冷。其目的是在加热状态下消除铸件、锻件、焊接件的内应力。去应力退火也称为低温退火或回复退火。

5. 再结晶退火

再结晶退火一般用于两次冷加工变形之间。它是把经过冷加工变形而产生加工硬化的钢材(如冷轧、冷拔和冷冲压),加热到再结晶温度以上(碳钢一般在 650 ℃ ~ 700 ℃),保温适当时间后缓冷的工艺过程。通过再结晶退火,使产生加工硬化的变形晶粒重新生核和长大,消除了变形晶粒和内应力,获得变形前的组织结构,从而使硬度、强度显著下降,塑性、韧性大幅度提高,为继续进行冷加工变形做好准备。

(二) 钢的正火

正火是将钢加热到 Ac_3 或 Ac_{cm} 以上 30 ℃ ~ 50 ℃,经保温一定时间后在空气中冷却,获得细片状珠光体组织的热处理工艺。

低碳钢经过正火处理后,可细化晶粒,均匀组织,改善切削加工性能。正火的工艺过程简单经济,生产效率高。因此,低碳钢常常采用正火代替退火处理。

中碳钢经过正火处理后,可以提高强度和硬度。对一些力学性能要求不高的零件,正火常常是最后的热处理工序。

高碳钢常用正火为球化退火做准备。

(三) 钢的淬火

钢的淬火是将钢加热到 Ac_3 或 Ac_1 以上 30 ℃ ~ 50 ℃ 后,经过保温一定时间后快速冷却,以获得高硬度组织的热处理工艺。

淬火是工厂中应用广泛的热处理方法,例如各种刃具、量具、模具和工具以及各种要求具有高硬度和高耐磨性的零件,都需要采用淬火方法进行热处理。又如受冲击载荷作用的轴、齿轮等,为使其获得强度、硬度和塑性、韧性良好配合的综合力学性能,也需要先进行淬火。

淬火是热处理工艺过程中最重要、最不易掌握的一种方法,也是决定零件和工具最终性能和质量的关键。淬火的首要工序是加热,不同成分的钢材,应选择不同的加热温度。亚共析钢淬火加热温度一般选择在 Ac_3 以上 30 ℃ ~ 50 ℃;共析钢和过共析钢的淬火加热温度一般选择在 Ac_1 以上 30 ℃ ~ 50 ℃。

常用碳钢及部分合金钢的淬火加热温度见表 6-12。

表 6-12 常用碳钢及部分合金钢的淬火加热温度

钢 号	淬火温度/℃	钢 号	淬火温度/℃
30	870~890	40Cr	830~860
35	850~890	40CrNi	810~840
45	820~860	60Si2Mn	840~870
50	810~950	50CrV	820~860
65	800~840	GCr15	820~860
70	780~830	CrWMn	820~850
T8	770~820	Cr12	860~880

续表

钢　号	淬火温度/℃	钢　号	淬火温度/℃
T10	770~820	5CrMnMo	820~850
T12	770~810	3Cr2W8V	1 050~1 100
T13	770~810	W18Cr4V	1 260~1 290
65Mn	840~880	3Cr13	1 000~1 050

淬火加热后需保温,目的是热透工件,使组织转变一致,化学成分均匀。

淬火加热温度要合理控制,过低则淬火钢件硬度不足;过高会产生过热或过烧,使淬火后钢性变脆而产生废品。

淬火冷却是淬火的关键,冷却效果直接决定了钢淬火后的组织和性能。用水作冷却介质适用于碳素结构钢(单液淬火)、低合金工具钢和碳素工具钢(双液淬火,即水淬油冷);盐水和碱水(食盐和碱的水溶液)的冷却能力比水强,适用于低碳钢和中碳钢的淬火;而油则属于冷却能力较弱的淬火介质,适用于合金钢以及小截面或形状复杂的碳钢工件的淬火。

选择不同的冷却方法,目的在于获得马氏体和减少内应力,常用的方法有:

(1) 单液淬火。在一种介质内冷却。

(2) 双液淬火。在两种介质内冷却,如先在水中冷却,冷却到一定温度后,将工件转入油中冷却,俗称"水淬油冷"。

(3) 等温淬火。将加热后的工件淬入具有一定温度的溶液中,保持一定时间,等工件内部组织全部转变为下贝氏体后,再取出冷却到室温。

(4) 分级淬火。将加热后的钢件先放入稍高于 M_s 的盐浴或碱浴中,保持一定时间,等工件内外温度均匀后取出空冷,使之发生马氏体转变。

经过淬火后的钢件必须进行回火。

(四) 钢的回火

钢的回火是把淬火后的钢重新加热到某一温度,保温一段时间后置于空气或水中冷却的热处理工艺。其目的在于降低淬火钢的脆性,消除或减少内应力,提高综合力学性能,稳定工件尺寸。对某些合金钢来讲,经过回火后可使钢中碳化物适当聚集,降低硬度以利于切削加工。

1. 低温回火

在 150 ℃~250 ℃ 温度范围内进行的回火,主要用于要求硬度为 55~62 HRC 的各类高碳工具钢,淬火后低温回火可保持淬火零件具有的高硬度值和耐磨性,适用于各种刃具、量具、模具、工具等。

2. 中温回火

中温回火温度范围为 350 ℃~500 ℃,能使钢具有较高的强度、弹性,并有一定的韧性。

中温回火的目的是适当降低淬火钢的硬度,提高强度,尤其是弹性极限,恢复一定程度的韧性和塑性,消除内应力。

中温回火适用于各种弹簧、弹性零件和部分工具的回火。

3. 高温回火

高温回火温度范围为 500 ℃ ~ 650 ℃。淬火后高温回火能获得强度、硬度、塑性、韧性良好配合的综合力学性能以及较好的切削加工性能。淬火后进行高温回火又称调质,是许多机械零件常用的热处理方法,如在交变载荷下工作的连杆、螺栓、齿轮及轴类零件等。调质处理还可作为某些精密零件(如丝杠、量具等)的预备热处理,使之获得均匀细小的回火索氏体组织,以减少最终热处理的变形量,为获得较好的最终性能做组织准备。

三、钢的表面热处理

钢的表面热处理包括表面淬火、渗碳等。表面热处理使零件表面具有高硬度而芯部仍保持足够的塑性和韧性,既可提高工作表面的耐磨性和抗疲劳强度,同时芯部仍有足够的屈服强度和韧性,适用于在动载荷及摩擦条件下工作的零件,如汽车的齿轮、曲轴等。

钢的表面淬火是利用快速加热使钢表面很快地达到淬火温度后,不等热量传至芯部便迅速冷却,可使钢件表面层被淬硬,而芯部仍是未淬火组织的一种局部热处理方法。

表面淬火的目的是在提高工件表面硬度的同时,保持工件芯部原有的良好塑性和韧性的退火、正火或调质状态的组织。

表面淬火的方法主要有感应加热表面淬火、火焰加热表面淬火、电接触加热表面淬火及电解液加热表面淬火等。

渗碳一般是向低碳钢(如 20 钢)表面层渗入碳原子,使工件表层的含碳量达到 0.7% ~ 1.05%。渗碳层的深度一般在 0.5 ~ 2.5 mm 范围内。零件渗碳后,为了达到表面高硬度和耐磨目的,必须进行热处理。通常零件在渗碳后,经淬火和低温回火,表面硬度可达 58 ~ 64 HRC,芯部强度高、韧性好,抗疲劳强度较高。

表面热处理还有渗氮和渗金属等方法。

第四节　汽车钣金常用金属材料

汽车钣金常用的金属材料按成分分为低碳钢、低合金钢、不锈钢、铜及铜合金、铝及铝合金;按其断面形状分为板材、管材、型材和丝四类。

一、钢板

钢板按厚度不同分为薄钢板和厚钢板两种;按性质分为普通薄钢板、优质薄钢板和镀层薄钢板三种;按轧制方法分为热轧钢板和冷轧钢板两种。

(一) 薄钢板

薄钢板通常是指用冷轧或热轧方法生产的厚度在 4 mm 以下的钢板。按家标准规定供应的薄钢板,其厚度为 0.2 ~ 4 mm,宽度为 600 ~ 2 000 mm,长度为 1 200 ~ 6 000 mm。薄钢板是汽车钣金构件的主要材料。

(1) 普通钢薄钢板和优质钢薄钢板:这类板材是经冷轧或热轧获得的薄钢板,又称黑铁皮或黑铁板。冷轧钢板具有较好的塑性和韧性,适宜弯曲延伸制成凹凸形、曲面形、弧形等,不容易断裂。热轧钢板塑性和强度适中,锤制凸凹形状其延伸性能较冷轧钢板差,容易开裂。这类板材价格便宜,适宜于制作一般的通用产品。

普通薄钢板常用的有普通碳素钢薄钢板、低合金结构钢薄钢板、酸洗薄钢板等。优质薄钢板常用的有优质碳素钢薄钢板、合金结构钢薄钢板、不锈钢薄钢板、深冲压用冷轧薄钢板和搪瓷用热轧薄钢板等。

普通钢薄钢板和优质钢薄钢板有中等的抗拉强度,塑性较高,硬度较低,焊接性好,因此最适合成形加工工艺。汽车上的驾驶室、燃油箱、车厢等都选择该两种材料制作。这两种材料也适合于手工操作制作各种钣金零件。酸洗薄钢板常用于冲制器皿、铁箱柜等,其缺点是容易生锈。

(2) 冷轧薄钢板品种(国家标准 GB/T 708—2006《冷轧钢板和钢带的尺寸、外形、重量及允许偏差》):钢板的公称厚度范围为 0.30~4.00 mm,其中小于 1 mm 的按 0.05 mm 倍数的任何尺寸,不小于 1 mm 的按 0.1 mm 倍数的任何尺寸;钢板的公称宽度范围为 600~2 050 mm,按 10 mm 倍数的任何尺寸;钢板公称长度范围为 1 000~6 000 mm,按 50 mm 倍数的任何尺寸。也可根据需方要求,经供需双方协商,供应其他尺寸的钢板。

(3) 热轧薄钢板品种(国家标准 GB/T 709—2006《热轧钢板和钢带的尺寸、外形、重量及允许偏差》):单轧钢板的公称厚度范围为 3~400 mm,其中小于 30 mm 的按 0.5 mm 倍数的任何尺寸,不小于 30 mm 的按 1 mm 倍数的任何尺寸;单轧钢板的公称宽度范围为 600~4 800 mm,按 10 mm 或 50 mm 倍数的任何尺寸;钢板公称长度范围为 2 000~20 000 mm,按 50 mm 或 100 mm 倍数的任何尺寸。也可根据需方要求,经供需双方协商,供应其他尺寸的钢板。

(二) 镀层薄钢板

1. 普通钢板

镀层(镀膜)薄钢板俗称白铁皮,是在冷轧或热轧薄钢板上镀一层有色金属(锌、锡、铅)膜制成。按镀层不同分为镀锌、镀锡和镀铅薄钢板三种。

镀锌薄钢板也称白锌板,它具有耐蚀性好及表面美观的特征。其表面发白,分平光和花纹两种。连续热镀锌钢板规格见表 6-13。

镀锡薄钢板也称马口铁,它为热轧软薄钢板。其表面是用电镀法镀有一层锡,呈银白色,表面光亮又美观,其耐蚀性能较好。

镀铅薄钢板也称白铅板,它具有耐蚀性能强的特点,最适合做耐酸容器。因铅有毒,所以镀铅薄钢板不能做食品容器(如罐头盒),通常用于做燃油箱、储油容器及其他耐蚀性零件,镀铅薄钢板又称热镀铅锡冷轧合金碳素薄钢板,其规格见表 6-13。

表 6-13　镀锌、镀铅薄钢板规格

品　种 名　称		连续热镀锌钢板 (摘自 GB/T 2518—2008)	热镀铅锡合金碳素钢冷轧薄钢板 (摘自 GB/T 5065—2004)
公称尺寸	厚度/mm	0.30~5.0	0.5~2.0(按 0.1 进级)
	宽度/mm	600~2 050	600~1 200
	长度/mm	1 000~8 000	1 500~3 000
表面质量		FA、FB、FC	

2. 特殊钢板

常用的特殊钢板有特殊复合钢板和花纹钢板等。

特殊金属复合钢板又称双金属板,它是以一种金属材料为基体,再复合上另一种金属材料,以达到降低成本或用作特殊需要的目的。不锈钢复合钢板可以部分代替不锈钢用于制造耐腐蚀、防锈的容器、管道和防护罩等。铜-钢双金属复合钢用于制造电工设备及高压热交换器等,在汽车钣金构件中应用较少。

花纹钢板表面有高低不平的菱形或扁豆形花纹,如图 6-20 所示。花纹钢板具有防滑作用,用于制造扶梯、汽车踏板等。钣金用花纹钢板厚度一般在 2.5~4.0 mm,宽度为 600~1 800 mm,按 50 mm 进级;长度为 600~1 200 mm,按 100 mm 进级。

（三）厚钢板

厚度在 4 mm 以上的钢板通常称为厚钢板。通常把 4.5~25 mm 厚的钢板称为中板、25~60 mm 厚的钢板称为厚板、超过 60 mm 的钢板称为特厚板。

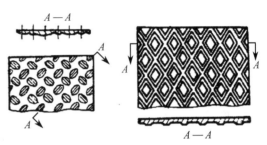

图 6-20 花纹钢板
(a) 扁豆形花纹;(b) 菱形花纹

二、有色金属板材

有色金属板材是指除钢、铁材料以外的其他金属及其合金的板材,外观大多具有不同色泽,物理、化学性能各有特点,适应某些特殊的要求。它与黑色金属板材一样,都是汽车钣金件中不可缺少的重要金属材料。有色金属板材的种类比较多。现以汽车钣金中常用的铜材和铝材为例,叙述如下。

（一）铜板类

常用钣金铜材主要有薄铜板。薄铜板分冷轧纯铜薄板和冷轧铜合金薄板两种。

1. 纯铜薄板

纯铜薄板呈紫红色,故又称紫铜板,熔点为 1 083 ℃,密度为 8.9 g/cm³,具有良好的导电性、导热性和耐腐蚀性,还有良好的塑性和延展性,但抗拉强度较低,适于压力加工。纯铜价格较贵,在汽车上主要用于气缸垫、进(排)气管垫片、轴承垫片和散热器管、制动管等。

2. 铜合金薄板

铜合金薄板主要指黄铜薄板。黄铜塑性好,比纯铜强度高,价格便宜。这种薄板材适合各种成型加工和手工制作各种钣金零件,如汽车散热器、暖风散热管等。

纯铜和黄铜都可以进行焊接,常用气焊和钎焊。

（二）铝板类

常用钣金铝材有纯铝薄板和铝合金薄板两种。

1. 纯铝薄板

纯铝板是银白色的轻金属,熔点为 660 ℃,密度为 2.7 g/cm³,并具有良好的塑性、延展性、导电性、导热性和耐腐蚀性,一般用于制作耐腐蚀容器、油桶和各种形状的拉伸件和压弯件。由于铝板的抗拉强度较低,所以不宜制作承受大载荷的构件。

2. 铝合金薄板

铝合金薄板是在纯铝中加入镁、锰、硅、铜等合金元素轧制而成的。其强度和耐腐蚀性能比纯铝显著提高,并保持了高塑性等一系列原有的良好性能,适合制作较重要的拉伸件和各种钣金件,如客车外表覆盖件、装饰件、铆钉及其他零件。

铝合金板有防锈铝合金板、硬铝合金板、一般铝合金板等几种。

铝材类还有专门轧制的铝型材。铝型材形状各异,可根据需要压延拉制而成,一般用于仪器、仪表的外壳和客车嵌条及装饰件。铝型材经过喷砂、氧化等处理后,更为美观。

铝及铝合金的可焊性较差,要按照特定的焊接工艺操作才能获得较好的焊接效果,可采用气焊和接触焊,氩弧焊效果更好。

三、钢管

钢管分无缝钢管和有缝钢管两大类。

1. 无缝钢管

无缝钢管由整块金属轧制而成,断面上无接缝。根据生产方法,无缝钢管又分为热轧管、冷轧管、挤压管;按断面形状分圆形和异形两种。异形钢管有方形、椭圆形、三角形、星形和带翅管等各种复杂形状;根据壁厚不同分厚壁管和薄壁管等。无缝钢管主要用于高精度构件,材料有普通碳素结构钢、优质碳素结构钢和合金结构钢等多种。

2. 有缝钢管

有缝钢管又称焊接钢管,用钢带成形后焊接而成,有镀锌和不镀锌两种。镀锌管又称白铁管,不镀锌管称为黑铁管。镀锌的有缝钢管因其外表镀有锌,可以防止生锈,常用作水管。不镀锌的有缝钢管用于普通低压或无压力的管道系统。

四、型钢

型钢的种类很多,根据断面形状分为简单断面型钢和复杂断面型钢。简单的断面型钢有圆钢、方钢、六角钢、扁钢和角钢;复杂的断面型钢有槽钢、工字钢。

1. 圆钢、方钢和六角钢

圆钢是断面为圆形的钢材,有热轧、冷轧和锻制三种。

方钢是断面为长方形的钢材,有热轧和冷拉两种。

六角钢是断面为六角形的钢材。

2. 扁钢

扁钢是断面为长方形的条钢,规格用厚度和宽度来表示。扁钢常用于制作箍、框架、拉条等。

3. 角钢

角钢分等边角钢和不等边角钢,其断面形状如图 6-21 所示。

角钢的大小可用号数表示,其数值表示角钢边长的厘米数,如 3 号角钢表示边长为 30 mm 的等边角钢。

4. 槽钢

槽钢分热轧槽钢、热轧轻型槽钢和普通低合金结构钢轻型槽钢三大类,其断面形状如图 6-22 所示。槽钢规格用号数表示。号数表示槽钢高度的厘米数,如 10 号槽钢,其高度为 100 mm。槽钢常用于制作柱、框架、梁以及车辆的底盘等。

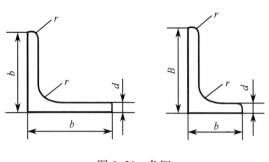

图 6-21 角钢
（a）等边角钢；（b）不等边角钢

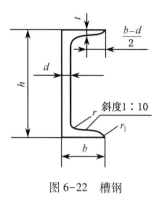

图 6-22 槽钢

5. 工字钢

工字钢分为热轧普通工字钢、热轧轻型工字钢和低合金结构钢热轧轻型工字钢三大类,其断面形状如图 6-23 所示。工字钢的规格用号数表示,号数表示工字钢高度的厘米数,如 10 号工字钢表示高度为 100 mm 的热轧普通工字钢;号数后的 a、b、c 级表示同一号数工字钢中的不同腰厚。在相同高度下,轻型工字钢比普通工字钢腿窄、腰薄、质量轻。

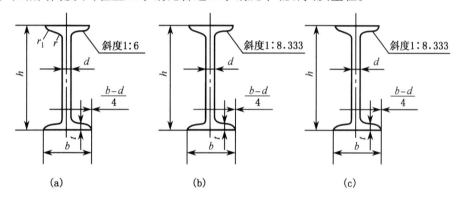

图 6-23 工字钢
（a）热轧普通工字钢；（b）热轧轻型工字钢；（c）低合金结构钢热轧轻型工字钢

第五节　其他非金属材料

在汽车制造中,除使用金属材料外,还广泛使用非金属材料,如常见的汽车灯罩、仪表板壳、转向盘、坐垫、风窗玻璃、轮胎、传动带、连接软管等都是由各种非金属材料制成的。非金属材料因具有许多优良的理化性能,可以满足某些特殊要求,而且原料来源丰富,加工简便,因此得到广泛使用。

非金属材料的种类很多,本节主要介绍塑料、橡胶、黏结剂、石棉、纸板、玻璃等非金属材料的基本知识,以及它们在汽车上的应用。

一、塑料

塑料在汽车上的应用发展很快,从最初的内饰件和小机件,发展到可代替金属制造各种配件,近年来,全塑料车身汽车也已问世。仅用塑料代替金属,既可获得汽车轻量化的效果,还可改善汽车某些性能,如耐磨、防腐、避振、减少噪声等。因此,随着汽车工业的不断发展,塑料越来越受到人们的重视。

(一) 塑料的组成

塑料是以合成树脂为基体,并加入某些添加剂制成的高分子材料。

1. 合成树脂

在一定的温度和压力下,从煤、石油和天然气中提炼的高分子化合物能塑造成各种合成树脂,在常温下呈固态或黏稠液态。合成树脂是塑料的主要成分,它的种类、性质及加入量的多少对塑料的性能起着很大的作用。因此,大部分的塑料是以所加树脂的名称来命名的。工程上常用的合成树脂有酚醛树脂、环氧树脂、氨基树脂、有机硅树脂和聚氯乙烯、聚苯乙烯等。

2. 添加剂

加入添加剂是为了改善塑料的性能,以扩大其使用范围。它包括填料、增塑剂、稳定剂、固化剂、着色剂等。

填料主要是起强化作用,同时也能改善或提高塑料的某些性能,如加入云母、石棉粉可以改善塑料的电绝缘性和耐热性;加入氧化硅可提高塑料的硬度和耐磨性等;增塑剂用于提高塑料的可塑性与柔软性;稳定剂可以提高塑料在光和热作用下的稳定性,以延缓老化;固化剂可以促使塑料在加工过程中硬化;着色剂可使塑料制品色彩美观,以适应不同的使用需要。

各类添加剂加入与否和加入量的多少,均视塑料制品的性能和用途而定。

(二) 塑料的分类和主要特性

1. 塑料的分类

塑料的种类很多,按其热性能不同,可分为热固性塑料和热塑性塑料两大类。

热固性塑料是指经一次固化后,不再受热软化,只能塑制一次的塑料。这类塑料耐热性能好,受压不易变形,但力学性能较差。常用的有环氧塑料、酚醛塑料、氨基塑料、有机硅塑料等。

热塑性塑料是指受热时软化,冷却后变硬,再加热又软化,冷却又变硬,可反复多次加热塑制的塑料。这类塑料加工成型方便、力学性能较好,但耐热性相对较差,容易变形。热塑性塑料数量很大,约占全部塑料的80%,常用的有聚乙烯、聚氯乙烯、聚四氟乙烯、聚苯乙烯、聚丙烯、硼S、聚甲醛、聚苯醚、聚酰胺等。

2. 塑料的主要特性

塑料具有许多优良的物理、化学性能和力学性能,主要包括以下几方面:

(1) 质量轻,一般塑料的密度为 $0.83 \sim 2.2 \ g/cm^3$,仅是钢铁的 $1/8 \sim 1/4$。而泡沫塑料则更轻,密度为 $0.02 \sim 0.2 \ g/cm^3$。因此,用塑料制备汽车零部件,可大幅度减轻汽车的质量,降低油耗。

(2) 化学稳定性好,一般的塑料对酸、碱、盐和有机溶剂都有良好的耐蚀性能。特别是聚四氟乙烯,除了能与熔融的碱金属作用外,其他化学药品包括"王水"也难以对其腐蚀。因此,在腐蚀介质中工作的零件可采用塑料制作,或采用在表面喷塑的方法提高其耐蚀能力。

(3) 比强度高,所谓比强度,是指单位质量的强度。尽管塑料的强度要比金属低些,但由于塑料密度小、质量轻,故其比强度更高。如用碳素纤维强化的塑料,它的比强度要比钢材高2倍左右。

(4) 良好的电绝缘性能,塑料几乎都有良好的电绝缘性,它可与陶瓷、橡胶和其他绝缘材料相媲美。因此,汽车电器零件广泛采用塑料作为绝缘体。

(5) 优良的耐磨、减摩性,大多数塑料的摩擦系数较小,耐磨性好,能在半干摩擦甚至完全无润滑条件下良好地工作。所以可作为耐磨材料,制造齿轮、密封圈、轴承、衬套等。

(6) 良好的吸振性和消声性,采用塑料轴承和塑料齿轮的机械,在高速运转时,可平稳无声地转动,大大减少噪声,降低振动。

但塑料也有不少缺点,主要有:与钢相比其力学性能较低;耐热性较差,一般只能在100 ℃以下长期工作;导热性差,其导热系数只有钢的1/200~1/600;容易吸水,塑料吸水后会导致使用性能恶化。此外,塑料还有易老化、易燃烧、温度变化时尺寸稳定性差等缺点。

(三) 塑料在汽车中的应用

由于塑料具有诸多金属和其他材料所不具备的优良性能,因此在汽车上的应用很广,常用于制作各种结构零件、耐磨减摩零件、隔热防振零件等。汽车常用塑料的种类、特性及应用见表6-14。

表6-14 汽车常用塑料的种类、特性及应用

名 称		主 要 特 性	应 用 举 例
一般结构零件	酚醛塑料	有优良的耐热性、耐磨性、电绝缘性、化学稳定性、尺寸稳定性和抗蠕变性,但较脆,抗冲击能力差	分电器盖、分火头、水泵密封垫片、制动摩擦片、离合器摩擦片等
	聚苯乙烯	有优良的耐蚀性、电绝缘性、着色性及成型性,透光度较好,但耐热、抗冲击能力差	各种仪表外壳、汽车灯罩、电气零件等
	低压聚乙烯	强度较高,耐高温、耐磨、耐蚀,电绝缘性好	汽油箱、挡泥板、手柄、风窗嵌条、内锁按钮、轿车保险杠等
	ABS	有较高的抗冲击性能,强度高,耐磨性、化学稳定性、耐寒性好,吸水性小	转向盘、仪表板总成、挡泥板、行李箱、小轿车车身等
	有机玻璃	具有高透明度,耐蚀性、电绝缘性能好,有一定的力学强度,但耐磨性差	油标尺、油杯、遮阳板、后灯灯罩等
耐磨减摩零件	聚酰胺（尼龙）	有韧性、耐磨性、耐疲劳性、耐水性等综合性能,但吸水性大,尺寸稳定性差	车窗摇手、风扇叶片、里程表齿轮、输油管、球头碗、衬套等
	聚甲醛	有优良的综合力学性能,尺寸稳定性好、耐油性、耐磨性、电绝缘性好,吸水性小	万向节轴承、半轴和行星齿轮垫片、汽油泵盖、转向节衬套等
	聚四氟乙烯	有极强的耐蚀性,良好的化学稳定性、耐高低温性、电绝缘性,摩擦系数小	汽车各种密封圈、垫片等
耐高温零件	聚苯醚	具有很宽的使用温度范围(-127 ℃~121 ℃),良好的耐磨、抗冲击及电绝缘性能,以及良好的力学性能、耐高温性、自润性	小型齿轮、轴承、水泵零件等,活塞裙、正时齿轮、水泵
	聚酰亚胺	性能好,化学性能稳定	密封圈、冷却系密封垫等
隔热减振零件	聚氨酯泡沫塑料	相对密度小、质轻、强度高、导热系数小、耐油、耐寒、防振和隔声	汽车内饰材料、坐垫、仪表板、扶手、头枕等
	聚氯乙烯泡沫塑料	相对密度小、导热系数小、隔热防振好等	各种内装饰覆盖件、密封条、垫条、驾驶室地垫

二、橡胶

橡胶是一种有机高分子材料,汽车上有许多零件都是用橡胶制造的,如风扇传动带、缓冲垫、油封、制动皮碗等。仅汽车轮胎一项,在汽车运输成本中就占了10%左右。因此,对汽车使用与维修人员来说,了解橡胶及其制品的基本知识是非常重要的。

(一)橡胶的基本性能

1. 极高的弹性

这是橡胶独特的性能,橡胶的伸长率可达100%~1 000%。橡胶在起初受负荷时变形量很大,但随外力的增加,橡胶又具有很强的抵抗变形的能力。因此,橡胶可作为减振材料,用于制造各种减轻冲击和吸收振动的零件。

2. 良好的热可塑性

橡胶在一定温度下失去弹性而具有可塑性,称为热可塑性。橡胶处于热可塑性状态时,容易加工成各种形状和尺寸的制品,而且当加工外力去除后,仍能保持该变形下的形状和尺寸。根据这一特性,可把橡胶加工成不同形状的制品。

3. 具有良好的黏结性

黏结性是指橡胶与其他材料黏结成整体而不分离的能力。橡胶有很强的吸附能力,能与其他材料黏结成整体,如汽车轮胎就是利用橡胶与棉、毛、尼龙等,牢固地黏结在一起而制成的。

4. 良好的绝缘性

橡胶大多数是绝缘体,是制造电线、电缆等导体的绝缘材料。

此外,橡胶还具有良好的耐寒、耐蚀和不渗漏水、气等性能。橡胶的缺点是导热性差,硬度和抗拉强度不高,尤其是容易老化等。

所谓橡胶老化是指橡胶在储存和使用中,其弹性、硬度、抗溶胀性及绝缘性发生变化,出现变色、发黏、变脆及龟裂等现象。引起橡胶老化的主要原因是受空气中氧、臭氧的氧化以及光照(特别是紫外线照射)、温度的作用和机械变形而产生的疲劳等。因此,为减缓橡胶制品老化,延长使用寿命,橡胶制品在使用和储存中应避免与酸、碱、油及有机溶剂接触,尽量减少受热和日晒、雨淋。

(二)橡胶的组成

橡胶主要是以生胶为原料,加入适量的配合剂而制成。

1. 生胶(生橡胶)

生胶是橡胶工业的主要原料,按其来源可分为天然橡胶和合成橡胶两种。

(1)天然橡胶是从热带橡胶树上采集的胶乳,经凝固、干燥、加压等工序而成的一种高弹性材料。加工后的天然橡胶通常呈片状固体,其单体为异戊二烯。

(2)合成橡胶主要是以煤、石油和天然气为原料用化学合成方法获得的。按其性质和用途,分通用和特种两大类。通用合成橡胶的性能与天然橡胶相近,物理性能、力学性能和加工性能较好。特种合成橡胶具有某种特殊性能,如耐热、耐寒、耐油及耐化学腐蚀等。合成橡胶种类较多,常用的有丁苯橡胶、丁基橡胶、氯丁橡胶和丁腈橡胶等。

2. 配合剂

配合剂是为了提高和改善橡胶制品性能而加入的物质,主要有硫化剂、硫化促进剂、补强剂、软化剂、防老化剂等。

硫化剂的作用与塑料中的固化剂相类似,常用的有硫黄、氧化硫、硒等;硫化促进剂起加速硫化过程、缩短硫化时间的作用,常用的有氧化锌、氧化铝、氧化镁以及醛胺类有机化合物等;补强剂用以提高橡胶的力学性能和耐磨、耐撕裂性能,常用的有炭黑、氧化硅、滑石粉等;软化剂能提高橡胶的柔软性和可塑性;防老化剂主要用于防止橡胶老化。

(三) 橡胶在汽车中的应用

橡胶在汽车上用量最大的制品是轮胎,目前全世界生产的橡胶约有80%为制造轮胎所用。此外,橡胶还广泛用于各种胶带、胶管、减振配件以及耐油配件等。汽车常用橡胶的种类、特性及应用见表6-15。

表6-15 汽车常用橡胶的种类、特性及应用

种类	主要特性	应用举例
天然橡胶	有良好的耐磨性、抗撕裂性,加工性能好,但耐高温、耐油、耐臭氧性较差,易老化	轮胎、胶带、胶管及通用橡胶制品等
丁苯橡胶	有优良的耐磨性、耐老化性,力学性能与天然橡胶相近,但加工性能特别是黏结性较天然橡胶差	轮胎、制动摩擦片、离合器摩擦片、胶带、胶管及通用橡胶制品等
丁基橡胶	有良好的耐气候、耐臭氧、耐酸碱及无机溶剂性能,气密性好,吸振能力强	轮胎内胎、电线、电缆、胶管、减振配件等
氯丁橡胶	有良好的物理、力学性能,耐臭氧、耐腐蚀、耐油,黏结性好,但密度大,电绝缘性差,加工时易黏辊、脱模	胶带、胶管、橡胶黏结剂、模压制品、汽车门窗嵌条等
丁腈橡胶	具有优良的耐油、耐老化、耐磨性能,耐热性、气密性好,但耐寒性、加工性能较差	油封、皮碗、O形密封圈、油管等耐油配件

三、黏结剂

黏结剂又称黏合剂,它是将两种材料黏结在一起,或填补零件裂纹、孔洞等缺陷的材料。黏结剂具有较高的黏结强度和良好的耐水、耐油、耐腐蚀、电绝缘等性能,用它来修复零件具有工艺简单、连接可靠、成本低、不会使零件引起变形和组织发生变化等优点。因此,在汽车维修中得到广泛应用。

黏结剂的品种很多,在汽车零件修复中常用的黏结剂主要有环氧树脂黏结剂、酚醛树脂黏结剂和氧化铜黏结剂等。

(一) 环氧树脂黏结剂

环氧树脂黏结剂是一种有机黏结剂。它的用途很广,适合黏结各种金属材料和非金属材料。

1. 环氧树脂黏结剂的组成

环氧树脂黏结剂是以环氧树脂及固化剂为主,再加入增韧剂、稀释剂、填料和促进剂等配制而成。

(1) 环氧树脂是人工合成的高分子化合物,是相对分子量为300~700的线性树脂,常温下呈黄色油状。环氧树脂的优点是黏结力强、固化收缩率小、耐蚀和绝缘性好、使用方便;其缺点是脆性大,耐热性差。常用的牌号有6101、637、618、634等。

（2）固化剂是黏结剂的主要成分,它与环氧树脂化合,使树脂的线状结构变成网状结构,固化后形成热固性物质,温度升高后不软化和熔化,也不溶于有机溶剂,而且还具有良好的耐油、耐酸性能。常用的固化剂有乙二胺、间苯二胺、聚酰胺等。

（3）增韧剂是为改善环氧树脂脆性、提高其柔韧性而加入的成分,它也可减少固化时的收缩性,提高黏结层的抗剥离、耐冲击能力。常用的增韧剂有邻苯二甲酸二丁酯和磷酸二苯酯等。

（4）加入填料能改善黏结接头的强度和表面硬度,提高耐热性、电绝缘性,节约树脂用量。常用的填料有铁粉、石英粉、石棉粉、玻璃丝等。

（5）稀释剂用来溶解树脂、降低黏结剂的黏度,同时它还可以控制固化过程的反应热,延长黏结剂的适用期,增加填料的添加量。常用的稀释剂有丙酮、甲苯和二甲苯等。

（6）加入适量的促进剂,能使黏结剂加速固化并降低固化温度,常用的有四甲基二氨基甲烷、间苯二酚等。

2. 常用环氧树脂黏结剂配方

环氧树脂黏结剂种类很多,有些有现成产品,但更多的是由使用者根据实际需要,按一定的配方现配现用。在汽车维修中,环氧树脂黏结剂可用于粘补蓄电池壳、填补气缸体裂纹、修复孔或轴颈等。常用的环氧树脂黏结剂配方与用途见表6-16。

表6-16 常用环氧树脂黏结剂配方与用途

配方 成分	一号 名称	用量	二号 名称	用量	三号 名称	用量	四号 名称	用量	五号 名称	用量	六号 名称	用量
环氧树脂	6101	100	6101	100	637	100	6101	100	6101	100	618	100
增韧剂	邻苯二甲酸二丁酯	15	邻苯二甲酸二丁酯	15	邻苯二甲酸二丁酯	10	—	—	邻苯二甲酸二丁酯	10	邻苯二甲酸二丁酯	10
固化剂	乙二胺	8	间苯三胺	15	顺丁烯二甲酸酐	40	聚酰胺	80	乙二胺	7	间苯二胺	15
填料	石英粉	15	石英粉	15	石英粉	10	铁粉	20	—	—	二硫化钼	2
	石棉粉	4	石棉粉	10	石棉粉	12	玻璃丝	10	—	—	石墨粉	2
	炭黑	30	铁粉	20	铁粉	50	—	—	—	—	玻璃丝	按需
	电木粉	5	—	—	—	—	—	—	—	—	—	—
稀释剂	丙酮、甲苯或二甲苯等,用量不限											
主要用途	粘补蓄电池壳		填补气缸体水套裂纹		填补气阀室附近裂纹		修复磨损的孔		镶套黏结		修复磨损轴颈	

（二）酚醛树脂黏结剂

酚醛树脂黏结剂也是一种有机黏结剂,其基本成分为酚醛树脂。酚醛树脂黏结剂具有较高的黏结强度,耐热性好,可在200℃以下长期工作,但其脆性大,不耐冲击。

酚醛树脂黏结剂可以单独使用,也可以与其他树脂或橡胶混合使用。它与环氧树脂混合使用时,用量为环氧树脂的30%~40%,且要加增韧剂和填料。为了加速固化,可加入5%~6%的乙二胺,这样既改善了耐热性,又提高了韧性。

KH-506黏结剂是酚醛树脂与丁腈橡胶混合的黏结剂。它具有良好的韧性和耐热、耐水、耐油等特性,可用于汽车各种轴、轴承与泵壳类的修复,以及离合器摩擦片、制动蹄片的黏结等。

204黏结剂是由酚醛树脂与缩甲醛组成的黏结剂。其特点是具有优良的耐热性,可在200 ℃以下长期工作,主要用于修复在高温环境下工作的零部件。

KH-506黏结剂和204黏结剂的配方见表6-17。

表6-17 酚醛树脂黏结剂的配方(质量比)

名称\成分	酚醛树脂	丁腈混炼胶	乙酸乙酯	乙酸丁酯	聚乙烯醇缩甲醛	6101环氧树脂	2-乙基4-甲基咪唑
KH-506	4	3	7.2	7.2	—	—	—
204	40	—	—	—	32	12	2

(三)氧化铜黏结剂

氧化铜黏结剂是一种无机黏结剂,它具有良好的耐热性(在600 ℃高温下不软化)和耐油、耐酸性,以及固化前溶于水而固化后不溶于水等特点。但其脆性大,不耐冲击、不耐强碱等。

氧化铜黏结剂由氧化铜粉、无水磷酸和氢氧化铝调和而成,其中氢氧化铝用于进行无水处理。氧化铜与磷酸反应生成的磷酸铜,吸水后会形成结晶水化物而固化,这一固化过程与硅酸盐水泥相类似,因此它能像"水泥"一样进行粘补。而且磷酸铜在黏结时与钢铁件表面接触,铁元素与铜元素会发生置换反应,因而能提高其黏结强度。

氧化铜黏结剂在固化后,体积略有膨胀。因此,特别适用于管件套接或槽接,也可用于填补裂缝、堵漏和黏结零件,如粘补发动机气缸上平面、气阀室附近处的裂纹以及黏结硬质合金刀头等。

四、填料与易损件非金属材料

填料与易损件非金属材料在汽车上主要起密封、保温和装饰等作用。常用的有纸板、石棉、玻璃、毛毡等。

(一)纸板制品

纸板制品在汽车上主要用于制作各种衬垫,常用的有以下几种。

1. 钢纸板

钢纸板分软钢纸板和硬钢纸板两类。

软钢纸板是由纸类经甘油、蓖麻油及氧化锌处理而成的软性纤维纸板。它的强度高、韧性好,且具有耐油、耐水和耐热及对金属无腐蚀作用等特点,主要用于制作汽车发动机和总成密封连接处的垫片,如机油泵盖衬垫等。

硬钢纸板是由纸类经氧化锌处理而成的硬性纤维纸板,具有抗张力强、绝缘性好等特点,可用于制作发电机、调节器等部件上的绝缘衬垫。

2. 滤芯纸

滤芯纸板是具有过滤性能的纸板,有较强的抗张力能力。滤芯纸板分薄滤芯纸板和厚滤芯纸板两种。薄滤芯纸板适用于制作过滤器的内滤片,厚滤芯纸板则常用作内滤片的垫架。

3. 防水纸板

防水纸板分为沥青防水纸板和普通防水纸板两类。防水纸板具有伸缩率小、吸水率低和韧性较好等特点,常用于车身包皮或与水接触部件的衬垫。

4. 浸渍衬垫纸板

浸渍衬垫纸板是在纸浆中加入胶料,制成成品后再经甘油水溶液浸渍而成的纸板。浸渍衬垫纸板具有弹性好、吸水和吸油性小等特点,一般用于制作汽车发动机、变速箱与汽油、润滑油或水接触的衬垫。

5. 软木纸

软木纸是由颗粒状软木和骨胶、干酪素等物质黏结后压制而成的。软木纸质轻、柔软,有弹性和一定的韧性,主要用于制作各种密封衬垫,如气阀室盖衬垫、水套孔盖板衬垫、水泵衬垫、机油盘衬垫等。

(二) 石棉制品

石棉具有良好的柔软性,本身不会燃烧,而且有较好的防腐性和吸附能力,但导热、导电性差。石棉在汽车上主要用于密封、隔热、保温、绝缘和制动等。常用的石棉制品有以下几种。

1. 石棉盘根

石棉盘根分橡胶石棉盘根和浸油石棉盘根两种。

橡胶石棉盘根是由石棉布或石棉线以橡胶为黏结剂卷制或编织后压成方形、扁形,外涂高碳石墨密封材料而制成。

浸油石棉盘根是用经润滑油和石墨浸渍过的石棉线(或铜丝石棉线)编织而成。

石棉盘根还可作为转轴、阀门杆的密封材料,汽车上常用作发动机曲轴最后一道主轴承的密封。

2. 石棉板

石棉板是用石棉、填料和黏结材料制成的,分耐油橡胶石棉板、衬垫石棉板、高压橡胶石棉板三种。石棉板通常用于制作有高温要求的密封衬垫及垫片内衬物,如气缸床、排气管接口垫圈内衬等。

3. 石棉摩擦片

石棉摩擦片是由石棉、辅助材料和黏结剂经混合加热后压制而成,具有硬度高、摩擦系数大、耐高温、耐冲击和耐磨耗等特点,主要用于汽车的动力传递和制动,如制作离合器和制动器的摩擦片等。由于石棉是致癌物质,故这种制动材料将趋于淘汰。

(三) 玻璃制品

玻璃是构成汽车外形的重要材料之一,它具有透明、隔声和保温的特点。汽车上常用的玻璃有以下几种。

1. 普通平板玻璃

普通平板玻璃有普通玻璃和磨光玻璃两种。普通玻璃即一般玻璃;磨光玻璃是在普通玻璃基础上进行了磨光处理,其透明度较高。普通平板玻璃强度不高,破碎后又极易伤人,不安全。因此,主要用于加工钢化玻璃和夹层玻璃。

2. 钢化玻璃

钢化玻璃是由普通玻璃经一定的热处理后制作而成。钢化玻璃的抗弯强度要比普通玻璃高5~6倍,热稳定性好,冲击强度较高,且钢化玻璃发生破碎时会形成无锋锐的颗粒状碎片,对人体伤害小,主要用于制作汽车的风窗玻璃等。但钢化玻璃因制作时内应力大,容易产生"自爆",整块玻璃呈稠密网状裂纹全面破碎,在行驶时会严重影响视线,引起事故(二次事故)。

3. 区域钢化玻璃

为了弥补上述钢化玻璃的缺点,采用特殊的热处理方法,控制玻璃碎片的大小和形状,以保证玻璃破碎后不影响视区,避免二次事故发生。区域钢化玻璃在国外的一般汽车上应用很广。

4. 夹层玻璃

夹层玻璃是由两块2~3 mm玻璃中间夹一层安全膜(聚乙烯醇缩丁醛)制成的。它的抗冲击性能虽然不及钢化玻璃,但其中间的安全膜有很好的弹性和吸振能力,破碎时碎片仍能黏附在安全膜上,因此具有很好的安全性。夹层玻璃价格昂贵,多用于高级轿车。

此外,为提高舒适性和扩大用途,在现代的高级轿车上还装有无线夹层玻璃,主要用于电视、收音机及电话的信号接收;调光夹层玻璃,以提高舒适性、居住性;热线反射玻璃,以控制夏天车内温度升高,减轻空调负荷;除霜玻璃,可自动加热除霜等。

(四)毛毡

毛毡是由羊毛或合成纤维,加入黏结剂制成的,常用的有细毛毡、半粗毛毡、粗毛毡三类。毛毡具有储存润滑油,防止水和灰尘侵入及减轻冲击等作用,主要用于制作油封、衬垫及滤芯等。

教 学 实 验

实验一　用机械比较仪测量活塞销外径

一、实验目的
（1）了解机械比较仪的测量原理；
（2）掌握用机械比较仪测量外径的方法。

二、实验概述
1. 机械比较仪的工作原理

用机械比较仪测量工件外径，是用比较测量法进行测量的。先选择好尺寸为 L 的量块组，将仪器的指针调到零位，再将被测工件放到比较仪的测头与工作台面之间，从比较仪的表盘上读出指针相对零位的差值 ΔL（即被测工件外径相对量块组尺寸的差值），则被测工件的外径尺寸 $D=L+\Delta L$，如实验图 1 所示。

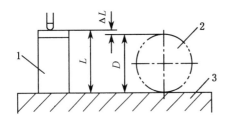

实验图 1　测量工件外径示意图
1—量块组；2—被测工件；3—测量基准平面（平板）

2. 机械比较仪的构造与操作

1）构造

杠杆齿轮式比较仪分度值为 0.001 mm，标尺示值范围为 ±0.1 mm，可用于测量工件的尺寸及形位误差，也可作为测量装置的读数元件。杠杆齿轮式比较仪一般由杠杆齿轮比较仪表头和座架两部分组合使用，如实验图 2 所示。其工作原理如实验图 3 所示，当测量杆 1 有微小直线位移时，使杠杆短臂 2 和齿轮杠杆 3 一起转动，齿轮杠杆 3 又带动小齿轮 4 和指针 5 一起转动，并可在表盘 6 上指示出相应的数值。

2）操作

（1）测头的选择：根据被测零件表面的几何形状来选择测头，使测头与被测表面尽量满足点接触。

（2）按被测工件外径公称尺寸组合量块。

（3）调整仪器零位。

① 参看实验图 2，将量块组置于工作台 9 的中央，并使仪器测头 10 对准量块测量面的中央。

② 粗调节：松开臂架紧固螺钉 2，转动调节螺母 5，使臂架 12 缓慢下降，直到测头与量块上测量面轻微接触，将紧固螺钉 2 锁紧。

③ 细调节:松开紧固螺钉13,转动细调手轮4,使比较仪指针接近刻度盘零位,然后拧紧紧固螺钉13。

④ 微调节:转动微调手轮3,使指针与刻度盘零位重合,然后压下测头拨叉6数次,使零位稳定。

⑤ 将测头抬起,取下量块。

(4) 测量工件:按实验规定的部位进行测量,把测量结果填入实验报告。

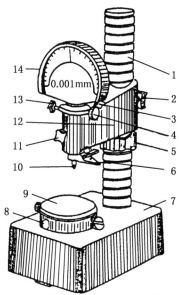

实验图2　机械杠杆比较仪结构图

1—立柱;2,11,13—紧固螺钉;3—微调手轮;4—细调手轮;5—螺母;6—拨叉;7—基座;8—工作台调整螺钉;9—光面圆工作台;10—测头;12—臂架;14—测微仪

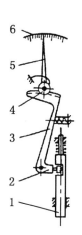

实验图3　机械杠杆比较仪工作原理图

1—测量杆;2—杠杆短臂;3—齿轮杠杆;4—小齿轮;5—指针;6—表盘

三、实验设备与材料

(1) 工件:活塞销,其零件图如实验图4所示;
(2) 量具量仪:机械杠杆比较仪,量块。

四、实验及报告

(1) 明确实验目的;

(2) 按照上述操作中的步骤,用机械比较仪测量工件的外径。把实验结果填入实验表1,根据活塞销的图样标注,判断其合格与否并写出实验报告。

实验图4　活塞销的图样标注

实验表1　实验报告

测量位置示意图								
垂直轴线截面尺寸	a	I	b	I	c	I
		II		II		II
最大实际尺寸=						
最小实际尺寸=						
工件合格与否						

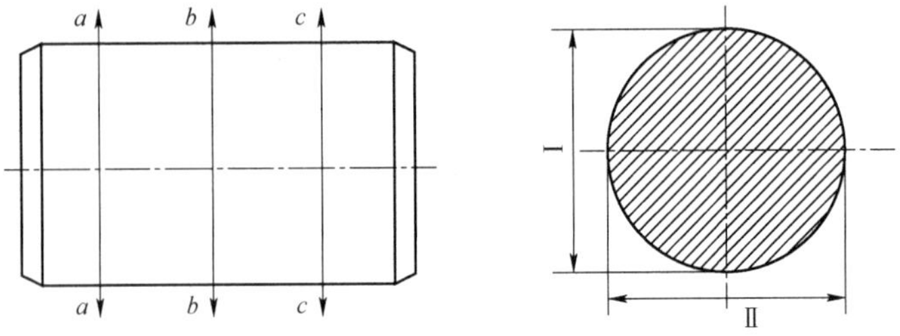

五、思考题

用机械比较仪测量外径属于什么测量方法？

实验二　用内径百分表测量孔径

一、实验目的

(1) 熟悉内径百分表的工作原理及内径的测量方法;
(2) 加深对内尺寸测量特点的了解。

二、实验概述

1. 内径百分表的构造及工作原理

内径百分表是用相对法测量孔径的一种常用量仪,其分度值为 0.01 mm,测量范围一般为 6~10 mm、10~18 mm、18~35 mm、35~50 mm、50~100 mm、100~160 mm、160~250 mm、250~450 mm 等,其典型结构如实验图 5 所示。

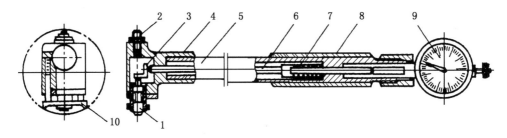

实验图 5　内径百分表的结构示意图
1—活动测头;2—可换测头;3—等臂杠杆;4—主体;5—直管;6—传动杆;
7—弹簧;8—隔热手柄;9—百分表;10—定位护桥

内径百分表是用它的可换测头 2(在测量中固定不动)和活动测头 1 与被测孔壁接触进行测量的。仪器盒内有几个长短不同的可换测头,使用时可按被测尺寸的大小来选择。测量时,将内径百分表测头放入被测孔内,活动测头 1 产生轴向位移,使等臂杠杆 3 回转,并通过传动杆 6 推动百分表 9 的测杆位移,从百分表上读取读数。定位护桥 10 在弹簧的作用下,对称地压靠在被测孔壁上,使得测头 1 和测头 2 的轴线位于被测孔的直径上。

首先将量块组放入量块夹中,通过卡脚形成内尺寸 L(可以按公称尺寸组合量块),如实验图 6 所示。再用它来调整内径百分表的指针到零位。测量孔径时,从内径百分表上读出的指针偏移量 ΔL,即为被测孔径与量块组合尺寸的差值。被测孔径 $D = L + \Delta L$,如实验图 7 所示。

2. 操作步骤

(1) 选取可换测头:根据被测孔径的公称尺寸,选取可换测头拧入内径百分表的螺孔中,扳紧锁紧螺母。

(2) 组合量块组:根据被测孔径的公称尺寸 L 组合量块,放入量块夹中夹紧(实验图 6),以便于仪器对准零位。

(3) 将内径百分表调整零位:用手拿着隔热手柄(实验图 5 中的 8),另一只手的食指和中指轻轻压按定位板,将活动测头压靠在侧块上,使活动测头内缩,以保证放入可换测头时不与侧块摩擦而产生磨损。然后,松开定位板和活动测头,使可换测头与侧块接触,就可在垂直和水平两个方向上摆动内径百分表找最小值。反复摆动几次,并相应地旋转表盘,使百分表的零刻度正好对准示值变化的最小值,零位对好后,用手指轻压定位板使活动测头内缩,当可换测头脱离接触时,缓缓地将内径百分表从侧块内取出。

(4) 测量内径:将内径百分表插入被测孔中,沿被测孔的轴线方向测几个截面,每个截面要在相互垂直的两个部位上各测一次。测量时轻轻摆动内径百分表(实验图7),记下示值变化的最小值,根据测量结果和被测孔的公差要求,判断被测工件是否合格。

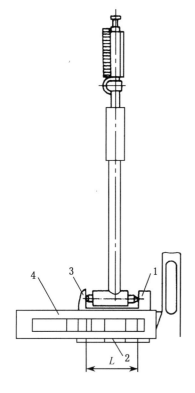

实验图6　内径百分表的调零
1,3—专用侧块;2—量块组;4—量块

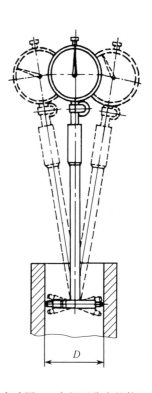

实验图7　内径百分表的使用

三、实验设备与材料

(1) 工件:缸体,其零件图如实验图8所示;
(2) 量具量仪:内径百分表,校对环,量块。

四、实验及报告

(1) 明确实验目的;
(2) 按照上述操作中的步骤,用内径百分表测量孔径。把实验结果填入实验表2,根据缸体的图样标注,判断其合格与否,并写出实验报告。

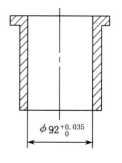

实验图8　缸体的图样标注

实验表 2　实验报告

测量位置示意图	垂直轴线截面尺寸						
（图）	a	I		b	I	c	I
		II			II		II
	最大实际尺寸 =						
	最小实际尺寸 =						
	工件合格与否						

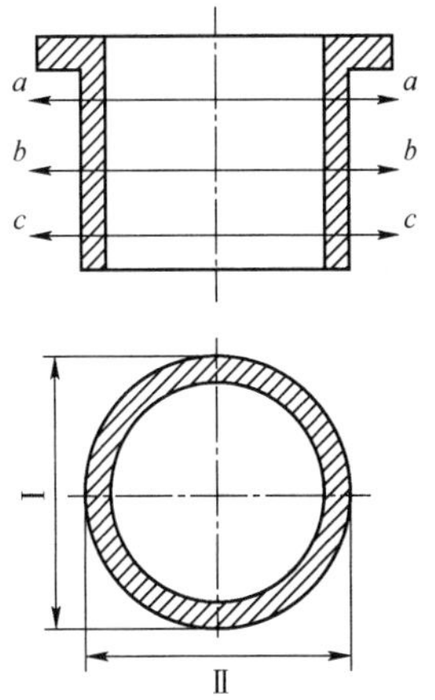

五、思考题

用内径千分尺和内径百分表测量孔的直径时，分别属于何种测量方法？

实验三　典型回路实验

以下典型回路实验均采用 YJS-01 快速插接式综合设计性液压教学试验台进行。

一、节流调速回路性能实验

节流调速回路由定量泵、流量控制阀、溢流阀和执行元件等组成，可通过改变流量控制阀阀口的开度，即通流截面面积来调节和控制流入或流出执行元件的流量，以调节其运动速度。节流调速回路按照其流量控制阀安装位置的不同有进口节流、出口节流和旁路节流三种情况。节流调速可分为节流阀调速回路和调速阀调速回路两大类。流量控制阀采用节流阀或调速阀时，其调速性能各有自己的特点，同是节流阀，调速回路不同，它们的调速性能也有差别。

（一）实验目的

（1）通过对节流阀进、出、旁三种调速回路的实验得出它们的调速回路特性曲线并分析它们的调速性能（即速度—负载特性、功率特性不要求）。

（2）通过对节流阀和调速阀进口节流调速回路的对比实验，分析它们的调速性能（即速度—负载特性、功率特性不要求）。

（二）实验原理

在某一节流调速回路中，当流量阀的结构形式、液压缸结构尺寸确定之后，流量阀的通流截面面积 A、泵的工作压力 p（溢流阀的调定压力）以及负载 F 均对液压缸的工作速度 v 有影响。

进口节流调速回路实验原理图及连接示意图如实验图 9 所示。

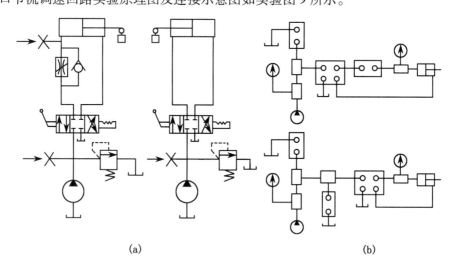

实验图 9　节流调速回路
(a) 原理图；(b) 示意图

（三）实验步骤

（1）按照实验回路图的要求，取出所要用的液压元件并检查型号是否正确。

（2）将检查完毕的液压元件安装到插件板的适当位置上，每个阀的连接底板的侧面都有各油口的标号,通过快换接头和软管按回路要求连接。

(3) 安装完毕,定出两只行程开关距离,放松溢流阀(Ⅰ)、(Ⅱ),起动泵,调节溢流阀(Ⅰ)的压力为 4 MPa、溢流阀(Ⅱ)压力为 0.5 MPa,调节单向节流阀或单向调速阀开口大小。

(4) 通过两个换向阀 1、2 控制,分别使油缸 A、B 缩回和伸出后,使换向阀 2 右位接通(在实验过程中始终保持它右位接通)、换向阀 1 左位接通,即可实现动作。在运行过程中读出单向调速阀或单向节流阀进、出口压力,记录计时器显示时间。

(5) 根据回路记录表,调节溢流阀(Ⅱ)压力(即调节负载压力),记载相应时间和压力,填入表中,并绘制 v-F 曲线。

(6) 实验完毕后,首先要旋松回路中的溢流阀手柄,然后将电动机关闭。当确认回路中压力降为零后,方可将胶管和元件取下放入规定的抽屉内,以备后用。

注:当使用单向节流阀和单向调速阀,做进口节流调速实验时,需将阀接到液压缸进口处;做出口节流调速实验时,需将阀接到液压缸回油口处。

本实验也可采用电磁换向阀代替手动换向阀。

所需元件:行程开关 2 个(液压缸上接电秒表);手动换向阀(三位四通 O 形)2 个或电磁换向阀;压力表 3 块;单向节流阀 1 个;单向调速阀 1 个;溢流阀 2 个;电秒表 1 块;三通接头 1 个;液压缸 2 个。

二、差动回路性能实验

(一) 实验原理

实验原理图及连接示意图如实验图 10 所示。

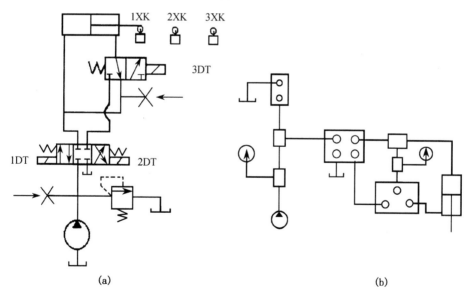

实验图 10 差动回路
(a) 原理图;(b) 示意图

（二）实验步骤

（1）、（2）两步骤与前面第一个实验"节流调速回路性能实验"的步骤(1)、(2)相同。

（3）将所用电磁换向阀的电磁铁和行程开关编号，取出相应的号码牌挂上，以免弄错，然后把相应的电磁铁插头插到输出插孔内。

（4）调整三个行程开关间的距离，使之等距，放松溢流阀，起动泵，调节溢流阀压力为2 MPa。

（5）把电磁铁控制板上的电源打开，手动、自动选择开关拨向手动一边，然后将手动开关的1、3同时拨向上方，即可实现快进。当碰到第二个行程开关时，将手动开关3拨向下方，然后将手动开关2拨向上方即可实现快退。调通回路后，可参照电控部分选择2号程序，进行自动控制。

（6）与前面第一个实验"节流调速回路性能实验"步骤(6)相同。

所需元件：行程开关3个；压力表2块；溢流阀1个；液压缸1个；三通接头1个；三位四通O形电磁换向阀1个；二位三通电磁换向阀1个。

三、单向调速阀串联的速度换接回路（变量泵、流量阀调速回路）

（一）实验原理

自动执行1号程序如实验表3所示。

实验表3　执行1号程序

项目	1DT	2DT	3DT	4DT	5DT
复位	−	−	−	−	−
启动（1XK计时）	+	−	−	−	−
2XK	+	−	+	−	−
3XK	+	−	+	+	−
4XK	−	+	−	−	−
5XK	−	−	−	−	+

实验原理图及连接示意图如实验图11所示。

（二）实验步骤

步骤(1)~(3)与上面第二个实验"差动回路性能实验"的步骤(1)~(3)相同。

（4）调整四个行程开关间的距离，使之等距，放松溢流阀，起动泵，调节溢流阀压力为4 MPa。

（5）把电磁铁控制板上的电源打开，手动、自动开关拨向自动一边，将自动执行回路开关1拨向上方，然后按"复位"按钮，再按"起动"按钮既可实现动作。

（6）与第一个实验"节流调速回路性能实验"的步骤(6)相同。

所需元件：压力表2块；液压缸1个；行程开关4个；单向节流阀2个；单向调速阀2个；二位二通电磁阀常开式2个、常闭式1个；三位四通O形电磁换向阀1个；先导式溢流阀1个；三通接头4个。

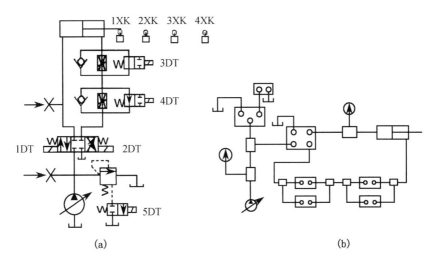

实验图 11 单向调速阀串联的速度换接回路
(a) 原理图；(b) 示意图

四、三级调压回路实验

(一) 实验原理

实验原理图及连接示意图如实验图 12 所示。

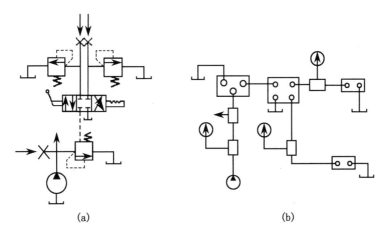

实验图 12 三级调压回路
(a) 原理图；(b) 示意图

(二) 实验步骤

步骤(1)、(2) 与前面第一个实验"节流调速回路性能实验"步骤(1)、(2) 相同。

(3) 把电磁铁编号，取出相应的号码牌挂上，然后把电磁铁插头插到相应的输出插孔内。

(4) 放松溢流阀（Ⅰ）、（Ⅱ）、（Ⅲ），起动泵，调节（Ⅰ）的压力为 4 MPa。

(5) 把电磁铁控制板的电源打开，将手动开关 1 拨向上方，调节溢流阀（Ⅱ）的压力为 3 MPa，调整完毕，将手动开关 1 拨向下方。

(6) 将手动开关 2 拨向上方,调节溢流阀压力为 2 MPa,调整完毕,将手动开关 2 拨向下方。

(7) 调整完毕回路就能达到三种不同压力,重复上述循环,观察各压力表数值。

(8) 与前面第一个实验"节流调速回路性能实验"步骤(6)相同。

所需元件:压力表 3 块;溢流阀 3 个,其中带遥控的 1 个;三位四通 O 形电磁换向阀 1 个(或手动阀)。

五、二级减压回路实验

(一) 实验原理

实验原理图及连接示意图如实验图 13 所示。

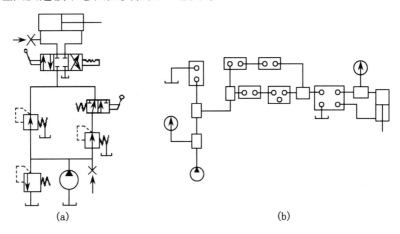

实验图 13　二级减压回路
(a) 原理图;(b) 示意图

(二) 实验步骤

步骤(1)、(2) 与前面第一个实验"节流调速回路性能实验"步骤(1)、(2) 相同。

(3) 放松溢流阀,起动泵,调节其压力为 4 MPa。

(4) 将手动换向阀 1 左位接通,调节减压阀(Ⅰ)的压力为 2 MPa,使手动换向阀 2 左位接通,调节减压阀(Ⅱ)压力为 3 MPa。

(5) 手动换向阀 1 右位接通油缸退回后,将手动换向阀 2 右位接通,然后把手动换向阀 1 左位接通,使油缸伸出至终点,观察油缸无杆腔压力是否为 2 MPa;把手动换向阀 2 左位接通,观察压力是否为 3 MPa。

(6) 与实验一"节流调速回路性能实验"的步骤(6)相同。

所需元件:压力表 2 块;溢流阀 1 个;减压阀 2 个;单向阀 1 个;二位三通手动换向阀 1 个;三位四通 O 形手动换向阀 1 个;三通接头 2 个;液压缸 1 个。

六、蓄能器保压泵卸荷回路实验

(一) 实验原理

本实验为第三个自动执行回路实验,见实验表4。

实验表4 第三个执行回路实验

项目	1DT	2DT
复位	−	−
启动	−	−
1XK	+	−
压力继电器	+	+

实验原理图及连接示意图如实验图14所示。

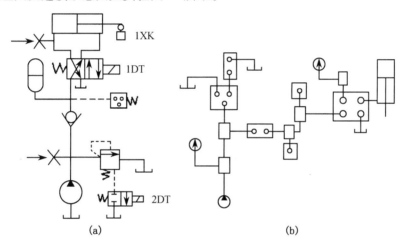

实验图14 蓄能器保压泵卸荷回路
(a) 原理图;(b) 示意图

(二) 实验步骤

(1)、(2) 步骤与前面第一个实验"节流调速回路性能实验"步骤(1)、(2) 相同。

(3) 给电磁铁编号,并挂上相应的标牌,将电磁铁插头插到相应的插孔内,然后把压力继电器接好,并把开关拨到相应的位置上。

(4) 旋松溢流阀,起动泵,调节溢流阀压力为 3 MPa。

(5) 按动"复位"按钮,然后按"起动"按钮,调节压力继电器压力为 2 MPa,使之发信(在工作压力中调节)。

(6) 当前进到终点时,压力上升至压力继电器调定压力时发信,使电磁铁 2DT 处于通电状态,泵卸荷此时靠蓄能器保压。

(7) 每一次循环开始必须先按"复位"按钮,再按"起动"按钮。

(8) 与前面第一个实验"节流调速回路性能实验"步骤(6) 相同。

所需元件:压力表 3 块;溢流阀(带遥控)1 个;单向阀 1 个;二位二通电磁换向阀 1 个;压力继电器 1 个;蓄能器 1 个;二位四通电磁换向阀 1 个;液压缸 1 个;三通接头 2 个。

七、单向顺序阀平衡回路实验

(一) 实验原理

实验原理图及连接示意图如实验图 15 所示。

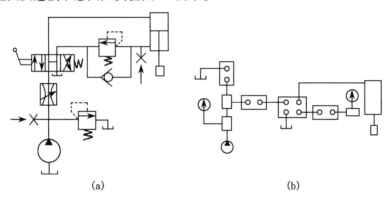

实验图 15　单向顺序阀平衡回路
（a）原理图；（b）示意图

(二) 实验步骤

步骤(1)、(2) 与前面第一个实验"节流调速回路性能实验"步骤(1)、(2) 相同。

(3) 旋松溢流阀,起动泵,调节溢流阀压力为 4 MPa,并调小节流阀开口。

(4) 扳动手动换向阀手柄使之左位接通,在活塞杆下行时,调节平衡阀压力为 1~2 MPa。

(5) 扳动手动换向阀手柄使之右位接通,活塞杆上升。

(6) 每次实验结束后加砝码(负载增加),重复上述循环,观察活塞杆下行速度是否变化。

(7) 与前面第一个实验"节流调速回路性能实验"步骤(6) 相同。

所需元件:压力表 2 块;溢流阀 1 个;节流阀 1 个;三位四通 H 形手动换向阀 1 个;平衡阀 1 个;液压缸 1 个。

八、单向调速阀并联同步回路(背压阀限制系统最低压力回路)实验

(一) 实验原理

实验原理图及连接示意图如实验图 16 所示。

(二) 实验步骤

(1)、(2) 两步骤与实验一"节流调速回路性能实验"的步骤(1)、(2) 相同。

(3) 旋松溢流阀,起动泵,调节溢流阀压力为 2 MPa。

(4) 扳动手动换向阀手柄使之左位接通,活塞杆向外运动,在工作过程中分别调节两个调速阀。

(5) 扳动手动换向阀手柄使之右位接通,使活塞杆缩回。

(6) 反复循环几次,目测同步情况。

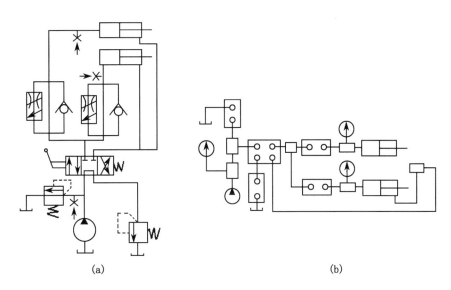

实验图 16　单向调速阀并联同步回路
(a) 原理图；(b) 示意图

(7) 与实验一"节流调速回路性能实验"的步骤(6)相同。

所需元件：压力表 3 块；溢流阀 1 个；背压阀 1 个；三位四通 M 形手动换向阀 1 个；单向调速阀 2 个；液压缸 2 个；三通接头 2 个。

九、行程控制(压力控制)多缸顺序动作回路实验

本实验为第四个自动执行回路实验，见实验表 5。

实验表 5　第四个执行回路实验

项目	1DT	2DT	3DT	4DT
复位	−	−	−	−
启动(1XK 计时)	+	−	−	−
2XK	+	−	−	+
3XK	−	+	−	+
4XK	−	+	+	−
5XK	−	−	−	−

(一) 行程控制

1. 实验原理

实验原理图及连接示意图如实验图 17 所示。

2. 实验步骤

步骤(1)~(3)与前面第二个实验"差动回路性能实验"步骤(1)~(3)相同。

(4) 旋松溢流阀，起动泵，调节溢流阀压力为 2 MPa。

(5) 把手动、自动选择开关拨到自动一侧，然后把自动执行回路开关 4 拨向上方，手动开

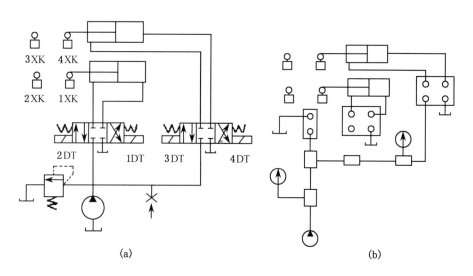

实验图 17　行程控制多缸顺序动作回路
(a) 原理图；(b) 示意图

关全部拨向下方，然后按"复位"按钮，再按"起动"按钮即可实现动作。

(6) 与前面第一个实验"节流调速回路性能实验"的步骤(6)相同。

所需元件：溢流阀 1 个；行程开关 3 个；压力表 1 块；二位四通 O 形电磁换向阀 2 个；液压缸 2 个；三通接头 2 个。

(二) 压力控制

1. 实验原理

实验原理图及连接示意图如实验图 18 所示。

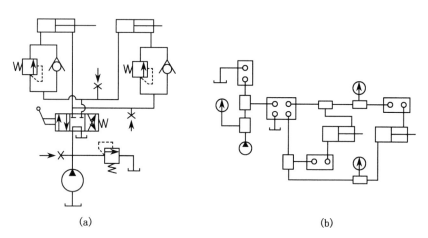

实验图 18　压力控制多缸顺序动作回路
(a) 原理图；(b) 示意图

2. 实验步骤

步骤(1)、(2)与前面第一个实验"节流调速回路性能实验"步骤(1)、(2)相同。

(3) 旋松溢流阀，起动泵，调节溢流阀压力为 4 MPa。

(4) 扳动手动换向阀手柄使之左位接通,当 A 缸动作时,调节平衡阀 1 的压力为 1~2 MPa。

(5) 扳动手动换向阀手柄使之右位接通,当 B 缸动作时,调节平衡阀 2 的压力为 1~2 MPa。

(6) 扳动手动换向阀手柄使之左位接通,当两缸均到达行程终点时,再扳动手动换向阀手柄使之右位接通。

(7) 与前面第一个实验"节流调速回路性能实验"步骤(6)相同。

所需元件:压力表 2 块;溢流阀 1 个;三位四通 M 形手动换向阀 1 个;平衡阀 2 个;三通接头 3 个。

十、双泵供油回路实验

(一) 实验原理

实验原理图及连接示意图如实验图 19 所示。

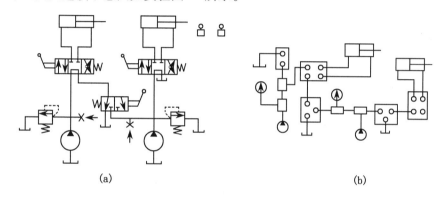

实验图 19 双泵供油回路
(a) 原理图;(b) 示意图

(二) 实验步骤

步骤(1)、(2) 与前面第一个实验"节流调速回路性能实验"步骤(1)、(2) 相同。

(3) 调整好两个行程开关间距离,并把线接好。

(4) 旋松两个溢流阀,起动泵,调整两个溢流阀压力为 4 MPa。

(5) 分别扳动手动换向阀 1、2 使它们左位接通,并通过电秒表计时观察 B 缸活塞杆速度。

(6) 分别扳动手动换向阀 1、2 使它们右位接通,使油缸 A、B 退回。

(7) 先扳动手动换向阀 1 的手柄,使之处于中位,然后扳动手动换向阀 3 的手柄,使之右位接通;最后扳动手动换向阀 2 的手柄,使之左位接通。通过电秒表计时。

(8) 与前面第一个实验"节流调速回路性能实验"步骤(6)相同。

所需元件:液压缸 2 个;三位四通手动换向阀 2 个;二位三通手动换向阀 1 个;溢流阀 2 个;压力表 2 块;行程开关 2 个。

上面只对液压系统中一些常见的基本回路做了介绍,除此之外,YJS-01 快速插接式综合设计型液压教学实验台还可按自行设计的回路进行实验,这也是该实验台的一大特色之一,这对学生提出问题、解决问题的能力以及动手能力的提高无疑有很大的帮助,但对自行设计回路进行实验时,需先将其原理图及连接示意图画出来,待指导教师确认无误后方可按步骤进行实验。

实验四　液压泵工作特性实验

一、实验目的

(1) 深入理解定量叶片泵的静态特性,着重测试液压泵静态特性中:
① 实际流量 Q 与工作压力 P 之间的关系,即 Q-P 曲线;
② 容积效率 η_V、总效率 η 与工作压力 P 之间的关系,即 η_V-P 和 η-P 曲线;
③ 输入功率 N_i 与工作压力 P 之间的关系,即 N-P 曲线。
(2) 了解定量叶片泵的动态特性(暂不要求)。
(3) 通过实验学会小功率液压泵的测试方法及本实验所用的仪器和设备。

二、实验内容及方案

本实验针对 YB-6 型定量叶片泵进行实验,采用节流阀加载方式加载。

压力 p 的测定由压力表读出。流量 Q 由椭圆齿轮流量计和秒表配合测取。输入功率 N_i 由功率表读数 $N_表$ 乘以电动机效率 $\eta_电$ 得出。

被试泵输出压力 p 与电动机效率 $\eta_电$ 之间的关系如实验表 6 所示。

实验表 6　被试泵输出压力 p 与电动机效率 $\eta_电$ 之间的关系

被试泵输出压力 p/MPa	1.0	2.0	3.0	4.0	5.0	6.0
电动机效率 $\eta_电$/%	43	63	76	84	88	87

(一) 液压泵的流量—压力特性

测定液压泵在不同工作压力下的实际流量,得出流量—压力特性曲线 $Q=f(p)$。

(1) 空载(零压)流量:工程实际中液压泵的理论流量 $Q_理$ 并不是按液压泵的几何尺寸和运动参数计算。通常在额定转速下以空载(零压)时的流量 $Q_空$ 代替 $Q_理$。本实验中应在节流阀 10 全部打开时测出泵的空载流量 $Q_空$。

(2) 额定流量:泵在额定压力和额定转速下测出的流量 $Q_额$(由节流阀 10 加载到额定压力)。

(3) 实际流量:由节流阀 10 调节不同的工作压力,读出相应压力下的流量 Q。

(二) 液压泵的容积效率 η_V

$$\eta_V = 额定流量\ Q_额 / Q_空$$

(三) 液压泵的总效率 η

本实验采用电功率表法,故

$$\eta = 输出功率\ N_o / 输入功率\ N_i$$
$$= (工作压力\ P \times 实际流量\ Q) / (功率表读数\ N_表 \times 电动机效率\ \eta_电)$$

三、实验材料与设备

（1）QCS003B 教学实验台，秒表。
（2）液压泵性能实验液压原理图见实验图 20。

四、实验步骤

（1）将安全阀 3 打开，起动液压泵 8。
（2）关闭节流阀 4，调节溢流阀 3 至大于被试泵额定压力的 10%约 7 MPa（由压力表 2 示出）。
（3）将节流阀 4 全部打开，此时液压泵的输出流量全部经节流阀 4、流量计 5 流回油箱。记下此时压力表示值相对应的体积流量计读数差和时间（秒表配合），同时记下相应的油温、输入功率 $N_\text{表}$ 之值。
（4）调节节流阀 4，使压力表读数为 1 MPa，记下相应的以上数值（分 1 MPa、2 MPa、3 MPa、4 MPa、5 MPa、6 MPa），并做好其他数值的相应记录。

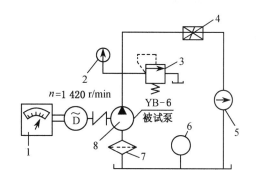

实验图 20　液压泵工作特性
1—功率表；2—压力表；3—溢流阀；4—节流阀；
5—流量计；6—温度计；7—过滤器；8—液压泵

五、实验报告

（1）根据实验步骤，在实验表 7 中填写实验数据：

实验表 7　实验报告

实验条件的油温：　　℃；　　液压油牌号：

数据内容＼序号	1	2	3	4	5	6	7
被试泵压力 p/MPa	0	1	2	3	4	5	6
被试泵流量 Q/(L·min^{-1})							
所对应的时间 t/s							
泵的输出功率 N_o/kW							
泵的转速 n/(r·min^{-1})							
电机输入功率 $\eta_\text{表}$/kW							
对应 $N_\text{表}$ 的 $\eta_\text{电}$/%							
泵的输入功率 N_i/kW							
泵的总效率 η/%							
泵的容积效率 η_V/%							
泵的机械效率 η_m/%							

(2) 根据 $Q_实 = f_1(p)$、$N_i = f_2(P)$、$N_o = f_3(P)$、$\eta_V = f_4(P)$、$\eta_m = f_5(P)$、$\eta = f_6(P)$、$Q_理 = f_7(P)$，在直角坐标纸上绘出特性曲线，并分析被试泵的性能。

六、思考题

(1) 实验系统中，节流阀为什么能够对泵进行加载？

(2) 从液压泵的效率曲线中得到什么启发？

(3) 大功率液压泵性能实验是否也可采用节流加载的方法？

实验五 测定金属的硬度

一、实验目的

(1) 了解硬度实验的种类、特点及用途；
(2) 了解布氏硬度计和洛氏硬度计的结构、实验原理及应用范围；
(3) 学会布氏硬度计和洛氏硬度计的操作和应用；
(4) 学会查硬度换算表，从测定的硬度中了解金属的其他性能及硬度与强度之间的关系，并为今后的热处理实验打下基础。

二、实验概述

硬度实验由于设备简单、操作方便，同时又能敏感地反映材料的化学成分及组织结构的差异，因而除了用来检测材料的当前硬度值以外，还被广泛用来检查热处理工艺质量或研究热处理相变过程。由于仅在金属表面产生很小的压痕，因而大多数零件都可以直接进行产品硬度检验而无须特别加工试件。此外，硬度实验易于检查金属表面层的情况，例如脱碳与增碳、表面淬火以及化学热处理后的表面硬度与强化层深度等。

根据大量的实验数据，金属的硬度与强度之间可以找出粗略换算公式，即硬度 HB 与抗拉强度 σ_b 之间有近似的正比关系：

$$\sigma_b = 10 \times K \cdot HB \quad (\text{单位为 MPa})$$

低碳钢的 K 为 0.36，高碳钢的 K 为 0.34；调质合金钢的 K 为 0.34，铸铝的 K 为 0.26；青铜及黄铜的 K 为 0.55。从而可以通过硬度测试初步估计材料的强度水平。

另外，硬度与冷成型性、切削性、可焊性等工艺性能之间也存在着某些联系，可作为选择加工工艺时的参考。

正是因为硬度实验有上述优点，所以被广泛地应用于生产和科研等领域，布氏硬度实验和洛氏硬度实验就是硬度实验中最常用的两种方法。

(一) 布氏硬度实验

1. 原理

用一定大小的载荷 P，把直径为 D 的淬火钢球（或硬质合金钢球）压入被测金属表面，保持一定时间后卸除载荷，载荷 P 除以金属压痕的表面积 S 所得的商值即为布氏硬度值，用 HB 表示（淬火钢球压头，硬度值以 HBS 表示；硬质合金钢球压头，硬度值以 HBW 表示）。实验原理图如实验图 21 所示。

$$HB = \frac{P}{S} = \frac{P}{\pi D h} \quad (\text{单位为 MPa})$$

实际实验时，由于压痕深度 h 较难测量，所以将式中 h 换为压痕直径 d 的表达式：

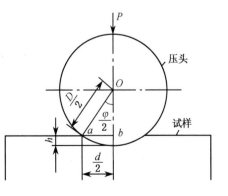

实验图 21 布氏硬度实验原理

$$h = \frac{D}{2} - \frac{1}{2}\sqrt{D^2 - d^2}$$

因此

$$\text{HB} = \frac{2P}{\pi D(D - \sqrt{D^2 - d^2})}$$

实验时只要测出压痕直径 d,即可通过查表(附表 1 压痕直径与布氏硬度值对照表)或计算得出 HB 值(一般不标出单位)。

由于金属材料有硬有软,工件有厚有薄、有大有小,如果只采用一种标准的载荷和钢球直径,难免顾此失彼。因此,进行布氏硬度实验时,要采用不同的载荷和不同直径的钢球。而对同一种材料采用不同的载荷 P 及不同直径 D 的钢球进行实验时,只要满足 P/D^2 为常数,就可保证同一材料测得的布氏硬度相同。国家标准规定布氏硬度试验时 P/D^2 的比值为 30、10、2.5 三种,实验时根据材料种类、试样硬度范围和厚度,参照实验表 8 布氏硬度实验规范表的规范,选择钢球直径 D、载荷 P 及载荷保持时间。

实验表 8　布氏硬度实验规范

金属类型	布氏硬度范围 /HB	试件厚度 /mm	载荷 P 与压头直径 D 的关系	钢球直径 D/mm	载荷 P /kgf*	载荷保持时间 /s
黑色金属	140~450	6~3 4~2 <2	$0.102P=30D^2$	10.0 5.0 2.5	29 420 7 355 1 839	10
黑色金属	<140	>6 6~3 <3	$0.102P=10D^2$	10.0 5.0 2.5	9 807 2 452 613	10
有色金属	>130	6~3 4~2 <2	$0.102P=30D^2$	10.0 5.0 2.5	29 420 7 355 1 839	30
有色金属	36~130	9~3 6~3 <3	$0.102P=10D^2$	10.0 5.0 2.5	9 807 2 452 613	30
有色金属	8~35	>6 6~3 <3	$0.102P=2.5D^2$	10.0 5.0 2.5	2 452 613 153	30

注:* 1kgf = 9.807 N

布氏硬度实验后压痕直径应在 $0.25D<d<0.6D$ 的范围内,否则试验结果无效。

2. 布氏硬度计的构造与操作

实验图 22 所示为 HB-300 型布氏硬度计结构,它由机体、工作台、减速器、杠杆机构、换向开关等部分组成。

(1) 机体与工作台:在铸铁机体 14 的前台面中装有套筒 26,螺杆上装有工作台立柱 22、可更换工作台 21,旋转升降手轮 24 可使工作台上下移动。

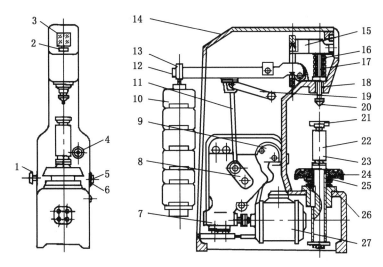

实验图 22　HB-300 型布氏硬度计结构

1—电源开关;2—加力指示灯;3—电源指示灯;4—加力开关;5—压紧螺钉;6—圆盘;7—减速器;
8—曲柄;9—换向开关;10—砝码;11—连杆;12—大杠杆;13—吊环;14—机体;15—小杠杆;
16—弹簧;17—压轴;18—主轴衬套;19—摇杆;20—压头;21—可更换工作台;
22—工作台立柱;23—螺杆;24—升降手轮;25—螺母;26—套筒;27—电动机

（2）压轴部分:压轴部分由弹簧 16、压轴 17 和主轴衬套 18 等零件组成。弹簧在非工作状态时将主轴衬套压靠在锥孔中,并使压轴紧靠在小杠杆中间的刀刃支撑上,从而保持了压轴的精确位置。当试样与压头接触时,主轴衬套被顶起,这样确定压轴工作时的位置,保持了试样与压头中心对准。

（3）减速器部分:减速器 7 通过曲柄 8、连杆 11 和摇杆 19,在电动机 27 正转及反转时,将试验力加压到轴 17 上或从压轴上卸除。

（4）杠杆机构:杠杆机构由大杠杆 12、小杠杆 15、吊环 13、压轴 17 等零件组成。试验力是由电动机 27 通过减速器 7 传到连杆 11 上。连杆下降时试验力经大杠杆 12、小杠杆 15、压轴 17 及主轴衬套 18 等传到传至压头 20 上。根据砝码的不同组合可得出下列几种试验力,即 29 420N、9 807 N、7 355 N、2 452 N、1 839 N、613N、153N。

（5）换向开关系统:换向开关系统是控制电动机回转方向的装置,能使加、卸试验力自动进行。

实验操作时将试样放在工作台 21 上,按顺时针方向转动手轮 24,使工作台升至试样与压头 20 接触,并在手轮打滑后再按下按钮 4 起动电动机 27,经减速机构 7 带动连杆 11 向下运动。此时预定的载荷即可由砝码 10 通过大杠杆 12、小杠杆 15、压轴 17 加压在压头 20 上,使之压入试样。停留一定时间后,电动机自动反转,上升而卸除载荷。待电动机自动停止后,反时针方向转动手轮 24,使工作台下降并取下试样。最后用读数显微镜测量压痕直径 d。根据 d 的大小查表（附表 1　压痕直径与布氏硬度值对照表）,即可求得布氏硬度值。

3. 布氏硬度实验的特点

压痕面积大,能测出试样较大范围内的性能,不受个别组织的影响,特别适合测定灰铸铁、轴承合金和具有粗大晶粒的金属材料;数据稳定,重复性强,而且布氏硬度值和抗拉强度之间存在近似换算关系。但布氏硬度受压头的限制,测试材料硬度不能过高(淬火钢球<450,硬质合金球<650),否则压头会发生塑性变形,降低测量精度;由于压痕较大,故不适于成品及薄片金属检验。通常用于测定铸铁、有色金属、低合金结构钢等原材料及结构钢调质件的硬度。

4. 布氏硬度测定的技术要求

(1) 试样表面必须平整光滑,以使压痕边缘清晰,保证精确测量压痕直径 D。

(2) 压痕离试样边缘应大于钢直径 D,两压痕之间距离不小于 D。

(3) 用读数显微镜测量压痕直径 d 时,应从相互垂直的两个方向上进行,取其平均值。

(4) 用淬火钢球作压头测得的硬度值以符号 HBS 表示;用硬质合金球作压头测得的硬度值以符号 HBW 表示。为了表示实验条件,可在符号 HBS 或 HBW 后面标 $D/P/T$,如 180 HBS/10/3 000/10,即表示硬度是在 $D=10$ mm 的淬火钢球作压头,$P=3 000$ kgf,$T=10$ s 的条件下所测得的布氏硬度值为 180。

(二) 洛氏硬度实验

1. 原理

洛氏硬度实验的压头采用锥角为 120°的金刚石或直径为 1.588(1/16 in)(1 in = 25.4 mm)的钢球。载荷分两次施加,先加初载荷 F_1,然后加主载荷 F_2,总载荷 $F=F_1+F_2$,再卸除主载荷。

如实验图 23 所示,施加初载荷后压痕深度 h_0、h_1 为主载荷作用下的压痕深度,卸除主载荷后,由于试样弹性变形的恢复,压头位置提高 h_2,此时压头受主载荷作用压入深度为 h,用 h 值的大小来衡量材料的硬度。

为了适应人们的习惯(数值越大,硬度值越高),人为规定一常数 K 减去压痕深度 h 的值作为洛氏硬度值的指标,并规定每 0.002 mm 为一个洛氏硬度单位,用符号 HR 表示。

洛氏硬度值为

$$HR = \frac{K-h}{0.002}$$

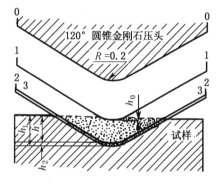

实验图 23　洛氏硬度实验原理

使用金刚石压头时,K 为 0.2 mm,如黑色表盘刻度所示;使用钢球压头时,K 为 0.26 mm,如红色表盘所示。实验时直接由表盘读数。

为了适应硬度不同的材料,洛氏硬度实验采用了不同的压头和总载荷,组成了 15 种标尺,最常用的是 HRA、HRB、HRC 三种。常用的三种标尺所对应的压头型式、载荷大小及适用范围见实验表 9 所示的洛氏硬度测量规范表。

实验表 9　洛氏硬度测量规范表

标度符号	压头	总载荷/kgf*	表盘上刻度颜色	常用硬度值范围	应用范围
HRA	金刚石圆锥	60	黑	70~85	硬质合金、表面淬火或渗碳零件

续表

标度符号	压头	总载荷/kgf*	表盘上刻度颜色	常用硬度值范围	应用范围
HRB	钢球(直径 1.588 mm)	100	红	25~100	退火、正火钢有色金属
HRC	金刚石圆锥	100	黑	20~67	淬火钢、调质钢
注：* 1 kgf = 9.807 N					

2. 洛氏硬度计的构造与操作

实验图 24 所示为 HR-150 型洛氏硬度计结构图，它由机体、工作台升降机构、加载机构、操纵机构及测量指示机构等部分组成。

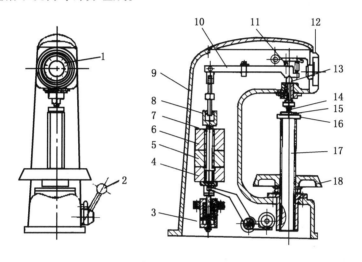

实验图 24　HR-150 型洛氏硬度计结构图
1—指示器；2—操作手柄；3—缓冲器；4—砝码座；5,6—砝码；7—吊杆；8—吊套；9—机体；10—加载杠杆；11—顶杆；12—刻度盘；13—主轴；14—压头；15—试样；16—工作台；17—升降丝杠；18—手轮

（1）机体与工作台升降机构：机体 9 由铸铁制成。在机体前面装有工作台 16、升降丝杠 17 和手轮 18 等。转动手轮借助于升降丝杠可使工作台上升或下降。

（2）加载机构：加载机构由加载杠杆 10、吊杆 7、砝码 5 和 6 等组成。通过杠杆系统将载荷传到压头 14 而加在试样 15 上。

（3）操纵机构：操纵机构的作用是通过操纵手柄 2 施加或卸除主载荷。将操纵手柄向后拉动，通过缓冲器 3 使主载荷平稳地作用在压头上；将手柄向前推回时，主载荷被卸除，但初载荷仍作用在压头上。

（4）测量指示机构：测量指示机构由顶杆 11、指示器 1 等组成。它既是反映初载荷是否加上的装置，又是测定硬度读数的装置。当施加初载荷时，试样 15 顶起主轴 13，通过顶杆 11 等使指示器上的小指针指于红点，这表明初载荷已加好。当加上主载荷时，主轴 13 在总载荷作用下使压头 14 平稳地压入试样 15，此时大指针按逆时针方向转至某一位置。卸除主载荷后，由于试样压痕部位材料的弹性恢复，使大指针按顺时针方向转动并于某一位置上停止，这时大指针所指刻度盘上的读数即为试样的硬度值。

实验操作时,将试样放在工作台 16 上。按顺时针方向转动手轮 18,使工作台上升至试样与压头 14 接触。继续转动手轮,通过压头和主轴 13 顶起顶杆 11,并带动刻度盘 12 的指针转动。小针从黑点转到红点,大针转三周回到 0 处(注意该点 C 标尺读"0"。B 标尺读"30"),这样即施加了 10 kg 的初载荷。若此时大指针相对 C 点左右偏离不超过 5 格,可转动表盘使之对正,然后向前推动操纵手柄 2 加上主载荷。当刻度盘指针转动显著地停顿下来后,即可将加载手柄 2 拉回初始位置,卸除主载荷。这时刻度盘指针所指的读数即为所测的洛氏硬度值(HRC 和 HRA 读外圈黑字 C 标尺,HRB 读内圈红字 B 标尺)。

3. 洛氏硬度试验的特点

洛氏硬度试验可由硬度计表盘直接读出硬度值,操作简单迅速,适用于成批零部件的检验;采用不同形式的压头,可测量的材料范围较广。但由于压痕小、代表性差、数据分散,故精确度没有布氏硬度高。

各种硬度值之间的换算可查表(附表 2 洛氏硬度 HRC 与其他硬度及强度换算)。

4. 洛氏硬度测定的技术要求

根据被测金属的硬度高低,按洛氏硬度测量规范表选定压头和载荷。

试样表面应平整光洁,不得有氧化皮、油污及明显的加工痕迹。

试样厚度应不小于压入深度的 10 倍。

两相邻压痕及压痕边缘的距离应不小于 3 mm。

加载时力的作用线必须垂直于试样表面。

三、实验设备与材料

布氏硬度计、洛氏硬度计、读数显微镜、试样(包括退火态的低、中、高碳钢及淬火态的高、中碳钢)。

四、实验及报告

(1) 按照布氏和洛氏硬度实验操作方法,分别进行一次布氏和洛氏硬度实验,牢记操作要领,以备以后的热处理实验使用。

(2) 整理实验数据,填写实验报告,把两个实验结果分别填入实验表 10 和实验表 11 中。

① 布氏硬度实验。

实验表 10　布氏硬度实验结果

试样材料	压痕直径/mm	硬度值/HB
低碳退火钢		
中碳退火钢		
高碳退火钢		

② 洛氏硬度实验。

实验表11　洛氏硬度实验结果

材料＼硬度＼次数	1	2	3	平均值
淬火中碳钢				
淬火高碳钢				

（3）分析实验结果。

五、思考题

（1）画出布氏硬度试验原理图，并说明其实验原理。
（2）画出洛氏硬度试验原理图，并说明其实验原理。
（3）对比说明布氏硬度实验与洛氏硬度实验的优缺点。

实验六 钢的热处理

一、实验目的

（1）了解钢的几种基本热处理工艺（包括退火、正火、淬火、回火）。

（2）了解碳含量、加热温度、保温时间、冷却速度等因素对热处理后钢的组织和性能的影响。

二、实验概述

钢的热处理就是将钢在固态范围内加热、保温、冷却，通过改变其内部组织结构而获得所需性能的一种操作工艺。热处理是改善钢的组织与性能的基本途径之一。退火、正火、淬火、回火是最常用的热处理工艺方法。

在热处理工艺规范中，加热温度、保温时间和冷却速度是三个最重要的工艺参数，选择正确、合理的参数是热处理操作的关键。

（一）加热温度

铁碳相图是确定钢的热处理加热温度的主要理论依据。除此之外，热处理目的、工件尺寸、原材料及加工过程中的工艺方法均对加热温度的选择有影响。加热温度过高将导致奥氏体晶粒剧烈长大，冷却后出现粗大的组织；加热温度过低，钢未充分奥氏体化，第二相未能完全溶解，也会产生组织缺陷。钢的几种基本热处理工艺的加热温度如实验表 12 所示。

实验表 12　钢的几种基本热处理工艺的加热温度

方法		加热温度/℃	应用范围
退火		$Ac_3+(30\sim50)$	亚共析钢完全退火
		$Ac_1+(20\sim30)$	共析、过共析钢球化退火
正火		$Ac_3+(50\sim100)$	亚共析钢
		$Ac_{cm}+(30\sim50)$	共析、过共析钢
淬火		$Ac_3+(30\sim50)$	亚共析钢
		$Ac_1+(30\sim50)$	共析、过共析钢
回火	低温	150~250	切削刃具、量具、冷冲模具、高硬度零件等
	中温	350~500	弹簧、中等硬度零件等
	高温	500~650	齿轮、轴、连杆等要求综合力学性能较高的零件

本实验所用的 45 钢和 T12 钢的临界点如实验表 13 所示。

实验表13　45钢、T12钢临界点

钢　　号	临　界　点　/℃		
	Ac_1	Ac_3	Ac_{cm}
45	724	780	—
T12A	730	—	820

（二）保温时间

保温时间是指热处理过程中为达到工艺要求而恒温保持的一段时间。广义的保温时间是工件的升温时间（工件入炉后表面达到炉内指示温度的时间）、透热时间（工件心部与表面温度趋于一致的时间）和保温时间的总和。从这个角度来看，保温时间与加热设备、加热介质、工件体积、装炉量及工艺本身的要求均有关系，确切计算加热时间比较复杂。实验室中，通常根据经验公式计算保温时间，当工件有效厚度小于 50 mm，在 800 ℃~960 ℃ 箱式电阻加热炉中加热时，每毫米工件有效厚度的保温时间为 1~1.2 min。

回火的保温时间要保证工件热透并使组织充分转变，实验室中可用 0.5 h。

（三）冷却方式

退火一般采用随炉冷至 600 ℃~550 ℃ 以下再出炉空冷。正火采用在空气中冷却的方式。

淬火时，要求钢在过冷奥氏体最不稳定的范围内（奥氏体等温转变图中曲线鼻尖附近）的冷却速度大于临界冷却速度，以保证全部得到马氏体组织；而在 M_s 点附近冷却速度尽可能低，以降低内应力，减少工件变形与开裂。每种淬火剂的冷却能力都有局限性，所以用单一介质淬火不能满足上述要求。实际生产中常用的淬火方法除单液淬火外，还有双液淬火（先水冷后油冷）、分级淬火和等温淬火等。形状简单的工件一般采用单液淬火。几种常用淬火介质的冷却能力情况见实验表14。

实验表14　几种常用淬火介质的冷却能力

冷却介质	冷却速度/(℃·s^{-1})		冷却介质	冷却速度/(℃·s^{-1})	
	650 ℃~550 ℃	300 ℃~200 ℃		650 ℃~550 ℃	300 ℃~200 ℃
水(18 ℃)	600	270	10% NaCl 水溶液	1 100	300
水(26 ℃)	500	270	10% NaOH 水溶液	1 200	300
水(50 ℃)	100	270	10% Na$_2$CO$_3$ 水溶液	800	270
水(74 ℃)	30	200	10% Na$_2$SO$_4$ 水溶液	750	300
肥皂水	30	200	矿物油	150	30
10%油水乳化液	70	200	变压器油	120	25

三、实验设备及材料

（1）实验用箱式电阻加热炉（附测温控温装置）。
（2）洛氏硬度计。
（3）淬火用水槽、油槽及淬火介质。
（4）实验试样。每组45钢（退火态）8块，T12钢（退火态）8块，试样尺寸 ϕ12 mm×10 mm。

（5）砂纸、夹钳等。

四、实验内容与步骤

（1）全班分组,每组一套试样。

（2）按热处理实验数据表的内容将 45 钢试样（6 块,其中炉冷试样已备好）、T12 钢试样（6 块）分别放入 860 ℃ 和 780 ℃ 炉子内加热,保温 5~20 min 后,分别空冷、水冷、油冷。将一块 45 钢试样放入 750 ℃ 炉内,一块 T12 钢试样放入 1 000 ℃ 炉内,分别加热 15~20 min 后水冷。

（3）将 45 钢（860 ℃ 加热、水冷）和 T12 钢（780 ℃ 加热、水冷）试样各取出三块分别放入 200 ℃、400 ℃、600 ℃ 的炉内进行回火,保温时间 30 min,然后空冷。

（4）测定硬度前,必须用砂纸将试样表面氧化皮磨去。每个试样应在不同部位打三个点,退火、正火试样可测 HRB,其余试样测 HRC。记录所有数据。

（5）实验时注意事项。

① 取放试样时,应切断电炉电源。

② 淬火时,用钳子夹紧试样,动作要迅速,并要在冷却介质中不断搅动。

③ 炉门开关要快,炉门打开的时间不能过长,以免炉温下降及损害电炉。

五、实验及报告

（1）按实验方法进行实验,整理实验数据,见实验表 15。

实验表 15　热处理实验数据表

钢号	热处理工艺			硬度值/HRC 或 HRB				换算为 HB	预计组织
	加热温度/℃	冷却方法	回火温度/℃	1	2	3	平均		
45	860	炉冷							
		空冷							
		油冷							
		水冷							
		水冷	200						
		水冷	400						
		水冷	600						
	750	水冷							
T12	780	炉冷							
		空冷							
		油冷							
		水冷							
		水冷	200						
		水冷	400						
		水冷	600						
	1 000	水冷							

(2) 分析淬火温度、淬火介质及回火温度对 45 钢性能（硬度）的影响，画出它们同硬度的关系曲线，并根据铁碳相图、奥氏体等温转变图和回火时的转变阐明硬度变化的原因。

六、思考题

(1) 如何合理选择热处理加热温度？为什么？
(2) 如何合理选择热处理冷却介质？为什么？
(3) 45 钢加热到相同温度，在不同条件下冷却，其硬度如何变化？相同的冷却条件，不同的加热温度，其硬度又如何变化？

附　　表

附表1　压痕直径与布氏硬度值对照表

压痕直径 $d10$, $2×d5$ 或 $4×d2.5$/mm	$\phi2.5$ mm 钢球/HB			$\phi5$ mm 钢球/HB	
	1 839 N($30D^2$)	613 N($10D^2$)	306 N($5D^2$)	613 N($2.5D^2$)	306 N($1.25D^2$)
2.89	448	—	—	—	—
2.90	444	—	—	—	—
2.91	441	—	—	—	—
2.92	438	—	—	—	—
2.93	435	—	—	—	—
2.94	432	—	—	—	—
2.95	429	—	—	—	—
2.96	426	—	—	—	—
2.97	423	—	—	—	—
2.98	420	140	70.1	35.0	17.5
2.99	417	139	69.6	34.8	17.4
3.00	415	138	69.1	34.6	17.3
3.01	412	137	68.4	34.3	17.2
3.02	409	136	68.2	34.1	17.0
3.03	406	135	67.7	33.9	16.9
3.04	404	135	67.3	33.6	16.8
3.05	401	134	66.8	33.4	16.7
3.06	398	133	66.4	33.2	16.6
3.07	395	132	65.9	33.0	16.5
3.08	393	131	65.5	32.7	16.4
3.09	390	130	65.0	32.5	16.3
3.10	388	129	64.6	32.3	16.2
3.11	385	128	64.2	32.1	16.0
3.12	383	128	63.8	31.9	15.9
3.13	380	127	63.3	31.7	15.8

续表

压痕直径 $d10$, $2×d5$ 或 $4×d2.5$/mm	$\phi 2.5$ mm 钢球/HB			$\phi 5$ mm 钢球/HB	
	1 839 N($30D^2$)	613 N($10D^2$)	306 N($5D^2$)	613 N($2.5D^2$)	306 N($1.25D^2$)
3.14	378	126	62.9	31.5	15.7
3.15	375	125	62.5	31.3	15.6
3.16	373	124	62.1	31.1	15.5
3.17	370	123	61.7	30.9	15.4
3.18	368	123	61.3	30.7	15.3
3.19	366	122	60.9	30.5	15.2
3.20	363	121	60.5	30.3	15.1
3.21	361	120	60.1	30.1	15.0
3.22	359	120	59.8	29.9	14.9
3.23	356	119	59.4	29.7	14.8
3.24	354	118	59.0	29.5	14.8
3.25	352	117	58.6	29.3	14.7
3.26	350	117	58.3	29.1	14.6
3.27	347	116	57.9	29.0	14.5
3.28	345	115	57.5	28.8	14.4
3.29	343	114	57.2	28.6	14.3
3.30	341	114	56.8	28.4	14.2
3.31	339	113	56.5	28.2	14.1
3.32	337	112	56.1	28.1	14.0
3.33	335	112	55.8	27.9	13.9
3.34	333	111	55.4	27.7	13.9
3.35	331	110	55.1	27.5	13.8
3.36	329	110	54.8	27.4	13.7
3.37	326	109	54.4	27.2	13.6
3.38	325	108	54.1	27.0	13.5
3.39	323	108	53.8	26.9	13.4
3.40	321	107	53.4	26.7	13.4

续表

压痕直径 $d10$, $2×d5$ 或 $4×d2.5$/mm	$\phi 2.5$ mm 钢球/HB			$\phi 5$ mm 钢球/HB	
	1 839 N($30D^2$)	613 N($10D^2$)	306 N($5D^2$)	613 N($2.5D^2$)	306 N($1.25D^2$)
3.41	319	106	53.1	26.6	13.3
3.42	317	106	52.8	26.4	13.2
3.43	315	105	52.5	26.2	13.1
3.44	313	104	52.2	26.1	13.0
3.45	311	104	51.8	25.9	13.0
3.46	309	103	51.5	25.8	12.9
3.47	307	102	51.2	25.6	12.8
3.48	306	102	50.9	25.5	12.7
3.49	304	101	50.6	25.3	12.7
3.50	302	101	50.3	25.2	12.6
3.51	300	100	50.0	25.0	12.5
3.52	298	99.5	49.7	24.9	12.4
3.53	297	98.9	49.4	24.7	12.4
3.54	295	98.3	49.2	24.6	12.3
3.55	293	97.7	48.9	24.4	12.2
3.56	292	97.2	48.6	24.3	12.1
3.57	290	96.6	48.3	24.2	12.1
3.58	288	96.1	48.0	24.0	12.0
3.59	286	95.5	47.7	23.9	11.9
3.60	285	94.9	47.5	23.7	11.9
3.61	283	94.4	47.2	23.6	11.8
3.62	282	93.9	46.9	23.5	11.7
3.63	280	93.3	46.7	23.3	11.7
3.64	278	92.8	46.4	23.2	11.6
3.65	277	92.3	46.1	23.1	11.5
3.66	275	91.8	45.9	22.9	11.5
3.67	274	91.2	45.6	22.8	11.4

续表

压痕直径 $d10$, $2\times d5$ 或 $4\times d2.5$/mm	$\phi 2.5$ mm 钢球/HB			$\phi 5$ mm 钢球/HB	
	1 839 N($30D^2$)	613 N($10D^2$)	306 N($5D^2$)	613 N($2.5D^2$)	306 N($1.25D^2$)
3.68	272	90.7	45.4	22.7	11.3
3.69	271	90.2	45.1	22.6	11.3
3.70	269	89.7	44.9	22.4	11.2
3.71	268	89.2	44.6	22.3	11.2
3.72	266	88.7	44.4	22.2	11.1
3.73	265	88.2	44.1	22.1	11.0
3.74	263	87.7	43.9	21.9	11.0
3.75	262	87.2	43.6	21.8	10.9
3.76	260	86.8	43.4	21.7	10.8
3.77	259	86.3	43.1	21.6	10.8
3.78	257	85.8	42.9	21.5	10.7
3.79	256	85.3	42.7	21.3	10.7
3.80	255	84.9	42.4	21.2	10.6
3.81	253	84.4	42.2	21.1	10.6
3.82	252	83.9	42.0	21.0	10.5
3.83	250	83.5	41.7	20.9	10.4
3.84	249	83.0	41.5	20.8	10.4
3.85	248	82.6	41.3	20.6	10.3
3.86	246	82.1	41.1	20.5	10.3
3.87	245	81.7	40.9	20.4	10.2
3.88	244	81.3	40.6	20.3	10.2
3.89	242	80.8	40.4	20.2	10.1
3.90	241	80.4	40.2	20.1	10.0
3.91	240	80.0	40.0	20.0	10.0
3.92	239	79.6	39.8	19.9	9.9
3.93	237	79.1	39.6	19.8	9.9
3.94	236	78.7	39.4	19.7	9.8

续表

压痕直径 $d10$, $2×d5$ 或 $4×d2.5$/mm	$\phi2.5$ mm 钢球/HB			$\phi5$ mm 钢球/HB	
	1 839 N($30D^2$)	613 N($10D^2$)	306 N($5D^2$)	613 N($2.5D^2$)	306 N($1.25D^2$)
3.95	235	78.3	39.1	19.6	9.8
3.96	234	77.9	38.9	19.5	9.7
3.97	232	77.5	38.7	19.4	9.7
3.98	231	77.1	38.5	19.3	9.6
3.99	230	76.7	38.3	19.2	9.6
4.00	229	76.3	38.1	19.1	9.5
4.01	228	75.9	37.9	19.0	9.5
4.02	226	75.7	37.7	18.9	9.4
4.03	225	75.1	37.5	18.8	9.4
4.04	224	74.7	37.3	18.7	9.3
4.05	223	74.3	37.1	18.6	9.3
4.06	222	73.9	37.0	18.5	9.2
4.07	221	73.5	36.8	18.4	9.2
4.08	219	73.2	36.6	18.3	9.1
4.09	218	72.8	36.4	18.2	9.1
4.10	217	72.4	36.2	18.1	9.1
4.11	216	72.0	36.0	18.0	9.0
4.12	215	71.7	35.8	17.9	9.0
4.13	214	71.3	35.7	17.8	8.9
4.14	213	71.0	35.5	17.7	8.9
4.15	212	70.6	35.3	17.6	8.8
4.16	211	70.2	35.1	17.6	8.8
4.17	210	69.9	34.9	17.5	8.7
4.18	209	69.5	34.8	17.4	8.7
4.19	208	69.2	34.6	17.3	8.6
4.20	207	68.8	34.4	17.2	8.6
4.21	205	68.5	34.2	17.1	8.6

续表

压痕直径 $d10$, $2\times d5$ 或 $4\times d2.5$/mm	$\phi 2.5$ mm 钢球/HB			$\phi 5$ mm 钢球/HB	
	1 839 N($30D^2$)	613 N($10D^2$)	306 N($5D^2$)	613 N($2.5D^2$)	306 N($1.25D^2$)
4.22	204	68.2	34.1	17.0	8.5
4.23	203	67.8	33.9	17.0	8.5
4.24	202	67.5	33.7	16.9	8.4
4.25	201	67.1	33.6	16.8	8.4
4.26	200	66.8	33.4	16.7	8.4
4.27	199	66.5	33.3	16.6	8.3
4.28	198	66.2	33.1	16.5	8.3
4.29	198	65.8	32.9	16.5	8.2
4.30	197	65.5	32.8	16.4	8.2
4.31	196	65.2	32.6	16.3	8.1
4.32	195	64.9	32.4	16.2	8.1
4.33	194	64.6	32.3	16.1	8.1
4.34	193	64.2	32.1	16.1	8.0
4.35	192	63.9	32.0	16.0	8.0
4.36	191	63.6	31.8	15.9	8.0
4.37	190	63.3	31.7	15.8	7.9
4.38	189	63.0	31.5	15.8	7.9
4.39	188	62.7	31.4	15.7	7.8
4.40	187	62.4	31.2	15.6	7.8
4.41	186	62.1	31.0	15.5	7.8
4.42	185	61.8	30.9	15.5	7.7
4.43	185	61.5	30.8	15.4	7.7
4.44	184	61.2	30.6	15.3	7.7
4.45	183	60.9	30.5	15.2	7.6
4.46	182	60.6	30.3	15.2	7.6
4.47	181	60.4	30.2	15.1	7.5
4.48	180	60.1	30.0	15.0	7.5

续表

压痕直径 $d10$, $2×d5$ 或 $4×d2.5$/mm	$\phi 2.5$ mm 钢球/HB			$\phi 5$ mm 钢球/HB	
	1 839 N($30D^2$)	613 N($10D^2$)	306 N($5D^2$)	613 N($2.5D^2$)	306 N($1.25D^2$)
4.49	179	59.8	29.9	14.9	7.5
4.50	179	59.5	29.8	14.9	7.4
4.51	178	59.2	29.6	14.8	7.4
4.52	177	59.0	29.5	14.7	7.4
4.53	176	58.7	29.3	14.7	7.3
4.54	175	58.4	29.2	14.6	7.3
4.55	174	58.1	29.1	14.5	7.3
4.56	174	57.9	28.9	14.5	7.2
4.57	173	57.6	28.8	14.4	7.2
4.58	172	57.3	28.7	14.3	7.2
4.59	171	57.1	28.5	14.3	7.1
4.60	170	56.8	28.4	14.2	7.1
4.61	170	56.5	28.3	14.1	7.1
4.62	169	56.3	28.1	14.1	7.0
4.63	168	56.0	28.0	14.0	7.0
4.64	167	55.8	27.9	13.9	7.0
4.65	167	55.5	27.8	13.9	6.9
4.66	166	55.3	27.6	13.8	6.9
4.67	165	55.0	27.5	13.8	6.9
4.68	164	54.8	27.4	13.7	6.8
4.69	164	54.5	27.3	13.6	6.8
4.70	163	54.3	27.1	13.6	6.8
4.71	162	54.0	27.0	13.5	6.8
4.72	161	53.8	26.9	13.4	6.7
4.73	161	53.5	26.8	13.4	6.7
4.74	160	53.3	26.6	13.3	6.7
4.75	159	53.0	26.5	13.3	6.6

续表

压痕直径 $d10$, $2×d5$ 或 $4×d2.5$/mm	$\phi 2.5$ mm 钢球/HB			$\phi 5$ mm 钢球/HB	
	1 839 N($30D^2$)	613 N($10D^2$)	306 N($5D^2$)	613 N($2.5D^2$)	306 N($1.25D^2$)
4.76	158	52.8	26.4	13.2	6.6
4.77	158	52.6	26.3	13.1	6.6
4.78	157	52.3	26.2	13.1	6.5
4.79	156	52.1	26.1	13.0	6.5
4.80	156	51.9	25.9	13.0	6.5
4.81	155	51.7	25.8	12.9	6.5
4.82	154	51.4	25.7	12.9	6.4
4.83	154	51.2	25.6	12.8	6.4
4.84	153	51.0	25.5	12.7	6.4
4.85	152	50.7	25.4	12.7	6.3
4.86	152	50.5	25.3	12.6	6.3
4.87	151	50.3	25.1	12.6	6.3
4.88	150	50.1	25.0	12.5	6.3
4.89	150	49.8	24.9	12.5	6.2
4.90	149	49.6	24.8	12.4	6.2
4.91	148	49.4	24.6	12.4	6.2
4.92	148	49.2	24.6	12.3	6.1
4.93	147	49.0	24.5	12.2	6.1
4.94	146	48.8	24.4	12.2	6.1
4.95	146	48.6	24.3	12.1	6.1
4.96	145	48.4	24.2	12.1	6.0
4.97	144	48.1	24.1	12.0	6.0
4.98	144	47.9	24.0	12.0	6.0
4.99	143	47.7	23.9	11.9	6.0
5.00	143	47.5	23.8	11.9	5.9
5.01	142	47.3	23.7	11.8	5.9
5.02	141	47.1	23.6	11.8	5.9

续表

压痕直径 $d10$, $2×d5$ 或 $4×d2.5$/mm	$\phi2.5$ mm 钢球/HB			$\phi5$ mm 钢球/HB	
	1 839 N($30D^2$)	613 N($10D^2$)	306 N($5D^2$)	613 N($2.5D^2$)	306 N($1.25D^2$)
5.03	141	46.9	23.5	11.7	5.9
5.04	140	46.7	23.4	11.7	5.8
5.05	140	46.5	23.3	11.6	5.8
5.06	139	46.3	23.2	11.6	5.8
5.07	138	46.1	23.1	11.5	5.8
5.08	138	45.9	23.0	11.5	5.7
5.09	137	45.7	22.9	11.4	5.7
5.10	137	45.5	22.8	11.4	5.7
5.11	136	45.3	22.7	11.3	5.7
5.12	135	45.1	22.6	11.3	5.6
5.13	135	45.0	22.5	11.2	5.6
5.14	134	44.8	22.4	11.2	5.6
5.15	134	44.6	22.3	11.1	5.6
5.16	133	44.4	22.2	11.1	5.5
5.17	133	44.2	22.1	11.1	5.5
5.18	132	44.0	22.0	11.0	5.5
5.19	132	43.8	21.9	11.0	5.5
5.20	131	43.7	21.8	10.9	5.5
5.21	130	43.5	21.7	10.9	5.4
5.22	130	43.3	21.6	10.8	5.4
5.23	129	43.1	21.6	10.8	5.4
5.24	129	42.9	21.5	10.7	5.4
5.25	128	42.8	21.4	10.7	5.3
5.26	128	42.6	21.3	10.6	5.3
5.27	127	42.4	21.2	10.6	5.3
5.28	127	42.2	21.1	10.6	5.3
5.29	126	42.1	21.0	10.5	5.3

续表

压痕直径 $d10$, $2×d5$ 或 $4×d2.5$/mm	$\phi 2.5$ mm 钢球/HB			$\phi 5$ mm 钢球/HB	
	1 839 N($30D^2$)	613 N($10D^2$)	306 N($5D^2$)	613 N($2.5D^2$)	306 N($1.25D^2$)
5.30	126	41.9	20.9	10.5	5.2
5.31	125	41.7	20.9	10.4	5.2
5.32	125	41.5	20.8	10.4	5.2
5.33	124	41.4	20.7	10.3	5.2
5.34	124	41.2	20.6	10.3	5.2
5.35	123	41.0	20.5	10.3	5.1
5.36	123	40.9	20.4	10.2	5.1
5.37	122	40.7	20.3	10.2	5.1
5.38	122	40.5	20.3	10.1	5.1
5.39	121	40.4	20.2	10.1	5.0
5.40	121	40.2	20.1	10.1	5.0
5.41	120	40.0	20.0	10.0	5.0
5.42	120	39.9	19.9	10.0	5.0
5.43	119	39.7	19.9	9.9	5.0
5.44	119	39.6	19.8	9.9	4.9
5.45	118	39.4	19.7	9.9	4.9

注：表中压痕直径为 10 mm 钢球试验数值，如用 5 mm 钢球试验时，所得压痕直径增加为 2 倍。而用 2.5 mm 钢球时则增加 4 倍。例如用 5 mm 钢球在 613 N 总试验力下所得压痕直径为 1.65 mm，则在查表时用 3.30 mm（2×1.65=3.30），而其相当硬度值为 28.4。

附表2　洛氏硬度HRC与其他硬度及强度换算

洛氏硬度 /HRC	布氏硬度 /HB 10/3 000	维氏硬度 /HV	强度 σ_b （近似值） /MPa	洛氏硬度 /HRC	布氏硬度 /HB 10/3 000	维氏硬度 /HV	强度 σ_b （近似值） /MPa
65	—	798	—	36	331	339	1 140
64	—	774	—	35	322	329	1 115
63	—	751	—	34	314	321	1 085
62	—	730	—	33	306	312	1 060
61	—	708	—	32	298	304	1 030
60	—	687	2 675	31	291	296	1 005
59	—	666	2 555	30	284	289	985
58	—	645	2 435	29	277	281	960
57	—	625	2 315	28	270	274	935
56	—	605	2 210	27	263	267	915
55	538	587	2 115	26	257	260	895
54	526	569	2 030	25	251	254	875
53	515	551	1 945	24	246	247	845
52	503	535	1 875	23	240	241	825
51	492	520	1 805	22	235	235	805
50	480	504	1 745	21	230	229	790
49	469	489	1 685	20	225	224	770
48	457	475	1 635	(19)	221	218	755
47	445	461	1 580	(18)	216	213	740
46	433	448	1 530	(17)	212	208	725
45	422	435	1 480	(16)	208	203	710
44	411	423	1 440	(15)	204	198	690
43	400	411	1 390	(14)	200	193	675
42	390	400	1 350	(13)	196	184	660
41	379	390	1 310	(12)	192	184	645
40	369	379	1 275	(11)	188	180	625
39	359	369	1 235	(10)	185	176	615
38	349	359	1 200	(9)	181	172	600
37	340	348	1 170	(8)	177	168	590

参 考 文 献

[1] 杨慧英,王玉坤. 机械制图[M].北京:清华大学出版社,2002.
[2] 焦建民. 汽车维修钣金工精通[M].北京:电子工业出版社,2003.
[3] 王鹏. 汽车维修专工基础教材[M].北京:解放军出版社,2004.
[4] 石德珂. 材料科学基础[M].北京:机械工业出版社,1999.
[5] 戴枝荣. 工程材料[M].北京:高等教育出版社,1991.
[6] 沈莲. 机械工程材料[M].北京:机械工业出版社,2000.
[7] 宋昭祥. 机械制造基础[M].北京:机械工业出版社,1998.
[8] 葛春霖. 机械工程材料及材料成型技术基础实验指导书[M].北京:冶金工业出版社,2001.
[9] 机械工程标准手册编委会. 机械工程标准手册(基础互换性卷)[M].北京:中国标准出版社,2001.
[10] 甘永立. 几何量公差与检测[M].上海:上海科学技术出版社,2004.
[11] 单嵩麟. 公差与技术测量[M].上海:上海交通大学出版社,2001.
[12] 刘品,刘丽华. 互换性与测量技术基础[M].哈尔滨:哈尔滨工业大学出版社,2001.
[13] 杨可桢,程光蕴. 机械设计基础[M].北京:高等教育出版社,1999.
[14] 中华人民共和国职业技能鉴定辅导丛书编审委员会. 钳工职业技能鉴定指南[M].北京:机械工业出版社,1996.
[15] 职业技能鉴定教材指导编审委员会. 钳工(初、中、高级)[M].北京:中国劳动出版社,1996.
[16] 全国汽车维修工等级考试配套教材编写组. 汽车维修初级工培训教材[M].北京:机械工业出版社,2003.
[17] 总装备部通用装备保障部. 汽车检测工教材[M].北京:解放军出版社,2003.
[18] 中国人民解放军总装备部通用装备保障部. 汽车维修车工(中级)[M].北京:总装备部通用装备保障部,2003.